KB069587

학교폭력 예방 및 학생의 이해

한유경 · 김성기 · 박정희 · 박주형 · 선미숙 · 오인수 · 윤미선
이언조 · 이윤희 · 이지은 · 전수민 · 정제영 · 황혜영 공저

School Violence Prevention
& Understanding Students

학지사

머리말

　학교폭력은 근래 들어 우리 사회의 심각한 문제로 논의되고 있다. 최근 정부와 사회 각계각층의 노력으로 인해 학교폭력이 많이 줄어들었지만, 학교폭력 양상은 점차 변화하고 있고, 학교폭력으로 괴로움을 호소하는 학생들은 여전히 존재한다. 이러한 상황에서 교사가 학교폭력 문제에 관심이 부족하거나 효과적으로 개입하지 못할 경우, 학생들이 학교폭력으로 겪는 갈등과 후유증은 돌이키기 어려울 정도로 심각해질 수 있다. 실제로 학교폭력 문제를 경험한 교사는 예상치 못한 상황으로 인해 혼란을 겪고, 학생 및 학부모와의 심각한 갈등 때문에 정서적으로 어려움을 느낀다.
　학교폭력 문제는 단순히 가해학생과 피해학생만의 문제라기보다는 수많은 주변인과 그들의 부모, 교사까지 모두 영향을 받는 매우 복잡하고 역동적인 문제라고 볼 수 있다. 더욱이 학교폭력 문제는「학교폭력예방 및 대책에 관한 법률」에 명시된 절차에 따라 합법적으로 처리하여야 하며, 정부에서 제시하고 있는 학교폭력 예방 및 근절 대책에 대해서도 정확하게 인지하고 적법하게 실행해야 한다. 아울러 교사는 학교폭력 문제를 미연에 예방하고, 후유증을 완화하기 위해 학생들의 심리적·교육적 처치와 관련한 전문적인 의사결정도 내려야 한다. 결국 교사가 학교폭력 문제를 효과적으로 해결하기 위해서는 법, 정책, 의학, 심리, 상담심리, 교육적 처치 등에 대한 전문적 지식을 갖추고, 종합적이면서도 효과적으로 학교폭력 문제에 개입할 수 있는 역량을 갖출 필요가 있다.
　이처럼 학교폭력 문제가 심각해지면서 교사의 대처 역량이 강조되었고, 정부는 학교폭력 예방 대책 중의 하나로 교사양성과정에서 예비교사들이 학교폭력에 대한 교직소양과목을 이수하는 방안을 도입하였다. 따라서 교육부 고시 및 교직과목 세부 이수기준에 따라 2013년도 대학·교육대학원 입학자 및 부전공 연수 이수자부터 '학교폭력 예방의 이론과 실제' 과목을 수강해야 하며, 학교폭력의 이해, 학교폭력의 예방, 학교폭력의 대처방안 등 학교현장에서 활용 가능한 실제적인 내용을 학습하도록 하였다. 하지만 학교폭력 문제를 해결하기 위해서는 학교폭력 관련 지식의 이해만으로는 부족하기 때문에 학교문화 및 학생의 학교생활, 학생에 대한 이해를 바탕으로 한 종합적인 지식체계가 필요하다는 요구가 높아졌다. 이러한 요구에 부응하고자 교육부는 2016년 교육현장의 변화를 선도하는 교원양성과정 개선 계획을 발표하였고, 교직소양과목 중 '학교폭력 예방의 이론과 실제'를 '학교폭력 예방 및 학생의 이해' 교과목으로 변경하게 되었다.

이 책은 '학교폭력 예방 및 학생의 이해' 강의에 사용할 전문적인 교재로서 기획되었다. 저자들은 '학교폭력 예방 및 학생의 이해'가 법, 정책, 심리, 교육 등 다양한 분야의 전문적 지식이 종합적으로 요구되는 주제임에도 불구하고 이를 심도 있게 다룬 대학 교재가 부족하다는 의견에 공감하며, 총 12개의 다양한 주제로 책의 내용을 구성하였다. 제1부 '학교폭력 예방'에서는 학교폭력에 대한 전반적인 이해 및 대처, 역량 함양 등을 다루어 교사에게 실질적으로 도움이 될 수 있는 내용으로 구성하였다. 제2부 '학생의 이해'에서는 인성교육, 학생생활문화, 학생생활지도, 학생 정서·행동발달 등을 포괄적으로 다룸으로써 실제 교실 현장에서 교사에게 요구되는 역량을 키우는 데 초점을 맞추었다.

이 책은 무엇보다 각각의 주제에 대해 조예가 깊은 전문가들이 집필하였다는 점에서 주목된다. 교육부 정책중점연구소인 이화여자대학교 학교폭력예방연구소의 연구진이 직접 교재 개발에 참여하였으며, 특수 분야에 대해서는 저명한 전문가에게 원고 집필을 의뢰하는 방식으로 집필진을 구성하였다. 교재 개발에 참여한 저자들은 교육정책, 교육상담, 교육과정, 교육사회학, 학교심리학, 법사회학, 정신건강의학 등 다양한 전공에서 오랜 기간 학교폭력에 대해 관심을 가지고 연구해 온 현직 교수 또는 박사이다.

이 책은 본래 대학에서 '학교폭력 예방 및 학생의 이해' 과목을 수강하는 예비교사의 역량을 신장하기 위해 개발되었다. 하지만 각각의 주제를 해당 분야의 전문가들이 집필하였다는 점에서 현재 일선 학교에서 고군분투하고 있는 현직교사는 물론, 학생과 직접 상담하며 지원하고 있는 청소년 상담사, 정책을 입안하거나 프로그램을 개발하는 현장전문가에게도 유용한 정보를 제공해 줄 것으로 기대한다. 아울러 저자들은 교사와 현장전문가가 이 책을 통해 학교폭력에 대한 이해와 역량을 신장하여 궁극적으로는 학교폭력이 없는 안전하고 행복한 학교를 조성하는 데 기여하기를 소망한다.

    마지막으로 이 책이 나오기까지 관심을 가지고 도와주신 학지사 김진환 사장님과 꼼꼼하게 교정을 봐 주신 편집부 관계자들, 집필진의 원고를 수합하여 출판사와의 가교 역할을 해 준 이화여자대학교 교육학과 장수연 박사과정생에게도 감사의 마음을 전한다.

2018년 9월
저자들을 대표하여
한유경

차례

학교폭력 예방을 위한 법·제도적 기반 • 130

학교폭력 사안처리 절차 및 판례 • 166

제10장

다문화교육의 이해 · 338

제1부

학교폭력 예방

학교폭력의 현황 및 대응

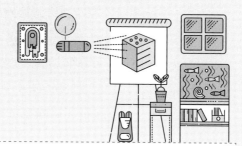

학습개요 및 학습목표

이 장에서는 다양한 학문 분야와 영역에서 다루고 있는 학교폭력의 개념에 대한 정의를 살펴보고 사례를 통해 학교폭력의 유형을 살펴봄으로써 학교폭력에 대한 이해를 돕고자 한다. 이와 함께, 최근 우리나라에서 실시한 학교폭력 실태조사 결과를 통해 초 · 중 · 고등학교의 학교폭력 현황에 대해 살펴보고자 한다. 나아가 학교폭력 현상에 대한 정책적 관점을 소개하고, 외국의 학교폭력 현상과 이에 대한 정책적 대응을 알아보고자 한다. 마지막으로 정책흐름 모형을 활용하여 학교폭력의 문제가 정책의제로 설정되는 과정 및 관련 정책의 변화 과정을 통해 학교폭력 관련 정책의 흐름과 대응의 관점에 대해 분석하고자 한다.

이 장의 구체적인 학습목표는 다음과 같다.

1. 학교폭력, 공격, 괴롭힘 등 학교폭력 관련 개념을 정의하고 사례를 들어 설명할 수 있다.
2. 학교폭력의 실태 분석 결과를 파악하고 최근 추이를 설명할 수 있다.
3. 학교폭력 현상을 교육 및 사회정책 문제로서 이해할 수 있다.
4. 학교폭력 정책의 흐름과 변동 과정을 이해할 수 있다.

1. 학교폭력의 개념 및 정의

최근 우리 사회에서 가장 중요한 문제들 중 하나로 간주되고 있는 학교폭력은 그 피해 유형과 형태가 점차 변형되는 동시에 반복·지속되면서 학교와 개인·가정, 그리고 사회 전체에 큰 문제를 초래하고 있다. 학교폭력은 그 피해자와 가해자, 방관자 모두가 장차 우리 사회를 이끌어 나갈 청소년이며, 이 시기 학교폭력의 가해와 피해 경험이 성인이 된 이후 삶에 미치는 영향이 크다는 점에서 의미 있게 다루어져야 한다.

학교폭력은 전 세계적으로 문제가 되고 있는 현상이지만, 학교폭력의 개념을 규정하고 유형을 나누는 기준과 그 심각성에 대한 인식은 국가마다 다르다(조균석 외, 2013). '병에 대한 정확한 진단 없이는 제대로 된 약을 지을 수 없는 것'처럼 학교폭력에 대한 효과적인 대책은 학교폭력에 대한 정확한 개념 정의 없이는 불가능하다. 하지만 우리나라의 경우, 학교 내에서 일어나는 학교폭력을 괴롭힘(bullying)과 청소년 범죄(juvenile delinquency)로 구분하여 접근하는 서양과 달리, 청소년 범죄에 해당하는 행동(금품갈취, 성폭력)까지 학교폭력이라는 하나의 범주 안에 넣어 취급하고 있으며, 학교폭력·따돌림·공격·괴롭힘·왕따 등의 용어가 혼재되어 사용되고 있다(이승하, 2012). 또한 법적·심리학적인 정의 등 각 학문 분야와 연구목적에 따라 개념규정이 다르며, 학교폭력에 포함되는 폭력행위의 유형에 있어서도 차이를 보인다.

따라서 이 장에서는 현재 우리 사회에서 사용되고 있는 학교폭력의 일반적인 정의와 「학교폭력예방 및 대책에 관한 법률」에서의 정의, 다양한 연구 및 각 학문에서의 정의를 살펴보고, 사례를 통해 학교폭력과 혼재되어 사용되고 있는 '폭력(violence)' '공격(aggression)' '괴롭힘(bullying)'에 대해 명확하게 구분함으로써 학교폭력에 대한 이해를 높이고자 한다. 또한 「학교폭력예방 및 대책에 관한 법률」에 따른 학교폭력의 유형과 그 밖에 학교폭력과 관련된 용어들을 간략하게 살펴보면서, 학교폭력의 과정에서 학생들이 맡게 되는 피해자·방관자·가해자에 대한 정의를 예시를 통해 알아보기로 한다.

1) 학교폭력의 정의

우리나라에서 학교폭력은 '폭력'행위의 일종으로서 폭력이 일어나는 장소가 학교이기 때문에 '학교폭력'이라고 보는 견해가 많으며, 학교폭력과 관련된 용어로 집단따돌림, 집단괴롭힘, 또래괴롭힘, 왕따 등의 용어가 혼용되어 사용되고 있다(이승하, 2012).

학교폭력에 대한 법적인 정의는 「학교폭력예방 및 대책에 관한 법률」(이하 학교폭력예방법)에서 확인할 수 있으며, 법적인 정의는 일반적인 정의를 좀 더 구체화해 준다. 학교폭력예방법 제2조 제1호에 따르면, '학교폭력'은 '학교 안이나 밖에서 학생 사이에 발생한 상해, 폭행, 감금, 협박, 약취(略取)·유인, 명예훼손·모욕, 공갈(恐喝), 강요 및 성폭력, 따돌림, 정보통신망을 이용한 음란·폭력 정보 등에 의하여 신체·정신 또는 재산의 피해를 수반하는 행위'를 말한다. 다음의 〈표 1-1〉에서 보는 바와 같이 우리나라의 학교폭력은 공격적인 행동과 괴롭힘을 포함하여 규정하고 있으며, 따돌림과 사이버 따돌림은 별도로 규정하고 있다(조균석 외, 2013).

한편, 학교폭력은 형벌의 대상으로 「형법」을 비롯한 형사법이 적용되고, 가해 행위의 동기와 죄질을 고려하여 「소년법」이 적용될 수 있다. 형사법적 개념으로 학교폭력은 사람의 신체에 대하여 유형력을 행사한 것이다. 학교폭력의 가해학생이 학

표 1-1 학교폭력의 법적 개념

구분	개념
학교폭력	학교 내외에서 학생을 대상으로 발생한 상해, 폭행, 감금, 협박, 약취·유인, 명예훼손·모욕, 공갈, 강요·강제적인 심부름 및 성폭력, 따돌림, 사이버 따돌림, 정보통신망을 이용한 음란·폭력 정보 등에 의하여 신체·정신 또는 재산상의 피해를 수반하는 행위
따돌림	학교 내외에서 2명 이상의 학생이 특정 집단의 학생들을 대상으로 지속적이거나 반복적으로 신체적 또는 심리적 공격을 가하여 상대방이 고통을 느끼도록 하는 일체의 행위
사이버 따돌림	인터넷, 휴대전화 등 정보통신기기를 이용하여 학생들이 특정 학생들을 대상으로 지속적, 반복적으로 심리적 공격을 가하거나, 특정 학생과 관련된 개인정보 또는 허위사실을 유포하여 상대방이 고통을 느끼도록 하는 일체의 행위

출처: 「학교폭력예방 및 대책에 관한 법률」 제2조.

교폭력예방법 제17조에 따른 조치를 받았다고 해서 가해학생에 대한 처벌이 끝난 것이 아니다. 만 14세 이상의 학생인 경우 형사처벌의 대상이 될 수 있고(「형법」 제9조), 만 14세 미만의 소년에 대해서는 형사처벌을 할 수 없으나, 형벌 법령을 위반한 만 10세 이상 14세 미만인 소년은 보호처분(「소년법」 제32조) 등을 받을 수 있고, 가해자가 10세 미만이면 어떠한 처벌도 받지 않는다. 이 경우 피해자는 가해자의 감독의무자에 대해 민사상의 손해배상을 청구할 수 있다고 규정하고 있다. 「소년법」은 19세 미만의 자를 소년으로 규정[1]하고 있으며, 10세 이상 14세 미만의 소년을 소년보호사건의 대상으로 하였다. 이 법은 총칙, 보호사건, 형사사건, 비행예방, 벌칙 등 4장으로 나뉜 전문 71조와 부칙으로 규정되어 있다. 그리고 2012년 「학교폭력대책법」 개정법에서 학교폭력의 개념을 확대하여 가해자가 학생이 아닌 경우에도 피해학생에 대한 보호를 위해 학교폭력을 '학생을 대상으로' 발생한 행위로 확대하여 학교 밖 청소년 등에 의한 학교폭력도 동법에 따라 규제할 수 있게 하였다(김주현, 2013).

법적인 정의를 종합해 보면 가해자와 피해자가 학생일 경우 학원가나 등·하굣길, PC방, 유흥업소 등에서 발생하는 폭력도 학교폭력의 범주에 포함될 수 있으며, 여기에서 학생은 현재 학교를 다니고 있는 학생들 이외에도 휴학생·정학생·퇴학생 등 학교에 다닐 나이에 속하는 청소년도 포함되며 이들에 의한 폭력도 학교폭력의 범주에 들어간다고 할 수 있다(지영환, 2013). 다시 말해, 학교폭력이란 '가해자의 신분이나 시간·장소의 구분 없이 학생을 대상으로 신체적, 언어적, 심리적, 경제적 피해를 주는 모든 행위를 통칭하는 것으로, 여기에는 온·오프라인에서 이루어지는 명시적이고 묵시적인 따돌림도 포함(국회도서관, 2013)'한다.

학교폭력 관련 연구에서 정의한 학교폭력의 개념을 정리해 보면 다음과 같다. 먼저, 김형방(1996)은 '자기보다 약한 상대를 불특정 다수의 학생이나 남이 보이지 않는 곳에서 신체적·심리적인 폭력을 반복하여 행하거나 심각한 공격을 가하는 행동'으로 정의하고 있으며, 청소년폭력예방재단(1996)은 학교폭력을 '자기보다 약한

---

1) 「소년법」 제1조 "이 법은 반사회성이 있는 소년의 환경 조정과 품행 교정을 위한 보호처분 등의 필요한 조치를 하고, 형사처분에 관한 특별조치를 함으로써 소년이 건전하게 성장하도록 돕는 것을 목적으로 한다."
제2조 "이 법에서 소년이란 19세 미만인 자를 말하며, 보호자란 법률상 감호교육을 할 의무가 있는 자 또는 현재 감호하는 자를 말한다."

처지에 있는 청소년에게 학교 안이나 밖에서 신체적, 심리적 폭력을 행사하거나 이를 반복적으로 실시하는 청소년 간의 행동'으로 정의하고 있다. 또한 김종미(1997)는 '정신적·신체적으로 스스로를 방어할 수 있는 능력이 없는 아동을 대상으로 힘이 강한 개인 혹은 집단이 단기간 또는 장기간에 걸쳐 가하는 물리적·심리적 공격'이라고 말하고 있으며, 오명식(1997)은 '학교와 학교 인근에서 개인·집단이 신체적·심리적으로 일회적으로 혹은 상습적으로 괴롭히거나 구타·폭력을 행사하는 것'으로 규정하고 있다. 홍금자와 이경준(1998)은 '가해자나 피해자 또는 발생장소 등에 있어 학교와 관련하여 발생하는 폭력행위로 그 주체나 대상이 모두 청소년이라는 특징'이 있다고 파악하고, 조규항(1999)은 학교폭력을 '집단따돌림을 포괄하여 학교 내외에서 학생들 간에 행해지는 신체적·언어적·심리적 공격행위와 따돌림'이라고 정의하고 있다. 그리고 곽금주(1999)는 왕따 및 학교폭력을 '학교 내와 주변에서 학생들 간에 이루어지는 부정적 의도를 지닌 공격, 폭력적인 행동'으로 말하고 있으며, 조성호(2000)는 '학교 내외에서 학생 간에 힘의 불균형에 의해 상대방에게 신체적 또는 심리적 위해를 가하기 위해 행해지는 학생들 간의 신체·물리·심리·언어적 공격행위'라고 정의하였다. 도기봉(2007)은 학교폭력을 '학교를 중심으로 발생하는 신체적·심리적·언어적 폭력, 괴롭힘, 금품갈취'라고 말한다.

이러한 국내 연구의 정의들은 외국의 괴롭힘(bullying)에 대한 정의와 같은 맥락으로 이해할 수 있다. 노르웨이의 사회심리학자 Olweus(1993)는 괴롭힘을 '한 학생이 반복적이고 지속적으로 한 명 혹은 그 이상의 다른 학생들로부터 부정적인 행동, 즉 괴롭힘을 당하는 것'이라고 정의하였고, Rigby(2003)는 '해치고자 하는 욕구와 해로운 행위, 힘의 불균형의 반복, 불공정한 힘의 사용을 바탕으로 가해자는 쾌감을 느끼고, 피해자는 억압받는 느낌이 있는 것'이라고 정의를 내리고 있다.

유네스코(United Nations Educational Scientific and Cultural Organization: UNESCO)가 정의[2]하는 '학교폭력(school violence)'은 학생, 교사, 학교 직원이 경험하고 행하는 신체적 폭력(physical violence), 심리적 폭력(psychological violence), 성폭력(sexual violence), 괴롭힘(bullying)을 포함한다. 신체적 폭력은 교사나 또래들에 의

---

2) UNESCO(2017). *School Violence and Bullying: Global Status Report.* Paris: UNESCO with the support of Institute of School Violence Prevention, Ewha Womans University.

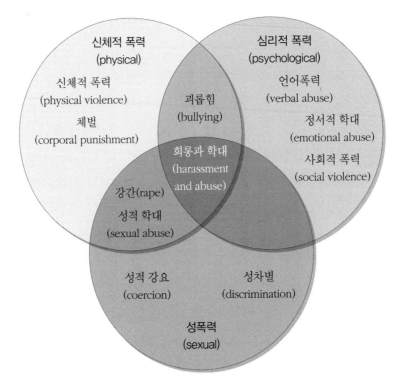

[그림 1-1] 학교폭력과 괴롭힘의 영역 구분

자료: UNESCO(2017).

해 행해지는 체벌을 포함한 상해를 입히기 위한 모든 종류의 신체적 공격을 지칭하
며, 심리적 폭력의 경우 언어적·정서적 학대를 포함한다. 성폭력은 성희롱, 강간
등을 포함하여 남녀 학생 모두에게 영향을 미친다고 보고되고 있다. 학교폭력의 일
종인 '괴롭힘'은 단발적인 행동이라기보다는 연속적으로 일어나는 행동을 일컬으며
'학교를 다니는 학생들 사이에서 힘의 불균형에 의해 행해지는 원하지 않는 공격적
행동이 시간에 걸쳐 반복되거나 반복될 가능성을 가진 것'으로 정의된다. 유네스코
가 구분하는 학교폭력과 괴롭힘을 그림으로 나타내면 [그림 1-1]과 같다.

　이상에서 살펴보면, 유네스코는 학생들 사이의 괴롭힘을 학교폭력의 일종으로
보며, 대상을 기준으로 나누어 볼 때 유네스코와 영미권의 경우 학교폭력의 주체를
학생, 교사, 직원을 포함하는 개념으로 보고 학생들 간의 괴롭힘을 하위의 요소로
구분하며 이를 정의함에 있어 힘의 불균형을 강조한다. 우리나라의 경우 학교폭력
개념이 괴롭힘과 유사하게 정의되고 있지만 국내외 모두에서 공통적으로 힘의 불

균형이 존재하는 상태에서의 반복적인 공격 행위를 학교폭력 또는 괴롭힘으로 개념화하고 있다(이승하, 2012).

2) 학교폭력의 유형[3]

앞에서 살펴본 바와 같이 학교폭력의 정의에 따라 포함하는 범위와 유형이 다를 수 있다. 우리나라 학교폭력예방법에서는 학교폭력 유형을 국내의 상황에 비추어 다음과 같이 신체폭력, 언어폭력, 금품갈취, 강요, 따돌림, 성폭력, 사이버 폭력으로 크게 7가지로 나누고 있다.

(1) 신체폭력

신체폭력은 일정한 장소에서 쉽게 나오지 못하도록 하는 행위(감금), 신체를 손이나 발로 때리는 등 고통을 가하는 행위(상해, 폭행), 폭행과 협박으로 강제로 일정한 장소로 데리고 가는 행위(약취), 상대방을 속이거나 유인해서 일정한 장소로 데리고 가는 행위(유인)를 말한다. 구체적인 예로는 꼬집기, 때리기, 힘껏 밀치기, 감금 등이 있다.

(2) 언어폭력

언어폭력은 여러 사람 앞에서 상대방의 명예를 훼손하는 구체적인 말(성격, 능력, 배경 등)을 하거나 그런 내용의 글을 인터넷, SNS 등으로 퍼뜨리는 행위(명예훼손), 여러 사람 앞에서 모욕적인 용어(생김새에 대한 놀림, '병신, 바보' 등 상대방을 비하하는 내용)를 지속적으로 말하거나 그런 내용의 글을 인터넷, SNS 등으로 퍼뜨리는 행위(모욕), 신체 등에 해를 끼칠 듯한 언행('죽을래' 등)과 문자메시지 등으로 겁을 주는 행위(협박)를 말한다. 구체적인 예로는 놀리기, 욕하기, 위협 · 협박 등이 있다.

---

3) 교육부(2014). 학교폭력 사안처리 가이드북.

(3) 금품갈취

금품갈취는 돌려줄 생각이 없으면서 돈을 요구하는 행위나 옷, 문구류 등을 빌린다며 되돌려 주지 않는 행위, 일부러 물품을 망가뜨리는 행위, 돈을 걷어 오라고 하는 행위 등을 말한다. 구체적인 예로는 물건이나 돈을 빼앗거나 물건을 고의로 망가뜨리는 것이 있다.

(4) 강요

강요는 속칭 빵 셔틀, 와이파이 셔틀, 과제 대행, 게임 대행, 심부름 강요 등 의사에 반하는 행동을 강요하는 행위(강제적 심부름), 폭행 또는 협박으로 상대방의 권리행사를 방해하거나 해야 할 의무가 없는 일을 하게 하는 행위(강요) 등을 말한다. 여기에서 셔틀이란 학교폭력 가해학생에게 주기적으로 심부름을 시키는 것으로서, 빵 셔틀('빵'과 'shuttle'의 합성어)은 힘센 학생들이 강요하여 빵을 사다 주는 등의 강제적 잔심부름을 하는 것을 말한다. 와이파이 셔틀('wi-fi'와 'shuttle'의 합성어)은 무료 와이파이를 이용하려고 약한 학생들에게 핫스팟(초고속 인터넷 사용이 가능하도록 전파를 중계하는 무선 랜 기지국)을 켜도록 강요해 비싼 요금을 물게 하는 것으로서, 와이파이 셔틀이 된 학생은 힘이 센 학생에게 무선 와이파이 인터넷을 제공한다(동아일보, 2013. 10. 29.). 강요의 구체적인 예로는 빵 셔틀, 와이파이 셔틀, 숙제 셔틀, 바바리맨을 하도록 강요하는 경우 등이 있다.

(5) 따돌림

따돌림이란 학교 내외에서 2명 이상의 학생이 특정 집단의 학생을 대상으로 지속적이거나 반복적으로 신체적 또는 심리적 공격을 가하여 상대방이 고통을 느끼도록 하는 일체의 행위를 말한다. 특정 학생을 따돌리는 경우 집단적으로 피해학생을 의도적이고 반복적으로 피하며, 다른 학생들과도 어울리지 못하도록 막는다. 구체적인 예로는 싫어하는 말로 바보취급 등 놀리기, 빈정거림, 면박 주기, 겁주는 행동, 골탕 먹이기, 비웃기 등이 있다.

(6) 성폭력

성폭력은 상대방에게 폭행과 협박을 하면서 성적 모멸감을 느끼도록 신체적 접촉을 하는 행위, 폭행·협박을 통하여 강제하는 성행위나 유사 성행위, 성기에 이물질을 삽입하는 등의 행위, 성적인 말과 행동을 함으로써 상대방이 성적 굴욕감, 수치감을 느끼도록 하는 행위 등을 말하며 이와 같은 행위들이 성폭력의 구체적인 예에 해당한다.

(7) 사이버 폭력

사이버 폭력은 특정인에 대해 ① 모욕적인 언사나 욕설 등을 인터넷 게시판, 채팅, 카페 등에 올리는 행위, ② 허위 글이나 개인의 사생활에 관한 사실을 인터넷, SNS, 카카오톡 등을 통해 불특정다수에 공개하는 행위, ③ 성적 수치심을 주거나 위협하는 내용, 조롱하는 글, 그림, 동영상 등을 정보통신망을 통해 유포하는 행위, ④ 공포심이나 불안감을 유발하는 문자, 음향, 영상 등을 휴대폰 등 정보통신망을 통해 반복적으로 보내는 행위 등을 말한다. 또한 정보통신기기를 이용하여 특정 학생에게 반복적으로 심리적 고통을 가하거나, 개인정보 또는 허위 사실을 유포하여 상대방이 고통을 받도록 만드는 '사이버 따돌림(cyber bullying)' 혹은 사이버 폭력에 포함된다. 즉, 인터넷이나 휴대전화 등으로 협박·비난하기, 악성댓글 달기, 허위사실 유포 등이 사이버 폭력에 해당한다.

표 1-2 「학교폭력예방 및 대책에 관한 법률」에 따른 학교폭력의 유형 및 예시상황

유형	학교폭력예방법 관련	예시상황
신체 폭력	• 상해 • 폭행 • 감금 • 약취 · 유인	• 일정한 장소에서 쉽게 나오지 못하도록 하는 행위(감금) • 신체를 손, 발로 때리는 등 고통을 가하는 행위(상해, 폭행) • 강제(폭행, 협박)로 일정한 장소로 데리고 가는 행위(약취) • 상대방을 속이거나 유혹해서 특정 장소로 데리고 가는 행위(유인) ⇒ 장난을 빙자해서 꼬집기, 때리기, 힘껏 밀치는 행동 등도 상대학생이 폭력행위로 인식한다면 이는 학교폭력에 해당
언어 폭력	• 명예훼손 • 모욕 • 협박	• 여러 사람 앞에서 상대방의 명예를 훼손하는 구체적인 말(성격, 능력, 배경 등)을 하거나 그런 내용의 글을 인터넷, SNS 등으로 퍼뜨리는 행위(명예훼손) ⇒ 내용이 진실이라고 하더라도 범죄이고, 허위인 경우에는 「형법」상 가중 처벌 • 여러 사람 앞에서 모욕적인 용어(생김새에 대한 놀림, '병신, 바보' 등 상대방을 비하하는 내용)를 지속적으로 말하거나 그런 내용의 글을 인터넷, SNS 등으로 퍼뜨리는 행위(모욕) • 신체 등에 해를 끼칠 듯한 언행('죽을래' 등)과 문자메시지 등으로 겁을 주는 행위(협박)
금품 갈취	• 공갈	• 돌려줄 생각이 없으면서 돈을 요구하는 행위 • 옷, 문구류 등을 빌린다며 되돌려 주지 않는 행위 • 일부러 물품을 망가뜨리는 행위 • 돈을 걷어 오라고 하는 행위 등
강요	• 강제적 심부름 • 강요	• 속칭 빵 셔틀, 와이파이 셔틀, 과제 대행, 게임 대행, 심부름 강요 등 의사에 반하는 행동을 강요하는 행위(강제적 심부름) • 폭행 또는 협박으로 상대방의 권리행사를 방해하거나 해야 할 의무가 없는 일을 하게 하는 행위(강요) ⇒ 속칭 바바리맨을 하도록 강요하는 경우, 스스로 자해하거나 신체에 고통을 주는 경우 등이 강요죄에 해당
따돌림	• 따돌림	• 집단적으로 상대방을 의도적이고, 반복적으로 피하는 행위 • 싫어하는 말로 바보취급 등 놀리기, 빈정거림, 면박 주기, 겁주는 행동, 골탕 먹이기, 비웃기 • 다른 학생들과 어울리지 못하도록 막기 등
성폭력	• 성폭력	• 폭행 · 협박을 통해 강제하는 성행위나 유사 성행위, 성기에 이물질을 삽입하는 등의 행위 • 상대방에게 폭행과 협박을 하면서 성적 모멸감을 느끼도록 신체적 접촉을 하는 행위 • 성적인 말과 행동을 함으로써 상대방이 성적 굴욕감, 수치감을 느끼도록 하는 행위 등

	• 사이버 따돌림 • 정보통신망을 이용한 음란·폭력 정보 등에 의해 신체·정신 또는 재산상 피해를 수반하는 행위	• 특정인에 대해 모욕적인 언사나 욕설 등을 인터넷 게시판, 채팅, 카페 등에 올리는 행위
사이버 폭력		• 특정인에 대한 허위 글이나 개인의 사생활에 관한 사실을 인터넷, SNS, 카카오톡 등을 통해 불특정다수에 공개하는 행위
		• 성적 수치심을 주거나, 위협하는 내용, 조롱하는 글, 그림, 동영상 등을 정보통신망을 통해 유포하는 행위
		• 공포심이나 불안감을 유발하는 문자, 음향, 영상 등을 휴대폰 등 정보통신망을 통해 반복적으로 보내는 행위

출처: 교육부(2014).

3) 학교폭력 과정에서의 역할 개념[4]

학교폭력의 과정에서 학생들이 맡게 되는 피해자, 주변인, 가해자에 대한 정의를 예시를 통해 알아보고, 학교폭력과 관련하여 언급되는 유사 개념 및 용어들을 정의해 보고자 한다.

괴롭힘은 모든 사회적 상황에서 항상 발생하므로 학생들은 '괴롭힘'의 과정에서 한 가지 이상의 역할을 맡을지도 모른다. 학생들은 가해자가 될 수도 있고, 피해자가

표 1-3 학교폭력 가해자, 피해자, 주변인의 유형

구분	세부유형
가해자	공격적 가해자
	추종자
	관계적 가해자
피해자	수동적 피해자
	도발적 피해자
	관계적 피해자
주변인	문제의 일부로서 주변인
	해결책의 일부로서 주변인

---

4) Orpinas, P., & Horne, A. M. (2005). *Bullying prevention*. 이화여자대학교 학교폭력예방연구소 편역 (2013). 괴롭힘 예방: 행복한 문화 조성과 사회적 역량 개발에서 관련 내용을 발췌하고, 사례를 우리 상황에 맞게 번역·제시하였다.

될 수도 있는데 가장 일반적인 가해자, 피해자, 주변인의 유형은 〈표 1-3〉과 같다.

(1) 가해자

먼저, 가해자의 유형은 공격적 가해자, 추종자, 관계적 가해자로 구분할 수 있다. 공격적 가해자는 그들의 목표를 성취하기 위해 위협과 협박뿐만 아니라 신체적, 언어적 모두를 포함하는 공격을 하는 경향이 있다. 추종자(주로 수동적 가해자로 불려왔다)는 공격적 가해자보다는 괴롭히는 행동의 가능성이 낮지만 괴롭힘 행동이 보상을 받으면 공격적 가해자들을 따른다. 마지막으로 관계적 가해자는 고의적으로 다른 학생을 고립시키거나, 집단에서 친구를 배제하거나, 유언비어를 퍼뜨리는 것과 같이 은밀하고 간접적인 형태의 공격을 한다.

가해자의 예: 공격적 가해자, 추종자, 관계적 가해자

공격적 가해자: 주원

주원이와 태웅이는 6학년 같은 반이었다. 주원이는 학교 스타 농구선수였고 모든 운동을 좋아한다. 태웅이도 마찬가지로 농구하는 것을 좋아하고 주원이만큼 잘했다. 금요일 방과 후에 주원이는 농구를 하기 위해 아이들을 모았고 태웅이도 경기에 참여했는데 주원이는 경기 중 계속 태웅이의 이름을 부르고 발을 걸어 넘어뜨렸다.

추종자: 민호

민호는 주원이, 태웅이와 같은 학교에 다닌다. 민호는 친구가 없으며 학교에서 다른 아이들의 인기도 얻고 싶지만 어떻게 해야 다른 사람들이 자기를 좋아할지 방법을 모른다. 어느 날, 민호는 농구 코트에서 주원이가 태웅이를 조롱하는 것을 보았고 민호는 주원이와 함께 태웅이를 놀리기 시작했다. 날이 갈수록 민호의 놀림은 정도를 더해 갔고 심지어 태웅이에게 신체적 공격을 시작했다. 갈등이 확대됨에 따라 교장선생님은 민호를 징계하였지만, 민호는 자신이 인기를 얻고 있다는 사실을 자랑스러워했다.

관계적 가해자: 수영, 효린, 태연

수영, 효린, 태연, 효연은 모든 것을 함께하는 가장 친한 친구이다. 그러나 효연이는 혼자 수학 우수반에 배치되었고 이전에 알지 못했던 승연이와 친구가 되었다. 효연이가 친구들에게 승연이에 대해 이야기하고, 그녀를 토요일에 쇼핑센터에 같이 가자고 초대하자고 이야기했을 때, 그녀의 친구들은 그들과 의논하지 않고 다른 친구를 만든 것에 대해 격분했다. 수영과 효린, 태연은 효연이를 배신자라고 하면서 그녀만 빼고 놀기로 했다. 시간이 흐르면서 친구들은 점점 더 효연에게 차가워졌고, 심지어 효연이는 화장실에서 친구들이 자신을 험담하는 것을 듣게 되었다.

(2) 피해자

피해자는 가해자로부터 체계적이고 반복적으로 괴롭힘을 당하거나 학대를 받는 사람으로, 수동적 피해자, 도발적 피해자, 관계적 피해자 이렇게 세 가지로 나눌 수 있다. 수동적 피해자는 친구가 없거나 언어적 능력이 낮거나 수줍거나 불안해 보이는 것과 같은 표적이 되기 쉬운 특성들을 갖는다. 도발적 피해자는 괴롭히거나 성가신 행동 같은 부적절한 행동을 통해서 가해자뿐만 아니라 반 전체에 대항할 수 있다. 관계적 피해자는 미묘하고 암묵적인 관계적 괴롭힘의 피해자이다. 남학생 또한 피해자가 될 수 있지만, 여학생들이 더 자주 관계적 괴롭힘의 피해자가 된다.

수동적, 도발적, 관계적 피해자의 예

수동적 피해자: 규리

새로 전학을 온 규리는 자신이 뚱뚱하다고 느꼈으며, 아는 친구가 거의 없고 수줍음이 많아 굉장히 힘들었다. 그녀는 친구를 만들려고 시도했으나 성공하지 못했다. 그러던 중 나은이가 규리를 "뚱뚱보"나 "땅달보"라고 놀리기 시작했지만 다른 학생들은 나은이가 성격이 나쁜 것을 알고 있어서 상관하고 싶어 하지 않았다. 며칠이 지나고 규리는 나은이가 다가왔을 때 경직되었고, 나은이가 선생님에게 이르면 때릴 것이라고 협박할 때 자포자기했다.

도발적 피해자: 진혁

진혁이는 인기 없는 5학년이다. 다른 학생들은 진혁이를 무시하거나, 진혁이에게 말을 할 때 '보잘것없는 진혁' '바보'와 같이 무시하는 말을 했다. 진혁이는 무시당하는 것과 그렇게 불리는 것에 점점 화가 났다. 그는 반에서 인기 있는 남학생들 중 몇 명을 놀리거나 욕하면서 대응했다. 갈등이 고조되어 가면서 인기 있는 남학생 중 한 명이 진혁이를 밀쳤고, 결국 진혁이는 다쳐서 병원 치료를 받았다.

관계적 피해자: 승기

승기는 동경의 대상도 아니었지만 인기가 없는 것도 아니었다. 마치 그가 다니는 중학교에 단지 '존재'만 하는 것처럼 느껴졌지만, 승기는 많은 친구가 있으면 좋겠다고 생각했고 잘 어울리고 싶어 했다. 결과적으로 승기는 그의 사회적 참여를 높이기 위한 노력으로 식당에서나 운동장, 다른 학교 모임에서 발언하기 시작했다. 중기는 승기가 초대받지 않았는데 끼어들려고 하는 것에 화가 났고, 반의 다른 친구들에게 승기를 놀리자고 설득했다. 며칠 동안 남자 아이들은 승기에게 매우 친절하게 대했다. 그들은 승기에게 어떤 것을 하면 행복한지와 어떤 종류의 우정을 원하는지 물었다. 그리고 승기가 그의 생각과 느낌을 말하자 남자아이들은 승기에게 이 집단에 어울릴 수 없으며 좋아하지 않는다고 말하면서, 승기가 준 정보로 그를 계속 괴롭혔다.

(3) 주변인

괴롭힘의 목격자인 주변인들은 괴롭힘 문제를 일으키는 한 부분일 수도 있고, 문제를 해결하는 사람일 수도 있다. 즉, 주변인은 문제의 일부로서의 방관자와 해결책의 일부로서의 주변인으로 나눌 수 있다. 문제를 일으키는 주변인은 가해자가 싸움이나 보복을 계속하도록 부추긴다. 싸우고 있는 학생들 주변에 모여, 그들은 공격자에게 "계속해."라고 소리치거나 피해자에게 "너 계속 참을 거야?"라고 소리친다. 그들은 심지어 가해자를 피한 피해자들에게 다시 돌아가서 싸우라고 말한다. 문제해결을 하는 주변인은 문제를 해결하고 완화하기 위해 노력한다. 그들은 어른들에게 도움을 요청하거나, 긴장을 완화할 수 있는 말이나 행동(예: "제발, 그건 싸울 가치가 안 돼. 다른 것 같이 하자."라고 말하기)을 하거나 자주 괴롭힘의 표적이 되는 학생을 그들의 집단에 초대한다.

2. 초 · 중 · 고등학교 학교폭력의 현황[5]

1) 학교폭력 실태조사 개요

교육부는 2012년부터 학교폭력의 현황 및 추이 분석을 위해 학교폭력예방법 제 11조 및 동법 시행령 제9조에 따라 1년에 2회씩 한국교육개발원에 의뢰하여 전국의 모든 학교를 대상으로 학교폭력 실태조사를 실시하고 있다. 2018년부터는 전수조사 2회에서 전수조사 1회와 표본조사 1회로 개편될 예정이다. 교육부의 학교폭력 실태조사 개요를 간략하게 살펴보면 다음 〈표 1-4〉와 같다.

표 1-4 교육부 학교폭력 실태조사 개요(2012~2017년)

- (기간) 매년 3~4월(1차), 9~10월(2차)
- (대상) 초 4학년 ~ 고 3학년 재학생 전체 및 표집대상 학교 학부모
- (내용) 학교폭력 피해 · 가해 · 목격 경험, 예방교육 효과 등
- (방법) 온라인 조사(학교폭력 실태조사 홈페이지, http://survey.eduro.go.kr)
  − 학생은 별도 회원 가입 없이 인증번호 확인 후 조사 참여
- (위탁기관) 한국교육개발원(KEDI), 한국교육학술정보원(KERIS)
- (결과공개) 학교알리미 공시(11월 말) → 교육부 및 17개 시 · 도교육청

---

5) 학교폭력 현황은 교육부가 1년에 2회씩 전국의 모든 초 · 중 · 고등학교를 대상으로 실시한 학교폭력 실태 조사 결과로 2018년 이후 실태조사 개요와 결과는 교육부 홈페이지(http://www.moe.go.kr), 교육부 도란 도란 학교폭력예방 홈페이지(http://www.edunet.net/nedu/doran/doranMainForm.do?menu_id=140), 한국교육개발원 학교폭력예방지원센터 홈페이지(https://stopbullying.kedi.re.kr) 그리고 이화여자대학교 학교폭력예방연구소 홈페이지(http://my.ewha.ac.kr/ewhaisvp/)를 통하여 제공될 것이다.

2) 학교폭력 실태조사 결과

(1) 학교폭력 피해율, 가해율 및 목격률

교육부의 학교폭력 실태조사 결과에 따른 피해율과 가해율 및 목격률은 다음 [그림 1-2]와 같다. 2012부터 2017년까지 2차 조사를 기준으로 살펴보면 전체 학교폭력 피해율과 가해율 그리고 목격률 모두 조사를 시작하고 1년 후인 2013년에 크게 감소하였으며, 이후 지속적으로 감소하고 있는 것으로 나타났다. 2017년의 경우 피해율과 가해율은 2016년과 동일한 0.8%와 0.3%로 변화가 없었으나 목격률의 경우는 2.3%로 0.2% 낮아졌다(교육부, 2017b).

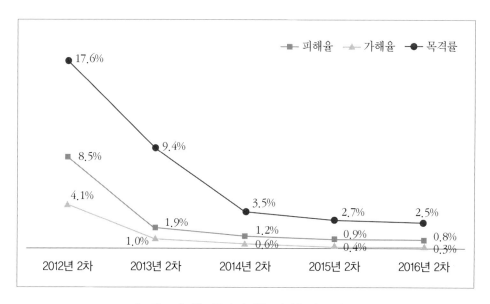

[그림 1-2] 학교폭력 피해율, 가해율 및 목격률

자료: 교육부(2016b).

한편, 2012년부터 2016년까지 학교폭력 피해 응답률을 학교급으로 나누어 살펴보면, [그림 1-3]과 같이 초등학교, 중학교, 고등학교 순으로 피해 응답률이 높은 것으로 나타났다.

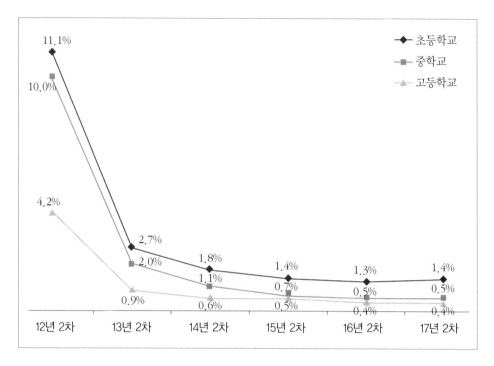

[그림 1–3] 학교급별 피해 응답률

자료: 교육부(2017b).

(2) 학교폭력 피해유형

교육부의 학교폭력 실태조사 결과의 폭력 유형별 응답 피해건수를 살펴보면 언어폭력, 집단따돌림, 신체폭행, 스토킹, 사이버 괴롭힘 등의 순으로 피해 응답을 보였다.

2016년과 2017년 실태조사 결과를 살펴보면, 다음 [그림 1–4]와 같이 2016년 대비 2017년 피해응답 건수가 동일하였으나 언어폭력, 스토킹, 사이버 괴롭힘 등의 비중이 지속적으로 높게 나타나고 있었다.

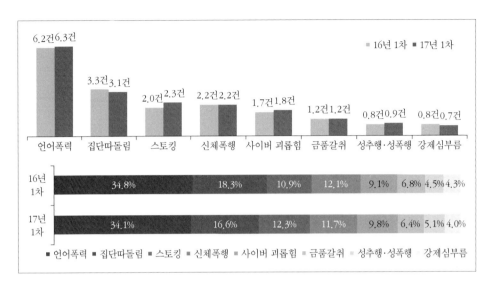

[그림 1-4] 2017년 학생 천 명당 피해응답 건수 및 피해유형별 비율

자료: 교육부(2017a).

(3) 학교폭력 피해 장소

교육부의 학교폭력 실태 조사 결과, 학교폭력의 67.2%(2016년) 및 67.1%(2017년)

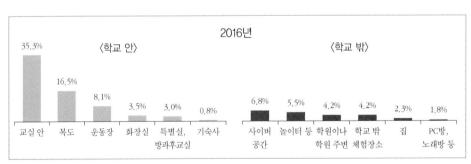

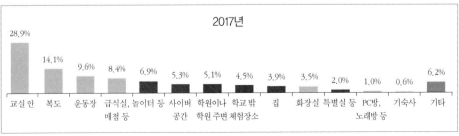

[그림 1-5] 장소별 학교폭력 발생 비율

자료: 교육부(2016b, 2017a).

가 '학교 안'에서 발생하였으며, 24.8%(2016년) 및 26.7%(2017년)가 '학교 밖'에서 발생했다. 발생 장소별 학교폭력 발생 비율을 구체적으로 살펴보면 [그림 1-5]와 같다.

(4) 학교폭력 발생 시간

교육부의 학교폭력 실태조사 결과(2017년 2차)에 따르면, 학교폭력 발생 시간은 '쉬는 시간'(35.1%), '점심시간'(18.0%), '하교 이후'(13.6%), '수업시간'(10.5%), '하교 시간'(5.5%) 등의 순으로 나타났다(교육부, 2017b). 2016년 2차 조사의 학교폭력 발생 시간은 '쉬는 시간'(42.0%), '하교 이후'(14.7%), '점심시간'(9.7%), '정규수업시간'(7.9%) 등의 순으로 나타났다. 따라서 학교폭력이 발생하는 시간은 대체적으로 쉬는 시간과 점심시간 그리고 하교 이후의 시간임을 알 수 있다(교육부, 2016b).

(5) 피해 후 도움 요청

교육부의 학교폭력 실태조사 결과(2017년 2차)에 따르면 학교폭력 피해를 당한 후에 주위에 알리거나 신고한 응답은 79.3%로 대상은 '가족'(38.1%), '선생님 혹은 신고함'(22.2%), '친구나 선배'(13.2%), '117신고센터'(2.1%)의 순으로 나타났다(교육부, 2017b). 2016년 2차 결과에 따르면 학교폭력 피해 후 학교폭력 피해 사실을 주위에 알리거나 신고한 응답은 77.6%로, 대상은 '가족'(32.8%), '학교'(22.4%), '친구나 선배'(14.4%)의 순으로 나타났다. 교육부 자료를 통해 1차를 기준으로 연도별 피해 후 알림 · 신고한 비율을 살펴보면 2014년 78.3%, 2015년 79.6%, 2016년 80.3%, 그리고 2017년 78.8%로 최근 3년 동안의 신고비율은 지속적으로 75% 이상으로 나타나고 있다. 2017년 2차 조사에서 피해 후 미신고 이유는 '별일이 아니라고 생각해서'(29.1%), '스스로 해결하려고'(16.6%), '해결이 안 될 것 같아서'(29.1%), 그리고 '더 괴롭힘을 당할까 봐'(15.1%) 등의 순서로 나타났다(교육부, 2017b).

(6) 학교폭력 목격 후 행동

교육부의 학교폭력 실태조사 결과(2016년 1차)에 따르면 학교폭력 목격 후 '알리거나 도와줬다'는 응답은 87.3%로 나타났으며, '모르는 척했다'는 방관 응답은 12.2%였다. 2016년 2차 조사 결과에 따르면 '알리거나 도와줬다'는 응답이 73.5%로 나타났으며 '모르는 척했다'는 방관 응답은 25.5%로 나타났다. 교육부 자료를 통해 1차를 기준으로 연도별 학교폭력 목격 후 행동을 살펴보면 2014년 79.1%, 2015년 85.2%, 2016년 87.3%, 그리고 2017년 78.9%로 학교폭력 목격 후 알리거나 도움을 주는 응답은 75% 이상을 유지하는 것으로 나타났다.

3) 학교폭력 실태조사 개편방안

2012년부터 실시해 온 학교폭력 실태조사는 많은 성과를 거두었지만 한계 또한 지적되었다. 최근 사이버 폭력의 증가 등 변화하는 학교폭력 양상에 적극 대응하며, 그간 운영하면서 제기된 학교현장의 부담 및 조사의 문제점 등을 개선하기 위하여 교육부는 2018년부터 전수조사 외 표본조사를 도입할 계획이다(교육부, 2017b). 전수조사는 학교폭력 예방 및 인식 제고를 위해 학년 초에 실시하여 기존 조사와의 일관성을 유지하는 반면, 표본조사는 학년 말에 실시하여 맞춤형 학교폭력 대책 및 심층원인 분석을 위한 기초자료를 제공하게 될 예정이다. 조사 문항은 최근 사이버 폭력 등 변화하는 학교폭력 양상을 반영하고, 학생의 발달단계 및 인식 수준을 고려하여 초등과 중등용 문항을 분리하여 개발하며, 피해학생의 심리를 고려하여 조사문항을 설계할 계획이다(교육부, 2017b).

3. 학교폭력의 대응

1) 학교폭력 현상에 대한 정책적 관점

우리나라에서 중요한 교육정책으로 여겨져 왔던 입시정책이나 교육과정 등의 정책과는 달리 학교폭력은 문제의 심각성에 비해 정책의제로 채택된 것이 오래되지 않은 상황이다. 우리나라에서 과거에 비해 학교에서의 폭력이 심각해지고 있는지에 대해서 단정적으로 말하기는 어렵다. 하지만 학생들이 인식하고 있는 폭력에 대한 민감성은 매우 높아졌으며, 폭력을 극복해 내는 회복탄력성(resilience)은 점점 약해지는 특징을 보이고 있다(정제영, 2012).

　학교폭력을 예방하거나 사후 조치를 위한 정책을 만드는 일은 매우 중요하지만 현상과 원인에 대한 정확한 이해가 선행되어야 한다. 학교폭력의 심각성은 여러 가지 특징을 보이고 있지만, 조기개입의 중요성과 학교폭력에 대한 인식의 변화가 핵심적인 과제라는 점을 보여 준다. 사소한 괴롭힘도 학교폭력이 될 수 있다는 인식이 필요하다. 또한 학교폭력은 소수 학생의 문제가 아니라 모든 학생과 관련된 문제이며 다른 학생들이 아닌 자신의 문제라는 것을 인식하도록 하는 예방교육이 필요하다. 그리고 사소한 학교폭력에 대해서는 재발이 되지 않도록 조기에 철저한 교육과 치료가 이루어져야 한다.

　학교폭력에 대한 정책의 영역은 크게 두 가지 관점으로 나누어 살펴볼 수 있다. 첫째, 일반적 정책(general policy)과 특정 상황에 대한 정책(specific policy)이다. 일반적 정책은 모든 학교폭력에 대해 적용되는 것인 반면에 특정 상황에 대한 정책은 학교폭력의 유형에 따라 특별한 정책을 수립하는 것을 의미한다. 둘째, 사전에 실시하는 예방 정책(prevention policy)과 사후에 실시하는 조치 정책(intervention policy)이라고 할 수 있다.

　학교폭력에 대한 시점에 따라서는 단기 대책과 장기 대책으로 나누어 볼 수 있다. 단기 대책은 학교폭력에 대해 비교적 단기간 동안에 직접적으로 예방하고 조치하는 정책을 의미한다. 반면에 장기 대책은 학교폭력의 근본적인 원인을 분석하여 장기간에 걸쳐서 예방하고 조치하는 정책을 의미한다. 2012년에 발표된 정책은 단기에 해당하는 직접대책과 장기 대책으로 나누어 구성된 특징을 갖고 있다.

　또한 학교폭력 정책의 대상에 따라 구분이 가능하다. 우선 학생에 대한 정책이 있고, 교사에 대한 정책, 학부모에 대한 정책, 그 밖에 학교 밖의 유관 기관 담당자에 대한 정책이 있을 수 있다. 범위에 따라서는 개인에 대한 정책, 교실 수준, 학교 수준, 가정 수준, 지역사회 수준, 국가 수준의 정책으로 나누어 볼 수 있다. 따라서 학교폭력 정책 담당자는 모든 영역에 있어서 정책이 고르게 구성되어 있는지에 대해 검토해 볼 필요가 있다.

2) 외국의 학교폭력 현상과 정책

학교폭력과 괴롭힘은 우리나라만의 현상이라기보다는 세계적으로 나타나는 보편적인 현상이라고 할 수 있다. 학교폭력은 신체적, 심리적, 성적 폭력 및 괴롭힘 등 다양한 형태의 폭력이 포함되어 있으며 모든 국가에서 발생한다(한유경, 2017). 이에 대한 근본적인 원인에는 사회적 규범들과 더불어 경제적 불평등, 박탈감, 갈등과 같은 더 넓은 구조적 요인들이 있다. 해마다 2억 4천 6백만 명의 아동 및 청소년들이 특정 형태의 학교폭력을 경험하는 것으로 추정되고 있다. 유럽과 북미, 호주 등에서 조사된 자료에 따르면 괴롭힘(bullying)이 가장 흔한 학교폭력의 형태로 나타나며, 이에 따라 괴롭힘을 별개의 이슈로 다루기도 한다(이화여자대학교 학교폭력예방연구소, 2017).

학교에서 발생하는 폭력 및 괴롭힘은 아동 및 청소년이 교육을 받고 건강할 권리 등을 침해한다. 많은 연구는 폭력경험이 피해 학생들의 학업수행, 신체적·정신적 건강, 그리고 정서에 부정적인 영향을 미친다고 지속적으로 보고하고 있으며, 가해자 및 방관자들에게도 치명적인 영향을 미치게 되는데, 이는 학교폭력 경험들이 불안, 두려움, 불안전한 학습 분위기를 조성함으로써 학교문화에 부정적인 영향을 미치기 때문이다. 학교폭력과 괴롭힘은 성인기까지 지속적으로 영향을 미칠 뿐 아니라 더 포괄적인 사회적·경제적 대가를 치르게 한다. 따라서 학교 내 괴롭힘에 개입하는 것은 미래의 반사회적 행동 및 범죄행동, 사회관계 형성의 어려움을 예측하고 대응할 수 있게 할 것이다. 하지만 안타깝게도 학교는 종종 폭력 및 괴롭힘에 대하여 가해학생의 퇴학조치 등 임시방편적 대응을 할 뿐 본질적인 대응책을 제시하지 않으며 해당 문제를 '폭탄 돌리기' 하듯이 다른 기관에 넘기고 있는 모습을 쉽게 볼 수 있다. 학교폭력과 괴롭힘 주제의 국제 심포지엄[6]에서는 저소득·중간소득층에

---

[6] 2017년 1월 서울에 학교폭력 피해 사례와 대응 방법을 논의하기 위해 70여 개국 전문가들이 한자리에 모였다. 유네스코와 함께 이화여자대학교 학교폭력예방연구소는 '학교폭력과 괴롭힘'을 주제로 국제 심포지엄을 개최하였으며 이 자리에는 국제기구, 정부, 대학, 연구소, 민간기구 활동가 등 200여 명이 참석해 학교폭력과 괴롭힘으로부터 아동을 보호하는 방법과 대응방안을 모색하는 시간을 가졌다. 개회식에서 이리나 보코바 유네스코 사무총장은 "학교폭력과 괴롭힘은 교육권을 심각하게 위협하는 행위"라며 "이번 심포지엄과 국제 현황 보고서는 학교 그리고 학습 환경이 다른 전 세계 모든 학생들의 안전을 보장하려는 유네스코의 노력"이라고 강조했다.

속하는 19개 국가 데이터를 분석한 「학교폭력과 괴롭힘: 국제 현황 보고서(School Violence and Bullying: Global Status Report)」[7]가 발표되었는데, 보고서에 따르면 전 세계 11~13세 학생 중 34%는 지난 1개월 이내에 다른 학생으로부터 괴롭힘을 당한 적이 있으며 그중 8%는 매일 괴롭힘을 당하고 있다. 특히 성(性) 규범과 고정관념, 성적지향, 민족정체성 차이, 언어능력 부족 등 사회적 약자에 속하는 아이들이 폭력의 주요 피해자로 나타났다. 이와 관련해 유네스코가 지난해 18개국 10만여 명의 청소년을 대상으로 실시한 설문조사에서도 25%가 신체적 외모 때문에 괴롭힘을 당했고 성별이나 성적지향, 민족이나 출생 국가 때문에 괴롭힘을 당했다는 응답도 각각 25%에 달했다. 학교폭력을 해결하기 위한 조치로는 리더십 강화, 학교폭력의 위험에 대한 인식 고취, 파트너십 구축 및 아동과 청소년의 참여, 교육 담당자의 역량 제고, 학교폭력 보고 시스템 구축과 데이터 수집·관리 개선 등이 제시됐다(이화여자대학교 학교폭력예방연구소, 2017).

나라별로 비교해 보면 학교폭력 문제의 양상, 심각성의 인식 수준에 따라 정책적 대응도 다양하게 이루어지고 있음을 알 수 있다. 미국은 학교 내 총기사건들이 지속적으로 발생하면서 대응방안을 마련하느라 국가적으로 노력하고 있다(박주형, 정제영, 2012). 일본의 경우에는 이지메의 문제가 심각하게 대두되어 왔고, 이에 대한 적극적 대응으로 인해 최근에는 어른들이 발견하기 어려운 수준으로 음습화(陰濕化)되고 있다는 특징을 보여 주고 있다(정제영, 2012). 외국의 사례를 비교·분석함으로써 우리나라의 문제를 이해하고 해결할 수 있는 시사점을 찾아볼 수 있다.

(1) 미국의 사례

미국은 1999년 콜럼바인(Columbine) 고등학교에서 총기살인사건이 발생하면서 학생 간 집단 따돌림과 괴롭힘 등 학교폭력 문제가 전국적인 이슈가 되었다(Kupchik, 2010). 미국의 학교폭력 실태 자료에 따르면, 2007년도 전체 응답자의 32%가 학교에서 괴롭힘(bullying)을 당한 경험이 있으며 4%의 학생은 사이버 괴롭힘을 당했다고 응답하였다(DeVoe & Bauer, 2010). 그리고 2008년 7월부터 2009년 6월의

---

7) http://unesdoc.unesco.org/images/0024/002469/246970e.pdf에서 원문을 다운받을 수 있다.

학교폭력 경험을 보여 주는 조사에 따르면 12~18세 학생들 중 약 12%의 학생이 신체적 폭행, 20%의 학생이 따돌림 피해를 입었다고 보고되었다(고성혜, 이완수, 정진희, 2012).

미국은 역사적으로 연방정부와 주정부가 법령과 재정지원을 통해 학교가 학생들의 학습을 위한 안전한 공동체가 되도록 노력해 왔다(Sacco, Silbaugh, Corredor, Casey, & Doherty, 2012). 1989년의 '전미교육목표(The National Education Goals)'에서뿐만 아니라 1994년에 개정된 「초 · 중등교육법(The Improving America'Schools Acts of 1994)」에도 학교폭력을 줄이기 위한 규정이 포함되어 있다(박주형, 정제영, 2012). 이 법의 일부인 「안전한 학교법(Safe and Drug-Free Schools And Communities Act)」에서는 학교폭력을 높일 수 있는 요인인 마약과 술, 담배 등의 유해물질을 규제하고 있으며 교사에 대한 교육과 안전한 학교 만들기 위한 프로젝트 지원 등을 담고 있다. 「안전한 학교법」에 따르면 학교를 질서정연하고 약물 없는 배움의 공간으로 만들기 위한 요건으로 ① 부모 및 시민 참여, ② 학교 단위의 학교폭력근절팀, ③ 학교안전계획, ④ 학교환경의 점검, ⑤ 학생의 적극적 참여, ⑥ 추진 상황의 모니터링 등을 강조하고 있다(고성혜 외, 2012). 이와 더불어 「학생낙오방지법(No Child Left Behind Act)」의 4장인 '21세기 학교(21st Century Schools)'에는 1965년 「초 · 중등교육법」이 담고 있었던 위험한 학교 선택권, 즉 학교폭력이 만연한 학교에 다니는 학생에게 전학의 기회를 부여하고 있다. 또한 연방정부는 학교폭력 예방을 위한 학교 단위 프로그램의 개발 및 시행을 위해 ① 건강, 정신건강, 환경건강, 체육 프로그램, ② 약물 및 학교폭력 예방을 위한 주정부의 프로그램, ③ 약물 및 학교폭력 예방을 위한 연방 프로그램, ④ 인성 및 시민교육 프로그램, ⑤ 정책 및 융합 프로그램 등에 대한 재정적 지원을 하고 있다.

(2) 일본의 사례

일본은 학교폭력의 문제를 이미 30여 년 전인 1980년대 '이지메'로 표현되는 집단 따돌림 현상으로 심각하게 경험했다. 특히 1986년에 이지메로 인해 중학생이 자살을 하였고, 그 학생이 당했던 괴롭힘의 상세한 기록이 공개되면서 일본 사회는 큰 충격에 빠지게 되었다(Naito & Gielen, 2005). 이지메로 인한 수많은 학생 자살사건으로 학교폭력 문제는 정부의 적극적인 개입이 필요한 사회적인 이슈가 되었다(Akiba, LeTendre, Baker, & Goesling, 2002).

일본에서의 학교폭력 문제는 이지메, 즉 당한 사람의 입장에서 어떤 학생이 다른 학생으로부터 심리적·신체적 피해를 입는 것뿐만 아니라 폭력행위, 무단결석 및 자살까지도 학교폭력의 범주에 포함하고 있다. 특히 교사에 대한 학생의 폭력행위도 학교폭력에 포함된다(정재준, 2012). 일본에서의 학교폭력에 대한 통계적 추이를 보여 주고 있는 2006년 이후의 자료를 살펴보면 교내폭력의 경우 2009년까지 꾸준히 증가하다가 2010년에 약간 감소한 반면, 이지메의 경우 2006년 이후 지속적으로 감소세를 보이고 있다. 문부과학성(日本 文部科学省, 2011)에 따르면 교내폭력의 중요한 특징 중 하나는 중학생이 교내폭력의 절대 다수(71.5%)를 차지하는 반면, 이지메의 경우 초등학생이 전체의 50%를 차지하는 경향이 나타났다(정재준, 2012).

일본에서도 우리나라와 유사하게 정부 주도형 학교폭력 예방 및 근절 대책이 시행되고 있다. 우리나라의 교육부에 해당하는 문부과학성의 책임하에 지방 교육위원회의 협력으로 정책을 시행하고 있다(정재준, 2012). 1996년 전문가들이 모여 「학교폭력 문제와 관련된 종합적인 조치들(The Notice of July 1996 on Comprehensive Measures Related to Bullying Problems)」이라는 제목으로 선언문이 채택되었다. 이 선언문에서는 다음 네 가지를 주요 내용으로 포함하고 있다. 첫째, 약한 자를 괴롭히는 행위는 용납될 수 없으며 가해자는 항상 잘못된 것이다. 둘째, 가해행위를 그대로 두는 것은 받아들일 수 없다. 셋째, 학교폭력을 예방하기 위해 모든 교사는 괴롭힘의 문제가 교사의 학생들에 대한 인식과 교사들의 생활지도 문제와 관련 있다는 것을 알아야 한다. 넷째, 학교폭력은 가정교육과 밀접하게 관련되어 있으므로 가족들은 학생에게 애정과 정신적 지원을 하며 믿음에 근거한 훈육을 시행해야 함을 주요 내용으로 한다(Plischewski & Kirsti, 2008).

최근 일본의 학교폭력 방지 대책으로는 법률을 통해 학교폭력을 예방하기 위한 노력을 명시하고 학교폭력 발생 시 강력하게 대응하는 방안과, 학교의 자체적인 생활지도 노력을 강화하는 양방향으로 진행되고 있다. 법령 개정과 관련해서는 2000년 개정된 「아동학대 방지에 관한 법률」의 시행, 「소년법」의 2001년 개정 및 「학교교육법」의 2001년 개정 등이 대표적이다. 「아동학대 방지에 관한 법률」은 학교에 학교폭력에 대한 관찰의무를 부과하였고, 개정된 「소년법」은 형사법원으로의 역송가능연

표 1-5 일본 학생의 문제행동에 대한 통계적 추이(2006~2010년)   (단위: 건)

유형/연도	2006	2007	2008	2009	2010
교내폭력	40,019	47,935	54,378	54,908	53,045
이지메	124,898	101,097	84,648	72,778	75,295
무단결석	184,438	182,296	179,829	174,160	168,055
자살	171	159	136	165	147
총계	349,526	331,487	318,991	302,011	296,542
1,000명당 발생건수	24.47	23.41	22.64	21.54	22.32

자료: 정재준(2012).

령을 기존의 만 16세 이상에서 만 14세 이상으로 낮추고 흉악범죄를 행한 청소년과 보호자의 처분을 강화함으로써 학교폭력을 일으키는 학생에 대하여 강력한 처벌을 할 수 있게 하였다. 학교의 질서를 확립하고 다른 학생들의 교육을 위해 2003년에 개정된 학교교육법에서는 다음의 경우에 필요에 따라 가해학생에 대한 출석정지를 하도록 허가하였다. 첫째, 학생이 타 학생을 괴롭혀 심리적·육체적 상처를 주거나 재산상의 손실을 입힌 경우, 둘째, 학교 교직원에게 심리적·육체적 피해를 입힌 경우, 셋째, 학교시설을 훼손한 경우, 넷째, 수업분위기를 해치거나 수업활동을 방해한 경우 가해학생에 대한 출석정지를 할 수 있다(Plischewski & Kirsti, 2008).

(3) 노르웨이의 사례

스칸디나비아 지역의 국가에서는 1960년대부터 학교폭력의 심각성이 사회적 이슈로 대두되어 국가 수준에서 학교폭력을 근절하기 위한 대책을 수립·시행하고 있다. 노르웨이를 비롯하여 핀란드와 스웨덴에서는 학교폭력 예방 프로그램이 오래전부터 개발되어 운영되어 왔으며 그 효과가 입증되어 전 세계적으로 프로그램이 확산되고 있다. 노르웨이의 경우 Olweus의 학교폭력 예방 프로그램(School Bullying Prevention Program)이 대표적이다.

안정적인 사회보장제도를 기반으로 한 복지국가로 유명한 노르웨이는 1980년대 초반에 따돌림으로 인해 학생이 자살함에 따라 학교폭력의 문제가 사회적인 이슈가 되었다. 이에 대처하기 위해 정부는 국가 수준의 캠페인과 국가 차원의 조사 및 프로그램 개발 등을 시행하였으며 유럽 주변 국가와의 협력을 통해 학교폭력 문제를 해결하고자 노력하였다(고성혜, 2005). 1983년의 실태조사에서 학교폭력의 가해 경험 학생의 비율이 약 50% 정도였으며 지속적인 피해경험이 있는 학생 역시 약 15% 정도였다. 2001년의 조사에서는 학교폭력을 주 1~2회 이상 경험한 학생이 10세의 경우 12.5%, 11세의 경우 11%였으며, 13세는 약 10%였다.

노르웨이에서는 학교폭력을 예방하기 위해 1983년부터 전국적인 학교폭력 추방 노력을 실시하고 있다. 1999년 학교 단위 갈등 중재 활동과 괴롭힘 예방 프로그램의 시행 등을 기초로 한 학교폭력 프로그램을 시행하였다(고성혜, 2005). 학령기 이전부터 학교폭력 예방교육을 시행하고 초등학교 저학년 때 집중적으로 학교폭력을 방어할 수 있는 다양한 능력을 배양하기 위한 교육을 받기 시작하여 학교폭력 예방은 교육과정 전반에 걸쳐 다뤄지고 있다. 학교폭력 예방을 위한 특별 프로그램이 진행될 뿐만 아니라 학생들에게 스포츠, 문화, 예술 활동 등의 다양한 프로그램을 경험하게 함으로써 학교폭력을 예방할 수 있는 학생들과의 소통이나 협동 능력을 배양하는 데 관심을 기울이고 있다. 또한 초등학교 저학년부터 기본적인 인성교육을 실시함으로써 상호존중이나 인간존중 정신을 키우고 있다. 예컨대, 2002년부터 진행된 'Values in Schools' 운동을 통해 학교에서의 가치의 문제를 논의하고 실천할 수 있는 기회를 제공하고 있다(박효정, 2012).

노르웨이의 체계적인 학교폭력에 대한 대처는 기본적으로 학교폭력이 이슈화되기 이전에 진행되어 오던 학교폭력의 실태와 대책에 대한 연구가 있었기 때문에 가능하였다. 베르겐 대학의 교수인 Olweus의 주도로 학교폭력 연구가 진행되어 왔으며 1982년에 학교폭력 사안이 이슈화된 이후 진행된 실태조사 역시 Olweus에 의해 진행되었다(박효정, 2012). 이와 더불어 베르겐 대학에서는 교사에 대한 학교폭력 대처 연수 프로그램을 시행함으로써 교사들이 학생들의 지도 능력을 키워 주고 있다. 우리나라에서는 교육부에서 2012년에 이화여자대학교의 학교폭력예방연구소를 정책중점연구소로 지정하여 실태와 정책에 대한 연구를 진행하고 있다는 점에서 유사성을 갖는다.

(4) 핀란드의 사례

핀란드에서는 약 5~15% 학생들이 지속적으로 친구들에게 학교폭력 피해를 받는다고 응답하고 있으며 이러한 피해는 중등학교보다 초등학교에서 더 자주 일어난다고 보고된다(Pepler & Craig, 2008). 핀란드는 'The School Health Promotion Study'라고 하여 매해 중등학교의 75,000명 이상을 대상으로 설문조사를 하는데 이 조사 결과에 따르면 1998년부터 2006년까지 중등학교의 학생들의 피해빈도 응답에는 큰 변화가 없었다. 이에 따라, 1990년대부터 핀란드는 학교폭력이 사회적 문제로 대두되면서 학교폭력 예방정책을 수립하기 시작하였다(Pepler & Craig, 2008).

핀란드 교육문화부는 2005년 학교복지위원회(Committee for School Welfare)를 출범시켜 2006년 투르크 대학(University of Truku) 연구팀에 70억 원을 투자하여 학생 괴롭힘 방지 프로그램을 개발하도록 하였다(박용수, 2015). 이 프로그램이 예방 차원에서 방관자(bystanders)에 관심을 쏟는 것으로 유명한 '키바 코울루(Kiva Koulu)' 프로그램이다. KiVa 프로그램은 핀란드어로 'Kiusaamista Vastaan'으로 'against bullying'을 뜻한다(Pepler & Craig, 2008). 이 프로그램은 학생, 교사, 학부모에게 방대한 자료를 제공하고 웹과 가상현실환경을 기반으로 하여 폭력욕구를 저하시키는 컴퓨터 게임을 포함한다. 무엇보다 이 프로그램은 방관자가 폭력에 맞서고 피해학생을 지원함과 동시에 폭력에 개입하지 않을 수 있도록 장려하는 데 초점을 두고 있다(Pepler & Craig, 2008).

이러한 KiVa 프로그램은 2010년부터 전국에 도입을 확대하여 학교 교사들이 KiVa 프로그램을 잘 실행할 수 있도록 다양한 지원을 제공하고 있다(박용수, 2015). '교사 훈련 및 네트워크 프로그램'이라고 하여 학기 중 3차례 정도 KiVa 프로그램 담당자가 참여해 프로그램을 안내함으로써 교사들이 학교폭력 문제를 다룰 수 있는 역량을 키우는 데 도움을 주고 있으며, 교육부 차원에서 프로그램을 도입하는 학교에 첫 3년 동안 프로그램 활용 연수를 무상으로 지원하고 있다. 그 결과, 2012년 기준으로 핀란드 학교 중 90%의 학교가 KiVa 학교로 등록하고 프로그램을 진행 중이다. 프로그램 수행 후 학교폭력과 피해학생 수 감소에 매우 효과적이었으며 학교에 대한 애교심 및 학생들의 우울증 및 불안감 감소 등의 측면에도 긍정적인 성과를 나타냈다고 보고되었다(박용수, 2015).

3) 학교폭력 정책의 흐름[8]

우리나라의 교육정책의 흐름을 살펴보면 학교폭력 문제가 정부의 중요한 정책의제로 채택되어 정책으로 확정된 것은 1995년이 최초라고 할 수 있다. 1995년에는 학교폭력과 관련하여 교내 폭력과 불량 서클 문제가 심각하게 이슈가 되어 정책적 관심이 고조되었다. 당시 교육부의 발표내용을 살펴보면 당시의 문제 인식을 이해할 수 있다.

> 교육부는 1995년 1월부터 11월까지 금품을 빼앗긴 학생이 42만 명, 피해액은 17억 원인 것으로 조사됐다면서, 학교폭력 근절에 가장 큰 문제점은 학부모들의 이웃자녀에 대한 무관심으로 학교폭력에 적극적이고 능동적으로 대처하는 사회 분위기가 전혀 없는 데 있다고 밝혔다(한국일보, 1995).

1995년 당시 교육부는 이에 따라 학부모교실 운영, 명예교사, 상담자원봉사자, 학교운영위원회 등을 통해 학부모들이 학교교육에 참여할 수 있는 기회를 확대함으로써 학교폭력을 예방하고 시·도 교육청과 각급 학교에 학교폭력 피해 신고센터를 설치, 피해학생 보호와 폭력 예방활동을 강화하는 방안을 발표하였다. 이와 함께 당시 발표에서는 상습폭력 학생은 종합생활기록부에 기재하여 대학 입학사정에 참고토록 하는 방안도 검토하기로 했으나, 여러 가지 부작용을 우려하여 정책으로 확정되지는 않았다. 또한 당시 내무부와 법무부는 경찰과 검찰의 학교담당제를 통해 교내 폭력·불량 서클 해체 등 학교폭력배를 집중 단속하는 한편, 학교 주변 불법 유흥업소 단속 등을 통해 위해환경을 없애 나가는 정책을 발표하였다(고성혜 외, 2012; 매일경제, 1995). 1995년 이후에도 국무총리가 주관하여 학교폭력 예방과 근절을 위한 범정부적인 정책들이 추진되었다.

---

8) 이 절은 이희숙, 정제영(2012)의 「학교폭력 관련 정책의 흐름 분석: Kingdon의 정책흐름모형을 중심으로」 연구 결과를 주로 참고하여 작성한 것이다.

(1) 과거 학교폭력 정책의 흐름: 1991~2010년

학교폭력은 오래전부터 지속적으로 발생해 왔다. 언론에 나타난 학교폭력 관련 기사 건수를 분석해 보면 학교폭력 이슈의 흐름을 파악해 볼 수 있다. 1991년 1월부터 2012년 7월 31일까지 약 22년간 전국 종합일간신문의 학교폭력 관련 기사를 분석한 결과, 학교폭력 관련 총 기사 건수는 27,615건으로 월평균으로 계산하면 106.6건이다. 이 기간 동안 학교폭력과 관련된 언론 기사 건수의 평균은 지속적으로 증가하는 추세를 보이고 있다.

학교폭력 관련 월평균 기사 건수가 일반적인 추세에서 벗어나 갑자기 증가한 시점은 학교폭력이 사회적 이슈가 된 것으로 추정해 볼 수 있다. 1990년대에는 1996년에 월평균 89.4건, 1997년에 97.5건으로 평균적 추세보다 높은 수준의 기사가 검색되었다. 학교폭력 이슈에 대응하여 정부는 1995년에 김영삼 대통령의 학교폭력 근절 지시로 교육부, 검찰청, 경찰청 등 범정부 차원에서 '학교폭력 예방 및 근절 종합대책'을 발표하였다(고성혜 외, 2012). 1997년에는 국무총리 주관으로 관계부처 합동으로 '학교폭력 예방·근절 종합대책'을 발표하고 추진하였다. 교육부는 학교폭력 예방근절대책본부(교육부), 학교폭력예방근절대책반(교육청), 학교폭력추방위원회(학교)를 구축하여 학교폭력 추방 추진체제를 구축하였으며, 행정자치부는 학교 주변 업소에 대한 인·허가 절차 및 지도를 강화하거나, 대검찰청에서는 '자녀 안심하고 학교보내기 운동 본부'를 운영하는 등 관계부처들이 각각 학교폭력을 해결하기 위한 대책들을 마련하여 시행하였다. 1999년에는 학생 생활지도 업무를 교육청 수준에서 시·도교육청으로 이양하여 지역 실정에 맞는 세부 추진계획을 수립하고 추진할 수 있도록 하는 한편, 교육부에서는 기본계획을 수립하고 시·도교육청의 추진상황을 점검하고 평가하는 방식으로 협력 체제를 구축하였다.

2000년대 이후 언론 보도의 특징을 살펴보면, 2005년에 월평균 기사 건수가 164.6건이고, 2007년에 228.3건, 2010년 176.7건으로 해당 연도에 학교폭력이 사회적 이슈가 되었음을 보여 준다. 정부는 2004년에 학교폭력예방법 및 동법 시행령을 제정하여 시행하는 등 제도적 노력을 하였다. 하지만 2005년에 학교폭력 가해집단인 '일진회'의 실상이 언론에 노출되면서 사회적으로 주목을 받았다. 이에 교육인적자원부에서는 민관 합동으로 '학교폭력 실태 조사기획위원회'를 구성하여 초등학

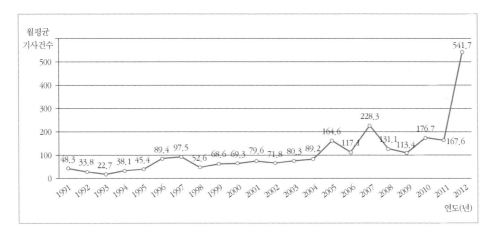

[그림 1-6] 전국 종합일간신문의 학교폭력 관련 기사건수 추이(1991~2012년)

주: 2012년 기사건수는 7월 31일까지의 기사 건수를 월평균으로 계산한 것임.
자료: 이희숙, 정제영(2012), p. 70.

교 4학년부터 고등학교 3학년까지 13,000명을 대상으로 학교폭력에 대한 설문조사
를 실시하였다. 또한 생활지도 담당 교사 800명과 불량서클 등 학교폭력 경험 학생
800명을 대상으로 심층 면담조사를 실시하였으며, 학교 내 CCTV 설치를 통해 학교
폭력을 예방하려는 노력을 기울였다.

2005년에는 '제1차 학교폭력의 예방 및 대책에 관한 기본계획(2005~2009년)'을
수립하여 시행하였다(교육인적자원부, 2005). '제1차 기본계획'의 정책과제는, '첫째,
학교폭력 예방·근절 지원 추진체 운영의 활성화, 둘째, 학교폭력 예방·근절을 위
한 교육 및 지원 강화, 셋째, 교원의 학생 생활지도 전문능력 제고, 넷째, 피해자 보
호 및 가해자 선도 강화, 다섯째, 범정부 차원의 사회적 분위기 조성'으로 설정하였
다. 제1차 기본계획은 5개의 정책과제에 따라 49개의 세부사업으로 설정하고 추진
하였다.

하지만 2007년 초에 중학생들이 연루된 성폭행 사건과 심각한 학교폭력 사건이
연속적으로 발생하였다.[9] 정부는 이에 대한 대응으로 '학교폭력 SOS 지원단'을 구

---

9) 2007년 3월 15일 중학교 남학생 6명의 성폭행 사건, 3월 21일 다른 중학교 남학생 6명이 한 여학생을 6차례
에 걸쳐 성폭행하고, 다른 여학생을 상대로 다시 성폭행한 사건이 보도되었다. 3월 30일에는 여중생 5명이
같은 학교 친구가 어울리지 않는다는 이유로 집단폭력을 휘두른 사건이 발생하였고, 중학생이 낀 10대들이
역시 중학생을 야산으로 끌고 가 폭행한 뒤 구덩이에 머리만 내놓게 한 채 파묻는 비행을 저질렀다.

성하고, 전문연구단을 운영하였다(고성혜 외, 2012). 학교폭력이 자주 일어나는 학교를 중심으로 주변 지역 3~5개 학교를 하나로 묶어 학교폭력 전담 경찰관을 배치하는 대책도 이때 마련되었다.

2010년 초에는 중학교를 중심으로 소위 '졸업식 뒤풀이'가 사회적인 이슈로 대두되어 다시 학교폭력에 대한 관심이 높아지는 계기가 되었다.[10] 이에 따라 정부에서는 학교폭력예방법을 개정하였고, '제2차 학교폭력 예방 및 대책 5개년 기본계획(2010~2014년)'의 시행과 더불어 '배움터 지킴이' 확대 등의 대책을 발표하였다(교육과학기술부, 2010). '제2차 기본계획'은 정책과제를 기존 5개에서 6개로 확대하고, 세부사업은 49개에서 78개로 확대하였다.[11] 제2차 기본계획의 핵심전략은 맞춤형 예방 대책을 강화하고, 학교폭력 무관용 원칙(zero tolerance)의 적용, 가해·피해학생을 위한 전문 진단·상담시스템 마련, 단위학교 책무성 강화, 지역사회와 함께하는 학교폭력 안전망을 구축하는 것으로 설정하고 있다.

(2) 최근 학교폭력 정책의 흐름: 2011년 이후

최근 학교폭력 문제는 2011년 하반기부터 학교폭력과 관련된 자살사건이 잇따라 발생하면서 사회적인 이슈로 부상하였다. 2011년 말부터 시작된 학교폭력 문제의 흐름으로 인해 정책의 흐름은 큰 변화를 맞이하게 되었다. 기존의 계획대로라면 2014년까지 제2차 기본계획이 시행되어야 한다. 하지만 2011년 말과 2012년 초의 경우 학교폭력의 문제는 정책적 의제로 채택되었고, 2012년 2월 6일 국무총리 주재 학교폭력 관련 관계 장관 회의를 열고 '학교폭력 근절 종합대책'을 최종 확정하여 발표하였다(관계부처합동, 2012). 3월 14일에는 전국의 초등학교 4학년 학생부터 고등

---

10) 졸업식 뒤풀이 사건은 2010년 2월에 집중적으로 발생하였는데, 경기도에서 발생한 사건을 예로 들면, 한 중학교 출신 고교생 20명이 이 학교 졸업생 15명을 학교 근처 아파트 뒤로 불러내 밀가루를 뿌리고 옷을 모두 벗도록 해 인간 피라미드를 쌓는 졸업 뒤풀이를 강요하였고, 이 장면을 담은 사진 40여 장이 인터넷을 통해 급속히 확산되어 사회적인 문제가 되었다.

11) 6개의 정책과제를 살펴보면, 첫째, 학교폭력 안전인프라 확충, 둘째, 맞춤형 예방교육 강화, 셋째, 단위학교의 대응능력 및 책무성 제고, 넷째, 가해자 선도·피해자 치유 시스템 질 제고, 다섯째, 존중과 배려의 학교문화 조성, 여섯째, 지역사회와 함께하는 학교안전망 구축 등이다.

학교 3학년까지의 학생 558만 명 전원학교폭력 실태 전수조사 결과를 발표하였고(교육과학기술부, 2012), 3월 21일에는「학교폭력예방 및 대책에 관한 법률」을 개정하였다.

2012년에 발표된 '학교폭력근절 종합대책'은 '학교폭력 없는 행복한 학교'라는 정책 목표를 설정하고, 4개의 직접대책과 3개의 근본대책으로 구성되었다. 직접대책은 첫째, 학교장과 교사의 역할 및 책임 강화, 둘째, 신고-조사체계 개선 및 가해ㆍ피해학생에 대한 조치 강화, 셋째, 또래활동 등 예방교육 확대, 넷째, 학부모교육 확대 및 학부모의 책무성 강화 등이다. 근본대책은 첫째, 교육 전반에 걸친 인성교육 실천, 둘째, 가정과 사회의 역할 강화, 셋째, 게임ㆍ인터넷 중독 등 유해요인 대책 등이다(관계부처합동, 2012).

2012년 정책대안의 흐름에서 특징적인 것은 학교폭력 관련 정책이 인성교육 강화로 확대되고 있다는 점이다. 정부는 3월에 11개 인성교육 영역을 설정하여 정책 연구를 추진하였고, 5월에는 전문가 중심의 인성교육실천포럼을 결성하였다. 7월에는 민간단체 중심의 '인성교육범국민실천연합'이 결성되어 인성교육을 사회적 실천 운동으로 발전시켰다. Kingdon(2011)은 하나의 정책 영역에서 성공적으로 정책이 결정되면 그와 인접한 영역에서도 정책 결정이 이루어질 가능성이 높아진다는 점을 지적하였다. 유치원과 초ㆍ중ㆍ고등학교에서 인성교육을 강화하고, 고등학교 입학과 대학교 입학에 인성교육의 결과를 반영하도록 하는 정책 등은 학교폭력 정책의 범위가 인근 교육정책으로 확장되고 있음을 보여 준다.

2012년도부터 시작된 전국 단위의 학교폭력 실태조사는 학교폭력 현황을 파악하고 학교현장에 대한 이해를 도왔다. 조사 결과, 대체로 피해응답률이 낮아지고 있는 추세며 교육부는 학교폭력 문제를 해결하기 위해 관계부처 합동으로 종합적인 대책을 수립하여 추진하는 중이다.

2013년에는 '학교폭력 및 학생위험 제로 환경 조성'이라는 국정과제하에 '현장 맞춤형 학교폭력대책'을 통해 학생들의 공감ㆍ소통ㆍ배려ㆍ리더십 능력을 함양할 수 있도록 6개의 모듈로 구성하여 국가 수준의 학교폭력 예방 프로그램인 어울림 프로그램을 육성하였다. 또한 단위학교의 자율적인 학교폭력 예방활동 선도 프로그램의 일환으로 또래상담 및 조정 학교폭력 예방 캠페인 활동을 수행하도록 하는 어깨동무학교를 지정하여 집중 육성한 결과, 단위학교의 자율적인 학교폭력 예방 역량이 강화되어 왔다.

2014년에는 '제3차 학교폭력 예방 및 대책 기본계획'을 수립하였다. 이는 지난 정부부터 추진되어 온 다양한 정책의 성과와 한계를 토대로 학교 안팎의 다양한 학생 체험활동을 장려하고, 고성능 CCTV 확충 및 학생보호 인력 증원 등 학생보호 및 학교 안전 인프라를 내실화하는 것을 근간으로 하고 있다. 이와 함께 Wee 프로젝트를 통해 위기 학생과 학교부적응 학생에 대한 집중상담 및 심리치료기관 연계 서비스를 제공하여 학교폭력을 예방하는 것에 주안점을 두고 정책을 추진하였다.

2015년에는 학교폭력 실태조사 결과 초등학생의 학교폭력 피해 응답률이 상대적으로 높은 점을 고려하여 제8차 사회관계장관회의의 심의를 거쳐 '초등학생 맞춤형 학교폭력 대책'이 발표되었다. 이 대책은 초등학생 학교폭력의 원인을 정신의학적 관점, 유해환경적 관점, 가정 및 학교 요인 등의 관점에서 분석하고, 이에 따라 스쿨닥터 확대와 같은 정신의학적 지원, 유해정보 차단 조치 강화, 초등학생에 대한 어울림 · 어깨동무학교 지원 확대 및 전문상담교사 초등학교 우선배치 등을 포함하고 있다.

2016년 3월에 관계부처합동으로 발표한 '학교폭력 예방 및 대책 2016년도 시행계획'에서는 3차 기본계획의 충실한 이행을 위해 2016년도에 중점적으로 추진할 정책과제를 도출하여 제시하고 있다. 또한 2017년 12월에 발표된 '학교안팎 청소년 예방 대책'은 그동안 학교폭력 대책이 괴롭힘 등 학교에서 학생들 간에 발생하는 폭력을 예방하고 처리하는 데 중점을 두었던 반면, 타 학교 학생들 혹은 청소년 간 폭력을 예방하고 재발을 방지하는 데 집중하고 있다(교육부, 2017c).

그동안의 우리 정부대책은 구체적이고 실제적이어서 일정 부분 성과가 나타났다고 평가된다. 무엇보다 효과적으로 정책이 시행될 수 있었던 이유는 모든 국민이 일심동체가 되어 학교폭력 문제에 대처했기 때문이다. 사회 전반적으로 국민들이 경각심과 책임감을 가지고 학교 · 가정 · 사회 할 것 없이 무언의 동의와 협조를 아끼지 않았다. 교육현장에서의 관심과 개입을 중시하는 정책기조를 유지하면서 학교폭력 문제의 근원적 해결을 위해 기관별로 유기적으로 협력하여 학교폭력 발생의 다양한 원인에 따른 대응을 지속적으로 추진하고 있다고 할 수 있다. 그런 의미에서 학교폭력 예방 대책은 교육부는 물론 국무총리실 · 여성가족부 · 보건복지부 · 법무부 · 경찰청 · 방송통신위원회 등 관련 부처가 협업과 소통을 통해 정책을 실천한 대표적인 사례라고 할 수 있다(한유경, 2017).

그러나 학교폭력과 관련하여 아직까지 안심하기 어려운 지표들도 남아 있다. 여전히 학교폭력 가해자는 동학교 동급생이 대다수를 차지하고, 피해 시간은 교사의 통제가 없는 쉬는 시간이나 하교 이후에 주로 발생하고 있다. 학교폭력은 여전히 학교 안, 주로 교실 내에서 발생하나 최근에는 학교폭력의 새로운 피해 장소로 사이버 공간이 지목되고 있다. 전반적으로 학교폭력 경험률이 낮아지는 것으로 나타나지만 저연령화, 집단화, 흉폭화, SNS 등 인터넷 매체를 이용한 폭력 등의 다양한 특징이 복합적으로 나타나는 경향을 보이고 있다. 특히 학교폭력이 흉폭·잔인해진 양상과 이러한 폭력 양상에 대한 인터넷 매체의 영향력에 주목할 필요가 있다. 휴대전화와 컴퓨터가 어린 학생들에게까지 보급됨에 따라 각종 인터넷이나 SNS에서 범죄나 폭력과 관련된 정보에 대해 쉽게 접근할 수 있게 되었고, 이를 모방하는 시도가 늘어났다. 또한 인터넷 메신저 등을 쉽게 활용할 수 있어 서로에 대한 접근성이 높아짐에 따라 규모가 더욱 집단화되며, 과거에 비해 계획을 세우고 변경하고 합의하는 과정이 용이해짐에 따라 우발적 사안보다 계획적 사안들이 늘어나고 있다. 또한 인터넷을 통한 정보 파급력을 악용하여 가해학생들 스스로 사진이나 동영상을 촬영하여 SNS에 공개하는 등 학교폭력이 잔혹해지는 경향을 보이고 있다.

학교가 존재하는 한 학교폭력이 사라지지는 않을 것이다. 그러나 지금까지의 교육적·정책적 노력을 통해 우리는 이제 어떻게 하는 것이 학교폭력을 예방하는 것인지, 어떤 것이 학교폭력 근절에 효과적인지 그 방향성을 인지하고 있다. 최근에는 눈에 띄는 신체적인 폭행, 금품 갈취보다 눈에 보이지 않는 폭력, 언어폭력과 사이버 공간에서의 폭력 등으로 양상이 변화하고 있다(한유경, 2017). 하지만 학교폭력 예방교육을 통해 학생들이 스스로 해결해 나갈 수 있는 능력을 길러 주고 인성교육을 꾸준히 실시한다면 우리나라 학교문화는 한 단계 업그레이드될 수 있을 것이다. 학교폭력에 대해 민감성을 높일 경우 학교폭력을 상당히 감소시킬 수 있다는 연구 결과가 다수 있으며, 최근에는 학교폭력을 효과적으로 예방하기 위해서는 주변인의 역할이 중요하다는 점이 강조되고 있다. 가정-학교-사회가 서로 협력하여 지속적이고 전폭적인 지지를 보내고 긍정적인 학교문화와 안전한 지역사회를 조성해 나가려고 노력할 때 근본적으로 학교폭력을 예방하고 감소시킬 수 있을 것이다. 즉, 학교폭력 예방은 결국 우리 모두가 앞으로 어떻게 하느냐에 따라 바람직한 방향으로 해결될 수 있는 문제임이 분명하다.

Chapter 요약 ✎

　이 장에서는 학교폭력에 대한 정확한 이해를 위해 학교폭력의 개념 및 정의를 알아보았으며 학교폭력의 유형에 대해 간략하게 살펴보았다. 또한 교육부의 학교폭력 실태조사 결과를 중심으로 학교폭력 피해율 · 가해율 및 목격률, 피해 유형 등 한국 초 · 중 · 고등학교의 학교폭력 현황 및 실태를 알아보았다.

　나아가 학교폭력 현상을 보는 정책적 관점을 소개하였다. 외국의 학교폭력 현상과 이에 대한 정책적 대응을 살펴봄으로써 우리나라의 학교폭력 현상에 대한 이해의 폭을 넓히고자 하였으며 최근까지의 우리나라 학교폭력 관련 정책의 흐름과 대응의 관점에 대해 살펴보았다.

⌛ 생각해 볼 문제

1. 앞서 살펴본 여러 연구 및 각 학문 분야에서의 학교폭력에 대한 정의가 공통적으로 말하고 있는 학교폭력의 특징이 무엇인지 학교폭력의 대상 · 힘의 불균형 · 의도성 · 지속성 등의 측면에서 생각해 보세요.
2. 학교폭력의 현황 및 실태를 정확하게 진단하기 위해 학교폭력 실태조사에서 추가해야 하는 조사내용에는 어떤 것이 있는지 생각해 보세요.
3. 미국, 일본, 노르웨이, 핀란드의 학교폭력 현황과 정책을 살펴보고 우리나라와 비슷한 점과 다른 점에 대해 생각해 보세요.
4. 교육부의 학교폭력 대책을 찾아보고, 현장과 어떤 방식으로 소통하였는지 확인해 보세요. 정책 평가를 통해 어떻게 정책이 개선되는지에 대해 생각해 보세요.

참고문헌

고성혜(2005). 유형별 통계결과에 나타난 학교폭력 실태. 교육개발, 153호, 14-23.

고성혜, 최병갑, 이완수(2005). 학교폭력 피해자 치료·재활 및 가해자 선도의 효율성 방안 연구. 서울: 교육인적자원부.

고성혜, 이완수, 정진희(2012). 국내·외 학교폭력 관련 정책 연구. 서울: 교육과학기술부.

곽금주(1999). 학교폭력 및 왕따 예방 프로그램(1): 개관. 한국심리학회, 5(2), 105-122.

관계부처합동(2012). 학교폭력근절 종합대책. 보도자료.

교육과학기술부(2010). 제2차 학교폭력의 예방 및 대책에 관한 기본계획(2010~2014년).

교육과학기술부(2012). 2012년 학교폭력 실태 전수조사 결과 중간 발표 보도자료.

교육부(2014). 학교폭력 사안처리 가이드북.

교육부(2016a). 2016년 1차 학교폭력 실태조사 결과. 보도자료.

교육부(2016b). 2016년 2차 학교폭력 실태조사 결과. 보도자료.

교육부(2017a). 2017년 1차 학교폭력 실태조사 결과. 보도자료.

교육부(2017b). 학교폭력 실태조사 개편 및 2017년 2차 학교폭력 실태조사 결과. 보도자료.

교육부(2017c). 학교 안팎 청소년 폭력 예방대책. 보도자료.

교육인적자원부(2005). 제1차 학교폭력의 예방 및 대책에 관한 기본계획(2005~2009년).

국회도서관(2013). 학교폭력 한눈에 보기. Fact book(36).

김종미(1997). 초등학교 학교폭력 실태분석. 초등교육연구, 11(1), 71-89.

김주현(2013). 학교폭력의 법적 대응방안에 관한 연구, 광주여자대학교 사회개발대학원 석사학위논문.

김형방(1996). 학교폭력과 사회복지 대응방안. 한국사회복지협의회, 131, 38-68.

도기봉(2007). 학교폭력 가해행동에 영향을 미치는 요인에 관한 연구. 대구대학교 대학원 박사학위논문.

동아일보(2013. 10. 29.). 요즘은 데이터 서틀. http://news.donga.com/3/all/20131029/58525959/1(2013. 12. 1. 인출)

매일경제(1995). 1995년 12월 2일자 기사(02면).

박용수(2015). 외국의 학교폭력 근절 대책에 관한 고찰. 융합보안논문지, 15(6), 129-140.

박주형, 정제영(2012). 한국과 미국의 학교폭력 예방 및 근절관련 법령 및 정책 비교 연구. 초등교육연구, 25(4), 107-126.

박효정 외(2006). 학교폭력 예방 및 대처를 위한 지원체제 구축 및 운영 방안 연구. 서울: 한국교육개발원.

박효정(2012). 노르웨이의 학교폭력 실태와 대책, 그리고 한국교육에의 시사점. 서울: 한국교육개
　　발원.

오명식(1997). 근절되어야 할 학교 내·외 폭력. 한국교육개발원, 105, 36-41.

이승하(2012). 학교폭력의 현황과 실태, 원인분석: 비교문화적으로 본 한국 학교폭력의 발생
　　현황과 특징. 한국교원교육학회 학술대회, 2012(1), 1-18.

이화여자대학교 학교폭력예방연구소 편역(2017). 학교폭력과 괴롭힘: 국제현황보고서.

이희숙, 정제영(2012). 학교폭력 관련 정책의 흐름 분석: Kingdon의 정책흐름모형을 중심으
　　로. 한국교육, 39(4), 61-82.

정재준(2012). 학교폭력 방지를 위한 한국·일본의 비교법적 연구. 부산대학교 법학연구,
　　53(2), 79-108.

정제영(2012). 학교폭력 관련 교육의 현황과 과제. 제61차 한국교원교육학회 학술대회.

조규항(1999). 학교폭력의 방지와 정부의 대책. 한국심리학회심포지엄 자료집, 80-81.

조균석, 정제영, 장원경, 이희관, 성수민, 전준호(2013). 학교폭력 근절을 위한 법령해설 및 체
　　제 연구. 이화여자대학교 학교폭력예방 연구소, OR-1차-06-2013.

조성호(2000). 학교폭력에 대한 개념화: 통합적 접근 모형. 한국심리학회지, 6(1), 47-67.

지영환(2013). 학교폭력학. 서울: 도서출판 그린.

청소년폭력예방재단(1996). 상담 자원봉사 교육자료집. 서울: 청예단.

한국일보(1995). 1995년 12월 2일자 기사(07면).

홍금자, 이경준(1998). 학교폭력의 실정과 학교사회사업가의 개입. 학교사회사업, 창간호, 61-
　　92.

한유경(2017. 11.). 시론: 학교폭력의 예방과 대책. (월간) 교육정책포럼, 제293호. 한국교육개
　　발원. http://edpolicy.kedi.re.kr/frt/boardView.do?nTbBoardSeq=&strCurMenuId=65
　　&nTbCategorySeq=&pageIndex=1&pageCondition=10&nTbBoardArticleSeq=816501&
　　searchTopic=&searchObject=&searchCondition_W=6&searchKeyword_W=

Akiba, M., LeTendre, G. K. Baker, D. P., & Goesling, B. (2002). Student victimization:
　　National and school system effects on school violence in 37 nations. *American
　　Educational Research Journal*, 39(4). 829-853.

DeVoe, J. F., & Bauer, L. (2010). *Student victimization in U.S. schools: Results from the
　　2007 School Crime Supplement to the National Crime Victimization Survey* (NCES 2010-
　　319). Institute of Education Sciences, U.S. Department of Education. Washington, DC:
　　National Center for Education Statistics.

Kingdon, J. W. (2011). *Agenda, alternatives, and public policies* (2nd ed.). Washington, DC: Pearson.

Kupchik, A. (2010). *Homeroom security: School discipline in an age of fear*. New York, NY: New York University.

Naito, T., & Gielen, U. P.(2005). Bullying and ijime in Japanese schools. A sociocultural perspective. In T. F., Denmark, H. H., Krauss, R. W., Wesner, E., Midlarsky & U. P. Gielen (Eds.). *Violence in schools: Cross-national and cross-cultural perspectives* (pp. 169-190). New York, NY: Springer.

Olweus, D.(1993). *Bullying at school: What we know and what we can do*. Oxford: Blackwell.

Orpinas, P., & Horne, A. M. (2005). *Bullying Prevention*. 이화여자대학교 학교폭력예방연구소 편역(2013). 괴롭힘 예방: 행복한 문화 조성과 사회적 역량 개발. 서울: 아카데미프레스.

Pepler. D., & Craing. W. (Eds). (2008). *Understanding and addressing bullying: An international perspective PREVNet series, Volume 1 (2008-05-27)*. Bloomington, IN: AuthorHouse

Plischewski, H., & Kirsti, T.(2008). *Policy overview of school bullying and violence among 8 members of the SBV network*. International Network on School Bullying and Violence.

Rigby, K.(2003). *New perspectives on bullying*. London: JessicaKingsley.

Sacco, D. T., & Silbaugh, K., Corredor, F., Casey, J., & Doherty, D. (2012). *An overview of state anti-bullying legislation and other related laws. Berkman Center for Internet & Society*, Boston, Mass: Harvard University.

UNESCO(2017). *School Violence and Bullying: Global Status Report*. Paris: UNESCO with the support of Institute of School Violence Prevention, Ewha Womans University. (http://unesdoc.unesco.org/images/0024/002469/246970e.pdf)

日本 文部科學省(2011). 平成22年度「児兒童生徒の 問題行動等 生徒指導上の 諸問題に關する調査」について, 平成23年, 文部科學省初等中等教育局兒童生徒課.

제 **2** 장

학교폭력의 원인 및 이론

학습개요 및 학습목표

학교폭력은 한 가지 요인에 의해 발생하기보다 다양한 요인에 의하여 발생한다. 이 장에서는 학교폭력에 영향을 미치는 요인을 개인, 가정, 학교, 사회요인으로 나누어 살펴보고, 이러한 요인들이 상호작용하여 학교폭력 위험을 가중하는 현상을 생태학적 관점에서 설명할 것이다. 그리고 학생을 학교폭력으로부터 보호하기 위한 교사의 역할을 알아볼 것이다.

또한 학교폭력의 주요 원인인 공격성을 설명하는 이론과 괴롭힘이 일어나는 이유를 설명하는 이론들에 대하여 살펴봄으로써 학교폭력 예방을 위하여 어떠한 방식의 개입이 이루어져야 하는지 알아보고자 한다.

이 장의 구체적인 학습목표는 다음과 같다.

1. 학교폭력의 원인을 다층적으로 설명할 수 있다.
2. 학교폭력으로부터 학생을 안전하게 보호하기 위한 교사의 역할을 설명할 수 있다.
3. 공격성을 설명하는 이론에 대해 이해할 수 있다.
4. 괴롭힘을 설명하는 이론에 대해 이해할 수 있다.
5. 학교폭력의 원인과 공격성, 괴롭힘을 설명하는 이론이 시사하는 바를 논의할 수 있다.

1. 학교폭력의 원인

1) 개인적 요인

(1) 성별

일반적으로 남학생이 여학생보다 학교폭력에 대해 더 폭력적이고 파괴적이라는 견해가 지배적이다. 실제로 국외에서 괴롭힘 발생률을 조사한 결과, 남학생이 여학생보다 더 많은 괴롭힘을 경험하는 것으로 보고되었으며(Bosworth, Espelage, & Simon, 1999), 우리나라에서도 남학생이 여학생보다 학교폭력 가해 및 피해 경험 모두에서 두 배 이상 많은 것으로 보고되었다(신성자, 2005). 교육부의 학교폭력 실태조사에서도 남학생(2.2%)이 여학생(1.6%)보다 가해경험이 많은 것으로 확인된 바 있다(교육부, 2013).

그러나 이러한 현상에 대한 다른 해석을 하는 연구들도 있다(이은주, 2001; Crick & Grotpeter, 1995; Olweus, 1993). 남학생이기 때문에 학교폭력에 관여할 확률이 더 높다거나 남학생이 여학생보다 더 많은 괴롭힘을 경험한다는 것은 우리가 가지고 있는 편견일 수 있다는 것이다. 그들은 남학생이 여학생보다 학교폭력 가해비율이 높게 나타나는 것은 성별에 따라 괴롭힘 유형에 차이가 있기 때문이라고 설명한다. 즉, 남학생은 신체적 혹은 언어적 공격 등의 직접적이고 가시적인 괴롭힘에 더 많이 관련되어 있는 반면, 여학생은 소문 퍼뜨리기, 이간질하기, 배척하기, 따돌리기 등 간접적이고 잘 드러나지 않는 방식으로 괴롭히기 때문에 주변에서 잘 인식하지 못한다는 것이다. 여학생의 괴롭힘을 연구한 Simmons(2002)에 따르면, 여학생은 은밀한 공격문화 속에서 주먹이나 칼 대신 몸짓언어나 관계를 이용하여 싸우기 때문에 주변에서 쉽게 알아차리기 어려우며 희생자가 입는 상처도 훨씬 깊은 것으로 논의된다.

이러한 논의를 고려할 때, 단순히 학생의 성을 학교폭력에 영향을 미치는 하나의 원인으로 보기보다는 성별에 따른 학교폭력의 유형을 고려하여 살펴볼 필요가 있다.

(2) 연령

학교폭력과 관련하여 연령에 관한 선행연구에서는 학생의 연령을 학교폭력에 가해행동을 설명하는 중요한 변수로 논의하면서, 중학교 시기에 절정을 이루기 때문에 이 연령의 학생에게 더욱 주의를 기울일 필요가 있음을 주장한다(박종효, 2007; Olweus, 1993). 박종효와 정미경(2006)은 연령이 증가할수록 가해행동이 증가하여 중학교 2~3학년에 절정에 이르다가 고등학교 때부터 급속히 감소하는 경향을 보인다고 하였으며, 정제영, 박주형, 이주영(2012)의 연구에서도 중학교에서의 학교폭력대책자치위원회의 심의 건수가 전체의 60~70%를 차지할 정도로 중학교에서의 학교폭력이 가장 심각한 것으로 논의하였다.

한편, 최근의 연구는 초등학교에서 학교폭력의 문제가 점차 심각해지고 있는 것에 우려를 나타내고 있다. 교육부의 학교폭력 실태조사 결과에서도 초등학교(1.3%)가 중학교(0.5%)와 고등학교(0.4%)에 비해 피해 응답률이 가장 높은 것으로 보고되었다(교육부, 2016). 이처럼 학교폭력의 저연령화 현상은 최근 학교폭력 현상의 주요 특징으로 볼 수 있다(박효정, 정미경, 2006).

고등학생은 중학생과 초등학생에 비해 학교폭력이 급감하는 시기로 고등학교의 학교폭력 문제는 비교적 적은 관심을 받아 왔다. 그러나 청소년 후기의 괴롭힘에 대한 연구에서는 고등학교 시기에는 물리적 폭력보다 희롱이 증가하는 등 괴롭힘의 양상이 달라진다는 것에 주목하였다(Swearer, Espelage, & Napolitano, 2011). 어린 아동일수록 신체폭력이나 언어폭력 등 직접적이고 물리적인 형태의 폭력을 많이 행사하는 반면, 나이 든 학생은 집단따돌림이나 사이버 폭력과 같은 간접적이고 대인관계를 이용한 폭력을 행사하는 경향이 많아지므로 고학년 학생에게도 관심을 기울여야 한다(Park et al., 2005).

살펴본 바와 같이 학생의 연령은 학교폭력의 양상이나 빈도를 예측할 수 있는 개인적 요인으로 연령별로 나타나는 학교폭력의 특성을 고려하여 개입방법을 달리할 필요가 있다.

(3) 심리적 특성

학교폭력과 관련하여 가장 많이 논의되는 개인적 요인은 공격성, 충동조절, 공감능력 등의 심리적 특성과 관련된 요인이다.

먼저, 공격성은 학교폭력 가해를 예견하는 가장 강력한 요인이다(김경, 2005; 도기봉, 2008a; 이상균, 2005; 조유진, 2006; Hubbard, 2001). 공격성은 갈등상황에서 자신의 목적을 달성하기 위해 물리적·언어적 힘을 사용하는 것으로, 공격성을 많이 가지고 있을수록 학교폭력에 있어서 가해 가능성이 높아진다. 가해집단에 관한 연구는 일관되게 가해학생이 공격적인 특성을 보이며, 신체적 공격을 통해 상대방을 통제하려는 성향을 나타내며 상대방이 해를 입는 것에 대해 만족감을 느끼는 특성을 가지고 있다고 논의한다. 가해학생의 공격성은 자신에 대한 우월성과 높은 지배성, 신체적인 강함과 연합되어 나타나는 경향이 있는데, 이러한 특성에 근거한 공격적 행동은 학교폭력과 높은 상관이 있는 것으로 나타난다(Bosworth et al., 1999; Macklem, 2006; Olweus, 1993). 또한 공격성이 높은 가해학생은 또래뿐만 아니라 교사나 부모 등 다른 어른들에게도 공격적으로 행동하는 경우가 많은 것으로 보고된다(도기봉, 2008b; 신성자, 2005).

충동적인 성향 역시 학교폭력에 영향을 미치는 요인으로 논의된다(김경, 2005; 이수경, 오인수, 2012; 장영애, 이영자, 송보경, 2007). 충동성은 분노, 흥분, 좌절과 같은 다양한 감정을 느끼는 상황에서 자신의 감정에 대한 통제력을 잃고 행동으로 옮기는 성향을 의미하는데, 충동적인 학생은 괴롭힘의 가해행동을 할 가능성이 일반학생들에 비해 높아지게 된다.

한편, 가해학생의 공격행동은 낮은 공감능력과 관계된다(김혜원, 이혜경, 2000; Jolliffe & Farrington, 2004). 공감은 상대방의 입장에서 상대방이 생각하고 느끼는 것과 동일하게 경험하는 것을 의미한다(오인수, 2010). 가해집단은 정상집단이나 피해집단에 비해 높은 공격성을 가지는 데 반해 가장 낮은 수준의 공감능력을 갖고 있는 것으로 보고된다.

지금까지 살펴본 바와 같이, 학교폭력의 가해학생은 일반적으로 높은 공격성과 낮은 공감능력, 높은 충동적 성향과 관련이 있는 것으로 논의된다. 괴롭힘 가해학생의 이러한 심리적 특성은 국내외의 다수 연구에서 일관되게 나타나고 있으므로 가해행위의 주요 원인으로 고려될 필요가 있다.

(4) 학업 스트레스

입시 위주의 교육풍토는 학생들로 하여금 또래와의 경쟁이나 긴장관계에서 스트레스를 경험하게 한다. 이러한 경쟁적 교육환경은 학생을 쉽게 좌절하게 하고, 욕구의 좌절은 분노를 야기하여 공격과 폭력을 초래할 수 있다(김혜원, 이혜경, 2000). 또래를 친구보다는 경쟁자로 보게 하는 비인간적인 교육풍토 속에서 공부를 못하는 학생은 소외되고, 이로 인해 생기는 스트레스를 해소할 만한 분출구가 없어 약한 친구를 괴롭히며 이를 해소한다는 것이다(강진령, 유형근, 2000). 따라서 학교폭력에 가담하는 학생은 낮은 학업성적을 보이고 입시 위주의 교육환경으로부터 심한 좌절과 스트레스를 경험하는 것으로 간주된다.

그러나 학업 스트레스가 학교폭력 가해에 원인이 될 것이라는 주장에 대한 논란이 있다. Olweus(1978)는 초등학생을 대상으로 추적조사한 종단연구에서 집단괴롭힘 행위는 낮은 성적이나 학업실패와 무관함을 밝혔으며, 김혜원과 이혜경(2000)도 학업 스트레스가 학교폭력에 미치는 영향에 대해 회의적으로 보고하였다. 즉, 성적이 낮거나 성적으로 스트레스를 많이 받는 학생에게서 가해행위가 많이 나타날 것으로 예측되나, 실제 통계분석 결과 가해집단의 성적은 상위권과 중위권에서 많았으며, 학업 스트레스 또한 가해학생보다는 피해학생과 가해 · 피해 중복집단에서 더 많이 느끼고 있었다.

이처럼 성적 및 학업 스트레스와 학교폭력 가해행동과의 관계는 연구자마다 상이하다. 이러한 논쟁은 학업실패나 학업 스트레스에서 오는 좌절과 스트레스를 학생이 잘 관리하도록 지원해야 하지만, 단순히 성적을 괴롭힘의 가해 예측요인으로 보기에는 더 신중을 기할 필요가 있음을 시사한다.

(5) 신체적 · 정신적 특징 및 장애

학교폭력에 영향을 미치는 개인적 요인으로 신체적 · 정신적 특징 및 장애를 들 수 있다. 또래보다 키와 체격이 작고 힘이 약한 학생들이 학교폭력 피해를 당하기 쉽다(Voss & Mulligan, 2000). 반면에 동일 연령의 학생들보다 키가 크고 힘이 강한 학생들이 학교폭력 가해행동을 하는 경향이 있다(Olweus, 1993).

또한 학생이 정신적 장애, 특히 품행장애, 반항성장애, 주의력결핍-과잉행동장애 등을 갖고 있거나(Coolidge, DenBoer, & Segal, 2004: 임영식, 2006에서 재인용), 신체 및 지적 장애를 가지고 있거나 특수교육을 받고 있는 경우(Nabuzoka & Smith, 1993: 임영식, 2006에서 재인용) 학교폭력의 가해학생 및 피해학생이 될 확률이 높다. 그 이유는 사회적으로 잘 기능하지 못하고 폭력에서 자신을 보호할 수 있는 능력이 부족하기 때문에 이들의 특이한 모습은 학교폭력의 표적이 될 수 있을 뿐만 아니라 자신이 갖고 있는 장애를 공격적인 방법으로 표출할 가능성이 있기 때문이다.

2) 가정적 요인

(1) 가정의 사회경제적 수준

흔히 학교폭력 문제를 일으키는 학생은 사회경제적으로 열악하고 가족의 구조에 문제가 있는 것으로 논의된다. 예를 들어, 학교폭력 가해학생은 한부모 가정, 조손 가정, 보육시설 출신의 아동이 많으며, 부모의 사회경제적 지위 또한 상대적으로 낮을 것으로 본다.

실제로 가족의 구조와 괴롭힘 간의 관계는 연구에 따라 다르게 나타난다. 어떤 연구에서는 경제적으로 열악하거나 온전하지 않은 가족과 사는 아동의 위험 수준이 높은 것으로 나타난 반면, 다른 연구에서는 둘 사이에 관계가 없는 것으로 보고되기도 한다(Espelage, Bosworth, & Simon, 2000; Flouri & Buchanan, 2003). 그러나 대부분의 연구에서 단순히 가족의 구조나 사회경제적 수준이 학교폭력과 직접적인 연관이 있는 것으로 논의하지 않는다. 권정혜, 이봉건, 김수현(1992)은 중학교 1학년에 재학 중인 남학생 432명을 대상으로 연구한 결과, 집단괴롭힘이 부모의 사회경제적 수준뿐만 아니라 그들의 훈육방식, 교우관계와 관련이 있음을 보고하였다. 학생의 상습적 비행과 집단비행의 정도는 사회경제적 수준이 낮은 가정에서 부모의 훈육이 비효과적이고 신체적 처벌을 동원한 강압적인 형태를 띠고 있을 때 더욱 심각해진다는 것이다. 다른 연구에서는 높은 경제적 수준을 가지고 있는 학생이 학교폭력에 더 연루되어 있는 것으로 논의되기도 하였다(이춘재, 곽금주, 1999). 이 연구에 의하면, 초등학교와 중학교에 재학 중인 1,500명의 남녀 학생을 대상으로 조사한 결과, 피해여학생에 비해 가해여학생의 경제적 수준이 더 부유한 것으로 보고되었다.

이상에서 살펴본 바와 같이 학교폭력과 관련하여 단순히 가정의 물리적 환경(사회경제적 수준, 가족의 구조)에 근거하여 논의하기보다는 부모와의 심리적 환경(양육태도, 부모-자녀 관계 등)을 더욱 주시하여야 함을 알 수 있다.

(2) 가족 간의 유대관계

학교폭력의 원인에 대한 많은 연구는 가족의 물리적 구조보다 가정의 심리·정서적 분위기에 더욱 주목하고 있다. 먼저 부모가 자녀에게 대하는 태도나 부모-자녀의 관계가 학교폭력에 있어서 중요한 변인임이 많은 연구에 의해 밝혀졌다(박효정, 정미경, 2006; 신태섭, 2005; 이상균, 2005; Park et al., 2005). 이 연구들은 부모의 자녀에 대한 강압적, 권위적, 비일관적이고 엄격한 훈육과 애정 부족이 학생의 가해행동에 영향을 주는 것으로 논의한다. 예컨대, Ladd(1999)에 의하면 어머니에게 낮은 애정과 냉담한 대우를 받은 남학생은 초등학생 때 공격적 행동이 증가하며, 아버지에게 부정적인 관계를 가졌던 학생은 또래 친구들을 공격적으로 대하고 부정적인 상호작용을 더 많이 보였다. 또한 생후 18개월이 되었을 때 부모와 불안정한 애착관계를 형성한 아동은 다른 아동에 비하여 괴롭힘 가해행동이 증가하는 것으로 나타났다(Tory & Sroufe, 1987).

또한 어머니의 우울증은 아동의 공격성과 피해행동에 유의하게 연관되어 있는 것으로 보고되었다. 우울한 어머니는 그렇지 않은 어머니보다 아동의 필요나 요구에 민감하게 반응하지 못하기 때문에 자녀와 불안정한 애착관계를 형성하게 되고, 이러한 애착관계는 대인관계의 기본적 틀로 작용하여 아동의 또래관계에 있어서 공격행동 및 피해행동과 같은 부정적 영향을 미치는 것으로 나타났다(박종효, 2005; Park et al., 2005).

부모-자녀 관계는 학생의 가해행동뿐만 아니라 학교폭력 피해와도 연관된다(Demaray & Malecki, 2003). 집단따돌림 피해학생의 부모는 다른 부모들에 비해 명령과 부정적인 말을 더 많이 사용하며, 자녀에게 하는 명령과 자신의 행동이 서로 불일치하는 경우가 많다(Franz & Gross, 2001). 결국 집단괴롭힘에 연루된 가해학생이나 피해학생의 가정 분위기는 매우 유사한 특징이 있는데, 가족 간에 긍정적인 상호작용을 갖지 못하고 일관성 없이 처벌하는 양육행동을 보이며, 다른 학생의 가정에 비해 부모의 사회적 지지가 부족하다는 점이다.

한편, 가족관계는 어떤 특정 사건과 관련되어 변화되는 경우가 있는데, 예를 들어 가족구성원의 갑작스러운 죽음, 이혼, 별거, 해고, 투병 등의 극적인 변화는 가족 구성원 간의 정서적인 관계를 심각하게 바꾸어 놓을 수 있다(강진령, 유형근, 2000). 상황의 변화와 부모가 겪는 스트레스는 자녀에게 부정적인 영향을 미치게 되며, 자녀들은 이러한 상황에서 정서적으로 상당한 어려움을 겪을 수 있다. 따라서 학교폭력의 가정요인을 살펴보기 위해서는 가족의 유대관계와 그러한 유대관계에 영향을 미친 최근의 가정 변화도 함께 고려할 필요가 있다.

(3) 가정폭력

많은 연구에서 부모-자녀, 부부, 형제간의 직접 혹은 간접적인 폭력에의 노출은 학생의 괴롭힘 행동을 예측할 수 있는 중요 변인으로 논의되어 왔다. Olweus(1993)는 집단괴롭힘 가해학생들의 경우 다른 학생들에 비해 가정폭력을 더 많이 경험한다고 보고하였다. 8세에서 15세 사이의 이탈리아 청소년 1,059명을 대상으로 학교폭력 가해·피해경험과 가정 내 폭력경험 간의 관련성을 분석한 연구(Baldry, 2003)에서는 아동에 대한 아버지의 학대와 양친 간의 신체적 폭력이 청소년의 학교폭력 가해·피해경험에 영향을 미치는 것으로 나타났다. 또한 폭력적인 성향의 성인 70% 이상이 어린 시절에 부모간의 폭력을 경험하였고, 이로 인해 직간접적인 피해를 경험한 것으로 보고하였다(Baldry, 2003). 이덕진(2007)의 연구에서 부모간의 폭력의 목격은 자녀의 학교폭력에 영향을 주는 것으로 나타나, 부모의 폭력을 많이 경험하는 학생일수록 학교폭력 경험을 많이 하는 것으로 나타났다. 이러한 연구들은 부모의 폭력적인 훈육방식이 학습 기회가 되어 아동의 공격적인 행위를 강화하고, 이는 다시 학교로 전이되어 학교폭력의 가해 및 피해와 연관된다고 설명한다.

폭력적인 훈육보다 더 극단적인 경우로, 부모에게 학대를 받은 아동 또한 친구를 따돌리거나 더욱 공격적인 행동을 하는 것으로 보고되었다(강진령, 유형근, 2000; 김소명, 한현호, 2004; 오창순, 송미숙, 2004; Bernstein & Watson, 1997; Olweus, 1993). 부모로부터 학대받은 아동은 수동적인 동시에 적대적이며, 자기파괴적이거나 또래관계에서 반사회적 행동을 보이기도 하고, 자신의 감정을 통제하는 데 어려움이 있어 다른 아이들을 공격할 가능성도 높아지게 된다. 이처럼 학대받은 아동에게서 나타나는 정서적 각성, 분노 조절과 흥분은 외상후 스트레스 장애와 유사한 증상으로 논의될 정도로 아동에게 미치는 영향력이 크다(김소명, 한현호, 2004).

한편, 부모 간의 폭력을 목격하는 것 또한 자녀의 공격성에 중요한 영향을 미친다. 아동이 부모의 폭력적이고 공격적인 갈등을 자주 목격하였을 때, 부모의 공격성을 학습하는 것과 동시에 폭력에 대한 허용적인 태도를 갖게 되어 폭력의 사용 정도 또한 높아지게 된다(김소명, 한명호, 2004; 김재엽, 1998; Bandura, Ross, & Ross, 1963). 어려서부터 가정에서 폭력을 목격했던 어머니는 자녀를 학대할 확률이 다른 사람에 비해 4배나 많은 것으로 나타났으며, 아동의 신체적 학대가 삼대에 걸쳐 나타나는 경우도 많다(강진령, 유형근, 2000; 장희숙, 2003).

부부관계 및 부모자녀관계 외에도 형제·자매간의 공격성이 아동의 괴롭힘 행동에 영향을 미친다는 연구들이 발표되었다(Eliott, 1986; Macklem, 2006). 이들 연구는 따돌림 가해자는 그들의 형제·자매와 부정적인 관계를 갖는 경향이 있으며, 좋지 않은 관계가 몇 년 이후 문제행동으로 이어질 가능성이 높다고 경고한다. 형제간에 직접적인 괴롭힘이 없다고 하더라도, 공격적인 형은 어린 남동생에게 공격성의 모델이 될 수 있다. 공격적인 형의 행동을 목격한 남동생이 더욱 심각한 공격성을 보이기도 하는데, 청소년기에 폭력을 행사하는 형을 목격하는 것은 형을 더욱 강력한 사람으로 여기게 되고, 형제간의 지나친 밀착관계를 갖게 하여 형의 전철을 따를 위험성을 증폭시킬 수 있다(Hawkins et al., 2000).

이처럼 가정에서의 직간접적인 폭력과 학대경험은 청소년 자녀가 학교에서 행하는 학교폭력 가해·피해경험과 밀접한 관련이 있음을 알 수 있다.

3) 학교요인

학교는 지식과 기술의 습득뿐만 아니라 또래를 사귀고 다양한 사회적 관계를 경험하는 곳이자 학생들이 가장 많은 시간을 보내는 곳이기도 하다. 그러나 많은 연구는 학교폭력에 있어서 학교가 많은 위험요인을 가지고 있다고 말한다.

(1) 일탈 친구들과의 접촉

일탈된 비행 친구들과의 접촉이나 관계는 학교폭력을 야기하는 중요한 예측변인으로 논의된다(도기봉, 2007; 이은정, 2003; 임영식, 1998; 조유진, 2006; Farrington & Loeber, 2000). 즉, 비행에 가담한 친구들과 친하게 지낼수록 학교폭력을 일으킬 가능성이 높다는 것이다. 실제로 청소년들은 폭력조직에 가입되어 있거나 문제행동에 대해 호의적인 태도를 가진 친구와 교제할수록 문제행동이 많았고, 학교생활에 실패하였으며, 비행행동이 증가한 것으로 나타났다(Fraser, 1996; Warr & Stafford, 1991). 보호관찰을 받고 있는 청소년을 대상으로 한 연구에서도 폭력경험이 있는 학생은 폭력서클에 가담한 비율이 높았으며, 폭력서클 가입자의 46.2%가 한 달에 한두 번 이상 다른 사람을 폭행했고, 45.0%가 패싸움을 했으며, 이들의 비행행동은 패싸움, 폭행, 기물파괴, 금품갈취 등 심각한 유형의 폭력인 것으로 나타났다(이춘화, 1999).

일탈 친구들과의 접촉을 학교폭력 가해의 중요한 예측변인으로 설명하는 논의는 폭력적인 비행행동에 대한 학습효과와 관련이 있다. 일탈 친구들과의 상호작용을 통해 폭력행위를 경험하거나 폭력행위에 따른 보상을 목격하면 비행행동을 시도할 가능성이 높아지는데, 이처럼 모방을 통해 학습된 폭력행동은 점차 또래와의 관계 속에서 강화되거나 습관화된다(도기봉, 2008b; Olweus, 1993). 또래관계에서 폭력행동을 학습한다는 주장은 피해학생이 가해학생으로 전환하는 현상도 잘 설명해 준다. 피해학생은 가해학생과 마찬가지로 일상에서 폭력적인 장면을 보거나 당해 왔고, 이를 통해 폭력에 익숙해져 있어서 자신이 당하는 피해에 무기력하게 대응하거나 아니면 도발적으로 공격을 시도할 수 있다. 최근 교육부의 조사에 의하면, 피해학생 4명 중 한 명은 학교폭력의 가해경험도 가지고 있을 정도로 피해와 가해경험이 중복된 학생이 많은 것으로 보고되고 있다(교육부, 2012). 따라서 학교폭력을 예방하기 위해서는 또래관계에 대해 더 많은 관심을 기울일 필요가 있다.

(2) 학교의 물리적 환경

학교폭력에 대한 논의에서 학교의 물리적 환경은 학교풍토나 문화적인 측면에 비해 큰 요인은 아니지만, 학교폭력이 대부분 학교 안에서 이루어지기 때문에 폭력이 많이 발생하는 학교의 규모, 장소적인 특성에 대해 살펴볼 필요가 있다.

학교폭력 발생률이 높은 학교는 대규모 학교, 많은 학급인원 수와 전학생, 부족한 자원 등과 연관되어 있다(Rossman & Morley, 1996; Warner, Weist, & Krulak, 1999). 특히 폭력적인 행동이 많이 나타나는 학교는 공통적으로 저급한 학교시설과 구조를 가지고 있었으며 학교 내에 교사의 관심이 미치지 못하는 후미진 장소가 많았다. 따라서 학교 건물을 설계할 때 가시성을 최대한 확보하거나, 사각지역의 환경 개선, CCTV 설치, 불시 순찰 등의 조치를 강화할 필요가 있다.

학교환경과 관련하여 학교 및 학급의 규모도 논의된다. 대규모 학교일 경우 학생이 소속감을 느끼거나 자신의 참여가 중요하다고 느끼기 힘들고, 교사가 학생 사이에서 일어나는 문제를 인지하는 것이 어려운 반면, 소규모 학교는 학교에 대한 긍정적인 태도를 갖게 하여 높은 출석률, 낮은 중퇴율, 학교에 대한 긍정적인 인식 및 소속감 증대 등의 특성을 보인다(Shafii & Shifii, 2006).

그러나 이후의 연구에서 학교의 크기에 따른 따돌림 행동에 차이가 없다고 논의되기도 하였다(도기봉, 2008b; Ross, 1996). 교육부(2013)의 전국 학교폭력 실태조사에 따르면, 폭행이나 감금 등의 신체적 폭력이나 강제적 심부름은 소규모 학교에서 심각한 반면, 집단따돌림은 대규모 학교에서 더욱 심각한 것으로 나타났다. 읍·면 지역의 소규모 학교일수록 가시적으로 드러나는 신체적 폭력이 많은 반면, 대도시의 대규모 학교일수록 은밀한 집단따돌림이 많다는 것이다. 이는 학교의 규모는 학교폭력의 빈도 자체보다 학교폭력의 양상과 관련이 있음을 나타낸다. 따라서 학교폭력을 예방·근절하기 위해서는 학급인원 수와 교사의 과중한 업무 부담을 감소시키는 것과 동시에 학교문화와 교사의 태도에도 관심을 기울일 필요가 있다.

(3) 교사와 학생의 관계

교사와 학생 간의 긍정적이고 친밀한 관계는 학생의 난폭하고 공격적인 행동을 억제하는 반면, 교사와의 관계가 적대적이고 부정적인 학생은 학교부적응 문제를 일으킬 뿐 아니라 학교폭력에 더 자주 참여하게 된다(박영신, 김의철, 2001; 박종효, 2007; 이상균, 2005; Swearer et al., 2011). 한 연구에서 선생님들을 엄하고 거리감이 있는 교사, 일관성이 없고 무서운 교사, 털털하면서도 배려하는 교사로 구분하여 불량 집단에 소속된 고등학생들을 대상으로 설문을 실시한 결과, 학생들은 털털하면서도 배려하는 유형의 교사들이 그들을 꾸짖었지만 도전을 주고 걱정해 주었으며 일관적이고 공정한 훈계를 사용하였다고 보고하였다. 그러나 불행하게도 이러한 교사들은 아주 소수라고 응답하였다(Shafii & Shafii, 2006). 이는 학교폭력 예방을 위해 교사 스스로 자신의 역할의 중요성을 깨닫고 학생과 의미 있는 공감대를 형성하는 노력이 필요하다는 것을 시사한다.

한편, 교사의 지지가 가해행위를 억제하기도 하지만 역설적으로 피해행동에 영향을 미치는 변인으로 작용할 수도 있다(김혜원, 이혜경, 2000). 또래의 지지를 덜 받을수록 집단괴롭힘을 더 많이 당하는 반면, 교사로부터 지지를 많이 받을수록 집단괴롭힘을 더 당하는 경향이 나타나기도 한다. 집단괴롭힘의 피해학생 유형 중 '선생님에게 고자질하는 아이'나 '선생님이 편애하는 아이'가 이에 해당할 것이다. 이처럼 교사와 학생의 긍정적인 유대관계도 중요하지만 지나치게 특정 학생과 긴밀한 관계를 갖는 것은 학교폭력 문제를 악화시킬 수 있는 요인으로 작용할 수 있으므로 주의할 필요가 있다.

(4) 학교폭력에 대한 교사의 관심과 개입

학교폭력에 있어서 교사가 학교폭력에 대해 얼마나 관심을 가지며 적극적으로 개입하는지 여부는 학교폭력 발생에 영향을 미치는 주요한 요인이다. 많은 연구는 교사가 학교폭력에 대해 묵인하거나 적절히 개입하지 못할 경우 학교폭력의 가해행위는 촉진되며, 교사가 학교폭력에 대해 민감하게 인식하며 적극적으로 대처했을 경우 학교폭력은 줄어들 수 있다고 강조한다(도기봉, 2007; 신성자, 2005; 이은정, 2003; Ross, 1996).

그럼에도 불구하고 교사는 실제 학생이 겪고 있는 학교폭력 문제를 잘 인지하지 못하여 그 심각성을 과소평가하기도 한다. 교사가 학교에서 발생하는 괴롭힘을 얼마나 잘 예측하고 있는지 고등학생 및 교사를 대상으로 조사한 결과, 57% 이상의 교직원은 10% 이하의 학생만이 학교에서 괴롭힘을 당했을 것이라고 예측한 반면, 9% 이하의 교직원만이 대략 28%의 고등학생이 괴롭힘을 당한다고 정확히 예측하였다(Defrance, 2000). 이러한 교사의 무관심으로 인해 학생들은 교사가 학교폭력을 막으려고 노력하지 않는다고 생각하며, 나아가 교사가 학교폭력을 막아 줄 것으로 믿거나 기대하지 않기도 한다(Houndoumadi & Pateraki, 2001).

이와 같이 교사의 학교폭력에 대한 방임적인 태도는 학생들의 학교폭력의 가해 행위를 더욱 심화시킨다. 따라서 학교폭력에 대한 교사의 적극적인 관심과 개입이 학교폭력을 중재하고 예방할 수 있는 중요한 보호요인임을 기억해야 할 것이다.

(5) 학교풍토 및 문화

학급이나 학교 분위기와 같은 학교풍토 및 문화는 괴롭힘 가해와 피해에 영향을 미치는 또 다른 변인으로 논의된다(Kasen, Berenson, Cohen, & Johnson, 2004; Kasen, Cohen, & Brook, 1998; Orpinas & Horne, 2006). Kasen 등(1998)의 연구에 따르면, 학생 간 또는 교사-학생 간의 갈등 수준이 높은 학교의 학생은 잘 조직되고 조화로운 학교의 학생에 비해 적대적 문제, 주의집중, 품행과 관련한 부정적 문제를 더 많이 가지고 있으며, 이들은 차후에 알코올 중독이나 범죄에 연루될 확률이 높은 것으로 나타났다. 또 다른 연구에서도 갈등이 많은 학교에 다니는 경우 언어적·신체적 공격이 증가한 반면, 학습을 강조한 학교에 다니는 학생의 경우 공격성 및 기타 학교 관련 문제가 감소한 것으로 나타났다(Kasen et al., 2004). Orpinas와 Horne(2006)은 학교폭력을 근본적으로 예방할 수 있는 대안으로 무엇보다 안전하고 긍정적인 학교문화를 조성하는 것이 중요하다고 강조했다.

4) 사회요인

(1) 대중매체

신문, 잡지, 영화, 텔레비전 등 다양한 정보를 제공하는 대중매체는 현대사회에 많은 영향력을 미친다. 이러한 대중매체는 점차 자극적이고 폭력적으로 변화하고 있으며, 대중매체로 인한 폭력 노출은 청소년의 공격성을 증가시키는 주요 요인으로 거론된다(도기봉, 2009; 임영식, 1998; 전상혁, 2005). 한 아동이 초등학교를 졸업할 때쯤이면 100,000회 이상의 폭력 행위와 8,000회 이상의 살인을 목격하게 되며, 평균 16세의 미국 청소년의 경우 TV에서 연간 약 13,000건의 살인을 목격하고 있는 것으로 나타났다(김혜원, 이혜경, 2000; Shafii & Shafii, 2006). 더욱 심각한 것은 이러한 폭력 장면이 미화되고 있다는 점이다. 텔레비전에 나오는 매력적인 인물의 39%는 폭력 사건에 관여되어 있었고, TV 속 범죄자의 73%가 처벌받지 않거나 자신의 행위를 부정적으로 인식하지 않았으며, 사건의 55%는 피해자가 고통을 겪는 것을 보여 주지 않았다(Aidman, 1997: Macklem, 2006에서 재인용). 심지어 종종 규칙 무시, 괴롭힘, 따돌림 등의 부정적 행동은 아동용 프로그램에서 더욱 심각한 것으로 나타나기도 한다(Muscari, 2002). 이처럼 폭력적 장면에 단순히 노출되는 것을 넘어서 범죄자가 매력적으로 묘사되고 폭력이 정당화되는 장면은 아동으로 하여금 폭력에 대한 허용성을 가지게 하며, 폭력을 오히려 멋있는 것으로 인식하게 할 가능성을 높이기 때문에 큰 문제가 될 수 있다. 실제로도 대중매체를 통해 언어적 · 신체적 폭력을 많이 경험한 학생일수록 학교폭력 가해경험이 많은 것으로 나타났다(Murray, 1999).

최근 인터넷 매체가 발달하면서 인터넷이나 게임 역시 학교폭력을 유발하는 원인으로 논의되고 있다(Wiegman & van Schie, 1998). Griffiths(1999)는 저학년 학생의 경우 폭력적인 내용의 비디오 게임을 직접 해 보거나 혹은 시청한 후 더 공격적이 된다는 사실을 발견하였으며, Wiegman과 van Schie(1998) 또한 비디오 게임 사용과 친사회적 행동 사이에 부정적인 관계가 있다고 논의하며, 비디오 게임이 아동에게 미치는 악영향에 대해 경고하였다.

대중매체가 학생의 학교폭력 행위에 영향을 미친다는 논의는 폭력행동이 학습된다는 것에 근거한다. 실제로 미국 콜로라도주의 콜럼바인 고등학교에서 수백 명의 고등학생이 총으로 무장한 동료학생에게 위협을 당한 후 머리 위에 손을 얹은 채 학교 바깥으로 밀려나오는 사건이 있었다. 이 사건은 많은 매체를 통해 반복적으로 보도되었는데, 그 이후 펜실베이니아 학교에서 한두 건 정도였던 폭탄협박 신고는 200건 이상으로 늘어난 것으로 보고되었다(Shafii & Shafii, 2006). 이것은 반복적인 폭력 노출이 청소년으로 하여금 모방하고 싶은 심리를 자극할 수 있다는 점을 시사한다.

우리나라 청소년의 경우 여가 시간의 3분의 1을 TV 시청에, 4분의 1을 컴퓨터 게임에 할애하고 있는 것으로 조사되었다(김기헌, 이경상, 2006). 이처럼 많은 청소년이 여가활동을 대중매체와 함께 보내고 있음을 감안하면, 폭력의 학습효과에 대해 심각하게 고려해 보아야 한다. 그러나 모든 아동과 청소년이 대중매체의 폭력성에 동일하게 영향을 받는 것은 아니며, 어떤 아동과 청소년은 다른 이들보다 폭력매체에 의한 영향력이 더 적을 수 있다(Coie & Jacobs, 2000). 종합하면 대중매체의 악영향을 고려해 볼 때, 폭력적이고 자극적인 대중매체로부터 아동과 청소년을 보호하기 위한 제도적 장치를 마련함과 동시에, 공격적 행위에 대한 정확한 도덕적 판단을 할 수 있도록 하는 교육적 접근 역시 필요함을 알 수 있다.

(2) 유해환경

청소년에게 영향을 미치는 유해환경은 노래방, PC방, 찜질방, 유흥업소 등을 들 수 있는데, 청소년은 청소년 문화가 조성되지 않은 상태에서 마땅히 시간을 보낼 곳을 찾지 못하여 성인이 출입하는 유흥업소에 접근하곤 한다. 이러한 유해환경이 학교폭력의 위험요인으로 작용할 수 있다(김영한, 이명진, 이승현, 2005; 도기봉; 2009). 지역사회 요인과 학교폭력의 관계를 분석한 도기봉(2009)의 연구에 의하면, 학교 근처의 유흥업소 범람이 청소년의 비행과 폭력을 유발한다고 보고하였다. 이춘화(1999)의 연구에서도 폭력비행 경험이 있는 청소년은 유해업소를 더 많이 출입하고 있었으며, 폭력비행 경험이 없는 집단에 비해 술을 더 많이 마시고 담배를 더 많이 피우는 것으로 나타났다.

살펴본 바와 같이 유해환경에 접촉함으로써 규범의식이 약화되고 반규범적인 가치나 태도를 학습할 기회가 증가하기 때문에 비행과 반사회적인 공격행동을 일으킬 가능성이 높아진다(Farrell, Valois, Meyer, & Tidwell, 2003). 그러므로 학교폭력을 예방하기 위해 지역사회의 유해환경에 대한 감독이 요구된다.

(3) 지역사회의 폭력 허용 정도

지역의 범죄율이나 폭력의 허용 정도 또한 학교폭력에 영향을 미치는 것으로 나타난다. 학교폭력은 지역사회의 범죄와 무관하지 않으며(Wilson, 1980), 학교폭력과 지역사회의 범죄율과는 정적인 관계가 있다(Dodge, Pettit & Bates, 1994). 또한 범죄율이 높은 지역의 학생들은 학교 안팎에서 발생하는 폭력의 피해자가 될 가능성이 높다(Everett & Price, 1995). 폭력노출이 흔한 지역사회의 각 개인은 어느 순간에도 폭력이 일어날 수 있고, 그것이 일상생활의 한 부분이라고 여기므로 그러한 상황에 적응해 버린다. 이러한 적응은 각 개인이 폭력을 자신의 힘으로 개선시킬 수 없다는 회의와 무력감으로 해석할 수 있다(Shafii & Shafii, 2006).

폭력에 대한 지역사회의 허용적 태도는 학교폭력에 직접적인 영향을 미친다고 강조되기도 한다(노성호, 김성언, 이동원, 김지선, 1999; 도기봉, 2009). 폭력을 허용하는 문화 속에서 폭력적 행동은 쉽게 용인된다. 이것은 지역사회가 아동과 청소년을 폭력으로부터 보호할 수 있는 보호막의 역할을 할 수 있느냐 없느냐의 문제와 연결된다. 예를 들어, 지역사회의 이웃이 자발적인 마음으로 청소년에게 비공식적인 사회 통제로서의 역할을 다한다면, 청소년 범죄에 대한 강력한 예방효과가 있다고 보고된 바 있다(Sampson, Raudenbush, & Earls, 1997). 비록 가난하고 범죄나 폭력에 노출될 위험이 많은 지역이라도 일탈 청소년에게 관심을 가지고 훈계하는 성인이 있다면 청소년비행은 감소한다는 것이다. 이는 학교폭력을 근절하기 위해서는 부모나 교사뿐만 아니라 지역사회의 모든 성인이 사회적 책임을 가지고 이에 적극적으로 개입해야 할 필요성을 시사한다.

5) 학교폭력에 대한 생태학적 접근

지금까지 학교폭력의 원인으로 개인, 가정, 학교, 사회 요인으로 나누어 살펴보았다. 논의된 각각의 위험요인들은 독립적으로 학교폭력에 영향을 미치는 것이 아니라, 일반적으로 여러 요인이 복합적으로 작용하여 학교폭력을 유발하는 것으로 보고 있다(도기봉, 2007; 이은정, 2003; 조유진, 2006; Shafii & Shafii, 2006).

Bronfenbrenner(1977)는 이와 같이 학교폭력에 영향을 미치는 요인의 상호관계에 주목한 입장을 '생태학적 접근'이라는 이름으로 설명하고 있다. 생태학적 접근은 학생들이 경험하는 학교폭력이 개인의 특성, 학교와 지역사회의 특성, 학생들의 가정배경, 학생들의 문화적 맥락과 같은 보다 넓은 사회적 맥락의 상호작용에 의해서 영향을 받는다는 것을 강조한다. 이 이론에 따르면 이들 요인은 네 가지의 상호 관련체계, 즉 미시체계(microsystem), 중간체계(mesosystem), 외체계(exosystem), 거시체계(macrosystem)를 포함한다.

　미시체계는 아동 및 청소년이 직접 접촉하고 있는 체계로 아주 가까운 주변에서 일어나는 활동과 상호작용을 나타내며, 부모, 형제, 또래 및 학교를 포함한다. 중간체계는 아동과 청소년의 가정, 학교, 또래집단과 같은 미시체계 간의 연결이나 상호관계를 나타낸다. 예를 들면, 부모에 대한 강한 애착관계는 학교에서 친구관계의 형성을 위해 위험을 감수할 의지에 영향을 미칠 수 있다. 외체계는 아동과 청소년이 그 맥락의 부분을 이루고 있지는 않지만 그들의 발달에 영향을 줄 수 있는 맥락들로 구성되며, 부모의 학교 참여 등과 같이 다른 체계들의 영향을 나타낸다. 마지막으로 거시체계는 아동과 청소년에게 영향을 미치는 사회 및 문화적 영향력을 포함한다 (송재홍 외, 2016, p. 72).

　아동의 성격은 사회적 맥락 속에서 어떻게 상호작용하는지에 따라 유지, 수정되기 때문에 괴롭힘을 단일요인에 의해 일어나는 것이라기보다 개인과 그의 가족, 또래 집단, 학교, 지역사회 및 사회적 규범 간의 복잡한 상호작용의 결과로 보아야 한다는 것이다. 한 학생의 개인적 특성은 다양한 사회적 맥락과 접하면서 가정요인,

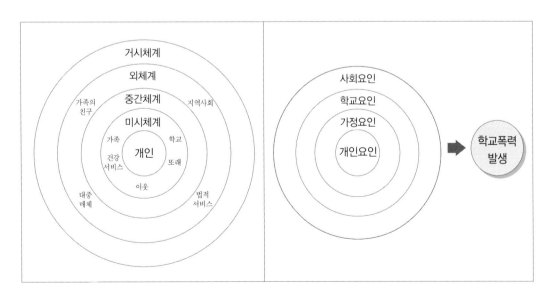

[그림 2-1] 학교폭력에 영향을 미치는 요인들의 생태학적 접근

학교요인, 사회요인과의 상호작용에 의해 더욱 강화되거나 축소되기도 한다. 학생에게 학교는 '분풀이'하기 좋은 장소이기 때문에(Defrance, 2000) 아동은 개인, 가정, 학교, 사회에서 경험하는 어려움을 괴롭힘이라는 문제로 학교에서 표출하곤 한다. 따라서 학교폭력 문제에 접근할 때는 단지 개인의 탓으로 돌리기보다는 가정, 학교, 지역사회가 서로 협력할 방법을 모색해 나가는 노력이 필요하다.

6) 학교폭력의 원인과 교사의 역할

지금까지 살펴본 바와 같이 학교폭력에 영향을 미치는 원인은 다양하며, 그러한 요인이 누적적으로 상호작용할 때 학교폭력에 가담할 위험은 높아진다. 그러나 학교폭력 위험요인을 많이 가지고 있다고 해서 학교폭력의 가해학생이나 피해학생이 되는 것이라고 섣부르게 예측하거나 낙인하는 우를 범하지 않도록 조심하여야 한다.

학교폭력 관련 연구는 청소년이 단지 위험요인에 얼마나 노출되었나보다 자신을 둘러싼 환경을 어떻게 해석하고 반응하는지가 더욱 중요하다고 보고한다(김선희, 2006). 즉, 동일한 부정적 환경일지라도 개인의 특성에 따라서 문제행동을 보일 가능성이 높은 학생과 자신의 삶을 긍정적으로 이끌어 가는 학생이 있을 수 있다는 것이다. 이는 다양한 삶의 역경이 있음에도 불구하고 강인한 회복탄력성을 갖추고 있을 때 온전하게 성장할 수 있음을 나타낸다(김주환, 2011).

따라서 앞서 논의한 요인들은 학교폭력의 발생 원인으로 이해하기보다 학교폭력을 예방하기 위해 어떠한 요인에 관심을 두어야 하는지를 안내하는 조언으로 이해하는 것이 중요하다. 실제로 괴롭힘을 가하거나 피해를 당하는 학생들은 상대적으로 많은 위험요인을 가지고 있는 반면, 보호요인은 별로 가지고 있지 않는 경우가 많다. 따라서 학교폭력을 예방하기 위해서는 위험요인을 감소ㆍ제거하는 동시에 학생의 바람직한 성장을 도울 수 있는 보호요인을 확대ㆍ강화하는 것이 중요하다. 즉, 학교폭력 예방 프로그램을 통해 학생의 인식과 행동의 변화를 유도하는 한편, 가정-학교-지역사회가 서로 협력하여 가정의 사회적 지지, 긍정적인 학교풍토, 안전한 지역사회 문화를 조성해 나가려고 노력할 때 근본적으로 학교폭력 문제는 감소ㆍ예방될 것이다. 무엇보다 회복탄력성이 높은 학생들의 경우, 학생의 입장을 이해해 주는 어른이 그 학생의 인생에 적어도 한 명은 있었다는 연구 결과(김주

충동적이고 쉽게 화를 내는 샐리

샐리는 좌절을 하면 충동적이고 쉽게 화를 내는 성격이긴 하지만 이러한 개인적 특성으로 학교폭력의 가해행동을 예측할 수는 없다. 그러나 샐리가 가정에서 분노조절의 방법을 배우지 못하고 형제로부터 괴롭힘을 당하고 있다면 괴롭힘에 당할 가능성이 높아질 수 있다. 또한 샐리가 다니는 학교의 선생님이 괴롭힘에 관심을 기울이지 않고 괴롭힘 예방을 위한 조치를 취하지 않으며, 지역사회가 괴롭힘 행동을 악화시키고 있다면 샐리는 결국 괴롭힘에 가담할 위험에 처할 수도 있다 (Swearer et al., 2011).

환, 2011)를 볼 때, 청소년에게 의미 있는 성인의 관심과 돌봄이 얼마나 중요한지 다시 한 번 상기시킬 필요가 있다.

2. 공격성과 괴롭힘을 설명하는 이론

공격성이란 타인에게 해를 가하는 파괴적인 행동 성향을 말하며 크게 두 가지로 나누어 볼 수 있다. 첫 번째는 '선행적(proactive: 주도적, 도구적)' 공격성으로 공격행위가 어떠한 자극에 대한 반응이 아니라 내적 동기에 의해 이루어지는 경우로, 주로 무언가를 얻기 위한 수단으로 나타난다. 두 번째는 '반응적(reactive: 적대적, 정서적)' 공격성으로 위협을 느꼈을 때 대응하기 위해 나타나는 공격성이다(Dodge & Coie, 1987; McAuliffe, Hubbard, Rubin, Morrow, & Dearing, 2006: 한유경 외, 2014에서 재인용). 많은 학자가 괴롭힘을 공격성의 한 형태로 보아 왔다. 그러나 괴롭힘은 가해자와 피해자 사이에 힘의 불균형이 있는 경우 반복적으로 해를 끼치고자 의도하는 행동이라는 점에서 단순한 공격성과는 구별된다(Olweus, Limber, & Mihalic, 1999: Swearsr et al., 2011에서 재인용).

1) 공격성에 대한 이론적 접근

(1) 추동이론

정신분석학의 창시자인 Sigmund Freud(1856~1939)는 초기 저서인『성욕에 관한 3개의 에세이(Three Essay on Sexuality)』에서 모든 정신적 현상을 성욕이론으로 설명하였다. 성본능, 즉 삶의 에너지인 리비도(libido)에 의해 인간의 모든 행동과 성격이 결정되며, 만약 본능적 욕구를 충족시키지 못하거나 억압하면 신경증과 같은 고통을 경험할 수 있다고 주장했다. 하지만 1914년부터 시작된 제1차 세계대전을 겪으며 Freud는 인간의 포악함과 공격성에 대해 새롭게 관심을 갖게 되었고, 이후에 사랑하는 사람들의 죽음을 직면하면서『쾌락의 원칙을 넘어서(Beyond the Pleasure Principle)』(1920)라는 저서에 처음으로 죽음의 본능, '타나토스(thanatos)'에 대해 언급하였다. 전쟁, 학대와 같은 심한 외상사건을 경험한 환자가 과거의 끔찍한 경험을 자꾸 의식으로 끌어올리며 고통을 되풀이하는 것, 이 외에도 반복되는 자살시도, 알코올 및 약물 중독, 자신을 파멸로 이끄는 병리적인 생활양식 역시 쾌락이론으로는 설명되지 않는, 스스로 고통과 긴장을 추구하는 행동이 이에 해당된다. 이에 Freud는 삶을 보존하고 번성하게 하는 에너지인 리비도 외에 삶을 파괴하고 태어나기 전의 평형상태로 돌아가려는 죽음의 추동 '타나토스'의 존재를 인정하고, 두 추동은 늘 긴장 속에서 상호작용하며 인간의 모든 행동을 결정한다고 설명하며 그의 초기 추동이론을 보완하였다(한유경 외, 2014).

공격성을 자연스러운 본능 중 하나로 보는 추동이론에 따르면, 우리가 밥을 먹고 잠을 자면서 삶의 본능을 충족시키듯 죽음의 본능도 지속적으로 충족시켜 주어야 한다. 만일 이러한 죽음의 본능을 발산하지 못하면 어느 순간에 봇물 터지듯 나와 정신장애를 촉발할 수 있다. 우리에게는 삶의 추동 역시 존재하기 때문에 대부분이 죽음의 에너지는 자신보다는 타인이나 세상으로 전치(displacement)되어 발현되는 경우가 많다(Kaplan, 1997: 박민철, 1999에서 재인용). 따라서 우리는 이러한 본능을 가능한 한 순화된 형태로 승화할 필요가 있으며, 가장 일반적인 형태로는 스포츠 경기에 참여하거나 관람하고, 공격적인 영화를 보는 것을 통해 정화(catharsis)한다.

(2) 사회학습 이론

행동주의자는 공격행동도 다른 사회적 행동과 마찬가지로 그 행동의 결과인 보상이나 처벌에 의해 학습된다고 주장한다. 만약 공격행동 후에 보상(강화)이 뒤따른다면 이후에 그러한 행동을 반복할 가능성이 높아지고, 반대로 처벌이 주어지면 그러한 행동을 반복할 가능성이 낮아질 것이다. 예를 들어, 한 아이가 놀이터에서 그네 타는 친구를 떠밀고 자신이 원하던 그네를 신나게 탄 경험이 있다면 다음에도 공격적인 행동을 통해 자신이 원하는 바를 충족시키려 할 가능성이 크다. 하지만 사회학습 이론가는 직접적인 강화나 처벌 없이, 타인의 행동과 결과를 관찰하는 것만으로도 대리학습(vicarious learning)이 가능하다고 보았다. 사회학습 이론의 대표적인 학자인 Bandura, Ross와 Ross(1963)는 '보보인형 실험'을 통해 공격성의 모방학습에 대한 강력한 근거를 제공하였다.

보보인형 실험

- 대상: 3~6세의 남·여아 62명
- 절차: 참가한 아이들을 세 집단으로 나눈 후, 각 집단마다 보보인형을 넘어뜨리고 소리를 지르며 주먹질을 하던 주인공이 세 가지 다른 결말을 맞는 장면이 담긴 비디오를 보여 줌
  - 공격성 보상 조건: 공격을 가한 아이에게 '챔피언'이라는 칭찬과 함께 초콜릿과 음료수를 제공
  - 공격성 처벌 조건: 공격을 가한 아이에게 '깡패'라고 비난하며 겁(처벌)을 줌
  - 통제 조건: 상이나 벌 중 아무것도 주지 않음
- 결과: 공격성 보상 조건의 아이들이 가장 공격적이었고, 다음으로 통제 조건, 공격성 처벌 조건 순으로 공격행동을 보였음. 모든 조건에서 남아가 여아보다 더 공격적인 성향을 보임

[그림 2-2] 모방을 위한 4단계(Bandura, 1977)

더불어 Bandura(1977)는 모방행동이 실제 행동으로 나타나는 것은 '주의-파지-운동 재생산-유인가와 동기'의 4단계에 의해 좌우된다고 보았다([그림2-2] 참조).

이를 바탕으로 후속 연구자는 폭력적인 TV 프로그램을 시청하는 것이 공격성을 증가시킨다는 것을 반복적으로 증명하였고(Anderson & Bushman, 2002; Christensen et al., 2007), 특히 폭력을 정당화하는 프로그램(예: 좋은 목적을 위해 공격성을 보이는 경우)에서 더욱 그러하였다(Hogben, 1998). 더불어 최근에 공격적인 게임이 활성화됨에 따라 공격적인 게임과 공격성의 관계를 알아보는 연구 결과, 공격적인 게임이 공격행동을 증가시키고 폭력에 대한 둔감화 작용을 한다는 사실이 밝혀졌다(Anderson & Bushman, 2001; Bartholow, Sestir, & Davis, 2005; Carnagy, Anderson & Bushman, 2007). 나아가 Anderson과 Dill(2000)은 공격적인 게임이 공격적인 TV 프로그램을 시청하는 것보다 더욱 능동적인 참여를 포함하고 있는 데다 공격을 통해 점수나 아이템 같은 강화물을 받기 때문에 단순히 공격적인 TV 프로그램을 시청하는 것보다 더욱 공격성을 악화시킨다고 주장했다(Rice & Dolgin, 2009).

(3) 좌절-공격성 이론

Dollard와 Miller를 포함한 예일대 심리학자 5명(1939)은 '좌절은 항상 공격성을 유발하며, 공격성은 항상 좌절의 결과'라는 가설을 내놓았다. 인간은 좌절에 의해 야기된 내적 충동을 해소하도록 동기화되어 있으며, 공격 행위는 그것을 해소하기 위해 나타난다는 것이다. 좌절감을 일으키는 요인은 크게 세 가지의 형태로 볼 수 있다. 첫 번째는 어떤 목적지향적인 행동이 제지당하게 되는 경우이며, 두 번째는 결핍이나 궁핍 등 필요의 불충족, 세 번째는 타인의 폭력, 욕설 등의 공격이나 성가심, 소음 등의 부정적 자극을 들 수 있다(박덕규, 1983). 이 이론은 공격할 기회를 주었을 때 좌절을 당한 아이가 그렇지 않은 아이보다 더 강도 높은 공격행동을 보였다는 연구를 통해 지지되기도 하였다(Mallick & McCandless, 1966).

하지만 욕구 좌절이 언제나 공격성으로 이어지는 것은 아니며, 또한 모든 공격행동이 좌절에 의해 발생하는 것은 아니라는 반증이 등장하여 욕구-좌절 이론은 수정이 불가피하게 되었다. 여러 학자는 좌절감 뒤에 공격적 행동 외에도 체념 및 포기, 회피, 인지적 재해석, 혹은 다른 행위를 통한 보상 등 여러 다양한 행동이 나타날 수 있음을 주장하였다. 또한 Berkowitz(1989)는 좌절이 분노를 유발하지만 꼭 공격성을 유발하는 것은 아니라고 보았다. 이에 수정된 욕구-좌절 이론에서는 공격행동과 좌절의 필연적인 관계를 주장하지는 않으며, 행동은 상황적 요인과 사회화에 의해 영향을 받게 된다고 설명한다(고영복, 2000).

(4) 생물학적 이론

신경생물학적인 요인 또한 공격성에 영향을 미치는 것으로 알려져 있다. 임신 중 또는 출산 시에 아기가 뇌에 손상을 받았거나, 자라면서 계단에서 떨어지거나 교통사고 등을 당해 두뇌 손상이 후천적으로 초래된 경우 난폭하거나 공격적인 행동을 보일 수 있다. 폭력적인 아동은 대부분 미세한 신경학적 이상을 보이며, 심한 폭력행동을 보인 상당수의 아동에게서 뇌파와 뇌기능에 다양한 신경학적 이상이 있는 것으로 나타났다. 두뇌 부위 중에는 전두엽과 시상하부, 편도체가 공격성과 관련이 높은 것으로 알려져 있다(김찬영, 김지웅, 1998; 이상신, 유병국, 김양태, 김희숙, 2007;

Andy & Jurko, 1972; Blair, 2004; Damasio, Tranel, & Damasio, 1990).

전두엽은 계획 및 문제해결능력, 사회적 판단력, 감정 조절에 관여하는 두뇌 부위이다. 반사회적 성격장애 성인이나 품행장애 아동, 청소년이 전두엽의 기능에 이상이 있다는 사실은 국내외의 여러 연구에서 입증된 바 있다(우충환, 신민섭, 2010; 이수정, 김혜진, 2009; Brower & Price, 2001; Lueger & Gill, 1990). 한편, 청소년기는 뇌 기능의 발달이 왕성하게 이루어지는 시기이다. 특히 자신의 행동의 결과를 판단하고 예측하는 능력, 다양한 대안을 생각하여 문제를 해결하는 능력, 행동억제력 등을 담당하는 전두엽에서는 이 시기에 활발히 가지치기가 일어나므로, 전두엽이 관장하는 행동의 결과를 예측하는 능력과 충동조절 기능이 상대적으로 불안정해지고 취약해진다고 할 수 있다(김붕년, 2012).

한편, 자율신경을 총괄하는 시상하부의 경우 후외측을 자극하면 도구적 공격성이 증가하며, 복내측을 자극하면 외부 위협에 예민하게 반응하는 반응적 공격성을 증가시키게 된다는 결과가 있다(이상신 외, 2007). 공격행동에는 시상하부뿐만 아니라 편도체도 관여하는데, 편도체를 전기적으로 자극하면 반응적 공격성을 유발한다. 동물의 편도체를 제거하면 공격성이 줄어든다는 연구 결과에 고무되어 인간의 폭력 범죄를 치료하기 위해 편도체를 제거하는 수술이 시도되기도 했으나, 안전성이나 윤리적인 문제가 있어 일반화되기는 어렵다(김현실, 2003).

한 연구 결과에 따르면, 사회적·환경적인 요인이 공격성을 유발하는 데 두뇌의 신경전달물질이 매개요인으로 작용한다고 한다(Repetti, Taylor, & Seeman, 2002). 신경전달물질 중 세로토닌은 충동과 폭력적 행동의 억제에 중요한 물질로 알려져 있다. 동물을 대상으로 한 연구 결과에 따르면, 세로토닌 수치가 낮은 쥐나 원숭이는 더 자주 싸우고 다치는 것을 확인할 수 있으며, 혈중 세로토닌을 높이는 약물을 투여하면 무리 지어 활동하는 행동이 증가하는 것으로 나타났다(최현석, 2011; 함혜현, 2011). 사람의 경우도 마찬가지여서 충동조절의 어려움과 폭력 등 문제가 있는 사람들을 대상으로 혈중 세로토닌 수치를 측정해 본 결과, 유의미한 낮은 수치가 보고된 바 있다.

한편, 대표적인 남성호르몬인 테스토스테론은 공격성과 비례하는 것으로 나타났다. 이러한 신경전달물질이나 호르몬이 공격성과 관련이 있는 것은 분명하지만, 한 개인의 세로토닌과 테스토스테론 수치를 측정하여 그 사람의 공격성을 예측할 수는 없다(최현석, 2011).

(5) 사회적 정보처리 이론

사회적 정보처리 이론에 따르면 좌절이나 분노 등 타인의 도발에 대한 반응은 사회적 단서에 의한 것이라기보다는 이러한 정보를 처리하고 해석하는 방식에 달려 있으며, 공격성은 사회적 정보처리 과정의 결함에 기인하여 발생한다고 본다. 길에서 어떤 사람이 나를 치고 지나갔다고 가정해 보자. 고개를 돌려 어떤 일이 일어났는지 살펴보고 방금 나를 친 사람을 확인한다. 그리고는 그 사람이 나를 일부러 치고 지나갔는지 아니면 실수로 그런 것인지를 알아보고자 탐색한다. 그다음에 그 행동이 고의적인지, 우발적인지에 따라 어떠한 반응을 보일지에 대해 생각한다. 그 후 자신이 그러한 행동을 하면 어떤 결과가 발생할지를 예측하여 비교해 보고 가장 적절한 반응을 결정하게 되며, 마지막으로는 그 반응을 행동화한다. 이처럼 사람들은 사회적 정보를 처리하는 과정에서 여러 복잡한 단계를 거치게 된다(Crick & Dodge, 1994).

사회적 정보를 처리하는 가운데 공격성의 발현과 관련하여 특히 중요하게 작용하는 과정은 '의도에 대한 귀인'이다(Orpinas & Horne, 2006). Dodge(1980)는 아동을 대상으로 적대적 귀인 편향에 대해 실험을 진행하였다. 이 실험에서 아동은 크게 세 그룹으로 나뉘었다. 첫 번째 그룹은 자신이 만든 작품을 다른 한 아이가 일부러 망가뜨렸다고 전해 들었고, 두 번째 그룹은 다른 아이가 자신의 작품을 지키려 하다가 실수로 부수게 되었다고 들었으며, 세 번째 그룹은 의도에 대한 정보 없이 단지 다른 아이가 자신의 작품을 망가뜨렸다는 이야기만을 들었다. 적대적 의도가 있었다고 전해 들은 경우, 공격성이 높은 아동과 낮은 아동 모두 공격적인 반응을 보였다. 또한 의도치 않은 우발적 사고 조건에서 아동은 공격성의 높고 낮음과 관계없이 모두 비공격적인 반응을 보였다. 그러나 의도가 불분명한 조건의 경우, 공격성이 높은 아이는 타인의 행동을 적대적 의도가 있는 것으로 보는 경우가 많았으며, 반대로 공격성이 낮은 아이는 그렇지 않았을 것이라고 보는 경우가 많았다.

Randall(1997)은 이러한 인지적 · 심리적 결함으로 인해 타인을 괴롭히는 아동은 사회적 정보를 정확히 처리하지 못하기 때문에 타인의 기분이나 생각을 잘 알지 못하고, 타인의 의도를 정확히 판단하지 못하여 괴롭힘을 하게 된다고 설명하였다. 그러나 Crick과 Dodge(1996)는 모든 공격적인 아동에게서 상대방의 의도를 적대적으로 해석하는 편향이 나타나지는 않는 다는 점을 감안하여 반응적 공격행동을 보이는 아동과 선제적 공격행동을 보이는 아동 집단으로 구분하여 두 유형의 집단이 보이는 사회적 정보처리 특징에 대해 연구하였다(김혜리, 이진혜, 2006). 그 결과, 반응적 공격행동을 보이는 아동은 다른 사람의 의도를 적대적으로 판단하는 편향을 보였지만, 선제적 공격행동을 보이는 아동은 그러한 편향을 보이지 않았으며, 자신의 공격행동을 보다 긍정적으로 평가하는 경향을 보였다.

2) 괴롭힘에 대한 이론적 접근

(1) 유사성 및 가해자에 대한 동일시

서로 매우 친밀한 사람들 중에는 취미, 습관, 생활환경, 종교적 신념 등이 비슷한 경우가 많은데, 이는 서로 비슷한 점을 갖고 있는 사람들끼리 호감을 느끼게 되기 때문이다. Byrne(1971)은 태도의 유사성이 호감에 미치는 영향을 증명하기 위해 각 피험자에게 자신의 태도를 평정한 뒤 다른 사람의 프로파일에 대한 호감도를 평정하도록 하였다. 그 결과 피험자는 자신과 가장 비슷한 사람에 대해 가장 호의적으로 지각하는 것으로 나타났다(Kandel, 1978).

이러한 유사성 이론은 청소년의 괴롭힘 행동에 적용될 수 있다. 가해자는 가해자끼리 어울리기 쉽다(Espelage, Green, & Wasserman, 2007; Espelage, Holt, & Henkel, 2003: Swearer et al., 2011에서 재인용). 그러나 처음부터 가해학생으로 집단이 구성되기보다는 어떠한 유사성에 근거하여 또래 집단이 형성되면 그 집단 내에서 지위가 높은 1~2명의 학생이 자신의 공격성이나 착취적인 규범을 집단에 내재화하게 된다(정종진, 2012). 이러한 과정에서 집단 내 응집력을 높이기 위해 이질적인 구성원에게 배타적으로 대하는 경향이 있으므로, 결국 집단 구성원은 집단 내의 공격적인 규범에 동조하게 된다. 동조행동이란 모호한 상황에서 정보를 얻기 위해서뿐만 아니라 집단의 수용과 안정을 얻기 위해 자신의 행동양식을 집단에 일치시키고 조화시켜 가려는 움직임으로, 긍정적인 행동뿐 아니라 다양한 반사회적 행동을 모방하기도 한다(한유경 외, 2014). 특히 동조행동은 청소년기에 가장 증가하는 경향이 있으며(정옥분, 2005), 연구 결과에 따르면, 가해자가 직접 원해서 친구를 괴롭히기보다는 집단에 수용되고 싶은 욕구로 인해 가해하는 경우가 더 많은 것으로 나타났다 (강진령, 유형근, 2000: 박경애, 김혜원, 주영아, 2010에서 재인용). 즉, 가해자 집단에 들어감으로써 자신 또한 피해자가 될 수 있다는 불안을 해소하게 되는 것이다. Anna Freud(1936)가 말한 '공격자와의 동일시(identification with the aggressor)'라는 개념에 따르면 심지어는 피해자가 자신을 괴롭힌 가해자의 규범을 받아들여 또 다른 가해자가 되는 현상이 나타나기도 한다(한유경 외, 2014).

피해자가 되는 아이 역시 집단 내에서 다른 구성원과 이질적인 특성을 가진 경우가 많다는 점 또한 집단괴롭힘을 이해하는 데 유사성 이론이 적용됨을 이해할 수 있다.

(2) 지위와 지배성에 대한 욕구

발달심리학자는 집단에서 높은 지위를 확보한 아동이 더 많은 자원을 얻을 수 있고, 또래에 대해 더 많은 통제와 영향력을 행사할 수 있음을 증명해 왔다(Pellegrini & Long, 2002: Swearer, 2011에서 재인용). 이러한 지위는 공격성을 통해 확립될 수 있다. Salmivalli(2010)는 가해자들이 또래 괴롭힘을 통해 궁극적으로 얻고자 하는 것은 또래 집단 내에서의 '높은 지위(status)'와 '지배적인 역할(position)'이라고 하였다. 특히 청소년기는 또래 지위가 강조되는 시기로(Eder, 1985), LaFontana와 Cillessen(2010)은 연구를 통해 청소년 참가자의 3분의 1이 우정보다 지위 강화를 우선시한다는 점과 74~79%의 참가자가 규칙준수보다 지위 강화를 더 중요하게 여긴다는 사실을 확인하였다. 따라서 가해자는 큰 노력을 들이지 않도록 자신의 지위를 공고화할 수 있는 순종적이고(Schwartz et al., 1998), 불안정하고(Salmivalli, Ojanen, Haanpaa, & Peets, 2005), 신체적으로 약하며, 집단 내에서 쉽게 거부당하는 피해자를 택하는 경우가 많다(Hodges & Perry, 1999). 또한 대부분의 괴롭힘 역시 자신의 힘을 인정해 줄 목격자나 동조자가 있는 장면에서 일어나게 된다(Atlas & Pepler, 1998; Lynn Hawkins, Pepler, & Craig, 2001).

(3) 독립성에 대한 욕구 및 또래의 영향

청소년기에 관찰되는 대인관계에서의 변화 중 가장 두드러지는 특징은 부모로부터 독립하고자 하는 욕구를 강하게 느끼며, 이전에 비해 또래 집단의 영향을 더 많이 받게 된다는 것이다(박경애 외, 2010). 따라서 이 시기에는 어른의 기준과 가치에 도전하는 비행, 비순응, 공격성 등을 보이는 청소년에게 끌리는 반면, 아동기의 특징인 순응, 순종을 보이는 청소년은 상대적으로 덜 매력적일 수 있다(Swearer et al., 2011 재인용; 정종진, 2012). 따라서 청소년기의 또래 괴롭힘은 또래로부터 지위를 획득함은 물론 인기를 얻는 데에도 강력하게 작용할 수 있다(Moffitt, 1993). 실제 몇몇 연구에서는 가해자를 포함한 공격적인 청소년이 또래에게 더 멋지고, 강하고 인기가 많다고 지각된다는 결과를 보여 주었고(Caravita, Di Blasio, & Salmivalli, 2009), 다른 연구에서도 가해자가 더 쉽게 친구를 사귄다는 결과가 나타났다(Nansel et al., 2001). 이러한 결과는 다른 또래로 하여금 괴롭힘의 긍정적인 영향을 학습하도록 하는 계기를 제공하여 향후 괴롭힘 행동의 발생과 유지 가능성을 증가시킬 수 있다.

(4) 공감능력의 결함

Olweus(1995)는 괴롭힘 가해자가 폭력을 자신의 욕구 충족을 위해 사용하며, 폭력을 행사하는 것을 즐기거나 다른 사람들을 고통스럽게 하고 괴롭히는 행동을 통해 만족감을 느끼고, 공감능력이 부족하여 상대방에 대한 배려를 거의 하지 않는 경향이 크다고 보고하였다. 이처럼 괴롭힘을 행하는 가해자는 피해자가 느낄 공포심이나 고통이 어떠할지 충분히 이해하거나 공감하지 못하므로 괴롭힘의 대상인 피해자를 불쌍히 여기지 않으며, 자신이 하는 괴롭힘 행동에 대한 죄책감을 느끼지 않는 모습을 보일 수도 있다.

(5) 중화이론

Sykes와 Matza(1957)의 중화(neutralization)이론에 따르면, 비행청소년도 합법적이고 바람직한 규범을 숙지하고 있으며 비행이 나쁘다는 것을 알고 있지만, 비행을 정당화하는 구실을 찾으므로 비행을 계속 저지르게 된다고 한다. 비행청소년이 비행을 정당화하는 유형에는 다른 것에 원인을 돌리는 책임 부정, 피해자의 과실과 책임을 탓하는 피해자 부정, 비행을 비난하는 사람은 더 비난받을 행동을 한다고 주장하는 비난자 부정, 자기가 소속해 있는 집단에 대한 의리와 충성심의 강조 등이 있다(Akers & Seller, 2011에서 재인용).

청소년의 집단괴롭힘에서 가해자의 가해 이유가 괴롭힘을 당하는 아이가 괴롭힘을 당할 만한 행동을 했기 때문이라고 보는 경우가 대부분이었다는 결과는 이러한 중화이론으로 설명될 수 있다(김용태, 박한샘, 1997; 임준태, 강소영, 2009; Clark & Kiselica, 1997; Horne & Socherman, 1996).

3) 개입을 위한 시사점

욕구 좌절이 분노를 일으키기는 하지만 그것이 반드시 공격적 행동으로 이어지지 않을 수 있다는 연구 결과를 고려할 때, 일차적으로는 분노 발생 가능성을 줄이고, 이차적으로는 분노를 조절하도록 하여 공격적 행동을 예방하도록 해야 할 것이다.

분노 발생 가능성을 낮추는 방법으로는 타인의 행동에 대한 적대적 귀인 편향 등의 인지적 오류를 범하지 않도록 해 줄 필요가 있다. 또한 사회적 단서를 지각하는 과정에서 자신의 해석이 꼭 맞지 않을 수 있음을 인지하고 또 다른 해석 가능성에 대해 생각해 볼 수 있도록 돕는 인지적 재구조화와 상대방의 행동을 이해하고 공감하는 능력을 키우는 인지행동 치료를 통한 개입이 필요하다. 또한 분노를 경험하더라도 이를 타인에 대한 폭력적 행동으로 표출하지 않기 위해 다양한 에너지 발산 활동을 통한 정화작용이 도움이 될 수 있다. 하지만 폭력적인 영화나 게임은 오히려 공격적 행동을 학습하게 할 수 있으므로 세심한 주의가 필요하다. 폭력물보다는 스포츠 활동에 참여하거나 관람하고, 노래 부르기와 같은 보다 안정적인 경로를 통해 에너지를 발산할 수 있도록 돕는 것을 권장한다.

폭력에 대한 정당성은 상대방의 의도를 부정적으로 귀인하는 경향성에 영향을 미칠 뿐만 아니라, 분노 경험 시 대처방식으로 공격행동을 선택하게 만들 수 있다. 따라서 '폭력은 정당화될 수 없다'는 것을 교육하고, 타당하고 합리적인 기준에 의해 아동과 청소년의 폭력적 행동을 엄격하게 처벌하는 것이 요구된다. 이때 부모나 교사 또한 훈육의 과정에서 체벌적이거나 공격적인 언행을 사용하는 것을 자제하여야 한다.

한편, 집단괴롭힘은 집단과정이므로 개별적인 가해자, 피해자보다는 집단의 과정으로 이해하고 개입할 필요가 있다. 지금까지 살펴본 바와 같이 또래 괴롭힘을 통해 얻고자 하는 것이 또래 집단 내에서의 지위라는 점을 고려해 볼 때, 괴롭히는 행동을 통해서는 인기나 지위와 같은 보상을 얻지 못한다는 것을 알 수 있도록 또래의 인식과 행동을 변화시키고, 더 나아가 가해자가 공격행동의 부당함을 깨닫도록 하는 개입이 이루어져야 할 것이다. 실제 Salmivalli(2010)는 방관자가 가해자보다 개입에 대한 효과가 더 크다는 사실과 한 명의 비동조자만으로도 집단 내 동조효과가 급격히 감소할 수 있다는 연구 결과를 통해 피해자를 도와주고 옹호해 줄 수 있는 건강한 방관자를 양성하는 프로그램이 효과적일 수 있다고 주장하였다.

또한 가족, 또래 집단, 대중매체의 영향, 지역사회 관련 요인 모두를 포함시키는 포괄적이고 다면적인 접근 방식을 취하는 것이 중요하다(김현실, 2003). 실제로 Mrazek과 Haggerty(1994)는 가정, 학교 및 지역사회에 대한 소속감을 높여 주는 프로그램이 청소년의 공격성을 감소시키는 데 효과적임을 보여 주었다. 이처럼 청소년이 새로 배운 기술을 일상생활에 적용하고 일반화하기 위해서는 현재 생활하고 있는 환경 모두를 포함시켜서 개입하는 것이 바람직할 것이다.

Chapter 요약

학교폭력 현상을 이해하기 위하여 이 장에서는 학교폭력의 다양한 요인과 공격성을 설명하는 여러 이론을 살펴보았다. 첫째, 학교폭력은 개인, 가정, 학교, 사회요인의 다양한 요인에 의하여 발생한다. 그러므로 생태학적 접근을 통한 해결방법을 모색해야 하며 가정, 학교, 지역사회가 함께 개입하여야 한다. 둘째, 학교폭력에 있어서 큰 설명력을 지니는 요인 중 하나는 공격성이다. 공격성을 설명하는 추동이론, 사회학습이론, 좌절-공격성이론, 생물학적 이론, 사회정보처리 이론을 살펴보았으며, 괴롭힘을 설명하는 유사성, 지위와 지배성에 대한 욕구 이론, 독립성에 대한 욕구 및 또래의 영향, 공감능력의 결함, 중화이론에 대하여 알아보았다. 살펴본 학교폭력의 원인과 이론을 학교폭력 예방을 위한 다양한 개입전략을 세우는 기저로 활용할 수 있어야 할 것이다.

⏳ 생각해 볼 문제

1. 학창시절이나 최근 접하게 된 학교폭력의 가해학생 또는 피해학생을 떠올려 보고, 그 학생이 그러한 행동을 하게 된 원인을 다층적으로 분석해 보세요.

2. 학교폭력을 예방하고 근절하기 위해서 어떠한 노력이 필요한지 생태학적 접근으로 설명해 보세요.

3. 공격성과 괴롭힘을 설명하는 이론들 중 가장 설득력 있는 관점은 무엇이라고 생각는지 이유를 들어 설명해 보세요.

참고문헌

강진령, 유형근(2000). 집단 괴롭힘. 서울: 학지사.

고영복(2000). 사회학 사전. 서울: 사회문화연구소.

교육부(2012). 학교폭력근절 종합대책. 교육부 2013년 2월 6일 보도자료.

교육부(2013). 2013년 2차 학교폭력 실태조사 및 정보공시 분석결과 발표. 교육부 2013년 11월 29일 보도자료.

권정혜, 이봉건, 김수현(1992). 부모양육변인들과 교우관계변인들이 청소년 초기의 숨은 비행에 미치는 효과. 한국심리학회 학술발표논문집(pp. 51-524). 한국심리학회 1992년 10월.

김경(2005). 청소년 비행의 개인적 요인과 사회적 요인의 상호작용에 관한 연구. 숭실대학교 대학원 박사학위논문.

김기헌, 이경상(2006). 청소년 생활시간 활용실태 및 변화. 서울: 한국청소년개발원.

김붕년(2012). 집단따돌림 및 학교폭력 예방 및 치료교육 프로그램-서울대학교병원개발. 대한소아청소년정신의학회 학술대회논문집(2012년도 개원의 연수교육), 15-38.

김선희(2006). 청소년기 스트레스가 비행에 미치는 영향에 관한 연구: 부모감독 및 자아개념 상호작용 효과 중심으로. 이화여자대학교 대학원 석사학위논문.

김소명, 현명호(2004). 가정폭력이 집단괴롭힘 행동에 미치는 영향: 사회인지와 정서조절을 중심으로. 한국심리학회지: 임상, 23(1), 17-31.

김영한, 이명진, 이승현(2005). 청소년 문제행동 종합대책 연구 III. 서울: 한국청소년개발원.

김재엽(1998). 한국 가정폭력실태와 사회계층 변인과의 관계 연구. 한국사회복지학, 35, 133-155.

김주환(2011). 회복탄력성: 시련을 행운으로 바꾸는 유쾌한 비밀. 경기: 위즈덤하우스.

김용태, 박한샘(1997). 청소년 친구 따돌림의 실태조사. 청소년대화의 광장, 청소년상담문제

연구보고서, 29.

김찬영, 김지웅(1998). 공격성의 신경생물학. 대한정신약물학회지, 9(1), 3-18.

김현실(2003). 청소년기의 공격성: 기여 요인 및 관련이론. 청소년 행동연구, 1(8).

김혜리, 이진혜(2006). 마음읽기 능력과 괴롭힘 행동. 한국심리학회지: 발달, 19(2), 1-19.

김혜원, 이혜경(2000). 집단괴롭힘의 가해와 피해행동에 영향을 미치는 사회적, 심리적 변인
　　들. 한국심리학회지: 사회 및 성격, 14(1), 45-64.

노성호, 김성언, 이동원, 김지선(1999). 청소년의 집단따돌림에 관한 연구. 서울: 한국형사정책
　　연구원.

도기봉(2007). 학교폭력 가해행동에 영향을 미치는 요인에 관한 연구. 대구대학교 대학원 박
　　사학위논문.

도기봉(2008a). 학교폭력에 영향을 미치는 공격성과 생태체계요인의 상호작용효과. 청소년복
　　지연구, 10(2), 73-92.

도기봉(2008b). 학교요인이 학교폭력에 미치는 영향에서 개인요인의 조절효과. 청소년복지연
　　구, 10(3), 51-74.

도기봉(2009). 지역사회 환경적 요인이 학교폭력에 미치는 영향: 공격성을 중심으로. 한국지
　　역사회복지학, 29, 83-103.

박경애, 김혜원, 주영아(2010). 청소년 심리 및 상담. 경기: 공동체.

박덕규(1983). 청소년의 성격 형성과 공격성. 서울: 배영사.

박민철(1999). 공격성의 정신분석적 개념. 한국정신분석학회지, 10(1), 3-15.

박영신, 김의철(2001). 학교폭력과 인간관계 및 청소년의 심리 행동 특성: 폭력가해, 폭력피
　　해, 폭력무경험 집단의 비교를 중심으로. 한국심리학회지: 사회문제, 7, 63-89.

박종효(2005). 또래 공격행동 및 피해행동에 대한 이해: 선행요인 탐색과 문제행동에 미치는
　　영향. 한국심리학회지: 발달, 18(1), 19-35.

박종효(2007). 학교폭력 가해해동에 대한 이해: 대인관계의 매개효과. 교육학연구, 45(1),
　　1-24.

박효정, 정미경(2006). 질적 분석을 통한 학교폭력 현상의 이해. 한국교육, 33(4), 167-197.

송재홍, 김광수, 박성희, 안이환, 오익수, 은혁기, 정종진, 조붕환, 홍종관, 황매향(2016). 학교
　　폭력의 예방과 상담. 서울: 학지사.

신성자(2005). 학교폭력, 가해, 피해 그리고 대응 관련 요인. 사회과학, 17, 111-142.

신태섭(2005). 중학생의 학교폭력에 유형에 영향을 미치는 변인: 가해경험, 피해경험, 가해·
　　피해 중복경험에 대한 분석. 청소년학연구, 12, 123-149.

오창순, 송미숙(2004). 부모의 양육태도가 학교폭력에 미치는 영향. 학교사회복지, 7, 136-161.

오인수(2010). 괴롭힘을 목격한 주변인의 행동에 영향을 미치는 심리적 요인: 공감과 공격성을 중심으로. 초등교육연구, 23(1), 45-63.

우충환, 신민섭(2010). 정신분열증과 정신증적 양극성장애 환자들의 신경인지 결함: 정신증적 증상과의 관련성. 한국심리학회지: 임상, 29(2), 471-489.

이덕진(2007). 가정폭력이 청소년의 학교폭력에 미치는 영향에 관한 연구. 남부대학교 사회복지대학원 석사학위논문.

이상균(2005). 청소년의 또래폭력 가해경험에 대한 생태 체계적 영향 요인. 한국아동복지학, 19, 141-170.

이상신, 유병국, 김양태, 김희숙(2007). 안와전두피질의 기능. 생물치료정신의학, 13(1), 36-44.

이수경, 오인수(2012). 충동성, 공격성과 직접, 관계적 괴롭힘 가해의 관계에서 죄책감의 매개효과분석. 상담학연구, 13(4), 2017-2032.

이수정, 김혜진(2009). 사이코패스의 전두엽 집행기능 및 정서 인식력 손상기전. 한국심리학회지: 사회 및 성격, 23(3), 107-121.

이은정(2003). 학교체계요인이 집단따돌림 가해경험에 미치는 영향에 관한 연구: 가해경험 집단을 중심으로. 연세대학교 대학원 석사학위논문.

이은주(2001). 공격적 행동의 유형 및 성별에 따른 집단 괴롭힘 가해아동과 피해아동의 또래관계 비교. 아동학회지, 22, 167-180.

이춘재, 곽금주(1999). 학교에서의 집단 따돌림: 실태, 특성 및 대책. 서울: 집문당.

이춘화(1999). 청소년폭력 가해자와 가해집단에 관한 연구. 서울: 한국청소년개발원.

임영식(1998). 학교폭력에 영향을 미치는 요인에 관한 연구. 청소년학연구, 5(3), 1-26.

임영식(2006). 학교폭력과 관련된 위험 요인. 문용린 외, 학교폭력 예방과 상담(pp. 47-66). 서울: 학지사.

임준태, 강소영(2009). 청소년 집단괴롭힘의 심리적 기제와 통제방안. 사회과학연구, 16(1), 179-203.

장영애, 이영자, 송보경(2007). 청소년 또래 괴롭힘에 대한 성격 특성과 스트레스의 영향. 아동권리연구, 11(1), 101-119.

장희숙(2003). 아내폭력가정 자녀의 적응에 영향을 미치는 요인들: 쉼터 거주 아동을 중심으로. 한국사회복지학, 11(3), 65-91.

전상혁(2005). 청소년 유해환경 변화와 청소년 보호전략: 학교폭력을 중심으로. 연세대학교 행정대학원 석사학위논문.

정옥분(2005). 청년심리학. 서울: 학지사.

정제영, 박주형, 이주연(2012). 학교폭력실태와 학교폭력근절 종합대책의 효과성 논의. 서울: 이화여자대학교 학교폭력예방연구소.

정종진(2012). 학교폭력상담-이론과 실제 편. 서울: 학지사.

조유진(2006). 집단괴롭힘 목격과 피해경험의 가해와 경로에 대한 중재요인. 숙명여자대학교 대학원 박사학위논문.

최현석(2011). 인간의 모든 감정. 서울: 서해문집.

한유경, 이주연, 김성식, 신민섭, 정제영, 정성수, 김성기, 박주형, 장원경, 이동형, 김영화, 오인수, 이승연, 신현숙(2014). 학교폭력과 괴롭힘 예방. 서울: 학지사.

함혜현(2011). 청소년 비행유발에 있어 신경전달물질에 관한 연구. 한국범죄심리연구, 7(1), 227-250.

Akers, R. L. & Sellers, C. S. (2011). 범죄학 이론(민수홍, 박기석, 박강우 역). 서울: 나남.

Anderson, C. A., & Bushman, B. J. (2001). Effects of violent video games on aggressive behavior, aggressive cognition, aggressive affect, physiological arousal, and prosocial behavior: A meta-analytic review of the scientific literature. *Psychological science, 12*(5), 353-359.

Anderson, C. A., & Bushman, B. J. (2002). The effects of media violence on society. *Science, 295*(5564), 2377-2379.

Andersen, C. A., & Dill, K. E. (2000). Video games and aggressive thoughts, feelings and behavior in the laboratory and in life. *Journal of Personality and Social Psychosurgery*, 127-135.

Andy, O., & Jurko, M. (1972). Thalamotomy for hyperresponsive syndrome: lesions in the centermedianum and intralaminar nuclei. *Hitchcock, Laitinen and Vaernet Psychosurgery*, 127-135.

Atlas, R. S., & Pepler, D. J. (1998). Observations of bullying in the classroom. *The Journal of Educational Research, 92*(2), 86-99.

Baldry, A. C. (2003). Bullying in school and expoure to domestic violence. *Child Abuse & Neglect, 27*(7), 713-732.

Bandura, A. (1977). *Social learning theory*. Englewood Cliffos, NJ: Prentice Hall.

Bandura, A., & McClelland, D. C. (1977). *Social learning theory*. Northbrook, IL: General Learning Corporation.

Bandura, A., Ross, D., & Ross, S. A. (1963). Imitation of film-meditated aggressive models. *The Journal of Abnormal and Psychology, 66*(1), 3.

Bartholow, B. D., Sestir, M. A., & Davis, E. B. (2005). Correlates and consequences of exposure to video game violence: Hostile personality, empathy, and aggressive behavior. *Personality and Social Psychology Bulletin, 31*(11), 1573-1586.

Berkowitz, L. (1989). Frustration-aggression hypothesis: Examination and reformulation. *Psychological Bulletin, 106*(1), 59-73.

Bernstein, J. Y., & Watson, M. W. (1997). Children who are targets of bullying: A victim pattern. *Journal of Interpersonal Violence, 12*(4), 483-498.

Blair, R. (2004). The roles of orbital frontal cortex in the modulation of antisocial behavior. *Brain and Cognition, 55*(1), 198-208.

Bosworth, K., Espelage, D. L., & Simon, T. R.(1999). Variables associated with bullying behavior in middle school student. *The Journal of Early Adolescence, 19*, 341-362.

Bronfenbrenner, U. (1977). Toward an experimental ecology of human development. *American Psychologist, 32*, 513-531.

Brower, M., & Price, B. (2001). Neuropsychiatry of frontal lobe dysfunction in violent and criminal behaviour: a critical review. *Journal of Neurology, Neurosurgery & Psychiatry, 71*(6), 720-726.

Byrne, D. E. (1971). *The attraction paradigm* (Vol. 11). New York: Academic Press.

Caravita, S., Di Blasio, P., & Salmivalli, C. (2009). Unique and interactive effects of empathy and social status on involvement in bullying. *Social Development, 18*(1), 140-163.

Carnagey, N. L., Anderson, C. A., & Bushman, B. J. (2007). The effect of video game violence on physiological desensitization to real-life violence. *Journal of Experimental Social Psychology, 43*(3), 489-496.

Christensen, P., Wood, W., Preiss, R., Gayle, B., Burrell, N., Allen, M., & Bryant, J. (2007). Effects of media violence on viewers'aggression in unconstrained social interaction. *Mass media effects research: Advances through meta-analysis*, 145-168.

Clarke, E. A., & Kiselica, M. S. (1997). A systemic counseling approach to the problem of bullying. *Elementary School Guidance & Counseling, 31*(4), 310-325.

Coie, J. D., & Jacobs, M. R.(2000). The role of social context in the prevention of conduct disorder. In W. Craig (Ed.), *Childhood social development: the essential readings* (pp. 350-371). Oxford, UK: Blackwell Publishers.

Crick, N. R. & Dodge, K. A. (1994). A review and reformulation of social information-processing mechanisms in children's social adjustment. *Psychological Bulletin, 115*(1),

74-101.

Crick, N. R., & Dodge, K. A. (1996). Social information-processing mechanisms in reactive and proactive aggression. *Child development, 67*(3), 993-1002.

Crick, N. R., & Grotpeter, J. K. (1995). Relational aggression, gender, social-psychological, adjustment, *Child Development, 66*, 710-722.

Damasio, A. R., Tranel, D., & Damasio, H. (1990). Individuals with sociopathic behavior caused by frontal damage fail to respond autonomically to social stimuli. *Behavioural Brain Research, 41*(2), 81-94.

Defrance, B.(2000). *(La) Violence a l'ecole.* 전주호 역. **학교에서의 폭력.** 서울: 백의.

Demaray, T. R., & Malecki, M. K.(2003). Perceptions of the frequency and importance of social support by students classified as victims, bullies, and bully/victims in an urban middle school. *School Psychology Review, 32*, 471-489.

Dodge, K. A. (1980). Social cognition and children's aggressive behavior. *Child Development*, 162-170.

Dodge, K. A., & Coie, J. D. (1987). Social information-processing factors in reactive and proactive aggression in children's play groups. *Journal of Personality and Social Psychology, 53*, 1146-1158.

Dodge, K. A., Pettit, G. S., & Bates, J. E. (1994). Socialization mediators of the relation between socioeconomic satus and child conduct problems. *Child Development, 65*, 649-665.

Dollard, J., Doob, L. W., Miller, N. E., Mowrer, O. H., Sears, R. R., Ford, C. S., & Sollenberger, R. T. (1939). *Frustration and aggression.* CT: Yale University Press(New Haven).

Elliot, M. (1986). *Keeping safe: a practical guide to talking with children.* London: Hodder and Stoughton.

Espelage, D. L., Bosworth, K., & Simon, T. R.(2000). Examining the social context of bullying behaviors in early adolescence. *Journal of Counseling and Development, 78*, 326-333.

Espelage, D. L., Green, H. D., & Wasserman, S. (2007). Statistical analysis of friendship patterns and bullying behaviors among youth. *New Directions for Child and Adolescent Development, 2007*(118), 61-75.

Espelage, D. L., Holt, M. K., & Henkel, R. R. (2003). Examination of Peer-Group contextual effects on aggression during early adolescence. *Child Development, 74*(1),

205-220.

Everett, S. A., & Price, J. H. (1995). Students'perceptions of violence in the public schools: The MetLife survey. *Journal of Adolescent Health, 17*(6), 345-352.

Farrell, A. D., Valois, R. E., Meyer, A. L., & Tidwell, R. (2003). Impact of the RIPP violence prevention program on rural middle school studies: A between-school study. *Journal of Primary Prevention, 44*, 143-167.

Farrington, D. P., & Loeber, R. (2000). Epidemiology of juvenile violence. *Child and Adolescent Psychiatric Clinics of North America, 9*(4), 733-748.

Flouri, E., & Buchanan, A.(2003). The role of mother involvement and father involvement in adolescent bullying behavior. *Journal of Interpersonal Violence, 18*, 634-644.

Franz, D. Z., & Gross, A. M.(2001, January). Child sociometric status and parent behaviors: an observational study. *Behavior Modification, 25*(1), 3-20.

Fraser, M.(1996). Aggressive behavior in childhood and early adolescence: an ecological-developmental perspectives on youth violence. *Social Work, 41*(4), 347-361.

Freud, A. (1936). Identification with the aggressor. *The ego and the mechanisms of defence*, 117-131.

Hawkins, J., Herrenkohl, T., Farrington, I., Brewer, D., Catalano, R., Harachi, T., & Cothern, L.(2000). *Predictors of youth violence. Juvenile Justice Bulletin I*. Washington, DC: U.S. Department of Justice.

Hogben, M. (1998). Factors moderating the effect of televised aggression on viewer behavior. *Communication Research, 25*(2), 220-247.

Horne, A. M., & Socherman, R. (1996). Profile of a Bully: Who would do such a thing? *Educational Horizons, 74*(2), 77-83.

Houndoumadi, A., & Pateraki, L., (2001). Bullying and bullies in Greek elementary schools: pupils'attitudes and teacher'/parents'awareness. *Educational Review, 53*(1), 19-26.

Hubbard, J. A.(2001). Emotion expression processes in children's peer interaction: the role of peer rejection, aggression, and gender. *Child Development, 72*, 1426-1438.

Jolliffe, D., & Farrington, D. P.(2004). Empathy and offending: A systematic review and meta-analysis. *Aggression and Violent Behavior, 9*, 441-476.

Kandel, D. B. (1978). Homophily, selection, and socialization in adolescent friendships. *American Journal of Sociology*, 427-436.

Kasen, S., Berenson, K., Cohen, P., & Johnson, J. (2004). The effects of school climate on changes in aggressive and other behaviors related to bullying. In D. L. Espelage & S. M. Swearer (Eds.), *Bullying in American schools: A social-ecological perspective on prevention and intervention* (pp. 187-210). Mahwah, NJ: Erlbaum.

Kasen, S., Cohen, P., & Brook, J. S. (1998). Adolescent school experiences and dropout, adolescent pregnancy, and young adult deviant behavior. *Journal of Adolescent Research, 13*, 49-72.

Ladd, G. W.(1999). Peer relationships and social competence during early and middle childhood. *Annual Review of Psychology, 50*, 333-359.

LaFontana, K. M., & Cillessen, A. H. (2010). Developmental changes in the priority of perceived status in childhood and adolescence. *Social Development, 19*(1), 130-147.

Lueger, R. J., & Gill, K. J. (1990). Frontal-lobe cognitive dysfunction in conduct disorder adolescents. *Journal of Clinical Psychology, 46*(6), 696-706.

Lynn Hawkins, D., Pepler, D. J., & Craig, W. M. (2001). Naturalistic observations of peer interventions in bullying. *Social Development, 10*(4), 512-527.

Macklem, G. L.(2006). *Bullying and teasing: social power in children's groups.* 황혜자, 김종운 역. 학교 따돌림의 지도와 상담. 서울: 동문사.

Mallick, S. K., & McCandless, B. R. (1966). A study of catharsis of aggression. *Journal of Personality and Social Psychology, 4*(6), 591.

McAuliffe, M. D., Hubbard, J. A., Rubin, R. M., Morrow, M. T., & Dearing, K. F. (2006). Reactive and proactive aggression: Stability of constructs and relations to correlates. *The Journal of Genetic Psychology, 167*(4), 365-382.

Mrazek, P. B., & Haggerty, R. J. (1994). *Reducing risks for mental disorders: Frontiers for preventive intervention research.* National Academies Press.

Murray, J. P. (1999). Studying television violence. In J. K. Asamen & G. L. Berry (Eds.), *Research paradigm, television, and social behavior* (pp. 369-410). Thousand Oaks: Sage.

Muscari, M.(2002). Media violence: advice for parents. *Pediatric Nursing, 28*(6), 585-591.

Nansel, T. R., Overpeck, M., Pilla, R. S., Ruan, W. J., Simons-Morton, B., & Scheidt, P. (2001). Bullying behaviors among US youth. *Journal of the American Medical Association, 285*(16), 2094-2100.

Olweus, D. (1978). *Aggression in the schools: bullies and whipping boys.* Washington, DC: Hemisphere.

Olweus, D. (1993). *Bullying at school: What we know and what we can do.* Oxford, UK: Blackwell Publishers.

Olweus, D. (1995). Bullying or peer abuse at school: Facts and intervention. *Current Directions in Psychological Science, 4*(6), 196-200.

Olweus, D., Limber, S., & Mihalic, S. (1999). *Blueprints for violence prevention, book nine: Bullying prevention program.* Boulder, CO: Center for the Study and Prevention of Violence.

Orpinas, P., & Horne, A. M. (2006). *Bullying prevention: Creating a positive school climate and developing social competence.* Washington DC: American Psychological Association.

Park, J., Essex, M. J., Zahn-Waxler, C., Armstrong, J. M., Klein, M. H., & Goldsmith, H. H.(2005). Relational and overt aggression in middle childhood: early child and family risk factors. *Early Education and Development, 16*, 233-257.

Pellegrini, A. D., & Long, J. D. (2002). A longitudinal study of bullying, dominance, and victimization during the transition from primary school through secondary school. *British Journal of Developmental Psychology, 20*(2), 259-280.

Randall, P. (1997). Pre-school routes to bullying. In D. Tattum & G. Herbert (Eds.), *Bullying: Home, school, and community.* London: David Fulton.

Repetti, R. L., Taylor, S. E., & Seeman, T. E. (2002). Risky families: family social environments and the mental and physical health of offspring. *Psychological Bulletin, 128*(2), 330.

Rice, F. P. & Dolgin, K. G. (2009). *Adolescent: development, relationships, and culture.* 정영숙, 신민섭, 이승연 역. **청소년심리학**. 서울: 시그마프레스.

Ross, D.(1996). *Childhood bully and teasing: what school personnel, other professionals and parents can do.* Alexandria, Virginia: American Counseling Association.

Rossman, S. B., & Morley, E.(1996). Introduction. *Education and Urban Society, 28*(4), 395-411.

Salmivalli, C. (2010). Bullying and the peer group: A review. *Aggression and Violent Behavior, 15*(2), 112-120.

Salmivalli, C., Ojanen, T., Haanpaa, J., & Peets, K. (2005). "I'm OK but you're not" and other peer-relational schemas: explaining individual differences in children's social goals. *Developmental Psychology, 41*(2), 363-375.

Sampson, R. J., Raudenbush, S. W., & Earls, F. (1997). Neighborhoods and violent crime: a multi-level study of collective efficacy. *Science, 277*, 918-924.

Schwartz, D., Dodge, K. A., Coie, J. D., Hubbard, J. A., Cillessen, A. H., Lemerise, E. A., & Bateman, H. (1998). Social-cognitive and behavioral correlates of aggression and victimization in boys' play groups. *Journal of Abnormal Child Psychology, 26*(6), 431-440.

Shafii, M. & Shafii, S. L.(2006). *School violence: assessment, management, prevention.* 김상식, 황동현, 정일미 공역. 학교폭력: 평가, 관리, 예방. 서울: 하나의학사.

Simmons, R.(2002). *Odd girl out: the hidden culture of aggression in girls.* New York: Harcourt.

Swearer, S. M., Espelage, D. L., & Napolitano, S. A. (2011). *Bullying Prevention and Intervention.* 이동형, 이승연, 신현숙 역. 괴롭힘의 예방과 개입. 서울: 학지사.

Sykes, G. M., & Matza, D. (1957). Techniques of neutralization: A theory of delinquency. *American Sociological Review, 22*(6), 664-670.

Troy, M., & Sroufe, L. A.(1987). Victimization among preschoolers: role of attachment relationship history. *Journal of the American Academy of Child and Adolescent Psychiatry, 26*, 166-172.

Voss, L. D., & Mulligan, J. (2000). Bullying in school: Are short pupils at risk? Questionnaire study in cohort. *British Medical Journal, 320*(7235), 610-613.

Warner, B. S., Weist, M. D., & Krulak, A.(1999). Risk factors for school violence. *Urban Education, 34*, 52-58.

Warr, M., & Stafford, M.(1991). The influence of delinquent peers: what they think or what they do? *Criminology, 29*, 851-865.

Wiegman, O., & van Shie, E. G.(1998). Video game playing and its relations with aggressive and prosocial behavior. *British Journal of Social Psychology, 37*, 367-387.

Wilson, H. (1980). Parental supervision: A neglected aspect of delinquency. *British Journal of Criminology, 20*, 203-235.

학교폭력의 예방 및 개입의 실제

학습개요 및 학습목표

　이 장에서는 예방이론에 대한 이해를 바탕으로 학교폭력을 효과적으로 예방하기 위한 방법을 제시하였다. 모든 학생을 대상으로 하는 보편적 개입으로서 어울림 프로그램을 소개하였으며 주변인의 역할이 학교폭력 예방에 결정적이라는 점을 부각시켜 주변인의 중요성을 설명하였다. 또한 학교폭력의 다양한 위험요인을 갖고 있는 고위험군 학생을 대상으로 하는 선택적 개입으로서 도담도담 프로그램을 소개하고, 가해학생과 피해학생의 징후를 미리 파악하여 선제적으로 개입함으로써 효과적으로 예방하는 방법을 설명하였다. 그리고 학교폭력의 가해 혹은 피해학생을 효과적으로 상담하여 이들을 선도하거나 회복시키기 위한 상담 방법을 제시하였다. 끝으로 학교폭력의 효과적인 예방책으로 알려진 전학교 접근을 소개하여 개인, 학급 및 학교 수준에서 체계적으로 예방하는 개입 방법을 제시하였다.

　이 장의 구체적인 학습목표는 다음과 같다.

1. 예방이론에 따른 보편적, 선택적, 지시적 예방 개입의 차이점을 이해한다.
2. 모든 학생을 위한 보편적 개입 방법을 이해하고 주변인의 중요성과 역할을 파악한다.
3. 학교폭력의 고위험군 학생을 위한 선택적 개입의 특징 및 방법을 이해한다.
4. 학교폭력 가해, 피해 학생을 위한 지시적 개입의 특징 및 방법을 이해한다.

1. 예방이론을 적용한 학교폭력 개입

학교폭력에 대한 개입은 크게 폭력이 발생하지 않도록 돕는 예방적 개입과 폭력이 발생한 후 그 영향을 최소화하는 대응적 개입으로 구분할 수 있다. 이를 위하여 모든 학생을 대상으로 학교폭력 예방교육을 실시하거나 위험요인을 미리 파악하여 선제적으로 개입해서 폭력이 발생하지 않도록 돕는 것이 필요하다. 그러나 예방적 개입을 강화해도 모든 학교폭력을 예방하는 것은 현실적으로 불가능하다. 따라서 일단 학교폭력이 발생하면 신속하게 대응함으로써 학교폭력으로 인한 피해를 최소화하는 것이 중요하다.

당연히 폭력이 발생한 후 대응하는 것보다 이를 미연에 예방하는 접근이 보다 효율적이며 효과적이다. 이와 같은 예방적 개입을 효과적으로 실행하기 위해서는 학생들이 처한 위험의 정도에 따라 차별적인 예방적 개입을 실시하는 것이 필요하다. Gordon(1987)은 예방의 유형을 위험의 정도에 따라 세 가지 수준, 즉 보편적(universal), 선택적(selective), 지시적(indicated) 개입으로 구분하였다. 이를 학교폭력 현상에 적용하면 현재 가해 혹은 피해를 경험한 학생에게는 지시적 개입을 제공하고, 폭력을 경험할 가능성이 높은 학생에게는 선택적으로 개입하며, 아직 문제를 경험하지 않은 모든 학생에게는 보편적 개입을 제공하는 것이 효과적이라는 이론

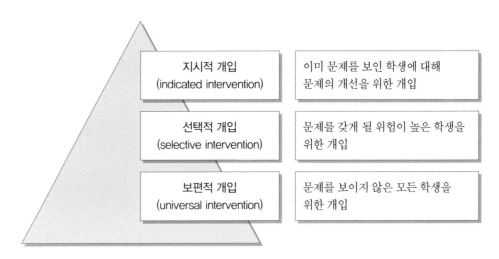

[그림 3-1] 학교상담을 통한 예방적 개입의 종류

표 3-1 학교폭력 예방 프로그램의 세 가지 수준

프로그램의 수준	예방의 내용
보편적 프로그램	모든 학생을 대상으로 학교폭력에 관해 교육하는 것으로 학교폭력의 가해 혹은 피해경험이 없는 학생을 포함한 모든 학생에게 보편적으로 실시함.
선택적 프로그램	학교폭력의 가해 혹은 피해 위험이 있는 학생들을 대상으로 개입하는 것을 말함. 예를 들어, 소심하거나 사회기술이 부족한 학생에게 피해를 예방하기 위한 프로그램을 실시하는 경우, 또는 공격적이고 충동적이며 반항적인 성향을 보이는 학생에게 가해를 예방하기 위한 프로그램을 실시하는 경우가 해당됨.
지시적 프로그램	학교폭력의 가해 혹은 피해와 관련된 초기 문제행동을 보이는 고위험 학생을 대상으로 개입하는 것을 말함. 예를 들어, 가해 혹은 피해행동을 보여 보다 심각한 폭력 상황으로 악화되지 않도록 예방하기 위해 프로그램을 실시하는 경우가 해당됨.

이다. [그림 3-1]은 예방이론에서 주장하는 3가지 형태의 예방적 개입을 도식화한 것이다(Gordon, 1987).

　이처럼 학교폭력에 노출된 정도와 증상에 따라 〈표 3-1〉과 같이 세 가지 수준의 예방 프로그램을 실시하는 것이 가능하다.

2. 모든 학생을 위한 보편적 개입

　보편적(universal)이란 단어가 의미하듯 보편적 개입은 학교의 모든 학생을 대상으로 실시하는 교육적 활동을 의미한다. 대표적인 예는 모든 학생을 대상으로 학기 초에 실시하는 학교폭력 예방교육이다. 현행「학교폭력예방 및 대책에 관한 법률」에 의하면 학기별로 1회 이상 학생들을 대상으로 학교폭력 예방교육(학교폭력의 개념, 실태 및 대처방안 등을 포함해야 함)을 의무적으로 실시해야 한다. 실제로 많은 학교에서 강당에 모여 진행되는 집합식 교육 혹은 영상자료를 통해 보편적 개입을 실시하고 있다. 담임교사가 자신의 학급 학생을 대상으로 수업의 형태로 진행하기도 하고 전문상담교사나 학교에서 학교폭력 업무를 담당하는 교사가 교육 프로그램을 개발하여 실시하기도 한다. 이 절에서는 다양한 예방 프로그램 중에서 가장 많이 보급된 보편적 개입으로서 어울림 프로그램을 좀 더 자세히 소개하고자 한다.

1) 어울림 프로그램

어울림 프로그램은 학생과 교사, 학부모 등 학교 구성원의 공감능력과 소통능력 및 감정 조절 등을 향상시켜 학교폭력을 효과적으로 예방하고 또래문화 개선과 행복한 학교를 만들기 위한 맞춤형 학교폭력 예방교육 프로그램이다. 학교폭력을 효과적으로 예방하기 위해서는 학생의 공감과 의사소통, 자아존중감, 갈등 해결, 감정 조절 등 학교폭력 예방을 위한 심리적 역량을 강화할 필요가 있기 때문이다.

2013년도부터 교육부는 이러한 필요성에 따라 어울림 프로그램 추진 기본계획을 수립하여 국가 수준의 학교폭력 예방 프로그램을 개발하여 보급해 오고 있다. 어울림 프로그램은 2013년도부터 기본과정과 심화과정이 개발되어 오고 있으며, 개정과 보완 작업을 지속적으로 해 오고 있다. 어울림 프로그램의 핵심 구성요소는 〈표 3-2〉와 같다.

구체적인 프로그램 내용을 살펴보면 사회성과 정서 및 학교폭력 예방과 관련된 역량을 향상하기 위해 공감, 의사소통, 갈등 해결, 자아존중감, 감정 조절, 학교폭력

표 3-2 어울림 프로그램 핵심 구성요소

달성 목표	모듈	핵심 구성요소	달성 목표	모듈	핵심 구성요소
사회성	공감	• 타인이해 및 공감 • 타인존중 및 수용 • 배려행동 증진	정서	자아 존중감	• 긍정적인 자기수용 및 미래상 형성 • 자아존중감 및 자아탄력성 형성
	의사소통	• 경청 및 자기주장 훈련 • 대화의 중요성 및 의사소통 기술 획득		감정 조절	• 미해결된 부정적 감정 인식 및 표현 • 공격성, 충동성, 분노 조절 • 우울, 불안감, 무력감 조절
	갈등해결	• 또래중재 기술과 행동 요령 • 또래관계에서의 갈등상황 대처방법 • 또래관계 형성 및 유지 방법	학교폭력 예방 역량	학교폭력 인식 및 대처	• 학교폭력 행동유형 및 학교폭력에 대한 심성 인식 • 학교폭력 상황에서 가해자, 피해자, 방관자 입장에 따른 적절한 대처방법 탐색

출처: 한국교육개발원 학교폭력예방연구지원센터(2016).

인식 및 대처의 총 6개의 모듈로 구성되어 있다. 6개의 모듈은 학교급에 따라 초등 저학년용, 초등 고학년용, 중학생용, 고등학생용으로 되어 있고, 학생용, 교사용, 학부모용이 함께 개발되었다. 학생용의 경우에는 기본 프로그램과 심화 프로그램으로 구성되어 있으며, 기본 프로그램은 일반 학생을 대상으로 하는 예방 차원의 프로그램이고 심화 프로그램은 학교폭력 고위험군 학생들을 위한 프로그램이다. 기본 프로그램은 모듈당 4차시, 심화 프로그램은 모듈당 6~7차시로 이루어져 있다(박효정, 한미영, 김현진, 2016).

개발된 기본, 심화 프로그램 모듈 중 학교는 여건에 적합한 모듈 프로그램을 선택하여 운영할 수 있다. 운영 방법은 연간 8~19차시 기준으로 운영하되 학교별 여건을 고려하여 조정이 가능하고, 정기 운영 또는 집중 운영 등의 방법을 선택할 수 있다. 연구학교의 경우는 범교과와 교과시간과의 연계를 권장하고 있고, 모듈 운영학교의 경우는 학교 특성에 따라 범교과 및 교과시간, 창의적 체험활동 시간, 방과후 시간 중 선택하여 실시할 수 있다. 운영은 교사가 주도적으로 운영하되, 1인 강사의 형태보다는 팀티칭을 권장하는데, 담임교사와 상담교사 혹은 교과담당교사와 상담교사가 함께 팀티칭을 하는 형태를 권장하고 있다.

2) 보편적 개입을 위한 노력[1]

보편적 개입은 학교폭력 사안이 발생하기 이전에 개입하기 때문에 폭력에 대한 민감성이 낮거나 중요성을 낮게 인식하며 효과가 낮다. 특히 교사만의 노력으로는 효과적으로 예방하기 힘들며 학생과 학부모가 함께 폭력 사안의 심각성을 인식하고 미리 예방하기 위하여 노력하는 것이 중요하다. 학교폭력 문제를 해결하기 위한 가장 근본적인 대책은 학교폭력이 발생한 이후에 처리하는 사후접근 방식이 아니라 학교폭력이 발생하는 것을 미연에 방지하는 예방교육이다. 예방교육에 대한 중요성이 대두되면서 정부는 2012년 2월에 학교폭력 근절 종합대책에 예방교육 확대안을 포함시켰다. 다음에 제시한 내용처럼 교사, 학생 및 학부모가 평소에 노력하는 것이 필요하다.

---

1) 학교폭력 예방 누리집인 도란도란(http://www.dorandoran.go.kr)에 제시된 내용을 재구성하였다.

(1) 교사

교사는 학교에서 많은 시간을 학생들과 같이 보내기 때문에 주의를 기울이면 학교폭력 발생 전에 상황을 감지하여 신속하고 적극적으로 해결할 수 있다. 학교폭력을 예방하기 위해 먼저 교사는 학교와 학급 내 학생들 간의 괴롭힘 방지를 위한 교육계획을 수립하고 실시해야 한다. 또한 학교폭력이 발생했을 경우 사안처리 방법을 숙지하고, 가해 및 피해학생에 대한 신중한 자세와 적절한 보호조치에 대해 기억하고 연계 기관의 정보를 미리 알아 두어야 한다. 만약 학생 중에 생활기록부에 학교폭력 관련 기록이 있는 학생이 있다면 그 학생에게 집중적으로 관심을 기울여 학교폭력 유발요인으로부터 사전에 분리시키는 것이 좋다. 학교폭력 가해와 피해 징후가 보인다면 집중상담 및 관찰을 통해 세심한 주의를 기울여야 한다.

최근에는 사이버 폭력이 증가하고 있기 때문에 일반 학생들을 대상으로는 올바른 SNS 사용법에 대한 사이버 윤리교육을 실시하고, 사회성 훈련 및 친구 사귀기 교육을 통하여 학생들이 교우관계에 자신감을 얻을 수 있는 기회를 제공하는 것이 좋다. 이와 더불어 학생들의 동선을 고려하여 각 반 게시판과 화장실에 학교폭력 예방 수칙과 신고방법을 게시해 두어 자주 보며 익숙해지도록 하는 것이 좋다. 만약 학교폭력이 발생했을 경우에는 일어난 상황에 대해 자세한 기록을 남기고 증거를 보관해야 한다.

(2) 학생

학생의 경우 누구라도 학교폭력에 노출될 수 있다는 점을 인식하도록 돕는 것이 중요하다. 휴대전화에 학교폭력 정보 제공 및 신고를 할 수 있는 앱(app)을 설치해 놓고, 자신 또는 친구가 학교폭력 상황에 처할 때 활용하는 방법을 미리 교육하는 것이 좋다. 자신의 말과 행동 때문에 상대방이 기분이 상했다고 하면 바로 사과를 하고, 친구 사이에서 재미와 장난을 위해 하는 행동에 대해서 신중하게 다시 한번 생각해 보도록 교육해야 한다. 이를 통해 입장을 바꿔서 상대방의 기분을 헤아릴수 있도록 돕는 것이 좋다. 무리한 요구를 받을 때는 '미안하지만 나는 네가 말하는 대로 할 수가 없다'라는 식으로 단호하게 거절하는 방법도 가르칠 필요가 있다. 만약 친구로부터 괴롭힘을 당하고 있다면 학교폭력은 혼자서는 해결할 수 없기 때문에 담임교사에게 즉시 상담을 요청해서 괴로운 일에 대해서 이야기하고, 24시간 운영되고 있는 117 학교폭력 신고센터로 전화해서 도움을 요청하는 방법도 알려 주는 것이 좋다.

(3) 학부모

학교폭력은 주로 학교에서 발생하지만, 가정에서도 학교폭력을 예방할 수 있다. 부모에게는 평소에 자녀에게 관심을 가지고, 자녀가 원활한 학교생활을 할 수 있도록 꾸준히 올바른 가정교육을 하도록 안내하는 것이 필요하다. 자녀가 컴퓨터 등의 정보통신매체를 사용할 때 친구를 비방하는 행동은 하지 않도록 주의시켜야 한다. 아동기와 청소년기에는 친구와의 관계가 중요하다는 점을 상기하며 원만한 관계를 가지도록 평소에 북돋워 주는 것도 중요하다. 그리고 자녀가 등교하기 전 "잘하고 있어. ○○ 오늘 좋은데~" 등의 칭찬으로 자신감을 갖도록 격려해 준다. 필요하다면 자녀의 등ㆍ하굣길을 동행하며 이야기를 나눌 수 있는 시간을 가지고, 자녀의 사이버상 프로필과 심경 변화 메시지를 주의 깊게 보고 대화를 나누는 것도 좋다.

또한 신학기일수록 자녀가 용의단정할 수 있도록 돕고, 학기 초 준비물을 잘 갖추는지 관심을 갖고 지켜보는 것이 좋다. 친구들에게 환심을 사기 위해 음식을 사 주는 일 등은 오히려 역효과가 날 수 있으므로 신중하게 지도해야 한다. 그리고 비싼 운동화나 전자제품(스마트폰, 노트북) 등을 학교에 가지고 가지 않도록 지도하는 것도 효과적일 수 있다. 자녀에게 학교에서 친구를 놀리고 고의적으로 소외시키거나 괴롭히는 행동은 범죄라는 사실을 분명히 알려 줘야 하고, 피해를 당할 경우에는 "그만해" 등을 말하며 단호하게 거부할 수 있도록 자기주장을 미리 가정에서 연습시켜 주는 것이 좋다. 만약 자녀가 학교폭력 피해를 당했다면, 피해를 당한 것은 자녀의 잘못이 아니라는 것을 인식할 수 있도록 "너의 잘못이 아니야."라고 이야기해 준다. 문제가 해결된 후에도 세심한 관심을 갖고, 이상증세가 보이면 전문적인 상담이나 치료를 받도록 안내하고 하고 지속적인 격려와 사랑으로 따뜻하게 보살펴 주면서 부모와 자녀가 협력해 가는 자세가 필요하다.

3) 주변인의 역량 강화를 통한 보편적 개입[2]

(1) 주변인의 유형

학교폭력은 가해자와 피해자만의 문제가 아니라 폭력을 목격하는 대다수의 주변인(bystander)의 문제이기도 하다. 학교폭력을 효과적으로 예방하기 위해서는 주변인의 역할이 중요하다는 점이 최근 강조되고 있다(오인수, 2010a; Hazler, 1996; Oh & Hazler, 2010; Salmivalli, Lagerspetz, Bjoorkqvist, Österman, & Kaukiainen, 1996). 대부분의 학교폭력 상황에서는 이를 지켜보는 주변인이 존재한다. 왜냐하면 가해학생은 피해학생을 괴롭히며 자신의 힘을 과시하고 이를 주변학생이 목격하게 함으로써 자신의 폭력행동에 대한 강화를 얻기 때문이다. 실제로 학교폭력을 목격하는 주변학생의 대부분은 못 본 척하거나 아무런 개입을 하지 않는 방관적 태도를 보이게 되는데, 주변학생의 이러한 태도를 가해학생은 자신의 폭력행동에 대한 암묵적 승인이라고 해석한다. 따라서 가해학생의 폭력행동에 대한 주변학생의 반응은 매우 중요한 역할을 한다. 학교폭력에 관여하는 학생들을 종합적으로 도식화하면 [그림 3-2]와 같이 가해자와 피해자 이외에 주변인으로 구성되며 주변인은 다시 네 집단으로 나뉜다.

동조자(assistant)는 괴롭힘이 발생하면 가해자로 돌변하여 가해행동에 직접 참여하는 집단이고, 강화자(reinforcer)는 간접적인 행동으로 가해자들의 행동을 부추기

[그림 3-2] 학교폭력 참여자의 구성

2) 오인수(2014)의 「학교폭력 주변학생의 이해 및 개입」의 내용을 수정·보완하였다.

는 집단이다. 방관자(outsider)는 상황에 개입하는 것에 대한 두려움으로 쳐다보는 집단이며, 방어자(defender)는 적극적으로 피해학생을 보호하기 위한 방어행동을 취하는 집단이다. 집단 유형별 특징을 정리하면 〈표 3-3〉과 같다.

특히 네 유형 중에서 방관자에 더욱 주목해야 하는 이유는 이 집단이 가장 다수를 차지하기 때문이다. 이들은 폭력 상황에서 벗어나고 싶어 하며, 어느 누구의 편도 들지 않는다. 동조자나 강화자에 비해 방관자는 교육을 통해 행동을 변화시킬 수 있는 가능성이 상대적으로 높다. 흥미로운 점은 방관자는 자신의 방관적 행동이 중립적이라고 생각할 수 있지만 이를 지켜보는 가해자는 오히려 방관적 행동이 자신의 행동을 암묵적으로 승인하는 것으로 오해할 가능성이 높다는 점이다. 주변인 중에서 방관자가 가장 큰 비율을 차지하는 점 등을 고려할 때 방관자의 행동을 변화시키는 개입은 매우 필요하다고 볼 수 있다. 주변인의 역량 강화에서 초점을 두어야 할 점은 방관자를 방어자로 전환시키는 것이다.

가장 바람직한 행동을 하는 유형은 방어자이다. 이들은 다양한 행동으로 가해 상황에 개입하는 학생들이다. 가해집단을 직접 공격하는 방어행동에는 또 다른 폭력을 일으킬 수 있는 위험성이 존재한다. 괴롭힘 상황에서 방어자가 절대 다수를 차지하게 되면 폭력행동은 자연스럽게 줄어들게 된다. 그러나 주변인 중에서 방어자가

표 3-3 주변인 집단의 유형 및 특징

주변인 유형	주변인의 집단 유형별 행동 특성
동조자 (assistant)	• 괴롭힘 행동을 목격한 후 가해행동에 동참한다. • 괴롭히는 가해학생을 직접 돕는다. • 가해학생이 괴롭힐 때 피해학생을 잡는다.
강화자 (reinforcer)	• 괴롭힘을 보며 주변에서 낄낄대며 웃는다. • 괴롭힘을 목격한 후 주변 사람들을 불러 모은다. • 가해학생을 향해 더 괴롭히라고 소리친다.
방관자 (outsider)	• 괴롭힘 상황을 보고 모른 체한다. • 괴롭힘을 목격한 후 괴롭힘 상황에서 벗어난다. • 괴롭힘을 보아도 평소처럼 내 할 일을 한다.
방어자 (defender)	• 괴롭힘 당하는 아이에게 힘과 용기를 준다. • 괴롭힘 당하는 아이를 돕기 위해 상황을 선생님께 말씀드린다. • 괴롭히는 아이에게 그만하라고 말한다.

차지하는 비율은 방관자에 비해 일반적으로 낮은 편이다. 따라서 앞서 언급한 것처럼 주변인 개입의 핵심은 방어자를 제외한 나머지 학생들을 어떻게 방어자로 전환시키느냐 하는 점이다. 따라서 방어자가 어떠한 특징을 보이는지를 파악하여 방어자의 특징을 나머지 집단에게 교육하는 것이 매우 효과적인 접근이 될 수 있다.

(2) 주변학생의 중요성

학교폭력에 관한 주요 문헌들은 주로 가해자 혹은 피해자에 중심을 두었다(윤성우, 이영호, 2007; Hazler, 1996). 그러나 최근에 주변인에 주목하는 이유는 주변인이 학교폭력 해결의 열쇠를 가지고 있는 것으로 보기 때문이다. 학교폭력을 가해학생과 피해학생뿐만 아니라, 주변인까지 포함하는 역동적인 과정(dynamic process)으로 이해하는 것은 매우 중요하다. 학교폭력은 가해학생과 피해학생 사이에 발생하는 힘의 불균형에 의해 발생하고 지속된다. 폭력 상황에서 주변학생은 대다수를 차지하고 있기 때문에 힘의 역동에 변화를 줄 수 있는 잠재력을 가지고 있다. 문제는 실제로 주변인이 학교폭력을 목격했을 때 피해학생을 잘 돕지 않고 방관자로 남는다는 점이다. 평소에 폭력에 대해서는 반대하지만 막상 폭력을 목격하면 자신의 생각처럼 폭력에 반대하기가 힘들다(O'Connel, Pepler, & Craig, 1999; Salmivalli, 1999; Whiney & Smith, 1993). 〈표 3-4〉에 제시된 목록은 주변인이 방관하는 이유를 정리한 것이다(Cappadocia, Pepler, Cummings, & Craig, 2012).

표 3-4 주변인이 방관하는 이유

- 나는 학교폭력에 연루되기 싫었다.
- 나도 학교폭력을 당할까 봐 두려웠다.
- 그 상황에서 어떻게 행동해야 할지 몰랐다.
- 목격한 학교폭력이 그렇게 심각하지 않다고 생각했다.
- 학교폭력을 당하는 것은 나와는 상관없는 일이라고 생각한다.
- 학교폭력을 당하는 아이는 그럴 만한 이유가 있다.
- 학교폭력 문제를 다른 사람에게 알려 문제를 더 크게 하고 싶지 않았다.
- 폭력을 당하는 아이를 돕는다 해도 별반 달라지지 않을 것이라고 생각했다.
- 내가 누군가에게 폭력을 말한다 해도 아무도 돕지 않았을 것이다.

이처럼 주변인은 직접적으로 괴롭힘 상황에 개입하기를 꺼리게 되고 결과적으로 폭력을 지속시키는 역할을 하게 된다. 앞서 살펴본 것처럼 주변인의 중요성을 감안할 때 주변인에게 선제적으로 개입하여 학교폭력을 줄이는 프로그램을 실행하는 것은 효과적인 예방 개입이 될 수 있다.

(3) 주변인의 역량 강화 프로그램

대부분의 프로그램은 주변인보다는 가해자와 피해자에 초점을 맞추고 있으나 여러 연구에서는 주변인 개입의 효과성을 지지하였다. 윤성우와 이영호(2007)는 또래지지를 활용한 집단상담 형식의 개입을 통해 주변인의 집단따돌림에 대한 인식을 변화시키고 공감을 향상시키는 개입의 효과성을 입증하였다. 서기연, 유형근, 권순영(2011)도 학급 단위의 개입을 통해 주변인의 또래지지를 향상시키는 개입의 효과성을 입증하였다. 이러한 개입은 프로그램 전체가 주변인에 초점을 맞추기보다는 프로그램의 일부에 주변인 내용이 포함되어 있는 방식인 반면, 프로그램 전체가 주변인에 초점을 둔 프로그램들도 효과성이 입증되고 있다. 그 예로 행복나무 프로그램(법무부, 2012), 헬핑(Help Encouurage yourself as a Leader of Peace-ing!: HELP-ing) 프로그램(곽금주, 김대유, 김현수, 구효진, 2005)과 시우보우(視友保友) 프로그램(곽금주, 2006) 등이 있다. 이 절에서는 주변인의 역량 강화 프로그램으로 가장 많이 보급된 '행복나무 프로그램'(초등학교 3~5학년용)과 '마음모아 톡톡 프로그램'(중학생용)을 소개하고자 한다.

'행복나무 프로그램'은 학교폭력의 주변인을 건강한 또래 중재자로 이끌기 위해 개발한 프로그램으로 학교폭력에 대한 스스로의 다짐 및 학급 규칙을 함께 만들어 가는 프로그램이다. 이는 학교폭력이 발생하는 10가지 상황별 역할극을 수행하도록 한 뒤, 충분한 토의를 거쳐 10개의 학급 규칙을 정하고, 행복나무의 가지 아래 나의 마음이나 행동에 대한 다짐을 쓴 나뭇잎을 붙여 학급의 행복나무를 만드는 프로그램이다. 프로그램 종료 후 만들어진 학급의 행복나무의 약속들을 지킴으로써 행복나무를 지속적으로 가꾸어 나가는 방식을 취한다. 프로그램의 목표는, 첫째, 학교폭력을 목격하고도 방관하는 행동 역시 학교폭력임을 인식시키는 것이다. 둘째, 학교폭력 상황을 목격한 다수 주변인 학생의 현명한 대처의 중요성을 깨닫게 하는 것이

다. 셋째, 학교폭력에 대처할 수 있는 실질적인 방안을 제공함으로써 주변인 학생을
방관자에서 건강한 또래 중재자로 변화시키는 것이다. 회기별 내용은 '설명(5분)-
역할극(10분)-토론(15분)-정리(10분)'의 4단계로 구성되며 각 회기는 초등학교 수
업 시간인 40분으로 구성된다. 총 10회기로 구성되어 있으며, 기초과정(4회기)과 기
본과정(3회기) 그리고 심화과정(3회기) 체제로 이루어져 있다. 각 회기별 프로그램의
내용은 〈표 3-5〉와 같다.

한편, 주변인의 역량 강화를 위한 중학생용 프로그램으로는 '마음모아 톡톡 프로
그램'이 있다. 이 프로그램은 중학교의 특성을 반영한 체험형 학교폭력 예방교육 프
로그램으로 학교폭력과 관련된 주요 정보를 제공하는 것 이외에 이러한 내용을 내
면화하고 실천할 수 있는 연습 기회를 제공함으로써 주변인의 역할을 강화하는 데
중점을 두고 있다. 중학교의 교육적 상황이 개별 학교마다 다르다는 판단 아래 강
의, 역할극, 체험활동 등으로 내용을 다양하게 구성하고, 이러한 활동들을 학교의
필요에 따라 선택·조합하여 사용할 수 있도록 모듈형 프로그램으로 개발되었으
며, '마음 모으기'(10차시)와 '행동 바꾸기'(10차시)의 두 부분으로 구성되어 있다. 프
로그램의 목표는, 첫째, 학교폭력의 의미와 처리 절차, 심각성에 대해 인식하는 것
이다. 둘째, 학교폭력과 관련된 갈등 상황에서 주변인 학생의 현명한 대처의 중요
성을 알게 하는 것이다. 셋째, 학교폭력을 목격한 상황에서 대처할 수 있는 실질적

표 3-5 행복나무 프로그램 구성요소

회기		주제	배경 장소	괴롭힘 유형
기초 과정	1	툭툭 치지 말아요	교실	외현적 공격성-신체
	2	모두 함께 놀아요	운동장	관계적 공격성
	3	미운 말은 아파요	교실	외현적 공격성-언어
	4	이제 그만, 휴대폰 욕설	교실(사이버)	사이버 공격성
기본 과정	5	나는 미키마우스가 아니에요	수돗가	관계적 공격성
	6	모두가 행복한 점심시간	교실	외현적 공격성-도구
	7	심부름은 싫어요	복도	관계적 공격성
심화 과정	8	험담 쪽지는 이제 그만	학원	관계적 공격성
	9	내 친구를 도와줘요	외진 곳	외현적 공격성-신체
	10	돈은 그만 빌려요	하굣길	외현적 공격성-도구

인 방안을 제공함으로써 주변인 학생을 방관자에서 건강한 또래 중재자로 변화시키는 것이다. 회기별 내용은 먼저, 마음 모으기의 경우 총 10차시로, 학교폭력과 관련하여 기본적으로 알고 있어야 하는 주제들로 구성되어 있으며, 아침 조회 시간(10분)에 담임교사가 실시할 수 있도록 한다. 학교폭력에 대한 동영상을 시청한 후, 학교폭력과 관련하여 반드시 알아야 하는 정보를 제공하고 학생들과 이에 대해 토의하는 방식으로 진행한다. 각 회기별 내용은 〈표 3-6〉과 같다. 아울러 행동 바꾸기는 '역할극'(5차시)과 '활동과 실천'(5차시)으로, 총 10차시로 구성되어 있다. 역할극은 교과 수업 시간이나 창의적 체험활동시간(45분)을 활용하여 실시할 수 있으며, 역할극의 다양한 등장인물을 학교폭력의 다양한 주변인의 역할로 설정하여, 집단의 역동 및 각자의 참여 역할을 이해하도록 구성되었다. 각 회기별 프로그램의 내용은 〈표 3-7〉과 같다. 활동과 실천은 학교폭력과 관련하여 학습한 내용을 복습하고 심화할 수 있는 놀이형식의 활동으로 UCC 제작 활동, 학교폭력 골든벨, 스피드 퀴즈 등 중학생이 흥미를 가지고 참여할 수 있도록 구성되었으며, 개별 학교의 필요에 따라 선택하여 실행할 수 있다. 각 회기별 프로그램의 내용은 〈표 3-8〉과 같다.

표 3-6 마음 모으기 구성요소

차시	강의 주제
1차시	평화의 강 만들기(오리엔테이션)
2차시	학교폭력의 개념 및 실태
3차시	학교폭력의 유형
4차시	학교폭력 피해학생의 후유증
5차시	학교폭력 가해학생의 후유증
6차시	학교폭력의 주변인
7차시	학교폭력 신고하기
8차시	학교폭력 사안처리
9차시	반성과 회복
10차시	평화의 강 유지하기(마무리)

표 3-7 행동 바꾸기 중 역할극 구성요소

차시	역할극 제목	배경장소	괴롭힘 유형
1차시	친구를 일부러 다치게 하면 안 돼요	교실	외현적 공격성(신체폭력)
2차시	다 같이 사이좋게 놀아요	교실	관계적 공격성
3차시	미운 말은 아파요	교실	외현적 공격성(언어폭력)
4차시	뒷담화는 그만!	학원	사이버 폭력
5차시	(1) 나는 미키마우스가 아니에요 (2) 나는 반쪽이가 아니에요	복도	외현적 공격성(언어폭력)

표 3-8 행동 바꾸기 중 활동과 실천 구성요소

차시	활동 제목	활동 내용
6차시	평화로운 교실 상상해 보기	−학교폭력 예방 UCC 시청하기 −학교폭력 예방 UCC 제작 계획하기
7차시	퀴즈로 풀어 보는 학교폭력	−학교폭력 관련 스피드 퀴즈 −학교폭력 예방 문장 완성하기
8차시	표현을 통해 익히는 평화로운 교실	−학교폭력 예방 다섯 고개 −학교폭력 예방 삼행시 짓기
9차시	평화로운 교실을 만드는 이야기	−학교폭력 예방 이야기 만들기 −학교폭력 관련 골든벨
10차시	상상한 평화로운 교실 실행하기	−학교폭력 예방 UCC 발표하기 −학교폭력 예방 UCC 평가하기

3. 고위험군 학생을 위한 선택적 예방

선택적 예방은 학교 상황에서 매우 중요하다. 왜냐하면 학교에서는 고위험군 학생을 미리 확인하여 집중적인 개입을 실시함으로써 폭력을 선제적으로 예방할 수 있는 최적의 공간이기 때문이다. 이를 위해서는 피해 및 가해학생이 보이는 징후를 파악하는 것이 중요하다.

1) 학교폭력 징후 파악하기

(1) 피해학생의 특징

피해학생은 상대방의 공격적 행동에 대해 적절하게 대응하지 못한다. 자기주장성이 약하여 수동적 혹은 회피적으로 대응하는 경향을 보인다. 괴롭힘이 주로 힘의 불균형에 의해 발생하기 때문에 피해학생은 신체적인 면에서 몸집이 작을 수 있고, 사회적인 면에서 인기가 적을 수 있으며, 인지적인 면에 있어서도 지적장애가 있을 가능성이 높다. 이규미 등(2014)은 피해학생이 사회성이나 대인관계 기술이 부족할

표 3-9 학교폭력 피해 위험성이 높은 학생의 특징

- 특정 학생을 빼고 이를 둘러싼 학생들이 알 수 없는 웃음을 짓는다.
- 교과서가 없거나 필기도구가 없고 자주 준비물을 챙겨 오지 않아 야단을 맞는다.
- 자신이 아끼는 물건을 자주 친구에게 빌려주었다고 한다.
- 교복이 젖어 있거나 찢겨 있어 물어보면 별일 아니라고 대답한다.
- 자주 등을 만지고 가려운 듯 몸을 자주 비튼다.
- 평상시와 달리 수업에 집중하지 못하고 불안해 보이고, 학교성적이 급격히 떨어진다.
- 작은 일에도 깜짝깜짝 놀라고 신경질적으로 반응한다.
- 갑자기 학교에 가기 싫어하고 학교를 그만두거나 전학을 가고 싶어 한다.
- 학교에 가거나 집에 올 때 엉뚱한 교통 노선을 이용해 시간이 많이 소요된다.
- 교과서와 노트, 가방에 낙서가 많다.
- 자주 점심을 먹지 않고, 혼자 먹을 때가 많으며 빨리 먹는다.
- 학교에서 돌아와서 배가 고프다며 폭식을 한다.
- 친구의 전화를 받고 갑자기 외출하는 경우가 많거나 전화벨이 울리면 불안해하며 전화를 받지 말라고 한다.
- 친구들과 어울리기보다 교무실이나 교과전담실로 와서 선생님과 어울리려 한다.
- 친구들과 자주 스파링 연습, 격투기 등을 한다.
- 갑자기 격투기나 태권도 학원에 보내 달라고 한다.
- 교실보다는 교실 밖에서 시간을 보내려 한다.
- 쉬는 날 밖에 나가지 않고 주로 컴퓨터 게임에 몰두하며 게임을 과도하게 한다.
- 전보다 자주 용돈을 달라고 하며, 때로는 훔치기도 한다.
- 종종 무슨 생각에 골몰해 있는지 정신이 팔려 있는 듯이 보인다.

출처: (재)푸른나무 청예단(http://www.jikim.net).

뿐만 아니라 다양한 형태의 장애가 있는 경우, 단지 '다르다' 혹은 '이상하다'라는 평가를 받는 경우에 피해학생이 될 위험성이 높다고 지적하였다.

피해학생을 효과적으로 돕기 위해서는 폭력을 당하기 이전에 위험요인의 징후가 보이는 경우 선제적으로 개입하는 것이 필요하다. 〈표 3-9〉는 학교폭력 피해의 위험성이 있는 학생의 특징을 정리한 것이다.

(2) 가해학생의 특징

가해학생은 학교폭력의 원인에서 살펴본 바와 같이 학교폭력 가해의 위험 수준이 높은 학생들이다. 이들은 공격성향이 높고, 충동적이며, 타인에 대한 공감의 수준이 낮은 것으로 알려져 있다. 이들은 또한 환경적인 면에서도 취약성을 보이는데 부모와의 애착관계가 안정적이지 못하고, 부모의 양육태도가 안정적이지 못할 뿐만 아니라, 부모와의 의사소통 수준 역시 낮은 것으로 확인되고 있다. 또한 부모로부터 받는 심리적 지지 역시 낮으며 부모와 갈등을 많이 겪는 것으로 알려져 있다. 이러한 관계적 문제는 교사와의 갈등관계로 심화될 수 있으며, 이로 인해 교사로부

표 3-10 학교폭력 가해 위험성이 높은 학생의 특징

- 친구들이 자신에 대해 말하는 것을 두려워한다.
- 교사가 질문할 때 다른 학생의 이름을 대면서 그 학생이 대답하게 한다.
- 교사의 권위에 도전하는 행동을 종종 나타낸다.
- 자신의 문제행동에 대해서 이유와 평계가 많다.
- 성미가 급하고 충동적이다.
- 화를 잘 내고 공격적이다.
- 친구에게 받았다고 하면서 비싼 물건을 가지고 다닌다.
- 자기 자신에 대해 과도하게 자존심이 강하다.
- 작은 칼 등 흉기를 소지하고 다닌다.
- 등·하교 시 책가방을 들어주는 친구나 후배가 있다.
- 부모와 대화가 적고, 반항하거나 화를 잘 낸다.
- 친구관계를 중요시하며, 밤늦게까지 친구들과 어울리느라 귀가시간이 늦거나 불규칙하다.
- 감추는 게 많아진다.
- 다른 학생을 때리거나 동물을 괴롭히는 모습을 보인다.

출처: (재)푸른나무 청예단(http://www.jikim.net).

터 심리적 지지를 덜 받는 경향을 보인다.

가해학생을 효과적으로 돕기 위해서는 이러한 위험요인을 미리 확인하여 폭력행동으로 나타나기 이전에 폭력행동의 징후가 보이는 경우 선제적으로 개입하는 것이 필요하다. 〈표 3-10〉은 학교폭력 가해의 위험성이 있는 학생의 특징을 정리한 것이다.

2) 선택적 개입 프로그램(도담도담 프로그램)[3]

선택적 개입을 하려면 먼저 학교폭력의 위험성이 높은 학생을 선별해야 한다. 이 절에서는 도담도담 프로그램을 활용하여 선택적 개입 프로그램을 활용하는 방법에 초점을 맞춰 기술하려고 한다. 도담도담 프로그램은 교육부의 후원으로 개발된 프로그램으로 원래 학교폭력의 피해 및 가해학생의 대처 역량을 함양시키기 위한 교육 및 상담적 개입 프로그램이다. 엄밀히 말하면 선택적 프로그램과 지시적 프로그램의 기능을 동시에 갖고 있다. 이 프로그램은 학교폭력의 피해 및 가해와 관련이 있는 것으로 확인된 8가지의 변인에 대해 학생의 위험 정도를 측정하는 스크리닝 척도를 제시하고 있다. 8가지 변인은 자존감, 공감, 자기주장 행동, 친사회적 행동, 정서인식 및 표현능력, 분노, 공격성, 불안·우울이다. 이는 학교폭력 가해·피해학생을 위한 교육적 개입에 관한 연구(오인수, 이승연, 이미진, 2013)에서 확인된 연구 결과 및 선행연구의 결과를 바탕으로 학교폭력의 피해 및 가해와 관련이 있는 것으로 입증된 변인들을 선별하였다. 다음과 같이 8가지 변인에 대해 학생의 위험 정도를 파악한 후 위험성이 높은 변인에 대해 개입하는 모듈형 프로그램으로 개발되었다.

스크리닝 도구는 각 변인에 대한 5문항으로 구성하여 8개의 변인에 대한 총 40문항으로 구성되어 있다. 스크리닝 도구를 사용하여 학생의 위험 정도를 파악한 프로파일 예시는 [그림 3-3]과 같다.

---

[3] 오인수, 이승연, 이미진(2015)의 「학교폭력 가해, 피해학생을 위한 교육적 개입에 관한 연구(Ⅲ): 도담도담 프로그램의 효과성 검증」의 내용을 수정·보완하였다.

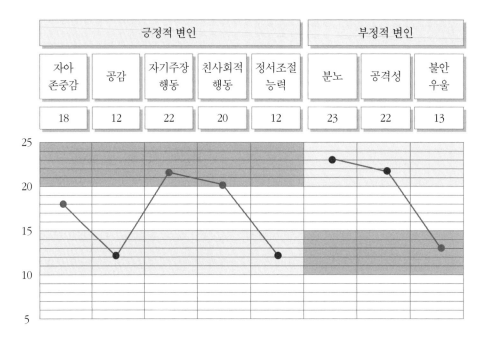

[그림 3-3] 스크리닝 결과 프로파일 예시

    [그림 3-3]에 제시된 바와 같이 8가지의 변인은 크게 5가지의 긍정적 변인(자존
감, 공감, 자기주장 행동, 친사회적 행동, 정서조절능력)과 3가지의 부정적 변인(분노, 공
격성, 불안·우울)로 나뉜다. 각 문항은 5점 척도[전혀 그렇지 않다(1), 그렇지 않다(2),
보통이다(3), 그렇다(4), 매우 그렇다(5)]로 측정되었기 때문에 각 변인은 5~25점 사이
의 분포를 보인다. 5점 척도의 특성상 20~25점의 분포는 특정 변인의 정도가 어느
정도 높음을 의미하며 5~10점의 분포는 그 반대를 의미한다. 따라서 긍정적 변인
의 경우 5~10점 분포를 보인 경우, 부정적 변인의 경우 20~25점 분포를 보인 경우
우선적으로 개입하는 것이 필요하다고 볼 수 있다. 예를 들어, [그림 3-3]의 경우 분
노와 공격성의 수준이 다른 변인에 비해 매우 높기 때문에 분노와 공격성을 조절하
는 모듈을 선택하여 우선적으로 개입하는 것이 필요하다. 또한 긍정적 변인의 경우
공감과 정서조절능력이 취약하기 때문에 공감과 정서조절능력을 향상시키는 개입
을 동시에 제공하는 것이 효과적이라고 볼 수 있다.
    구체적인 프로그램의 내용은 '들어가며' '자존감' '공감' '자기주장훈련' '친사회적
행동' '정서 인식 및 표현' '분노 조절' '공격성 조절' '불안 및 우울 조절' '마무리하며'
의 10가지 내용으로 구성되어 있다. 낮은 자아존중감을 향상시키기 위한 자아존중

표 3-11 **도담도담 프로그램의 구성 및 내용**

주제	제목	내용
들어 가며	안녕 친구야	자기소개 활동을 통해 구성원들 간에 마음을 여는 시간을 갖고, 경청하는 태도를 배운다.
	친구야 놀자	집단 규칙을 학생 스스로 정하여 프로그램 참여 동기를 높이고 다양한 게임을 통해 집단 친밀감을 형성한다.
자존감	나의 자존감	자존감의 의미를 이해하고 자신의 자존감을 파악한다.
	나는 특별한 사람	자신의 장점을 인식하고, 단점을 찾은 후 단점을 장점으로 전환한다.
	관계에서 소중한 나	자신에게 의미 있는 사람들을 탐색하면서 관계 속에서 사랑받는 존재임을 알고, 그들에게 더 존중, 수용, 관심을 받기 위한 자신의 역할을 확인한다.
	미래의 나	자신의 미래에 대하여 긍정적인 신념을 갖고, 미래에 대한 구체적인 목표를 세우며, 목표 달성을 위해 노력해야 하는 점들을 구체적으로 설계한다.
공감	나의 감정	상황에 따른 다양한 감정을 파악하고, 자신의 감정을 인식하여 적절하게 표현한다.
	친구 마음 이해하기	상황에 대한 이해와 수용을 통해 상대방의 입장을 이해하고, 공감적 표현을 한다.
	함께 느끼기	공감적 각성을 통해 공감적 대화를 할 수 있는 능력을 기른다.
	너의 마음이 보여	일상생활에서 공감할 수 있는 표현을 연습하고, 역할극을 통해 공감적 표현을 익힌다.
자기 주장 훈련	나의 행동 인식	주장행동, 소극적 행동, 공격적 행동의 의미와 특징을 파악하고 자신의 행동을 깨닫는다.
	주장행동을 일으키는 마음	소극적 행동, 공격적 행동을 일으키는 비합리적 사고를 발견하고 논박하며 합리적으로 생각하는 방법을 익힌다.
	주장행동 요소	주장행동의 시기, 요소(내용, 음성, 체언)를 배우고 익힌다.
	다양한 상황에서의 주장행동	주장행동 시 불안을 극복하는 방법을 배우고, 다양한 상황에서 주장행동하는 것을 익힌다.
	특정 상황에서의 주장행동	개별적으로 주장행동이 어려운 상황에 대한 주장행동 연습을 통해 주장행동 방법을 익히고 피드백을 주고받는다.
친사회적 행동	나의 친구관계	자신의 교우관계 특징을 파악하고, 주변에는 다양한 특성의 사람이 다양한 관계를 맺고 있음을 이해한다.
	진정한 우정	친구와의 관계에서 힘든 점을 알고, 우정을 키우기 위해 필요한 행동을 배우고, 우정을 키우는 데 필요한 행동을 익힌다.
	칭찬합시다!	칭찬을 통해 자신의 장점을 인식하고, 칭찬을 바로 하는 방법을 배우며, 칭찬하는 방법을 익힌다.

주제	제목	내용
	도움의 손길	도움과 배려의 중요성을 인식하고, 친구의 고민 상담을 통해 친구들을 돕는 방법을 익힌다.
정서 인식 및 표현	다양한 정서와 감정단어의 이해	다양한 정서의 신체적 반응과 이를 표현하는 감정단어에 대해 학습하고, 자신의 감정 상태를 확인한다.
	특정 상황에서의 감정	특정 상황에서 자신의 생각-감정-행동의 연결을 이해하고, 생각 바꾸기를 통해 감정을 조절하는 법을 배운다.
	감정의 표현	자신의 부정적 마음과 감정을 효과적으로 표현할 수 있도록 I-message의 사용을 학습한다.
	감정의 정화	학교폭력 경험에서 느꼈던 분노와 우울, 불안, 두려움 등을 표출하고, 가족이나 친구에게 말하고 싶은 것을 표현한다.
불안 및 우울 조절	불안의 조절: 편안해지기!	다양한 이완법을 익히고, 불안을 일으키는 부정적 생각을 긍정적 생각으로 바꾸는 방법을 학습한다.
	불안의 조절: 생각 바꾸기	불안을 일으키는 부정적인 생각을 보다 긍정적인 생각으로 바꿀 수 있는 방법을 학습한다.
	우울의 조절	우울의 다양한 특징을 이해하고, 우울을 야기하는 자신의 부정적 생각을 확인하여 이를 조절할 수 있도록 한다.
	자살의 신호와 대처	자살의 경고신호와 위험요인, 대처방법에 대해 학습한다.
분노 조절	내 마음의 화	분노의 의미와 특징을 파악하고 분노 상황을 맥락적으로 이해한다.
	화를 일으키는 마음	감정과 생각의 관계를 이해하고 분노를 일으키는 비합리적 생각을 발견한다.
	화를 다스리는 마음	분노를 일으키는 비합리적인 생각을 논박하고 합리적으로 생각한다.
	화를 다스리고 풀어내기	효과적인 분노 조절 및 표현 활동을 통해 감정을 정화하고 다양한 분노 조절 및 표현 활동을 익힌다.
공격성 조절	나라면 어떻게?	공격적 행동을 유발하는 상황에서 공격 행동이 어떠한 문제를 일으키는지 배운다.
	이럴 땐 이렇게	공격적 행동을 유발하는 상황에서 효과적인 반응 행동 전략을 배운다.
	왜 그럴까요?	공격적인 행동의 이면에 숨겨진 4가지 동기(관심 끌기, 힘겨루기, 보복하기, 부족감 표현하기)의 관점에서 자신의 행동을 이해한다.
	진정한 용기	주변인 중에서 가해동조자(가해조력자 혹은 가해강화자) 학생이 바람직한 행동 전략을 배운다.
마무리 하며	변화된 내 모습	프로그램을 통해 변화한 자신의 모습을 재인식하고 변화를 이어 가기 위한 방법을 습득하며 프로그램 이후의 어려움을 극복하는 방법을 학습한다.

감, 낮은 공감 능력을 제고하기 위한 공감, 자기표현 및 주장성의 부족을 개선하고 주장행동을 하기 위한 자기주장훈련, 타인에 대한 배려와 도움 능력을 향상시키는 친사회적 행동, 자신과 타인의 정서를 제대로 인식하고 적절하게 표현하기 위한 정서인식 및 표현, 부적절한 분노 표현 능력을 향상시키기 위한 분노 조절, 가해행동과 매우 관련이 높은 공격성을 다루기 위한 공격성 조절 그리고 불안과 우울을 낮추기 위한 불안 및 우울 조절을 프로그램의 주요한 구성요소로 삼았다. 프로그램의 핵심적인 내용을 정리하면 〈표 3-11〉과 같다.

4. 피해학생 및 가해학생을 위한 지시적 예방[4]

이미 학교폭력 피해를 당했거나 가해경험이 있는 학생의 경우 개입하지 않으면 그 피해는 더욱 커질 수 있으며 가해 역시 더욱 심각해질 수 있다. 따라서 피해 혹은 가해학생에게 즉각적으로 개입하여 후유증을 최소화시키고 악화되는 것을 예방하는 개입이 필요하다. 이 절에서는 이들을 위한 효과적인 상담전략을 중심으로 살펴보고자 한다.

1) 학교폭력 피해학생의 회복 및 변화를 위한 개입전략

학교폭력 피해경험은 지속적일 수도 있고 일시적일 수도 있다. 일시적인 경우는 학생이 지닌 회복력(resilience)에 의해 회복되는 경향을 보이지만, 지속적인 피해경험은 심각한 영향을 미칠 수 있다. 또한 학교폭력은 가해자가 의도적으로 피해학생을 괴롭히는 경향을 지니기 때문에 피해학생은 더욱 심각한 스트레스를 받게 된다.

먼저 일회적 피해가 아닌 지속적 피해를 당한 학생은 심리적 저항을 보이기 때문에 피해경험의 직접적 탐색을 잠시 유보하고 우선적으로 학생과 신뢰관계를 형성하는 것에 초점을 두는 것이 좋다. 피해경험에 초점을 둘 경우 마음의 문을 닫고 심

---

[4] 오인수, 김혜미, 이승연, 이미진(2016)의 「학교폭력의 맥락적 이해에 기초한 효과적인 상담전략」의 내용을 수정·보완하였다.

리적 저항을 높일 가능성이 있다. 피해학생들은 피해경험에 대한 트라우마적 기억을 갖고 있기 때문에 피해경험을 재해석하여 외상후 성장(Post Traumatic Growth: PTG)을 촉진하는 것에 초점을 두는 것이 바람직하다. 또한 피해경험에 대해 부정적으로 편향된 사고를 할 가능성이 높은 경우 부정적인 생각을 긍정적으로 바꿔 주고, 오히려 성장적 반추(reflection)를 통해 피해경험을 교훈 삼아 피해학생이 새로운 행동패턴을 습득할 수 있는 기회를 제공해 주는 것이 효과적이다. 피해학생을 대할 때 자칫 학교폭력 사실의 확인에 초점을 두는 경우가 있는데, 이런 접근보다는 피해학생의 감정에 초점을 두는 접근이 효과적이다. 아울러 마음의 상처로 인해 자기표현을 억제하는 특징을 보이는데, 이러한 경우 열린 질문을 통해 미해결 감정의 표현에 초점을 두는 것이 좋다. 이상에서 설명한 개입 방법을 요약하여 도식화하면 [그림 3-4]와 같다.

한편, 의도적 가해로 심각한 피해경험을 한 학생들은 교사를 포함한 모든 사람에게 피해의식을 표현하는 경향이 있다. 이러한 피해학생의 경우에는 피해 감정을 탐색하되 일반화(예: 모든 학생이 자신에게 적대적일 것이라는 생각)의 오류를 지적하는 것이 필요할 수 있다. 이들은 또한 특정 단어나 맥락에서 매우 민감한 반응을 보인다. 따라서 상황에 대한 재해석을 돕고 심리적인 지지에 우선적으로 초점을 두는 것

[그림 3-4] 지속적 피해학생을 위한 개입전략

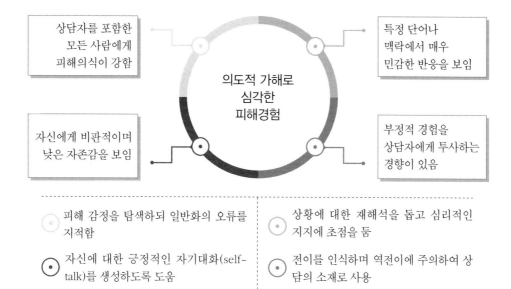

[그림 3-5] 의도적 폭력의 피해학생을 위한 개입전략

이 효과적일 것이다. 특히 피해학생들은 자신에게 매우 비판적이며 낮은 자존감을 보이기 때문에 자신에 대한 긍정적인 내적 자기대화(self-talk: 속으로 혼자 얘기하는 혼잣말)를 생성하도록 촉진하는 것이 필요하다. 그리고 부정적 경험을 교사에게 투사(projection)하는 경향을 보이기 때문에 교사는 이러한 투사 경향성을 인식하며 해석하여 이들의 무의식적 동기를 활용할 수 있다. 특히 투사적 경향을 많이 보이는 학생의 경우 교사가 자신의 경험을 학생에게 투사하는 역전이(교사가 학생을 돕는 장면에서 자신의 과거 경험을 학생에게 투사하는 경우)가 발생할 수 있으므로 주의가 필요하다. 이를 도식화하면 [그림 3-5]와 같다.

2) 학교폭력 가해학생의 선도 및 변화를 위한 개입전략

학교폭력 가해경험 역시 지속적일 수도 있고 일시적일 수도 있다. 일시적인 경우는 교사의 선도나 학교의 처벌을 통해 쉽게 감소하는 경향을 보이지만, 지속적인 가해경험은 보다 심층적인 개입이 필요하다. 특히 최근에는 학교폭력에 대해 무관용원칙(zero-tolerance policy)을 적용하여 가해학생을 엄하게 처벌하기 때문에 교사의 개입에 강한 반감을 갖는 경우가 많다.

먼저, 일회적 가해가 아닌 지속적으로 가해행동을 한 경우 이들의 가해행동과 그 행동으로 인한 결과의 관련성을 명확하게 인식하도록 돕는 것이 필요하다. 행동과 결과의 유관성(contingency)을 보다 명확하게 인식하도록 도움으로써 행동에 대한 조절력을 향상시킬 수 있다. 가해학생은 종종 가해행동을 단순한 장난으로 인식하는 경향이 있다. 폭력행동을 보이는 학생의 경우 자신의 문제행동을 긍정적으로 곡해하는 경향이 있다. 따라서 이들의 왜곡된 인지를 바르게 교정해 주는 것이 필요하다. 또한 본인의 장난스런 폭력행동이 상대에게 심각한 피해를 준다는 점을 느낄 수 있도록 도와야 한다. 예를 들어, 공감훈련 등을 통해 상대의 감정을 체휼할 수 있는 역할전환(role-reversal) 기법 등을 시도할 수 있다. 가해학생들은 또한 감정 인식과 표현 수준이 낮은 경향이 있다. 그래서 감정 형용사의 생성력이 매우 떨어지며 감정에 대한 민감성이 낮아 자기 자신의 감정을 정확하게 인식하지 못하는 경향이 있다. 따라서 감정의 반영(reflection) 기술을 활용하여 학생이 스스로 자신의 감정을 인식하고 명명할 수 있는 기회를 제공하는 것이 효과적이다. 많은 경우 가해학생은 성인에 대해 내재화된 적대적 감정을 보인다. 왜냐하면 가정폭력과 같은 폭력 노출 경험에 의해 형성된 억압된 분노가 내재화되기 때문이다. 따라서 교사는 이들의 미해결

[그림 3-6] 지속적으로 폭력을 행사한 가해학생을 위한 개입전략

감정에 대하여 카타르시스를 경험하도록 도움을 주는 것이 효과적이다. 이를 도식화하면 [그림 3-6]과 같다.

한편, 대부분의 가해학생은 선도 조치의 일환으로 교사에게 지도를 받는 경우가 많기 때문에 변화에 대한 저항의 경향이 높은 편이다. 그렇다 보니 교육을 처벌의 개념으로 받아들이는 경향이 강하다. 따라서 비록 선도 조치의 일환으로 교육을 받게 되었지만 처벌이 목적이 아니라 가해학생의 변화와 성장을 돕기 위하여 교육을 받는 점을 인식하도록 도와야 한다. 교육을 스스로 선택하지 않았기 때문에 교육의 효과에 대한 기대 역시 낮은 경우가 많다. 따라서 가해학생을 도울 경우 학교폭력의 결과로 인해 부과된 조치에 초점을 두기보다는 이들이 폭력을 행사한 내적 동기를 탐색하는 데 초점을 두는 것이 좋다. 이들이 왜 가해행동을 했는지 내적 동기를 명료하게 밝혀내면 학생의 소극적 태도가 보다 적극적으로 바뀔 수 있기 때문이다. 또한 가해학생들은 교사를 평가자로 인식하는 경향이 강했다. 그렇다 보니 교사가 원하는 방식으로 말과 행동을 맞추는 사회적 바람직성(social desirability)이 나타날 가능성이 높다. 솔직히 자신의 이야기를 하기보다는 교사가 원하는 대답을 하고 그 상황을 모면하려는 경우이다. 따라서 진솔함에 기초하여 진정성 있게 도와주려는 의도를 충분히 전달하고 눈치를 보는 가해학생의 태도에 대해 직면기술(예: 학생의 눈

[그림 3-7] 선도 조치로 의뢰된 타율적 가해학생을 위한 상담전략

치 보는 행동을 완곡한 표현을 써서 직접적으로 지적하는 경우)을 사용하는 것이 필요할 수도 있다. 이를 정리하여 도식화하면 [그림 3-7]과 같다.

5. 체계적인 예방전략인 전학교 접근의 활용[5]

세계 여러 나라에서 학교폭력은 교육의 현안으로 인식되고 있으며 이 문제를 해결하기 위하여 다양한 노력을 하고 있다. 그중에서도 학교폭력 예방을 위한 개입을 체계적으로 조직하고 실행하는 전학교 접근(whole-school approach)이 매우 효과적인 것으로 알려져 있다. 전학교 접근은 가해학생과 피해학생 중심의 제한점을 극복하기 위하여 개인상담, 집단상담, 학급활동 및 학교정책을 유기적으로 연결하여 종합적으로 접근하는 개입으로, 학교폭력과 관련하여 가장 효과적인 개입으로 소개된다(Heinrich, 2003; Whitted & Dupper, 2005).

오인수(2010b)는 이러한 전학교 접근을 네 가지의 관점으로 요약하는데, 첫째, 개입의 수준을 개인과 학급 및 학교 수준에서 동시에 실시하는 다층 수준의 접근을 취한다는 것이다. 〈표 3-12〉와 같이 개인-학급-학교 수준에서 동시에 개입을 실시하는 것이 효과적이다.

둘째, 따돌림의 가해자와 피해자뿐만 아니라 주변인을 포함한 모든 학생을 개입의 대상으로 삼는다는 것이다. 이는 앞선 절에서 살펴본 바와 같이 학교폭력이 힘의 불균형에 의해 발생하고 유지되며 주변인이 이러한 역동을 바꿀 수 있는 매우 중요한 존재이기 때문에 주변인을 반드시 포함하여 개입의 범위를 정해야 한다는 것이다. 이처럼 전학교 접근은 개인 수준에서 가해 및 피해학생뿐만 아니라 방관학생을 포함한 모든 학생을 중재의 대상에 포함시킴으로써 개입의 효과성을 높이는 접근 방식이다.

셋째, 문제가 발생한 후 개입하는 반응적 접근(reactive approach)보다는 문제 발생 이전에 예방적으로 개입하는 선제적 접근(proactive approach)을 중요시한다는 점이다. 이는 앞선 절에서 살펴본 예방이론에서 보편적 접근 및 선택적 접근의 중요성을

---

5) 오인수(2010b)의 「집단따돌림 해결을 위한 전문상담교사의 전학교 접근」의 내용을 수정·보완하였다.

표 3-12	전학교 접근의 구성: 다층 수준의 개입
개인 수준	• 개인 심리검사를 통해 피해학생 혹은 가해학생의 정도 확인 • 피해학생(victims)의 보호를 위한 개인상담 및 생활지도 • 가해학생(bullies)의 선도를 위한 개인상담 및 생활지도 • 가해–피해학생(bully-victims)의 선도를 위한 개인상담 및 생활지도 • 심각한 수준의 경우 가해학생 혹은 피해학생을 전문가에 의뢰 • 피해학생 혹은 가해학생의 학부모와 상담 • 방관학생(bystanders)을 위해 적절한 개입방법에 관한 교육 및 생활지도
학급 수준	• 학급시간을 활용하여(예: 창의적 재량활동) 괴롭힘 예방 및 중재를 위한 교육 프로그램 실시 • 모든 학급원의 참여를 통해 괴롭힘과 관련된 학급규칙 제정 및 일관적인 시행 • 교육내용에 괴롭힘 관련 요소를 포함시켜 교수(예: 인문, 사회 과목군) • 학급도우미를 통한 괴롭힘 행동 모니터링 실시 • 또래도우미를 통해 피해학생에 대한 심리적 지지 제공 • 학생들 간의 협력을 요구하는 교수법(예: 협동학습)으로 학생들 간의 협력적 분위기 조성 • 가해행동에 대한 교사의 즉각적이고 적절한 조치를 통해 괴롭힘 행동에 대한 롤모델의 역할 수행 • 괴롭힘 피해집단 혹은 가해집단의 위험요소가 있는 잠재적 위험집단에 대한 차별적 중재 및 지속적 모니터링(2차, 3차 예방 프로그램 실시)
학교 수준	• 학교 전체의 괴롭힘 문제 진단을 통한 실태 파악 • 전 교직원을 대상으로 괴롭힘에 대한 교육 실시 • 학교 차원의 괴롭힘 행동에 대한 규칙 제정 • 괴롭힘 문제를 전담하는 기구(예: 학교폭력 예방 및 대책위원회) 구성 • 학교의 모든 영역에 대한 모니터링 강화(예: CCTV 설치) • 익명성이 보장된 괴롭힘 사례 보고 체제 확립 • 괴롭힘 예방과 관련된 학교행사 실시 • 프로그램 실행을 위한 학교장의 지속적인 관심과 협조 • 프로그램 실행 후 프로그램의 평가를 통한 지속적인 개선 • 외부기관과 피해학생 및 가해학생의 의뢰체계 수립

출처: 오인수(2010b).

강조한 것이다. 특히 학교폭력 피해 및 가해의 위험성이 높은 학생들을 미리 선별하여 이들을 보호하고 역량을 강화하는 개입을 실시하는 것이 매우 중요하다. 이미 문제가 발생한 이후 개입하게 되는 지시적 개입의 경우, 더 큰 위험성은 줄일 수 있겠지만 투입되는 시간과 노력에 비해 그 결과가 상대적으로 미약하기 때문이다.

넷째, 상담 프로그램과 교과교육과정을 통합한 학제적 교육과정(interdisciplinary curriculum)을 구성하고 이를 실시하여 궁극적으로 학교의 체제와 문화를 바꾸는 접근방법이라는 점이다. 예를 들어, 국어과목의 경우 괴롭힘을 소재로 한 문학작품을 활용할 수 있고, 도덕 혹은 윤리시간의 경우 괴롭힘 상황을 문제해결방식의 소재로 활용할 수 있다. 예체능의 경우 미술시간에 괴롭힘 예방을 위한 포스터 그리기를 실시할 수 있고, 체육시간에는 학생들의 친밀감을 높일 수 있는 활동을 계획할 수 있다. 이처럼 한 가지 주제를 중심으로 여러 과목을 통해 접근하는 통합적 접근은 학생들이 여러 과목에서 동시에 같은 주제에 노출될 때 괴롭힘 문제에 대한 인식이 높아지기 때문에 학교에서 발생하는 다양한 문제행동을 위한 효과적 중재활동으로 알려져 있다(American School Counselor Association, 2003; Schmidt, 2008).

Chapter 요약 🖊

이 장은 예방이론에 근거하여 학교폭력을 효과적으로 예방하기 위한 보편적, 선택적, 지시적 개입의 방법을 소개하고 각 개입의 특징과 프로그램의 예를 제시하였다. 모든 학생을 위한 보편적 개입의 경우 주변인의 역량 강화에 초점을 맞춰 폭력을 목격한 학생들이 방관하지 않고 피해학생을 효과적으로 방어하는 방법을 소개하는 프로그램을 소개하였다. 고위험군 학생을 대상으로 실시하는 선택적 개입의 경우 이들의 징후를 미리 파악하여 선제적으로 개입함으로써 조기에 예방하는 방법을 제시하였다. 또한 지시적 개입으로는 폭력의 피해 혹은 가해학생의 회복과 개선을 위한 효과적인 상담 방법을 소개하였다. 끝으로 개인, 학급 및 학교 수준에서 다층적인 개입을 통해 효과적으로 폭력을 예방하는 전학교 접근을 제시하였다.

⌛ 생각해 볼 문제

1. 예방이론을 적용하여 학교폭력을 예방하기 위하여 보편적, 선택적, 지시적 개입을 사용할 때 각각의 개입별로 주의할 점을 생각해 보세요.
2. 학교폭력을 목격한 주변인(bystander)의 4가지 하위 유형별 특징을 살펴보고 4가지 유형의 학생에 대한 효과적인 지도방법을 생각해 보세요.
3. 학교폭력 가해와 피해를 명확하게 구분하는 것이 힘들며 가해와 피해를 동시에 경험하는 학생이 적지 않다는 점을 고려하여, 가해와 피해를 동시에 경험하는 가해 · 피해자의 특징 및 이들의 위험성에 대해 생각해 보세요.

참고문헌

곽금주, 김대유, 김현수, 구효진(2005). 학교폭력 예방 프로그램 개발에 관한 연구. KT&G 복지재단 연구보고서.

곽금주(2006). **학교폭력 예방프로그램 시우보우 프로그램**. 교육인적자원부.

박효정, 한미영, 김현진(2016). 어울림 학교폭력예방 프로그램의 적용효과 분석. **교육학연구,** 54(3), 121-150.

법무부(2012). **행복나무 프로그램**. 법무부.

서기연, 유형근, 권순영(2011). 초등학교 고학년을 위한 또래지지 중심 집단따돌림 예방 프로그램 개발. **아동교육,** 20(2), 131-146.

오인수(2010a). 괴롭힘을 목격한 주변인의 행동에 영향을 미치는 심리적 요인: 공감과 공격성을 중심으로. **초등교육연구,** 23(1), 45-63.

오인수(2010b). 집단따돌림 해결을 위한 전문상담교사의 전학교 접근. **상담학연구,** 11(1), 303-316.

오인수, 이승연, 이미진(2013). 학교폭력 가해 · 피해 학생을 위한 교육적 개입에 관한 연구 (I). 이화여자대학교 학교폭력예방연구소.

오인수(2014). 학교폭력 주변학생의 이해 및 개입. 청소년폭력예방재단 학교폭력문제연구소(편). **학교폭력 예방의 이론과 실제**(pp. 69-96). 서울: 학지사.

오인수(2016). 학교폭력과 상담. 신효정 외. **생활지도와 상담**(pp. 300-322). 서울: 학지사.

오인수, 김혜미, 이승연, 이미진(2016). 학교폭력의 맥락적 이해에 기초한 효과적인 상담전략. **상담학 연구,** 17(2), 257-279.

오인수, 이승연, 이미진(2015). 학교폭력 가해·피해 학생을 위한 교육적 개입에 관한 연구 (Ⅲ): 도담도담 프로그램 효과성 검증. 이화여자대학교 학교폭력예방연구소.

윤성우, 이영호(2007). 잡단따돌림 방관자에 대한 또래지지프로그램의 효과. 한국심리학회지 임상, 26(2).

이규미, 지승희, 오인수, 송미경, 장재홍, 정제영, 조용선, 이정윤, 유형근, 이은경, 고경희, 오혜영, 이유미, 김승혜, 최희영(2014). 학교폭력 예방의 이론과 실제. 서울: 학지사.

한국교육개발원 학교폭력예방연구지원센터(2016). 어울림 프로그램 담당자 핵심역량 강화 연수 자료.

American School Counselor Association (2003). *The ASCA national model: A framework for school counseling programs.* Alexandria: VA: Author.

Cappadocia, Pepler, Cummings, & Craig (2012). Individual motivations and characteristics associated with bystander intervention during bullying episodes among children and youth. *Canadian Journal of School Psychology, 27*(3), 201–216.

Gordon, R. (1987). An operational classification of disease prevention. In J. A. Steinberg & M. M. Silverman (Eds.), *Preventing mental disorders.* Rockville, MD: U.S. Department of Health and Human Services.

Hazler, R. J. (1996). Bystanders: An overlooked variable in peer abuse. *The Journal for the Professional Counselor, 11*, 11–21.

Heinrich, R. R. (2003). A whole-school approach to bullying: Speical considerations for children with exceptionalities. *Intervention in School and Clinic, 38*(4), 195–204.

O'Connell, P., Pepler, D., & Craig, W. (1999). Peer involvement in bullying: Insights and challenges for intervention. *Journal of Adolescence, 22*, 437–452.

Oh, I. & Hazler, J. R. (2010). Contributions of personal and situational factors to bystanders' reactions to school bullying. *School Psychology International, 30*, 291–310.

Salmivalli, C., Lagerspetz, K., Bjoorkqvist, K., Österman, K., & Kaukiainen, A. (1996). Bullying as a group process: Participant roles and their reactions to social status within the group. *Aggressive Behavior, 22*, 1–15.

Salmivalli, C. (1999). Participant role approach to school bullying: Implications for interventions. *Journal of Adolescence, 22*, 453–459.

Schmidt, J. J. (2008). *Counseling in schools: Comprehensive programs of responsive services for all students* (5th ed.). Boston: Allyn & Bacon.

Whitney, I., & Smith, P. K. (1993). A survey of the nature and extent of bullying in junior/middle and secondary schools. *Education Research, 35*, 3–25.

Whitted, K. S., & Dupper, D. R. (2005). Best practices for preventing or reducing bullying in schools. *Children and Schools, 27*(3), 167–175.

학교폭력 예방 누리집 도란도란 http://www.dorandoran.go.kr

제 **4** 장

학교폭력 예방을 위한
법·제도적 기반

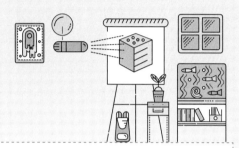

학습개요 및 학습목표

이 장에서는 학교폭력의 예방과 근절을 위한 법·제도적 기반에 대해 살펴봄으로써 (예비) 교원들의 학교폭력 예방에 대한 이해 역량을 높이고자 한다. 이를 위해 2004년 제정된 후 시대적 흐름에 맞춰 개정되어 온 「학교폭력예방 및 대책에 관한 법률」의 주요 내용 및 개정과정의 흐름을 살펴본다. 이와 함께 학교폭력 예방 및 근절 노력을 총괄하고 지원하는 시스템에 대한 이해를 위해 중앙, 지역, 단위학교의 학교폭력 예방 및 근절을 위한 조직 및 주어진 역할에 대해 살펴보기로 한다.

이 장의 구체적인 학습목표는 다음과 같다.

1. 학교폭력에 관한 법령이 제정된 배경과 주요 내용 그리고 변천과정을 설명할 수 있다.
2. 학교폭력에 관한 시행규칙인 '학교폭력 가해학생 조치별 적용 세부기준 고시'에 대해 말할 수 있다.
3. 학교폭력을 예방하기 위한 중앙, 지역, 단위학교의 조직 및 조직의 주요 역할에 대해 설명할 수 있다.

1. 학교폭력예방법의 의의

교육정책이 성공하기 위해서는 계획수립단계에서 명확한 정책문제 진단과 이를 해결하기 위한 정책수단을 체계적으로 마련하는 것과 동시에 이러한 정책수단들이 흔들림 없이 지속될 수 있는 법·제도적 기반이 필요하다. 하지만 우리나라의 중앙집권적 대통령제하에서는 주요한 교육정책들이 대통령 공약에 따라 새롭게 결정되고 갑자기 종결되는 현상을 보여 왔다. 정부는 이러한 교육정책들을 신속하게 시행하기 위해 법률보다는 기본계획이나 행정규칙 형태를 통해 교육부 주도의 상명하달식 방식으로 정책을 결정·시행하였다. 학교폭력 문제를 해결하기 위한 정부의 대응 역시 1990년대 중반 교육부, 검찰청, 경찰청 등 관계부처가 마련한 '학교폭력 근절대책'에 의해 시작되었다(유기웅, 2007).

이런 방식의 교육정책의 형성, 결정 및 시행은 현안 문제에 대한 긴급한 대응이 필요한 경우 장점을 보이지만, 교육문제에 대한 종합적이고 근본적인 접근이 될 수는 없다(이종재, 이차영, 김용, 송경오, 2015). 교육정책 결정자나 관련부서의 관심과 의지에 따라 정책수단들이 적극적으로 이행될 수도, 그렇지 않을 수도 있기 때문이다.

이러한 문제점을 방지하기 위한 가장 효과적인 수단은 국회에서 법률로 교육에 관련된 주요한 사항을 규정하는 것이다. 국회에서 법률이 제정되는 과정은 정치권의 합의과정을 거치고 행정부를 비롯한 다양한 이해관계자들이 일정한 절차에 따라 충분한 논의를 할 수 있을 뿐만 아니라 한번 제정된 법률은 개정되는 것이 쉽지 않아 지속적으로 현장에 영향을 미치기 때문이다.

주요한 교육정책의 법률화 필요성은 「헌법」에도 규정되어 있다. 「헌법」 제31조 제5항 "학교교육 및 평생교육을 포함한 교육제도와 그 운영, 교육재정 및 교원의 지위에 관한 기본적인 사항은 법률로 정한다."라는 규정은 주요 교육정책의 중요성을 고려할 때 지속성을 보장하기 위해서 법률로써 근거를 마련해야 함을 보여 준다.

정부의 학교폭력 정책은 1995년부터 범정부적 차원에서 논의되고 시행되었지만 법률적 근거가 마련된 것은 2004년 「학교폭력예방 및 대책에 관한 법률」(이하 학교폭력예방법)이 제정되면서부터이다(박주형, 정제영, 김성기, 2012). 1990년대 중반부터 시민사회 및 민간단체로부터 진행되던 학교폭력대처운동을 법제화하기 위해

2001년 구성된 학교폭력 대책에 관한 입법 시민연대를 통해 의원입법을 추진한 것에 큰 영향을 받아 국회의원들은 다양한 형태의 학교폭력예방법을 발의하였다(문용린 외, 2009). 결국 2001년 임종석 의원이 발의한 학교폭력중재위원회설치 및 교육·치료에 관한 특별법안에 영향을 받아 2003년 6월 현승일 의원이 대표 발의한 학교폭력예방법 의안이 2004년 1월 법률로 제정되고 그해 7월부터 시행되었다(박주형 외, 2012).

학교폭력예방법은 당시 「초·중등교육법」상 학생의 징계 차원에서 다루던 학교폭력문제가 과격화, 집단화됨에 따라 사회문제로 부각되고, 이를 해결하기 위해 이전에 시행되던 학교폭력대책과는 달리 종합적이고 체계적인 문제해결을 위해 법적 근거가 필요하다는 인식이 확산됨에 따라 제정될 수 있었다. 특히 학교폭력 문제에서는 피해학생에 대한 치유가 중요한데 이러한 조치들은 기존의 법령 체계에서는 해결될 수 없었기 때문에 독립적인 법률로 제정되게 되었다. 비록 학교폭력 문제를 「형법」과 사법구제 절차에 따라 처리하는 것이 더욱 효과적일 수 있다는 한편의 주장에도 불구하고 학교 내에서 체계적이고 지속적으로 학교폭력 문제를 다루는 체제가 마련될 필요성이 높다는 여론을 반영한 법률로 이해된다(홍석한, 2016).

이러한 제정 배경에 비추어 본다면 학교폭력예방법은 학교폭력이 발생한 경우 신속하게 피해학생을 보호하고 가해학생에 대한 교육적인 조치를 취하기 위해 학교 내에서 이루어지는 징계벌이라는 특징을 가진다. 이에 따라 학교폭력 행위로 인해 「형법」상 처벌을 받은 경우에라도 학교 내에서 가해학생의 조치가 이루어져도 일사부재리 원칙[1]에 어긋나지 않으며, 「형법」상 처벌대상이 아닌 따돌림이나 사이버 따돌림도 학교폭력에 포함시켜 학교가 가해학생 조치를 내릴 수 있다. 또한 일반적으로 낮은 수준의 폭력의 경우 피해자가 처벌을 원하지 않으면 「형법」상 처벌이 없는 반면, 학교폭력예방법에서는 이러한 피해자의 의사와 상관없이 가해학생 조치를 내려도 된다. 이는 특별행정관계 내부에서 성립한 특별권력에 기반하여 질서를 유지하고 해당 구성원들을 보호, 교육하기 위한 수단으로 가해학생 조치의 타당성이 인정되기 때문이다(조균석, 정제영, 장원경, 박주형, 2013).

---

[1] 어떤 사건에 대하여 일단 판결이 내리고 그것이 확정되면 그 사건을 다시 소송으로 심리·재판하지 않는다는 원칙으로 동일한 범죄에 대해서는 거듭 처벌하지 않는다는 것을 의미한다.

학교폭력예방법의 하위법령으로는 학교폭력예방법에서 위임된 사항과 그 시행에 관하여 필요한 사항을 규정함을 목적으로 하는 동법 시행령과 행정규칙인 「학교폭력 가해학생 조치별 적용 세부기준 고시 규정」이 있다. 또한 자치법규인 조례로서 존재하는 학교폭력 예방 및 대책에 관련된 법규는 2018년 7월 기준으로 130건이 존재한다.

2. 학교폭력예방법의 제·개정 현황[2]

학교폭력예방법은 제정 이후 2018년 2월까지 법률의 실질적 내용이 바뀐 수정은 총 10번 이루어졌다. 법률 개정은 법률 제정 이후 법률의 시행과정에서 발생하는 문제점을 해결할 뿐만 아니라 시대적 변화에 따라 달라지는 학교폭력 양상에 적극적으로 대처하기 위한 방향으로 이루어졌다. 이를 간략하게 살펴보면 다음과 같다.

1) 2004년 학교폭력예방법 제정의 이유와 주요 내용([시행 2004. 7. 30.] [법률 제7119호, 2004. 1. 29., 제정])

◈ 제정 이유

심각한 사회문제로 대두하고 있는 학교폭력 문제에 효과적으로 대처하기 위한 전담기구의 설치, 정기적인 학교폭력 예방교육의 실시, 학교폭력 피해자의 보호와 가해자에 대한 선도·교육 등 학교폭력의 예방 및 대책을 위한 제도적 틀을 마련하려는 것임.

◈ 주요 내용

가. 교육인적자원부장관은 학교폭력 예방 및 대책에 관한 정책목표 및 방향을 설

---

2) 국가법령정보센터(http://www.law.go.kr)의 학교폭력예방법 제정·개정 이유를 활용하였다. 자료를 그대로 활용하기 위해 개조식 표현을 사용했으며 법조항 역시 당시 제시된 법조항을 그대로 적시하였다. 특히 2004년 제정 당시 법 조항들은 2008년 전부개정을 통해 조문의 순서가 전반적으로 조정되는 등의 큰 폭의 변경이 이루어졌다는 점을 유의할 필요가 있다.

정하고, 이에 따라 학교폭력의 근절을 위한 조사 · 연구 · 교육 및 계도에 관한 사항 등이 포함된 학교폭력 예방 및 대책에 관한 기본계획을 5년마다 수립하도록 함(법 제6조).

나. 특별시 · 광역시 · 도의 교육감은 기본계획에 따라 학교폭력의 예방 및 대책에 관한 시행계획을 수립하도록 하고, 교육감은 학교의 장으로 하여금 학교폭력의 예방 및 대책에 관한 실시계획을 수립 · 시행하도록 함(법 제9조).

다. 학교폭력 예방 및 대책과 관련된 사항을 심의하기 위하여 초등 · 중등 및 고등학교 등에 당해 학교의 장을 위원장으로 하고 교사 및 학부모 등을 위원으로 하는 학교폭력대책자치위원회를 두도록 하고, 동 위원회에서 학교폭력 예방 프로그램의 구성 및 실시, 피해학생의 보호 및 가해학생에 대한 선도 · 징계에 관한 사항 등을 심의하도록 함(법 제10조).

라. 학교의 장은 학교에 상담실을 설치하고 전문상담교사를 두도록 하며, 교사 중에서 학교폭력 문제를 담당하는 책임교사를 선임하도록 함(법 제12조).

마. 학교의 장은 학생의 육체적 · 정신적 보호와 학교폭력의 예방을 위한 교육을 정기적으로 실시하도록 함(법 제13조).

바. 학교폭력대책자치위원회는 피해학생의 보호와 가해학생의 선도 · 교육을 위하여 필요하다고 인정하는 때에는 당해 피해학생 및 가해학생에 대한 학급교체, 전학권고 또는 전학 등 필요한 조치를 할 것을 학교의 장에게 요청할 수 있도록 함(법 제14조 및 제15조).

2) 학교폭력예방법 주요 개정 현황

(1) 2008년 전부개정([시행 2008. 9. 15.] [법률 제8887호, 2008. 3. 14., 전부개정])

◆ 개정 이유

학생폭력의 개념 속에 성폭력을 포함시키도록 하되 다른 법률에 특별한 규정이 있는 경우에는 이 법을 적용하지 않도록 하여 성폭력 피해자의 프라이버시 보호를 강화하고, 피해자 치료비용에 대한 구상권을 신설하며, 가해학생의 보호자도 함께 특별교육을 받게 할 수 있도록 하는 등 피해학생에 대한 보호와 치료 및 가해학생에 대한 선도를 강화하는 것임.

◈ 주요 내용

가. 학교폭력에 성폭력 포함(법 제2조 및 제5조 제2항)

학교폭력의 개념 속에 성폭력을 포함시키도록 하되 다른 법률에 특별한 규정이 있는 경우에는 이 법을 적용하지 않도록 하여 성폭력 피해자의 프라이버시 보호를 강화함.

다. 전담기구의 구성(법 제14조 제3항 및 제5항)

학교의 장은 학교폭력 문제를 담당하는 전담기구를 구성하고 행정적·재정적 지원을 할 수 있도록 함.

라. 피해학생의 보호(법 제16조 제5항)

피해학생 치료비용은 가해학생의 보호자가 부담하도록 하되, 가해학생의 보호자가 이를 부담하지 않을 경우에는 학교안전공제회 또는 시·도 교육청이 부담하고 구상권을 행사할 수 있도록 함.

마. 가해학생 보호자에 대한 교육(법 제17조 제8항)

학교폭력자치위원회는 가해학생이 특별교육을 이수할 경우 해당 학생 보호자도 함께 교육을 받게 할 수 있도록 함.

(2) 2009년 일부개정([시행 2009. 8. 9.] [법률 제9642호, 2009. 5. 8., 일부개정])

◈ 개정 이유

학교폭력 예방과 대책 마련을 위한 노력에도 불구하고 학교폭력 발생 건수는 해마다 증가하고, 그 양상 또한 중범죄화됨에 따라 긴급상담전화 설치, 피해학생에 대한 보복행위 금지, 장애학생 보호규정 마련 등 관련 규정을 정비하여 학교폭력 예방에 기여하려는 것임.

◈ 주요 내용

가. 학교폭력으로 피해를 입은 장애학생의 보호를 위하여 장애인 전문 상담가의 상담 또는 장애인 전문 치료기관의 요양을 가능하게 함(법 제2조 제5호 및 제16조의

2 신설).

나. 피해학생은 피해사실 확인을 위해 전담기구에 조사를 요구할 수 있음(법 제14조 제5항 신설).

다. 피해학생에 대한 보복행위를 금지함(법 제17조 제1항 제2호).

라. 학교폭력 신고 및 상담을 위해 긴급전화를 설치함(법 제20조의 2 신설).

(3) 2011년 일부개정([시행 2011. 11. 20.] [법률 제10642호, 2011. 5. 19., 일부개정])

◈ 개정 이유

학교폭력대책자치위원회의 전체 위원의 과반수를 학부모대표로 위촉하도록 하고, 피해학생, 가해학생 또는 그 보호자의 신청이 있는 경우에는 학교폭력대책자치위원회의 회의결과를 공개하도록 의무화하며, 교육장으로 하여금 학교폭력 예방교육을 위한 홍보물을 연 1회 이상 학부모에게 배포하도록 하려는 것임.

◈ 주요 내용

가. 학교폭력대책자치위원회 전체 위원의 과반수를 학부모전체회의에서 직접 선출한 학부모대표로 위촉하도록 함(안 제13조 제1항).

나. 학교폭력대책자치위원회의 위원장은 학교폭력대책자치위원회 재적위원 3분의 1 이상이 요청하는 경우, 학교의 장이 요청하는 경우, 피해학생 또는 그 보호자가 요청하는 경우, 학교폭력이 발생한 사실에 관한 신고 또는 보고를 받은 경우, 위원장이 필요하다고 인정하는 경우에 회의를 소집하도록 함(안 제13조 제2항 신설).

다. 학교폭력대책자치위원회는 회의의 일시 · 장소 · 출석위원 · 토의내용 · 의결사항이 기록된 회의록을 작성 · 보존하여야 하며, 피해학생 · 가해학생 또는 그 보호자의 신청이 있을 때에는 회의록을 신청자에게 공개하도록 함(안 제13조 제3항 및 제21조 제3항 단서 신설).

라. 교육장은 연 1회 이상 학교폭력 예방교육 홍보물을 제작하여 학부모에게 배포하도록 함(안 제13조 제4항 신설).

(4) 2012년 1월 26일 일부개정([시행 2012. 5. 1.] [법률 제11223호, 2012. 1. 26.,
일부개정])

◈ 개정 이유

학교 내외 관련 종사자들이 따돌림의 심각성을 인식하도록 따돌림의 정의를 신설하고, 강제적인 심부름도 학교폭력 정의에 추가하여 학교폭력의 정의를 구체화하고, 학교폭력에 대한 예방 및 대책의 실효성 확보를 위하여 교육과학기술부장관으로 하여금 시·도교육청의 학교폭력 예방 및 대책을 평가하고 이를 공표하도록 하며, 피해학생의 보호를 위하여 가해학생의 보호자가 부담하여야 하는 비용에 피해학생 치료를 위한 요양비뿐만 아니라 심리상담·조언 및 일시보호에 드는 비용을 추가하고, 학교폭력대책자치위원회가 가해학생에 대한 조치를 요청할 경우 학교의 장은 30일 이내에 이행하여야 하며, 가해학생이 다른 학교로 전학을 간 이후에는 피해학생 소속 학교로 다시 전학 오는 것을 금지하고, 학교폭력자치위원회가 내린 전학 등의 조치에 대하여 이의가 있는 학생 및 보호자가 시·도학생징계조정위원회에 재심을 청구할 수 있도록 하는 한편, 학교폭력 관련 업무를 담당하는 자가 누설해서는 안 되는 자료에 학교폭력 신고자나 고발자와 관련한 자료를 추가하고, 학교폭력대책기획위원회 위원에 심리학자를 포함하는 등 현행 제도의 운영상 나타난 일부 미비점을 개선·보완하려는 것임.

◈ 주요 내용

가. 따돌림의 심각성을 인식하도록 따돌림의 정의를 신설하고, 강제적인 심부름도 학교폭력의 정의에 추가함(안 제2조).

나. 교육과학기술부장관으로 하여금 시·도교육청의 학교폭력 예방 및 대책을 평가하고 이를 공표하도록 함(안 제6조 제3항 신설).

사. 성폭력 등 특수한 학교폭력 사건에 대해서는 학교폭력을 전담하는 기구가 전문기관에 조사를 의뢰할 수 있도록 함(안 제14조 제7항).

자. 학교폭력 가해학생에 대한 조치를 '경한 조치'에서 '중한 조치' 순으로 변경함(안 제17조 제1항).

차. 자치위원회가 가해학생에 대한 조치를 요청할 경우 30일 이내에 이행하도록

하고, 가해학생이 다른 학교로 전학을 간 이후에는 피해학생 소속 학교로 다시 전학 오지 못하도록 함(안 제17조 제5항 및 제8항).

카. 자치위원회가 내린 전학 및 퇴학조치에 대하여 이의가 있는 학생 및 보호자는 시ㆍ도학생징계조정위원회에 재심을 청구할 수 있도록 함(안 제17조의 2 신설).

타. 교원이 학교폭력의 예비ㆍ음모 등을 알게 되었을 때에는 학교의 장뿐만 아니라 해당 학부모에게도 통지하도록 함(안 제20조 제4항).

(5) 2012년 3월 21일 일부개정([시행 2012. 5. 1.] [법률 제11388호, 2012. 3. 21., 일부개정])

◈ 개정 이유

학교폭력 피해학생을 두텁게 보호하고 치유 부담을 완화하기 위하여 학교폭력의 범위를 학생 간에 발생한 사건에서 학생을 대상으로 발생한 사건으로 확대하여 학교 밖 청소년 등에 의한 학교폭력도 이 법에 따라 지원을 받을 수 있게 하고, 학교폭력에 대한 조사ㆍ상담ㆍ치유를 위한 전문기관을 설치ㆍ운영할 수 있는 근거를 마련하여 치유 프로그램을 효과적으로 이행할 수 있도록 하며, 피해학생에 대한 조치를 자치위원회 요청 7일 이내에 이행하도록 하고, 피해학생의 신속한 치료를 위하여 학교의 장 또는 피해학생의 보호자가 원하는 경우 학교안전공제회 또는 시ㆍ도교육청이 비용을 부담한 후 구상권을 행사할 수 있도록 하며, 가해학생의 전학 및 퇴학조치에 한정되었던 재심청구를 피해학생에 대해서도 허용하고, 가해학생에 대한 조치를 신속하게 이행함으로써 학교폭력의 재발을 방지하기 위하여 가해학생에 대한 처분을 의무화하고, 가해학생에 대한 조치를 자치위원회 요청 14일 이내에 이행하도록 하며, 가해학생의 특별교육에 학부모가 동참하도록 의무화하는 한편, 학교현장에서 학교폭력을 문제시하지 않는 것을 개선하기 위하여 학교폭력을 축소ㆍ은폐한 학교의 장 및 교원에 대해서는 징계할 수 있는 명확한 법적 근거를 마련하고, 학교폭력 예방에 기여한 자에 대해서는 인센티브를 지급할 수 있도록 함으로써 교직원들이 보다 적극적으로 학교폭력에 대처할 수 있도록 하며, 학교폭력 전담기구의 적극적인 운영을 위하여 교감을 포함하도록 하는 등 현행 제도의 운영상 나타난 일부 미비점을 개선ㆍ보완하려는 것임.

◈ 주요 내용

가. 기존 학교폭력의 범위를 '학생 간에 발생한' 사건에서 '학생을 대상으로 발생한' 사건으로 확대하여 학교 밖 청소년 등에 의한 학교폭력도 이 법에 따라 지원을 받을 수 있게 하고, 사이버 따돌림을 추가함(안 제2조 제1호).

다. 국무총리 소속으로 학교폭력대책위원회를 설치하고, 국무총리와 민간 대표가 공동 위원장이 되며, 이를 지원하기 위한 실무위원회를 설치하도록 함(안 제7조, 제8조).

라. 학교폭력 예방 대책을 수립하고 기관별 추진계획 및 상호 협력·지원방안 등을 협의하기 위하여 시·군·구에 학교폭력대책지역협의회를 둠(안 제10조의2 신설).

마. 교육감으로 하여금 연 2회 이상 학교폭력 실태조사를 실시하도록 하고, 학교폭력에 대한 조사·상담·치유 프로그램 운영 등을 위한 전문기관을 설치·운영할 수 있도록 함(안 제11조 제8항, 제9항).

바. 학교폭력을 축소 은폐한 학교의 장 및 교원에 대해 징계위원회에 징계를 요구하도록 하고, 학교폭력 예방에 기여한 학교 또는 교원에 대해서는 상훈을 수여하거나 근무성적 평정에 가산점을 부여할 수 있도록 함(안 제11조 제10항, 제11항).

아. 자치위원회를 분기별 1회 이상 개최하도록 함(안 제13조 제2항).

자. 학교폭력 전담기구에 교감이 포함되도록 함(안 제14조 제3항).

차. 학교폭력 예방교육 대상에 학부모를 추가함(안 제15조 제2항).

카. 피해학생에 대한 조치 유형 중에 '전학권고' 규정을 삭제하고, 피해학생에 대한 조치를 자치위원회 요청 7일 이내에 이행하도록 함(현행 제16조 제1항 제5호 삭제 및 안 제16조 제3항).

파. 가해학생에 대해서는 출석정지, 전학 등의 조치를 내릴 것을 의무화하고, 협박 또는 보복행위에 대해서는 병과하거나 가중 조치 할 수 있도록 함(안 제17조 제1항, 제2항)

하. 가해학생에 대한 조치를 자치위원회 요청 14일 이내에 이행하도록 함(안 제17조 제6항).

거. 가해학생의 특별교육에 학부모가 동참하도록 의무화하고 이를 위반할 경우 300만 원 이하의 과태료를 부과하도록 함(안 제17조 제9항, 제22조 제2항).

너. 자치위원회의 처분에 대한 재심청구의 기회를 피해학생까지 확대함(안 제17조
　　의 2).

(6) 2013년 일부개정([시행 2014. 1. 31.] [법률 제11948호, 2013. 7. 30., 일부개정])

◈ 개정 이유 및 주요 내용

　현행법은 학생보호인력의 자격요건 등에 관한 규정이 없어 학생을 보호하기에
적합하지 않은 사람이 학생보호인력으로 채용될 우려가 있는바, 학생보호인력의
자격요건을 정하고, 학생보호인력을 희망하는 사람에 대한 범죄경력 조회가 가능
하도록 함으로써 학생을 안전하게 보호하려는 것임.

(7) 2015년 일부개정([시행 2016. 6. 23.] [법률 제13576호, 2015. 12. 22., 일부개정])

◈ 개정 이유 및 주요 내용

　실태조사와 관련하여 실태조사의 주기, 실태조사 결과의 공표, 실태조사 관계 기
관의 정보 제공 의무 및 실태조사의 방법 등의 관련 규정을 마련함으로써 실태조사
가 원활히 수행될 수 있도록 하려는 것임.

(8) 2016년 일부개정([시행 2016. 5. 29.] [법률 제14162호, 2016. 5. 29., 일부개정])

◈ 개정 이유 및 주요 내용

　행정법규 중 상당수는 그 법규 내에 규정되어 있는 각종 의무의 이행을 확보하고
행정행위의 실효성을 유지하기 위한 수단의 하나로 행정형벌을 규정하고 있음. 그
러나 유사한 위반행위에 대하여 각 법률이 규정하는 법정형 중에는 다른 법률들과
비교할 때에 그 처벌 정도가 과도하거나 과소하여 합리적으로 설명할 수 없는 편차
가 존재하는 것이 현실임. 이에 법률이 국민의 가장 기본적 기본권인 신체의 자유와
재산권을 침해하는 형사처벌에서 합리적 이유 없이 차별하는 위헌성을 제거하고,
불법성에 상응하는 처벌이 되도록 법정형의 편차를 조정하려는 것임.

(9) 2017년 4월 일부개정([시행 2017. 4. 18.] [법률 제14762호, 2017. 4. 18., 일부개정])

◈ 개정 이유 및 주요 내용

현행법은 학교폭력 가해학생에 대한 조치로 학내외 전문가에 의한 특별 교육 이수 또는 심리치료를 명시하고 있음에 비해 피해학생에 대하여는 단순히 심리상담 및 조언으로만 규정하고 있음. 피해학생에 대하여도 학내외 전문가에 의한 심리상담이 가능하도록 하여 피해학생에 대한 보호조치를 보다 강화할 필요가 있음. 이에 피해학생의 보호를 위한 조치 중 심리상담 및 조언을 학내외 전문가에 의한 심리상담 및 조언으로 하려는 것임.

(10) 2017년 11월 일부개정([시행 2017. 11. 28.] [법률 제15044호, 2017. 11. 28., 일부개정])

◈ 개정 이유

학교와 경찰의 공동대응을 통한 학교폭력 예방 및 근절을 위하여 학교폭력 업무 등을 전담하는 경찰관을 운영할 수 있도록 법적 근거를 마련하는 등 학교폭력 대책의 시행과정에서 드러난 개선사항과 보완사항을 정비하려는 것임.

◈ 주요 내용

가. 학교폭력대책자치위원회는 학교폭력 사안에 대하여 가해학생 선도·집행 및 피해학생 보호조치를 심의·의결하는 법정기구이고 조치 결정의 주체는 학교장이므로 재심의 대상을 현행 '학교폭력대책자치위원회 또는 학교장이 내린 조치'에서 '학교장이 내린 조치'로 하고, 재심청구 기간을 "조치를 받은 날부터 15일 이내 또는 그 조치가 있음을 알게 된 날부터 10일 이내"로 명확히 규정함(제17조의 2 제1항 및 제2항).

나. 국가는 학교폭력을 예방하고 근절하기 위하여 학교폭력 업무 등을 전담하는 경찰관을 둘 수 있도록 함(제20조의 6 신설).

다. 학교폭력 가해학생 보호자 특별교육 이수조치를 따르지 아니한 보호자에게 부과하는 과태료의 징수 주체를 교육감으로 규정함(제23조 신설).

3. 학교폭력예방법 및 관련 법령의 주요 내용

1) 학교폭력예방법

(1) 조문의 구성

현행 학교폭력예방법은 다음과 같은 조문으로 구성되어 있다.

제1조 목적

제2조 정의

제3조 해석·적용의 주의의무

제4조 국가 및 지방자치단체의 책무

제5조 다른 법률과의 관계

제6조 기본계획의 수립 등

제7조 학교폭력대책위원회의 설치·기능

제8조 대책위원회의 구성

제9조 학교폭력대책지역위원회의 설치

제10조 학교폭력대책지역위원회의 기능 등

제10조의 2 학교폭력대책지역협의회의 설치·운영

제11조 교육감의 임무

제11조의 2 학교폭력 조사·상담 등

제11조의 3 관계 기관과의 협조 등

제12조 학교폭력대책자치위원회의 설치·기능

제13조 자치위원회의 구성·운영

제14조 전문상담교사 배치 및 전담기구 구성

제15조 학교폭력 예방교육 등

제16조 피해학생의 보호

제16조의 2 장애학생의 보호

제17조 가해학생에 대한 조치

제17조의 2 재심청구

제18조 분쟁조정

제19조 학교의 장의 의무

제20조 학교폭력의 신고의무

제20조의 2 긴급전화의 설치 등

제20조의 3 정보통신망에 의한 학교폭력 등

제20조의 4 정보통신망의 이용 등

제20조의 5 학생보호인력의 배치 등

제20조의 6 학교전담경찰관

제20조의 7 영상정보처리기기의 통합 관제

제21조 비밀누설금지 등

제22조 벌칙

제23조 과태료

(2) 주요 내용

현행 학교폭력예방법의 주요 내용은 〈표 4-1〉과 같다.

표 4-1 「학교폭력예방 및 대책에 관한 법률」의 주요 내용

구 분	내용
학교폭력 개념 (제2조)	• 학생을 대상으로 하는 폭력 • '사이버 따돌림'도 포함
기본계획 수립 및 성과 평가 (제6조)	• 교육부장관은 5년마다 기본계획 수립 • 교육부장관은 지자체와 교육청의 학교폭력 예방·대책 평가, 공표
추진체계 및 구성 (제7조, 제8조)	• 학교폭력대책위원회를 국무총리 소속으로 둠 (공동위원장: 국무총리와 민간 전문가)
지역위원회 설치 (제9조, 제10조)	• 시·도별로 학교폭력대책지역위원회 설치
학교폭력대책지역협의회 (제10조의 2)	• 시·군·구에 학교폭력대책지역협의회 구성 운영

교육감 역할 확대 (제11조, 제11조의 2)	• 교육감이 학교폭력 실태조사 연 2회(전국 단위 1회 포함) 실시 • 조사 · 상담 · 치유 프로그램 운영을 위한 전문기관 설치 근거 마련 • 학교폭력 예방 및 사후조치를 위한 조사 · 상담 인력 지정
정보 요청 (제11조의 3)	• 교과부장관, 교육감, 교육장, 학교장 등은 경찰청, 경찰서 등 관련 기관에 개인 정보 요청 가능
학교폭력대책자치위원회 (제12조, 제13조)	• 분기별 1회 이상 자치위원회를 개최하여 위원회 운영 활성화 • 학교의 장과 관할 경찰서장에게 자료 요청 가능
학교장 책임 강화 (제14조, 제20조의 5)	• 학내 전담기구에 교감 포함 및 역할 강화 • 학교폭력을 인지한 경우 지체 없이 전담기구 또는 교원으로 하여금 사실 여부를 확인 • 학교폭력 예방을 위한 학생보호인력 배치 근거 마련
교원징계 및 인센티브 (제11조)	• 학교폭력 은폐, 축소 교원 징계 • 학교폭력 예방에 기여한 교원 가산점 부여 및 포상
예방교육(제15조)	• 매 학기 학생, 교직원, 학부모 대상 실시
피해학생 보호조치 (제16조, 제17조의 2)	• 피해학생 '전학 권고' 규정 삭제 • 피해학생 및 보호자 의견진술 기회 부여 • 학교장 또는 피해학생 보호자의 요청 시 학교안전공제회에서 치료비 선보상 후 구상하여 피해학생의 신속한 치료 지원 • 자치위원회 요청 시 학교장은 7일 이내에 조치 시행 • 가해학생에 대한 조치에 대한 이의가 있는 경우 피해학생 · 학부모는 지역위원회에 재심청구 가능
가해학생 조치 (제17조, 제22조)	1. 피해학생에 대한 서면사과 2. 피해학생 및 신고 · 고발 학생에 대한 접촉, 협박 및 보복행위의 금지 3. 학교에서의 봉사 4. 사회봉사 5. 학내외 전문가에 의한 특별 교육이수 또는 심리치료 6. 출석정지 7. 학급교체 8. 전학 9. 퇴학처분(의무교육과정은 제외) • 피해학생 및 신고 · 고발 학생과의 접촉금지 • '출석정지' 기간제한 없음 • 협박 또는 보복행위에 대한 병과 및 가중조치 • 특별교육 또는 심리치료 실시 • 가해학생이 해당 조치 거부 및 기피하는 경우 추가 조치 가능

	• 자치위원회 요청 시 학교장은 14일 이내에 조치 시행
	• 가해학생 학부모 특별교육 의무화
	• 가해학생 학부모가 특별교육을 미이수하는 경우 300만 원 과태료 부과
정보통신망 이용 예방 (제20조의 3, 제20조의 4)	• 정보통신망에 의한 학교폭력 피해 예방법 근거 마련 • 학교폭력 예방 업무에 정보통신망 이용 • 영상정보처리기기(CCTV)의 통합관제 가능

(3) 주요 내용 해설[3]

◆ 학교폭력의 정의

2004년에 제정된 학교폭력예방법의 학교폭력에 대한 정의가 점차 확대되어 왔다. 2012년 1월 26일 개정으로 강요·강제적인 심부름 및 따돌림이 추가되었으며, 2012년 3월 21일 개정에서는 학교폭력이 '학생 간의' 폭력행위에서 '학생을 대상으로 한' 폭력행위로 범위가 확장되었다. 또한 사이버 따돌림도 추가되었다.

◆ 국가 및 지방자치단체의 책무

학교폭력을 예방하고 근절하기 위해서는 교육부, 교육청, 학교, 교사의 노력뿐만 아니라 전 사회의 노력이 필요하다는 것을 보여 주는 것으로, 국가 및 지방자치단체의 책무를 규정하고 있다. 이에 따라 국가는 기본계획의 수립을 통해 정책의 방향을 결정하고 지방교육자치단체의 학교폭력 예방 및 근절활동에 대한 평가 등을 통해 모니터링을 수행함으로써 최종적으로 학생들이 안전한 학교에서 생활할 수 있는 정책목표를 달성하기 위한 노력을 기울인다. 지방자치단체의 경우는 지방교육자치단체인 교육청뿐만 아니라 일반 지방자치단체의 경우에도 학교폭력 예방 및 근절을 위한 장치를 마련하고 행정적·재정적 지원을 해야 한다는 것을 선언하고 있다.

◆ 징계와의 관계

학교 내에서 학생에 대한 처벌은 「초·중등교육법」상 학생의 징계에 의해 이루어

---

[3] 조균석 등(2013)의 연구 결과인 법령해설 부분을 참조하여 기술하였다. 법령의 주요 내용 중 제도적 기반과 관련된 부분은 다음 절에서 기술할 예정이다.

져 왔다. 하지만 학교폭력예방법 제정 이후에는 학교폭력의 경우 다른 법률에 특별한 규정을 제외하고는 이 법을 적용해야 하는데「초·중등교육법」상 학교폭력으로 인한 징계를 규정하지 않고 있는바, 학교폭력 사안의 경우 학교폭력예방법을 적용해야 한다. 이는 동일한 사안에 대해 학교폭력예방법과「초·중등교육법」상 징계를 동시에 적용할 수 없다는 것을 의미한다.

◈ 정책적 사항

학교폭력예방법에서는 교육부장관이 학교폭력에 대한 기본계획을 5년마다 수립해야 한다고 규정하고 있다. 이에 따라 1차 기본계획(2005~2009), 2차 기본계획(2010~2014), 3차 기본계획(2015~2019)이 수립·시행되었다.

◈ 교육감의 임무

학교폭력예방법 제11조 각 항은 학교폭력예방법의 정착과 입법 목적의 달성을 위하여 교육감이 수행하여야 할 임무에 대하여 규정하고 있다. ① 시·도교육청에 학교폭력의 예방과 대책을 담당하는 전담부서 설치·운영, ② 학교폭력 발생 해당 학교의 장 및 관련 학교의 장으로부터 경과 및 결과 보고 요구권한, ③ 학교폭력 관련 다른 관할 교육감과의 협의 및 조치의무, ④ 학교폭력의 예방 및 대책에 관한 실시계획 수립·시행, ⑤ 학교폭력 빈도를 학교의 장에 대한 업무수행 평가에 부정적 자료로 사용하지 않을 의무, ⑥ 학교폭력예방법에 따른 조치 중 강제전학조치 및 퇴학조치에 따른 대책 강구, ⑦ 학교폭력의 실태 및 대책에 관한 사항의 보고 및 공표 의무, ⑧ 연 2회 이상의 학교폭력 실태조사, ⑨ 전문기관의 설치·운영 권한, ⑩ 학교폭력 축소 및 은폐 학교장 및 교사에 대한 징계의결 요구의무, ⑪ 학교장 및 교사에 대한 상훈 수여 및 가산점 부여 권한 등이다.

학교폭력예방법은 교육감으로 하여금 학교폭력의 실태를 파악하고 학교폭력에 대한 효율적인 예방 대책을 수립하기 위하여 학교폭력 실태조사를 연 2회 이상 실시하고 그 결과를 공표해야 한다고 규정하였다. 현재는 전국 단위로 초등학교 4학년부터 고등학교 3학년 학생을 대상으로 온라인 설문조사를 실시하고 있다. 이 결과는 학교여건을 고려한 학교폭력 예방대책 수립의 자료로 활용되고 있다. 예컨대, 최근에 증가하고 있는 초등학생들의 학교폭력을 줄이기 위해 '초등학생 맞춤형 학교폭력 대책'(2015. 8. 7.)이 수립·시행되고 있다.

◈ 학교폭력 예방교육

학교폭력은 발생한 후에 아무리 대처를 잘 한다 할지라도 피해·가해학생에게 오랫동안 부정적인 영향을 미치기 때문에 사전에 예방하는 것이 매우 중요하다. 학교폭력예방법에서도 이의 중요성을 파악하여 학교장에게 학교폭력 예방교육을 정기적으로 실시할 의무를 부과하면서, 이에 학생폭력 관련 전문단체나 전문가가 참여할 수 있는 길을 열어 두고 있다. 특히 2012년 3월 21일 개정에서는 학교폭력 예방교육 대상으로 학부모를 추가하였으며, 학생·학부모·교직원을 별도로 교육하는 것을 원칙으로 학기별로 1회 이상 실시하고 학급 단위로 실시하도록 개정하였다. 학교폭력 전담기구는 실태조사를 토대로 계획을 수립하고 이를 학교폭력대책자치위원회의 심의를 거쳐 확정·운영한다.

◈ 피해학생의 보호

피해학생 보호를 위해서 학교폭력대책자치위원회는 심리상담 및 조언, 일시보호, 치료 및 치료를 위한 요양, 학급교체, 그 밖에 피해학생의 보호를 위하여 필요한 조치를 할 수 있다. 자치위원회는 조치를 하기 전에 피해학생 및 그 보호자에게 의견 진술의 기회를 부여하는 등 적정한 절차를 거쳐야 한다(법 제16조 제2항). 학교장은 자치위원회의 요청에 따라 피해학생의 보호자의 동의를 얻은 후 특별한 사정이 없으면 7일 이내에 해당 조치를 하고 자치위원회에 보고하여야 한다(법 제16조 제3항).

법에서는 피해학생을 위한 조치로서 심리상담 및 조언(제1호), 일시보호(제2호), 치료 및 치료를 위한 요양(제3호), 학급교체(제4호), 그 밖에 피해학생의 보호를 위하여 필요한 조치[4](제6호)를 취할 수 있다. 특히 학교의 장은 피해학생의 보호를 위하여 긴급하다고 인정되거나 피해학생이 긴급보호를 요청하는 경우에는 자치위원회의 요청 전에 심리상담 및 조언, 일시보호, 그 밖에 피해학생의 보호를 위하여 필요한 조치를 할 수 있다. 이 경우 자치위원회에 즉시 보고하여야 한다.

---

4) 의료기관과의 연계, 법률구조기관 등에 필요한 협조와 지원 요청, 신변보호 지원 등이 있다.

◈ 가해학생의 선도·교육조치

피해학생의 보호를 위하여 가해학생에게 내려지는 조치는 ① 피해학생 및 신고·고발학생에 대한 접촉, 협박 및 보복행위의 금지(법 제17조 제1항 제2호), ② 출석정지(법 제17조 제1항 제6호), ③ 학급교체(법 제17조 제1항 제7호), ④ 전학(법 제17조 제1항 제8호) 등이 있다. 여기서의 출석정지는 「초·중등교육법」상 학생에 대한 징계의 하나인 출석정지(동법 시행령 제31조 제1항 제4호)와는 그 목적과 기간에 있어 차이가 있다. 피해학생의 보호를 목적으로 하므로 교육상 필요한 경우에 행하는 징계와 다르고, 기간에 있어서도 제한이 없어 1회 기간 제한과 연간 기간 제한을 가지고 있는 징계와 구별된다. 가해학생의 조치로는 피해학생에 대한 서면사과, 피해학생 및 신고·고발 학생에 대한 접촉, 협박 및 보복행위의 금지, 학교에서의 봉사, 사회봉사, 학내외 전문가에 의한 특별 교육이수 또는 심리치료, 출석정지, 학급교체, 전학, 퇴학처분(고등학교만 적용) 등이 있다.

◈ 신고의무

학교폭력예방법은 누구나 학교폭력 현장을 목격하였거나 그 사실을 알게 된 사람으로 하여금 관계기관에의 신고의무를 부과하고 있다. 그리고 학교의 장은 신고받은 학교폭력 사안에 대해서 자치위원회를 통해 가해학생 및 피해학생 등에 대한 처분이 이루어질 수 있도록 하고 있다. 이와 같은 학교폭력 신고의무에 관한 학교폭력예방법 제20조는 학교폭력 사건에 대한 일반인의 신고의무를 규정함으로써 모든 국민으로 하여금 법령상의 작위의무를 부담하도록 하고 있는 것이다. 이는 학교폭력 사건을 접하고도 적극적인 신고 조치를 취하지 않아 피해학생의 피해가 확대될 경우, 그러한 신고의무를 이행하지 아니한 사람에 대한 일응의 책임을 추궁할 수 있는 근거가 될 수도 있다는 점에서 학교폭력 사건에 대한 일반인의 경각심을 촉구하기 위한 목적인 것으로 보인다.

2) 학교폭력예방법 시행령

「학교폭력예방 및 대책에 관한 법률 시행령」은 다음과 같은 조문으로 구성되어 있다.

제1조 목적

제2조 성과 평가 및 공표

제3조 학교폭력대책위원회의 운영

제3조의 2 대책위원회 위원의 해촉

제4조 학교폭력대책실무위원회의 구성·운영

제5조 학교폭력대책지역위원회의 구성·운영

제6조 학교폭력대책지역실무위원회의 구성·운영

제7조 학교폭력대책지역협의회의 구성·운영

제8조 전담부서의 구성 등

제9조 실태조사

제10조 전문기관의 설치 등

제11조 학교폭력 조사·상담 업무의 위탁 등

제12조 관계 기관과의 협조 사항 등

제13조 자치위원회의 설치 및 심의사항

제14조 자치위원회의 구성·운영

제15조 상담실 설치

제16조 전담기구 운영 등

제17조 학교폭력 예방교육

제18조 피해학생의 지원범위 등

제19조 가해학생에 대한 조치별 적용 기준

제20조 가해학생에 대한 전학 조치

제21조 가해학생에 대한 우선 출석정지 등

제22조 가해학생의 조치 거부·기피에 대한 추가 조치

제23조 퇴학학생의 재입학 등

제24조 피해학생 재심청구 및 심사 절차 및 결정 통보 등

제25조 분쟁조정의 신청

제26조 자치위원회 위원의 제척·기피 및 회피

제27조 분쟁조정의 개시

제28조 분쟁조정의 거부·중지 및 종료

제29조 분쟁조정의 결과 처리

제30조 긴급전화의 설치 · 운영

제31조 정보통신망의 이용 등

제32조 영상정보처리기기의 통합 관제

제33조 비밀의 범위

3) 학교폭력예방법 시행규칙

학교폭력예방법 시행령 제19조에 따라 가해학생에 대한 조치별 적용 기준을 교육부장관이 정하여 고시하게 되어 있다. 현행 학교폭력 관련 행정규칙인「학교폭력 가해학생 조치별 적용 세부기준 고시」(2016년 9월 시행)에서는 학교폭력대책자치위원회에서 가해학생에 대한 조치를 결정하는 기준과 장애학생 관련 고려사항을 제시하고 있다.

이 규정에 근거하여 학교폭력대책자치위원회는 가해학생이 행사한 학교폭력의 심각성, 지속성, 고의성의 정도와 가해학생의 반성 정도, 해당 조치로 인한 가해학생의 선도 가능성, 가해학생 및 보호자와 피해학생 및 보호자 간의 화해의 정도, 피해학생이 장애학생인지의 여부 등을 고려하여 〈표 4-2〉에 따라 가해학생 조치를 학교의 장에게 요청할 수 있다.

이 규정은 학교폭력대책자치위원회 위원들의 전문성이 부족함에 따라 나타날 수 있는 동일한 사안에 대해 학교별로 각기 다른 가해학생에 대한 조치가 이루어짐으로써 형평성에 문제가 있다는 비판을 완화하고자 학교폭력 가해학생 조치별 적용 세부기준을 제시했다는 데 의의를 지닌다.

표 4-2 학교폭력 가해학생 조치별 적용 세부기준 별표

			기본 판단요소					부가적 판단요소	
			학교폭력의 심각성	학교폭력의 지속성	학교폭력의 고의성	가해학생의 반성정도	화해정도	해당 조치로 인한 가해학생의 선도가능성	피해학생이 장애학생인지 여부
판정 점수		4점	매우높음	매우높음	매우높음	없음	없음	해당점수에 따른 조치에도 불구하고 가해학생의 선도가능성 및 피해학생의 보호를 고려하여 시행령 제14조 제5항에 따라 학교폭력대책자치위원회 출석위원 과반수의 찬성으로 가해학생에 대한 조치를 가중 또는 경감할 수 있음	피해학생이 장애학생인 경우 가해학생에 대한 조치를 가중할 수 있음
		3점	높음	높음	높음	낮음	낮음		
		2점	보통	보통	보통	보통	보통		
		1점	낮음	낮음	낮음	높음	높음		
		0점	없음	없음	없음	매우높음	매우높음		
가해학생에 대한 조치	교내선도	1호	피해학생에 대한 서면사과	1~3점					
		2호	피해학생 및 신고·고발 학생에 대한 접촉, 협박 및 보복행위의 금지	피해학생 및 신고·고발학생의 보호에 필요하다고 자치위원회가 의결할 경우					
		3호	학교에서의 봉사	4~6점					
	외부기관연계선도	4호	사회봉사	7~9점					
		5호	학내외 전문가에 의한 특별교육이수 또는 심리치료	가해학생 선도·교육에 필요하다고 자치위원회가 의결할 경우					
	교육환경변화 / 교내	6호	출석정지	10~12점					
		7호	학급교체	13~15점					
	교외	8호	전학	16~20점					
		9호	퇴학처분	16~20점					

4. 학교폭력 예방을 위한 제도적 기반

우리나라의 학교폭력 예방을 위한 제도적 기반은 학교폭력예방법에 근거하여 마련된다. 법률과 시행령의 규정에 따라 중앙정부와 시·도교육청 및 시·도자치단체는 학교폭력 예방 및 근절을 위한 지원시스템을 구축하게 된다. 관련 법령에 근거하여 우리나라의 학교폭력 근절 추진체계 및 지원시스템을 구체적으로 도식화하여 살펴보고자 한다. 다음에서 이와 같은 지원시스템을 중앙정부 수준, 지역 수준(시·도 및 시·도교육청), 단위학교 수준으로 구분하여 구체적으로 제시한다.

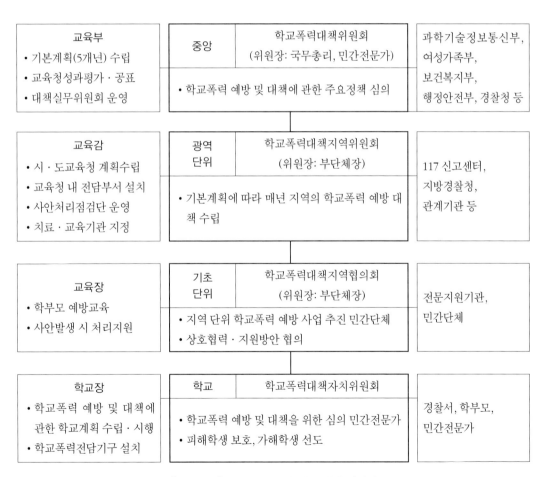

[그림 4-1] 학교폭력 예방 및 근절 추진체계

출처: 관계부처합동(2014), p. 64의 내용을 정부조직 개편을 고려하여 일부 명칭을 변경하였다(미래창조과학부 → 과학기술정보통신부, 국민안전처 → 행정안전부).

1) 중앙 차원 제도

(1) 중앙부서

학교폭력예방법 제7조, 제8조에 제시된 학교폭력대책위원회는 2012년 법률 개정 과정에서 교육부 소속 학교폭력대책기획위원회(위원장: 교육부차관)를 국무총리 소속으로 격상시킨 것으로, 학교폭력 정책을 총괄하는 조직으로 학교폭력대책지역위원회, 학교폭력대책지역협의회 및 학교폭력대책자치위원회를 관할하는 최상위 기구이다(박주형, 정제영, 2012). 학교폭력대책위원회는 학교폭력 정책이 교육부뿐만 아니라 중앙정부의 여러 부처가 협력해서 시행될 때 효과가 나타난다는 것을 보여주는 조직이다. 부처 간 협업을 원활히 하기 위해 당연직 위원으로 정부기관장 중 기획재정부장관, 교육부장관, 미래창조과학부장관, 법무부장관, 행정자치부장관, 문화체육관광부장관, 보건복지부장관, 여성가족부장관, 국민안전처장관, 방송통신위원회 위원장, 경찰청장 등이 포함되어 있다.

정부부처 차원에서 학교폭력 정책에 대한 주무부처는 교육부로서 기본계획에 따라 매년 시행계획을 수립하고, 이를 실현하기 위해 중앙부처 및 지방자치단체, 학교와 연계하여 정책을 실현하고 있다. 학교폭력 예방 및 근절을 위한 중앙정부 부처별 역할과 주요 추진과제는 〈표 4-3〉과 같다.

표 4-3 부처 역할 및 주요 추진과제

부처명	역할	주요 추진과제
교육부	학교폭력 없는 안전한 교육환경 조성	• 또래활동을 통한 건전한 학교문화 조성 • 체험중심 학교폭력 예방활동 강화 • 언어·사이버 폭력에 대한 대응 강화 • 학교에 범죄예방환경설계(CPTED) 적용 확대 등 안전인프라 확충 • 학교폭력 조기 감지·신고 체계 강화 및 사안처리 공정성 확보 • 피해학생 보호 및 치유 지원 내실화 • 가정의 교육기능 강화
과학기술 정보통신부	IT 기술을 활용한 사이버폭력 등 대응	• 사이버 인성교육 프로그램 운영 • 청소년 사이버 폭력 예방 창작예술 공연 교육 • 건전한 스마트폰 이용을 위한 연구학교 운영

법무부	학교폭력 예방을 위한 법질서 의식 함양 지원	• 학생자치법정 및 모의재판 등 운영 • 법사랑학교 운영 확대 • 학교폭력 피해학생에게 법률 및 구조금 등 경제적 지원 서비스 확대 • 청소년비행예방센터 등 가해학생 특별교육 지원 확대
행정자치부	지방자치단체를 중심으로 한 학교폭력 관련 대민지원	• 학교 CCTV와 지자체 통합관제센터 연계 확대 • 지역위원회(협의회) 운영 활성화 및 지자체 평가에 학교폭력 예방 관련 지표 반영 추진
문화체육 관광부	문화예술 관련 학교폭력 예방 활동 지원	• '찾아가는 바른 우리말 아나운서 선생님' 운영 등 언어문화 개선 운동 전개 • 모범 PC방 인증 및 인센티브 부여 등 건전한 PC방 이용환경 조성 • 문화예술교육 프로그램 지원 • 인터넷게임 과몰입 부작용 해소 사업 지속 추진
보건복지부	피해학생 정신건강 등 치유 지원	• 노인일자리사업 연계 교내 CCTV 관제전담요원 배치 • 정신건강 문제군 학생 치유·회복 지원 • 국립정신병원 내 '아동청소년정신건강증진센터' 운영
여성가족부	청소년 유해환경, 학생 치유 및 가정교육	• 학교주변 청소년 출입금지 및 제한업소 단속·캠페인 실시 • '국립청소년인터넷드림마을' 운영 및 인터넷·게임·영상물 등 유해정보 모니터링 강화 • 성폭력 피해학생 치유·보호 및 가해학생 특별교육 지원 확대 • 청소년상담복지센터에 사이버 폭력 관련 전문상담사 배치 • 가족관계 유대감 강화 프로그램 운영 및 부모교육 활성화
방송통신 위원회	방송·통신매체 중심의 역기능 대응	• 스마트폰 과몰입 예방을 위한 '사이버 안심존' 사업 확대 • 청소년보호책임자 지정제도 운영 내실화 • 사이버언어폭력 의심문자 알림 서비스 확대
행정안전부	학교주변 안전한 환경 조성 및 관리 강화	• 어린이보호구역 CCTV 설치 확대 • 학교주변 유해업소 합동점검 및 단속
경찰청	관내 학교 및 학생의 치안 유지	• '청소년 경찰학교' 확대 운영 및 학교전담경찰관 운영 내실화 • 폭력서클 등 고위험 학생에 대한 조기 감지 및 대응 강화 • 117 신고·상담센터 접근 매체 다양화 및 상담 역량 강화
기타 부처		• 숲 체험 등 자연과 함께하는 체험형 프로그램 확대(산림청)

출처: 관계부처합동(2016), pp. 223-224의 내용을 정부조직 개편을 고려하여 일부 명칭을 변경하였다(미래창조과학부 → 과학기술정보통신부, 국민안전처 → 행정안전부).

이와 같이 학교폭력 정책은 정부의 다양한 부서에서 시행되고 있다. 법무부는 학교폭력 문제가 교육부만의 문제가 아니라는 인식하에 학교폭력 예방을 위한 다양한 노력을 기울이고 있는데, 학교문화 개선을 위한 학생자치법정 확대, 학교폭력 예방 프로그램 개발, 법 교육 강화 등이 주요한 활동이다. 또한 여성가족부는 학교 내 갈등을 해소하기 위한 또래 상담 활성화 정책을 추진하고 있고, 경찰청은 학교담당경찰관을 통해 학교 내에서도 학교폭력 예방 및 근절을 위한 활동을 펼치고 있다.

학교폭력 예방 및 근절을 위한 이러한 종합적인 정부 부서 간 협력 이외에 특정한 분야별 협력 시스템도 점차 구축되고 있다. 최근 들어 두드러지게 나타나고 있는 사이버 폭력 문제를 해결하기 위해 범부처 정례협의회가 운영되고 있다. 과학기술정보통신부, 문화체육관광부, 여성가족부, 보건복지부, 방송통신위원회 등은 정례협의회를 통해 사이버 폭력 예방을 위한 정책을 공동으로 기획하고 이를 예방하기 위한 다양한 교육프로그램을 개발·적용하고 있다(교육부, 2018).

표 4-4 사이버 폭력 예방을 위한 유관부처, 기관 간 협력체제

구분	관계부처	주관기관	센터명
종합 예방·치유·상담	교육부	한국교육학술정보원	거점 Wee 센터
	여성가족부	한국청소년상담복지개발원	청소년상담복지센터
	보건복지부	복지부/지자체	중독관리통합지원센터(50) 정신건강증진센터(224)
전문 예방·치유·상담	미래창조과학부	한국정보화진흥원	스마트쉼센터
	문화체육관광부	게임문화재단	게임과몰입힐링센터
	여성가족부	한국청소년상담복지개발원	국립청소년인터넷드림마을
	서울시	서울시	아이윌센터

출처: 교육부(2018), p. 18.

(2) 중앙의 지원시스템

중앙부서들이 학교폭력 예방 및 근절을 위한 업무를 수행하는 과정에서 부서별 소속기관이나 유관기관들의 지원을 받게 된다. 학교폭력 대책정책의 주관부서인 교육부의 경우 학교폭력 실태조사를 담당하고 학교폭력 예방 프로그램을 개발, 운영하기 위해 한국교육개발원 내 학교폭력예방연구지원센터를 지정·운영하고 있다. 또한 교육부는 학교폭력 예방 및 근절을 위한 정책연수를 수행하고 합리적 정책방안을 제시하기 위해 이화여자대학교 학교폭력예방연구소를 학교폭력 분야 전문 연구소로 2012년부터 지정하여 운영하고 있다.

최근 강조되는 학교폭력 예방을 위한 노력을 강화하기 위해 다양한 중앙부서 및 산하기관들이 협업을 진행하고 있다. 그리고 학교폭력 대책이 처벌 위주에서 예방 및 관련 당사자들의 관계 회복에 초점이 맞춰짐에 따라 학교폭력 예방교육을 위한 지원 체제가 체계화되고 있다(교육부, 2018). 특히 예방교육 홈페이지 간 연계 구축·운영을 통해 학교현장에 대한 보다 효율적인 지원이 가능케 하는 방향으로 개선되고 있다.

한국청소년정책연구원의 학교폭력예방연구지원센터(2018년 한국교육개발원으로부터 기능이 이전됨)에서는 어울림 프로그램 운영학교와 학교폭력 예방 선도학교(어깨동무학교) 운영 우수사례 축적 및 분류, 원격연수콘텐츠 홈페이지를 탑재·운영하며, 에듀넷-티클리어에서는 사이버 폭력 예방교육을 위해 선도학교 운영 우수사례 및 개발 자료를 구축·운영하고 있다. 또한 한국교원단체총연합회는 언어문화 개선

| 학교폭력예방연구지원센터 | 에듀넷-티클리어 | 언어문화 개선 홈페이지 |

[그림 4-2] 학교폭력 예방교육 지원 체제

출처: 교육부(2018), p. 19.

을 위해서 우수사례 및 개발자료 유목화를 시행하고 있다. 학교폭력 예방교육을 개발, 시행하고 있는 이러한 기관 간의 연계성 강화를 통해 수요자 맞춤형 학교폭력 예방교육이 실현되기 위한 시스템이 구축되고 있다.

2) 지방 차원 제도

학교폭력에 효과적으로 대처하기 위해서는 지역의 물적·인적 자원을 효과적으로 활용해야 한다. 학기 초 각 학교에서는 안전사고예방대책을 세울 때 학교에서 가까운 거리에 있는 지구대, 병원, 법률기관, 상담기관 등과 업무협약을 맺어 평상시 긴밀한 협조체제를 유지하는 것이 좋다. 지방 차원의 학교폭력 지원시스템은 크게 시·도 차원의 시스템과 시·도교육청 차원 그리고 외부기관 차원으로 나누어 볼 수 있다.

(1) 시·도의 학교폭력 지원시스템

학교폭력대책지역위원회(이하 지역위원회)는 지역의 학교폭력 예방대책 수립, 상담·치료 및 교육을 담당할 상담·치료·교육 기관의 지정뿐만 아니라 학교폭력예방대책의 수립과 기관별 협력을 통한 대책 협의를 주도하는 기구이다. 현재 지역위원회는 전국 17개 시·도(광역 단위)에 설치되어 분기별로 1회 이상 회의를 개최하고, 기관별 상호협력·지원방안, 기관별 추진상황 평가 등을 실시하며, 시·도부지사(부시장) 회의에서 우수사례 공유 및 운영 현황을 점검하는 역할을 하고 있다.

시·군·구 단위(기초 단위)에서는 학교폭력대책지역협의회(이하 지역협의회)를 신설하여 운영하고 있다. 지역협의회는 자치단체, 교육지원청, 경찰서, 자율방범대, 자원봉사단체, 녹색어머니회 등 기타 시민단체 등이 참여하는 협의체를 구성하여 지역 밀착형 대책을 수립한다.

한편, 시·도의 지역 내 각종 유관 민간단체와의 연계·협력도 강화되고 있다. 청소년폭력예방재단의 학교폭력 SOS 지원단, 학교폭력피해자가족협의회 등 민간단체의 학교폭력 예방 및 상담 활동이 활성화되고 있으며, 종교계의 청소년 문화체험 프로그램 운영 및 인성교육 현장교실, 예절교육 활동에 대한 지원도 이루어지고 있다.

(2) 시·도교육청의 학교폭력 지원시스템

시·도교육청 차원에서 이루어지는 학교폭력 지원시스템의 핵심은 학교안전통합시스템인 Wee 프로젝트[5]라고 할 수 있다. Wee 프로젝트는 2008년 12월 17일 교육과학기술부에서 발표한 '2008~2012 이명박 정부 교육복지 대책'의 추진 과제 중 하나로, 지나친 입시 위주의 학교교육으로부터 소외되고, 가정적·개인적 위기상황에 있는 학생들을 조기에 발견하여 위기상황으로 인한 청소년 범죄, 학교폭력과 같은 문제를 예방, 해결하고자 '진단-상담-치유'라는 전문적인 원스톱 서비스를 제공하기 위해 설립되었다(최상근 외, 2011).

Wee 프로젝트는 크게 세 가지의 단계로 구성되는데, 첫째, 학생 가까이에서 부적응과 위기를 예방하는 단위학교 차원의 1차 안전망인 'Wee 클래스', 둘째, 전문상

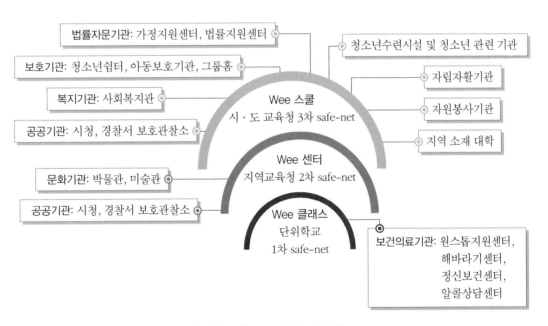

[그림 4-3] Wee 서비스 네트워크

출처: Wee 학생위기 종합지원 서비스(http://www.wee.go.kr).

---

5) 'Wee'는 "We+education" "We+emotion"의 이니셜이며, 학업중단 위기학생과 중도탈락 청소년을 대상으로 대안 교육을 실시하는 '학교안전통합시스템' 구축 사업으로서, 학생, 학부모의 보다 편리하고 양질의 표준화된 서비스를 위해 브랜드화되었다.

담가들이 전문적인 진단과 상담을 제공하는 지역교육청 차원의 2차 안전망 'Wee 센터', 셋째, 학교생활에 심각한 어려움을 겪고 있는 고위기군 학생들에게 새로운 교육환경을 제공하는 시·도교육청 차원의 3차 안전망 'Wee 스쿨'이 그것이다(최상근 외, 2011). 2018년 2월 현재 전국에 설치된 Wee 클래스는 6,361개, Wee 센터는 196개, 가장형 Wee 15개, Wee 스쿨은 13개이다.

(3) 외부기관 지원시스템

학교폭력을 예방하기 위해서는 지역의 여러 자원체제가 유기적으로 연결되어 작동되어야 한다. 중앙부처의 산하기관들 중 지역 단위로 구축된 기관들뿐만 아니라 민간 차원의 학교폭력 관련 기구 그리고 민간단체 등이 종합적으로 움직일 때 학교폭력에 대한 예방 및 대응이 효과적으로 이루어질 수 있다.

주요기관은 다음과 같다.

- 117 학교폭력신고센터: 전화로 어디에서나 국번 없이 117을 눌러 신고하며, 24시간 운영함. 긴급상황 시에는 경찰 출동, 긴급구조를 실시함
- 지역사회 청소년통합지원체계(CYS-Net): 위기청소년에게 적합한 맞춤형 서비스를 제공하는 ONE-STOP 지원센터
- 청소년전화 1388: 청소년의 위기, 학교폭력 등의 상담, 신고 전화
- (재)푸른나무 청예단: 학교폭력 관련 심리상담, 심리치료를 실시하고, 학교폭력SOS지원단에서는 분쟁조정 지원, 자치위원회 자문 및 컨설팅 지원
- 청소년 꿈키움센터: 법무부에서 설치한 청소년비행예방센터로 전국에 16개가 운영 중임. 대안교육, 상담조사, 청소년심리상담, 보호자교육, 법교육 등을 시행함
- 대한법률구조공단(132): 법률상담, 변호사 또는 공익법무관에 의한 소송대리 및 형사변호 등의 법률적 지원

이 외에 학교폭력 정책을 시행하는 데 학교에 도움이 되는 제도로서 학교전담경찰관 제도가 있다. 2012년 '학교폭력 근절 종합대책'에 따라 학교와 협력하여 학교

폭력 업무를 전담하는 학교전담경찰관 제도는 2012년 514명에서 2015년 1,075명으로 확대되었다(조인식, 2016). 학교전담경찰관은 학생, 학부모, 교사 등을 대상으로 범죄예방교육을 실시하고, 117 신고센터나 SNS 등을 통해 접수된 학교폭력 사안을 접수 상담하며 학교폭력 가해학생은 선도, 피해학생은 보호하는 업무를 주로 하고 있다. 이 외에도 학교폭력대책자치위원회 참석, 학교와의 협력체계 구축, 폭력서클 단속 등 학교와 청소년 관련 업무를 수행한다(김성기, 황준성, 2016).

3) 학교 차원 제도

단위학교의 학교폭력 지원시스템은 크게 학교폭력전담기구, 학교폭력대책자치위원회, Wee 클래스 등으로 이루어져 있다.

(1) 학교폭력전담기구

단위학교에 설치되어 있는 학교폭력전담기구는 그 구성권자가 학교장이며 교감, 전문상담교사, 보건교사 및 책임교사 등 학교폭력과 관련된 자로 구성된다. 따라서 생활지도부장이나 상담부장 등의 보직교사도 구성원이 될 수 있다. 구성원들은 학교폭력 사안을 효과적으로 처리할 수 있도록 서로 유기적으로 협력한다.

주요한 역할은 학교폭력 사안 발생 시 대응(학교폭력 신고 접수 및 관련학생 보호자에게 통보, 학교폭력 사안조사, 학교폭력대책자치위원회 개최 전 사전 심의, 집중보호 또는 관찰대상 학생에 대한 생활지도 등)과 학교폭력 예방활동(학교폭력 실태조사, 학교폭력 예방교육 등)이 있으며, 학교의 장이나 자치위원회의 요구가 있을 때에는 조사 결과 등의 활동 결과를 보고하여야 할 의무가 있다.

(2) 학교폭력대책자치위원회

학교폭력대책자치위원회(이하 자치위원회)는 학교폭력의 예방 및 대책 수립을 위한 학교체제 구축, 피해학생의 보호, 가해학생에 대한 선도 및 징계, 피해학생과 가해학생 간의 분쟁 조정 등을 심의하는 역할을 한다.

자치위원회는 분기별 1회 이상 반드시 회의를 개최하여야 하며 ① 자치위원회 재적위원 4분의 1이상이 요청하는 경우, ② 학교의 장이 요청하는 경우, ③ 피해학생 또는 그 보호자가 요청하는 경우, ④ 학교폭력이 발생한 사실을 신고받거나 보고받은 경우, ⑤ 가해학생이 협박 또는 보복한 사실을 신고받거나 보고받은 경우, ⑥ 그 밖에 위원장이 필요하다고 인정하는 경우에도 자치위원회의 위원장은 회의를 소집하여야 한다.

일단 학교폭력이 발생하면 전담기구의 조사를 거쳐 학교폭력대책자치위원회를 개최하여야 한다. 설사 담임교사가 자체 종결 처리할 수 있는 사안으로 판단하여, 자체 종결하고 전담기구에 보고하고 종료한 사안이라고 하더라도 피해학생 보호자가 자치위원회의 개최를 요구하는 경우에는 자치위원회를 개최하여야 한다. 담임교사가 종결 처리하는 것은 학교폭력예방법에서 예정하고 있는 행위나 처분은 아니기 때문에 가해학생 및 피해학생 측에 대하여 구속력이 생긴다고 볼 수 없기 때문이다. 가해학생의 선도·교육을 위하여 가해학생의 처분을 의무화하고 있으므로 피해학생이 자치위원회를 개최하는 것을 원하지 않거나 당사자 간 합의를 한 경우에도 원칙적으로 자치위원회를 개최하여야 한다.

(3) Wee 클래스: 1차 안전망

단위학교 내에 설치되어 있는 Wee 클래스는 Wee 프로젝트의 1차 안전망으로 단위학교 내에 상담실을 설치하고, 전문상담교사 및 전문상담사를 배치하여 개인·집단 상담 및 특성화 프로그램을 실행하는 형식으로 운영된다.

Wee 클래스는 학교 내 부적응 학생을 조기 발견하고 위기학생의 예방 및 학교 적응력 향상을 지원하는 것을 목적으로 한다. Wee 센터와 지역사회 유관기관에 의뢰 또는 연계를 할 수 있도록 하는 1차 안전망으로서의 의미를 지닌다(한국교육개발원, 2012).

Wee 클래스는 단위학교 내 설치되므로 상담실 공간 확보가 가능하거나 예산 편성 및 지속적인 운영에 의지가 있는 학교에 우선적으로 설치되며, 전문 인력으로 전문상담교사와 전문상담인턴교사(기간제)가 배치된다. 학교생활 부적응이 학습부진뿐만 아니라 정상적인 발달 저해와 청소년비행까지도 이어지므로 Wee 클래스는 예방적 접근과 발생 초기 개입을 목표로 학생들이 학교생활에 잘 적응할 수 있도록 돕는 데 주력한다.

　잠재적 위기학생에 대한 학교생활 적응을 중심으로 프로그램을 구성하거나 문제 초기 발생 단계에서 상황을 진단하고 대처를 돕는 프로그램, Wee 센터 및 지역사회 유관기관과 연계한 프로그램 등이 운영되고 있다(최상근 외, 2011).

Chapter 요약 🖉

　학교폭력을 예방하고 그 대책을 시행하기 위해 2004년 「학교폭력예방 및 대책에 관한 법률」이 제정되었다. 이후 학교폭력의 개념, 양상, 심각성 등이 변화함에 따라 법률은 법과 현실과의 괴리를 줄이기 위해 지속적인 변화(개정)과정을 거쳤다. 이는 법 제정 이후에도 학교폭력 문제가 여전히 지속되고 있으며 학생이 안전하고 행복한 환경에서 교육받기 위해서는 여러 정책적 노력이 계속되어야 함을 의미하는 것이다.

　학교폭력을 예방하고 근절하기 위해서는 학교와 교실에서 교원들의 노력이 뒷받침되어야 한다. 이러한 노력을 지원하기 위한 법률에 기반을 둔 여러 가지 제도적 요소가 중앙, 지역, 단위학교에 존재한다. 중앙에서는 교육부를 중심으로 한 관련부서들의 협업을 위한 위원회, 지역에서 교육청과 지방자치단체와의 협력을 조성하는 기구 그리고 학교에서 교원과 외부인사로 구성된 학교폭력 예방 및 대책 조직들이 있다.

⌛ 생각해 볼 문제

1. 현행 학교폭력예방법의 문제점은 무엇이고 이것을 해결하기 위해서는 어떻게 개정해야 하는가 생각해 보세요. 특히 가해학생 및 피해학생에 대한 조치사항을 읽고 이러한 조치가 학교폭력문제를 해결할 수 있을지에 대해 논의해 보세요.
2. 현행 학교폭력 지원시스템의 문제점과 개선방안을 정부, 지역, 단위학교 차원으로 나누어서 생각해 보세요.
3. 단위학교의 학교폭력 예방 및 근절을 위한 시스템인 학교폭력전담기구, 학교폭력대책자치위원회 및 Wee 클래스가 실질적으로 운영되기 위한 조건에 대해 생각해 보세요.
4. 자신이 정책입안자라고 생각하고, 학교폭력을 근절하거나 예방할 수 있는 좋은 정책적 방안을 생각해 보세요.

참고문헌

관계부처합동(2012). 학교폭력 근절 종합대책.

관계부처합동(2014). 제3차 학교폭력 예방 및 대책 기본계획(안).

관계부처합동(2016). 학교폭력 예방 및 대책 2016년도 시행계획.

교육부(2014). 학교폭력 사안처리 가이드북.

교육부(2018). 2017년 학교폭력 예방교육 추진 계획(안).

김성기, 황준성(2016). 학교전담경찰관 제도의 명암과 개선과제. 이슈페이퍼.

문용린, 신종호, 원혜욱, 김성기, 장맹배, 김미정, 김진숙(2009). 학교폭력 사안처리 가이드북. 교육과학기술부.

박주형, 정제영(2012). 한국과 미국의 학교폭력 예방 및 근절 관련 법령 및 정책 비교 연구. 초등교육연구, 25(4). 한국초등교육학회.

박주형, 정제영, 김성기(2012). 「학교폭력예방 및 대책에 관한 법률」과 동법 시행령의 문제점 및 개선방안 연구. 교육행정학연구, 30(4), 305-325.

유기웅(2007). 학교폭력 대책에 대한 사회적 평가와 제도 개선 방안의 검토. 치안정책연구소.

이종재, 이차영, 김용, 송경오(2015). 교육정책론. 서울: 학지사.

정제영, 정성수, 주현준, 이주연, 박주형(2013). 학교폭력 피해 및 가해학생 교육·치료지원 프로그램 운영 지원 연구. 대구광역시교육청.

조균석, 정제영, 장원경, 박주형(2013). 학교폭력 근절을 위한 법령해설 및 체제 연구. 이화여대 학교폭력예방연구소.

조인식(2016). 학교전담경찰관 제도의 현황과 개선과제. 국회입법조사처 이슈와 논점, 제1193호.

최상근 외(2011). Wee프로젝트 운영 성과 분석 및 발전계획 수립 연구.

한국교육개발원(2012). Wee 센터 신규 종사자 직무 연수 자료집.

홍석한(2016). 학교폭력예방 및 대책에 관한 법률의 문제점과 개선방안. 원광법학, 32(1), 7-33.

제 **5** 장

학교폭력 사안처리 절차 및 판례

1. 학교폭력 사안처리 절차

2. 판례

학습개요 및 학습목표

    이 장에서는 학교폭력 사안이 발생한 후 학교폭력 피해학생 보호 및 가해학생에 대한 선도 · 교육이 이루어지기 위해 필요한 학교폭력 사안처리 절차를 살펴본다. 또한 학교 내 학교폭력 사안처리를 위한 학교폭력전담기구의 구성 및 역할과 학교폭력대책자치위원회의 피해 · 가해학생에 대한 조치 결정, 그리고 조치 불복수단 등을 중점적으로 설명한다.

    이 장의 학습목표는 다음과 같다.

1. 학교폭력 인지 · 감지를 위한 학교 구성원의 역할과 책임을 설명할 수 있다.
2. 학교폭력 사안이 발생한 경우 어떤 절차에 따라 학교폭력 사안이 처리되는지를 설명할 수 있다.
3. 학교폭력 사안처리 과정에서 교원들이 담당해야 하는 역할을 구체적으로 설명할 수 있다.
4. 학교장 및 학교폭력대책자치위원회의 결정에 불복하는 경우, 어떠한 조치가 가능한지 설명할 수 있다.

1. 학교폭력 사안처리 절차

1) 학교폭력 사안처리의 중요성

학교폭력에 대한 적절한 초기대응은 학교폭력으로 인해 학교공동체 구성원이 겪을 수 있는 피해를 최소화시킬 수 있다. 또한 신속하고 공정한 사안처리는 학생들에게 학교폭력에 대한 명확한 개념을 정립해 줌으로써 예방효과를 가져오고, 학교장 및 자치위원회의 결정에 대한 신뢰를 향상시켜 준다.

학교폭력 사안처리 과정에서 가장 중요하고 우선시되어야 하는 것은 피해학생에 대한 적극적인 보호이다. 학교장은 학교폭력대책자치위원회(이하 자치위원회)의 결

표 5-1 학교폭력 사안처리 시 유의사항

1. 학교폭력 사안이 발생한 경우 공정하고 객관적인 자세를 끝까지 견지하고, 적극적인 자세로 학교폭력 사안처리를 위해 노력한다.
2. 학생과 학부모의 상황과 심정에 대한 이해와 공감을 통해 신뢰를 형성하고, 불필요한 분쟁이 추가적으로 발생하지 않도록 한다.
3. 학교폭력 사안조사 시에는 가해학생과 피해학생을 분리하여 조사하고, 축소 · 은폐하거나, 성급하게 화해를 종용하지 않도록 한다.
4. 학교폭력 사안조사는 가능한 한 수업시간 이외의 시간을 활용하고, 부득이하게 수업시간에 할 경우에는 별도의 학습기회를 제공하도록 한다.
5. 학교폭력 사안은 반드시 학교폭력대책자치위원회에 회부하고, 학교폭력대책자치위원회 결정 전까지는 가해학생, 피해학생을 단정 짓지 말고 관련학생이라는 용어를 사용한다.
6. 전담기구의 조사 및 학교폭력대책자치위원회 조치 결정 시 관련학생 및 보호자에게 반드시 의견 진술의 기회를 제공하여야 한다.
   ※ 장애학생의 경우, 장애로 인한 피해를 방지하기 위하여 전담기구의 사안조사 및 자치위원회 심의 시 특수교육 전문가(위원 및 참고인)를 참여시켜 장애학생의 의견 진술 기회 확보 및 진술을 조력할 수 있다.
7. 자치위원회 결과는 학교장 명의로 서면통보하고, 이때 재심 등 불복절차를 안내한다.
8. 자치위원회 회의 내용과 관련하여 비밀을 엄수하도록 하고, 개인정보 보호에 각별히 유의하여야 한다.
9. 동일한 사안에 대하여 재심 성격의 자치위원회는 개최하지 않는다.
10. 성범죄 관련 사안을 인지한 경우 모든 경우에 예외 없이 수사기관에 즉시 신고한다.

출처: 교육부(2018).

사전예방	• 학생, 학부모, 교직원 대상 예방교육 • 또래활동, 체육 · 예술활동 등 예방활동 • CCTV, 학생보호인력 등 안전인프라 구축

초기대응	인지 · 감지 노력 • 징후 파악 • 실태조사, 상담, 순찰 등 신고 접수 • 신고 접수 대장 기록 • 학교장 보고 • 보호자, 해당학교 통보 • 교육청 보고	초기 개입 • 관련 학생 안전조치 • 보호자 연락 • 폭력 유형별 초기 대응
사안조사	긴급조치(필요시) • 피해학생 보호 • 가해학생 선도	전담기구 사안조사 • 사안조사 • 보호자 면담 • 사안보고
조치 결정	자치위원회 심의 · 의결 • 자치위원회 소집 • 조치 심의 · 의결 • 분쟁 조정	학교장 처분 • 조치 결과 서면 통보 • 교육청 보고

조치 수용	조치 불복
조치 이행 • 피해학생 보호 조치 • 가해학생 선도 조치 조치 결과 학생부 기록 가해학생 학부모 특별교육	재심
	행정심판
사후지도 • 피해학생 적응 지도 • 가해학생 선도 • 주변학생 교육 • 재발방지 노력	행정소송

[그림 5-1] 학교폭력 사안처리 흐름도

출처: 교육부(2018).

정 이전에 긴급조치를 통해 피해학생이 필요로 하는 보호조치를 이행해야 한다. 또한 사안조사 과정이나 자치위원회의 심의 및 결정과정에서는 학교폭력 관련학생 (피해·가해·목격)들의 의견을 충분히 듣고 이를 반영해야 한다. 이와 관련하여 〈표 5-1〉은 학교폭력 사안처리를 진행할 때 유의해야 할 사항이다.

학교폭력은 학교폭력 예방교육을 통해 사전에 예방하는 것이 가장 중요하지만 일단 사안이 발생하면 신속하고 공정하게 「학교폭력예방 및 대책에 관한 법률」(이하 학교폭력예방법 또는 법률)에 규정된 공식적인 절차에 의해 합법적으로 처리되어야 한다. 이는 피해학생 보호뿐만 아니라 가해학생에 대한 올바른 선도·교육을 위하여 매우 중요하다.

교사로서 학교폭력이 발생하였을 경우에 사안처리를 신속하고 공정하게 시행하기 위해서는 학교폭력 사안처리 절차 및 방법을 알고, 피해학생 보호조치 및 가해학생 선도·교육 조치 등에 대하여 정확하게 이해할 필요가 있다. 이를 위해 교육부에서는 2012년부터 「학교폭력 사안처리 가이드북」을 제작하여 학교현장에 제공하고 있다.

따라서 이 장에서는 교육부에서 제공하는 「학교폭력 사안처리 가이드북」(2018) 내용에 기반을 두고, 학교폭력 사안처리 절차를 구체적으로 설명하고자 한다([그림 5-1] 참조).

2) 학교폭력 사안처리 절차

(1) 초기대응

① 학교폭력 감지·인지 노력

학교폭력은 예방이 가장 중요하지만 일단 학교폭력이 발생하였다면 적절한 초기대응이 이루어져야 한다. 학교폭력 발생 초기 단계에서 학교폭력을 감지·인지할 수 있다면 학교폭력의 진행을 막고, 피해를 조금 더 줄일 수 있기 때문이다.

학교폭력을 '감지'하는 것은 학생들의 행동이나 전반적인 교실 분위기 등을 보고 학교폭력이라고 느끼는 것을 의미하고, 학교폭력을 '인지'하는 것은 학생 또는 학부모의 신고, 혹은 직접 목격함으로써 학교폭력 사안을 알게 되는 것을 의미한다. 교사는 학교폭력 상황을 감지·인지했을 때 신속하고 적극적인 자세로 개입하고 학교장에게 이를 보고하여야 하며, 학교장은 지체 없이 학교폭력전담기구 또는 소속 교원으로 하여금 학교폭력 사실 여부를 확인하도록 해야 한다.

학교폭력을 초기에 감지·인지하기 위한 교사의 관찰 요령은 다음과 같다. 첫째, 피해학생이 신체적으로 혹은 심리·정서적으로 어려움을 겪고 있는지 파악하고, 둘째, 가해학생이 특정 학생을 괴롭히는지 혹은 다수의 학생들을 괴롭히는지, 가해학생이 반 내에서 다른 학생들과 어떤 관계를 형성하고 있는지 등을 파악하며, 셋째, 학교폭력과 관련된 학생들은 더 없는지, 학교폭력 사안에 어떻게 연루되어 있는지, 목격학생 및 주변학생들의 심리상태(불안감 등)는 어떠한지 등에 대해 알아볼 필요가 있다.

또한 학교폭력을 조사할 때는 교사가 학교폭력 사안을 인지하고 있는 것에 대해 직접 말하지 않고, 학교생활이나 교우관계 등을 물어보는 것이 적절하다. 가해학생에게 교사가 학교폭력 사실을 알고 있다는 것을 너무 성급히 이야기하면 다른 학생들을 더 괴롭힐 위험이 있기 때문이다. 따라서 반장, 회장 등의 학급 임원이나 학생회 임원에게 교실 분위기나 관련학생들에 대해 자연스럽게 물어보는 것이 바람직하다.

학교폭력 감지·인지를 위한 학교 구성원의 역할 및 책임은 다음과 같다. 학교에

표 5-2 학교폭력 감지·인지를 위한 학교 구성원의 역할 및 책임

유형	내용
학교폭력 실태조사	-학교폭력 실태조사 실시 -학교·학급 단위에서 자체적으로 설문조사 등 수시 실시
교내 학교폭력 신고	-학교폭력 신고함, 학교 홈페이지 비밀게시판, 담임교사의 문자·메일 등 다양한 신고체계 마련 -피해·목격 학생들이 적극적으로 신고하도록 지도 -학생, 학부모, 교사 대상 학교폭력 신고방법 안내(예방교육 시)
교사의 관찰 및 상담 실시	-담임교사 등이 학교폭력 징후를 보이는 학생이 없는지 세심하게 관찰 -담임교사, 전문상담(교)사 등의 상담
교내외 순찰	-점심시간, 쉬는 시간, 방과후 시간 등 취약시간 순찰 -학부모, 자원봉사자, 학생보호인력, 학교전담경찰관 등과 유기적 협력

출처: 교육부(2018).

서는 '학교폭력 실태조사' '교내 학교폭력 신고' '교사의 관찰 및 상담' '교내외 순찰'
을 통해 학교폭력을 감지·인지할 수 있다.

② 신고 및 접수

학교폭력을 목격하거나 알게 되었을 때 이를 신고하는 것은 개인의 선택이 아니
다. 학교폭력예방법 제20조 제1항 학교폭력 신고의무에 따라 학교폭력 현장을 보거
나 그 사실을 알게 된 자는 학교 등 관계기관에 이를 즉시 신고해야 한다. 또한 누구
라도 학교폭력의 예비·음모 등을 알게 되면 이를 학교의 장 또는 자치위원회에 고
발할 수 있다. 다만, 교원의 경우에는 학교장에게 학교폭력의 예비·음모 등을 보고
하고 해당 학부모에게 알려야 하는 의무가 있다. 학교폭력 사안 신고 및 접수 절차
는 다음과 같다.

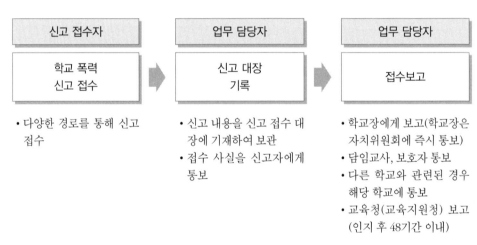

신고 접수자	업무 담당자	업무 담당자
학교 폭력 신고 접수	신고 대장 기록	접수보고

- 다양한 경로를 통해 신고 접수
- 신고 내용을 신고 접수 대장에 기재하여 보관
- 접수 사실을 신고자에게 통보
- 학교장에게 보고(학교장은 자치위원회에 즉시 통보)
- 담임교사, 보호자 통보
- 다른 학교와 관련된 경우 해당 학교에 통보
- 교육청(교육지원청) 보고 (인지 후 48기간 이내)

[그림 5-2] 학교폭력 신고 및 접수 절차

출처: 교육부(2018).

③ 초기대응 요령

학교폭력 사안이 발생하면 관련학생(피해·가해·목격학생)에 대한 안전조치를
실시하고, 보호자에게 연락한 이후에 학교폭력전담기구 사안조사 및 피해·가해학
생 상담이 신속하게 이루어져야 한다. 학교폭력이 발생하였을 때, 학교에서 대처한
내용을 문서로 기록해 놓으면 추후 불필요한 분쟁을 예방할 수 있다.

표 5-3　학교폭력 주요 대상별 초기 대응 요령

피해학생 조치	• 피해를 당한 학생의 마음을 안정시키고 신변안전이 급선무이다(심호흡, 안정을 취하는 말 등). • 가벼운 상처는 학교 보건실에서 1차적으로 치료하고, 상처 정도가 심해 학교 보건실에서 치료할 수 없을 때는 2차적으로 병원으로 신속히 이송한다. • 탈골, 기도 막힘, 기타 위급상황이라고 판단된 경우 자리에서 움직이지 않고 119에 도움을 청한다.
가해학생 조치	• 피해학생의 상태가 위중하거나 외상이 심한 경우, 가해학생 역시 충격을 받아 예측하지 못한 돌발행동을 할 수 있다. 그러므로 심리적으로 안정될 수 있도록 교사가 계속 주의를 기울이고 빨리 부모에게 연락을 취한다. • 이후 가해학생에게 지나친 질책 및 감정적 대처를 하지 않도록 유의한다.
보호자 조치	• 보호자에게 사실을 빠르게 알린다. • 연락할 때 보호자들이 지나치게 흥분하거나 놀라지 않도록 연락하고, 학교에 오면 사전에 정해진 장소에 가서 자녀를 만날 수 있도록 안내한다. • 사안의 내용과 학교 측의 대처사항에 대해 보호자에게 정확히 알려 준다. • 피해·가해학생이 귀가했을 경우, 학생이 가정에서 심리적 안정을 취할 수 있도록 부모에게 안내한다. 특히 피해학생인 경우, 부모가 자녀에게 정서적 지지와 지원을 아끼지 말 것을 당부한다.
목격·주변 학생조치	• 폭력을 목격하거나 폭력 현장에 있음으로 인해 심리적·정서적 충격을 받은 간접 피해자도 유사한 문제 반응이 일어날 수 있다. • 주변학생들의 현장 접근을 통제하고, 특히 초등학교 저학년의 경우 동화책 읽어 주기, 종이접기 등 흥미 있는 활동으로 주의를 돌려 심리적 충격을 완화시킨다. • 사안에 관련된 학생 및 목격한 학생들에게 상황을 인식시키고, 차후 유사한 폭력상황이 벌어지지 않도록 예방교육을 한다. • 사안에 관련된 학생들에 대해 낙인을 찍어 따돌리거나, 사안과 관련하여 사실과 다른 소문을 퍼뜨리지 않도록 주의시킨다.

출처: 교육부(2018).

　학교폭력 초기대응은 학교폭력 유형(언어폭력, 금품갈취, 강요·강제적 심부름, 따돌림, 사이버 폭력, 성폭력)과 주요 대상(피해학생, 가해학생, 보호자, 목격·주변학생)에 따라 적절하게 이루어져야 한다.

(2) 사안조사

① 학교폭력전담기구 구성 및 역할

학교폭력전담기구는 학교장이 교감, 전문상담교사, 보건교사 및 책임교사(학교폭력 문제를 담당하는 교사) 등 학교폭력과 관련된 사람으로 구성해야 한다. 학교폭력예방법에 근거한 학교폭력전담기구의 조직 구성과 역할은 다음과 같다.

학교폭력전담기구는 학교폭력 사안접수 및 보호자 통보, 교육청(교육지원청) 보고, 학교폭력 사안조사, 조사 결과 보고 등을 시행한다. 학교폭력전담기구에서 실시하는 학교폭력 사안조사는 매우 중요하다. 공정한 사안처리를 위해서는 초기 단계에서 정확한 사실관계를 확인하고, 관련학생들의 진술을 확보하는 것이 필수적이기 때문이다. 특히 요즘 들어 자치위원회의 결정에 대해 불복하고 재심을 신청하는 학생들이 많아지고 있다는 점을 고려할 때, 학교폭력전담기구가 학교폭력예방법에 근거하여 적법하게 조사한 근거자료는 향후 불복절차 과정에서 학교에 긍정적인 작용을 한다.

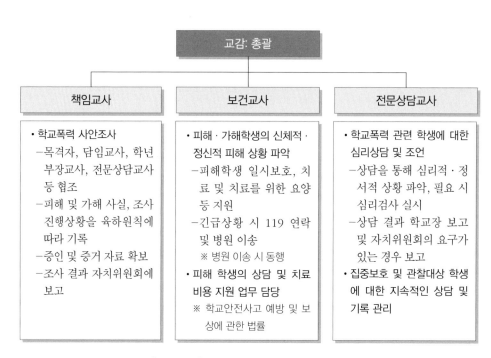

[그림 5-3] 학교폭력전담기구 조직(예시)

출처: 교육부(2018).

표 5-4 학교폭력전담기구의 역할

사안접수 및 보호자 통보	• 전담기구는 학교폭력 신고 접수대장을 비치하고 117 신고센터, 학교장, 교사, 학생, 보호자 등 학교폭력 현장을 보거나 그 사실을 알게 된 자 및 기관으로부터 신고받은 사안에 대해 기록·관리함. • 학교폭력 신고 접수대장은 학교장, 교원의 학교폭력 은폐 여부를 판단하는 중요한 기초자료로 활용되므로, 사소한 폭력이라도 신고한 것은 접수하여야 함. • 접수한 사안에 대해서는 즉시 관련학생 보호자에게 통보하고, 통보일자, 통보시간 방법 등 통보사실 등을 기록함.
교육청 (교육지원청) 보고	• 인지 후 48시간 이내에 교육청(교육지원청)으로 사안 보고하는 것을 원칙으로 함(해당 시간까지 확인된 내용만 간략하게). - 긴급하거나 중대 사안일 경우 (성폭력 사안 등) 유선으로 별도 보고 • 성폭력 사안은 반드시 수사기관 신고 및 담당 장학사에게 보고하여야 함.
학교폭력 사안조사	• 학교폭력을 인지한 경우 피해 및 가해사실 여부에 대해 조사하여야 함. 전담기구의 협조요청 시 해당교사는 적극 협조해야 함. ※ 인지 및 조사: 학교폭력을 인지한 경우. 학교의 장은 지체 없이 전담기구 또는 소속 교원으로 하여금 가해 및 피해사실 여부를 확인하도록 해야 함(법률 제14조 제3항).
조사 결과 보고	• 신고된 학교폭력 사안에 대해 조사를 실시하고 조사 결과를 보고서로 작성하여 학교장 및 자치위원장에게 보고함.
집중보호 또는 관찰대상 학생에 대한 생활지도	• 관련학생 담임교사와 함께 지속적인 상담 및 기록을 진행함.

출처: 교육부(2018).

② 사안조사 절차 및 방법

학교폭력 사안조사의 책임은 학교장에게 있고 사안조사는 학교폭력전담기구 또는 소속 교원이 담당하게 된다. 학교폭력 사안조사 절차는 다음과 같다.

첫째, 관련(피해·가해·목격)학생의 확인서, 설문조사, 증거자료(이메일, 채팅, 게시판, SNS, 피해사실 화면 온라인상 캡처, 문자 메시지, 관련 사진, 동영상 자료, 음성증거자료 등) 수집, 학교폭력 피해를 증명할 수 있는 진단서 및 소견서를 통해 학교폭력 사실을 확인한다. 사실 확인을 위해 피해학생 및 보호자, 가해학생 및 보호자, 목격자를 대상으로 면담조사 실시, 폭력 유형 및 형태에 대한 정보 수집, 정황 파악도 함께 이루어져야 한다.

둘째, 학생과 보호자의 사안 해결에 대한 요구를 파악한다. 이때, 피해·가해 상황에 대한 수용 정도 및 사과, 처벌, 치료비 등에 대한 합의와 재발 방지 요구 등을 확인해야 한다.

셋째, 면담일지와 보고서를 작성한다. 관련학생, 보호자, 담임교사와의 면담 내용을 면담일지에 기록하고, 학교폭력 사안을 종합적으로 판단할 수 있도록 사안조사 결과를 보고서로 작성한다. 이때, 가해자가 가해사실을 인정하지 않거나 목격자가 증언을 거부하여도, 다른 여타 상황에서 사실로 파악이 가능하면 확인된 사실로서 사안조사서에 기록할 수 있다. 또한 사안조사 내용 중 피해·가해학생의 첨예한 의견 대립 중 사실 확인이 어려운 부분에 대해서는 양측의 주장을 모두 기록할 수도 있다.

마지막으로, 작성된 보고서를 학교장 및 자치위원회(자치위원회의 요청이 있는 경우)에 보고한다. 사안조사 절차를 정리하면 다음과 같다.

[그림 5-4] 사안의 '발생-조사-보고' 진행과정

출처: 교육부(2018).

학교폭력 사안조사 시 지켜야 할 유의사항으로는, 첫째, 서면조사, 관련학생 및 목격자의 면담조사, 사안 발생 현장조사 등을 통해 종합적인 방법으로 신속하게 증거자료를 확보하고, 면담조사를 하는 경우에는 육하원칙에 근거하여 구체적으로 확인서를 받아야 한다. 둘째, 사안조사는 객관적이고 공정하게 실시되어야 하며, 피해·가해학생 간의 주장이 다를 경우, 목격학생의 확인을 받거나 직·간접 증거자료 확보를 통해 적극적으로 사안조사를 실시해야 한다. 셋째, 피해·가해학생이 일관된 진술을 하는지, 증거자료와 진술 내용이 일치하는지 등을 살피고 전담기구 소속교사는 학생, 보호자, 목격자, 담임교사 등을 면담조사한 후에 확인된 사실을 바탕으로 학교폭력 사안조사 보고서를 작성해야 한다. 학교폭력 사안조사 시 폭력 행위의 유형에 따라 중점적으로 파악해야 하는 요소는 〈표 5-5〉와 같다. 학교폭력 행위의 유형별 중점 파악요소는 사안에 해당하는 모든 폭력 유형을 종합적으로 검토해야 한다.

표 5-5 학교폭력 행위의 유형별 중점 파악요소

폭력 유형	중점 파악요소
신체적 폭력	상해의 심각성, 감금 · 신체적 구속 여부, 성폭력 여부
경제적 폭력	피해의 심각성(액수, 빈도, 지속성), 반환 여부, 손괴 여부, 협박/강요의 정도
정서적 폭력	지속성 여부, 협박/강요의 정도, 성희롱 여부
언어적 폭력	욕설/비속어, 허위성, 성희롱 여부
사이버 폭력	명의도용, 폭력성/음란성, 유포의 정도, 사이버 성폭력 여부

출처: 교육부(2018).

학교폭력예방법 및 동법 시행령에 근거하여 학교폭력 행위의 경중을 판단하는 요소는 〈표 5-6〉과 같다. 이 요소들을 기반으로 자치위원회에서는 가해학생 조치를 결정하게 된다.

표 5-6 학교폭력 행위의 경중 판단요소

「학교폭력예방 및 대책에 관한 법률」 제16조의 2, 제17조 제2항	• 피해학생이 장애학생인지 여부 • 피해학생이나 신고 · 고발 학생에 대한 협박 또는 보복행위인지 여부
「학교폭력예방 및 대책에 관한 법률 시행령」 제19조	• 가해학생이 행사한 학교폭력의 심각성 · 지속성 · 고의성 • 가해학생의 반성 정도 • 해당조치로 인한 가해학생의 선도 가능성 • 가해학생 및 보호자와 피해학생 및 보호자 간의 화해의 정도
기타	• 교사(敎唆)행위를 했는지 여부 • 2인 이상의 집단 폭력을 행사한 것인지 여부 • 위험한 물건을 사용했는지 여부 • 폭력행위를 주도했는지 여부 • 폭력서클에 속해 있는지 여부 • 정신적 · 신체적으로 심각한 장애를 유발했는지 여부

출처: 교육부(2018).

③ 긴급조치

학교폭력 사안은 자치위원회에서 피해·가해학생의 조치가 결정된다. 하지만 자치위원회 개최 이전에 학교장은 학교폭력예방법 제16조, 제17조에 따라 피해·가해학생에게 긴급조치를 시행할 수 있다.

피해학생 보호를 위한 긴급조치는 학교장이 피해학생의 보호를 위하여 긴급하다고 인정하거나 피해학생이 긴급보호의 요청을 하는 경우에 '심리상담 및 조언, 일시보호, 그 밖에 피해학생의 보호를 위한 조치'를 할 수 있다. 가해학생 선도를 위한 긴급조치는 학교장이 가해학생에 대한 선도가 긴급하다고 인정하는 경우에 '피해학생에 대한 서면사과, 피해학생 및 신고·고발학생에 대한 접촉, 협박 및 보복행위의 금지, 학교에서의 봉사, 학내외 전문가에 의한 특별 교육이수 또는 심리치료, 출석정지 조치'를 할 수 있다.

학교폭력예방법에 따라 가해학생 우선 출석정지 조치가 가능한 경우는 첫째, 2명 이상의 학생이 고의적·지속적으로 폭력을 행사한 경우, 둘째, 학교폭력을 행사해서 전치 2주 이상의 상해를 입힌 경우, 셋째, 학교폭력에 대한 신고, 진술, 자료제공 등에 대한 보복을 목적으로 폭력을 행사한 경우, 마지막으로, 학교장이 피해학생을 가해학생으로부터 긴급하게 보호할 필요가 있다고 판단하는 경우이다. 가해학생 우선 출석정지 조치 시에 출석정지 기간은 학교 실정에 맞게 기준을 정하고, 가해학생 및 학부모에게 의견을 제시할 수 있는 기회를 주어야 하며 출석정지 기간 중 Wee 클래스 상담, 자율학습 등 적절한 교육적 조치를 해야 한다.

피해·가해학생에 대한 긴급조치는 자치위원회에 즉시 보고하고, 가해학생에 대한 긴급조치는 자치위원회에 추인을 받아야 한다. 또한 가해학생에게 긴급조치를 한 때에는 가해학생과 그 보호자에게 이를 통지해야 하며, 가해학생이 이를 거부하거나 회피하는 때에는 「초·중등교육법」 제18조에 따라 징계해야 한다.

(3) 조치 결정 및 이행

① 자치위원회 구성 및 운영 절차

자치위원회는 학교 내 설치기구로 학교폭력의 예방 및 대책에 관련된 사항을 심의하는 역할을 한다. 자치위원회는 학교폭력예방법에 따라 학교폭력의 예방 및 대책을 위한 학교의 체제를 구축하고, 피해학생 보호와 가해학생에 대한 선도 및 조치를 하며 피해학생과 가해학생간의 분쟁조정을 심의한다. 또한 동법 시행령에 따라 학교폭력 예방 및 대책과 관련하여 책임교사 또는 학생회의 대표가 건의하는 사항을 심의하기도 한다.

자치위원회는 위원장 1인을 포함하여 5인 이상 10인 이하의 위원으로 구성한다. 이때, 대통령령으로 정하는 바에 따라 전체 위원의 과반수[1]를 학부모전체회의에서 직접 선출된 학부모대표로 위촉해야 한다. 다만, 학부모전체회의에서 학부모대표를 선출하기 곤란한 사유가 있는 경우에는 학급별 대표로 구성된 학부모 대표회의에서 선출된 학부모대표로 위촉할 수 있다. 그 밖에 자치위원회 위원은 ① 해당 학교의 교감, ② 해당 학교의 교사 중 학생생활지도 경력이 있는 교사, ③ 판사·검사·변호사, ④ 해당 학교를 관할하는 경찰서 소속 경찰공무원, ⑤ 의사 자격이 있는 사람, ⑥ 그 밖에 학교폭력 예방 및 청소년보호에 대한 지식과 경험이 풍부한 사람 가운데 학교장이 임명하거나 위촉한다. 다만, 학교폭력 피해학생과 가해학생이 각각 다른 학교에 재학 중인 경우에는 교육감의 보고를 거쳐 둘 이상의 학교가 공동으로 자치위원회를 구성할 수 있다.

자치위원회는 학교폭력예방법에 따라 분기별 1회 이상 개최해야 한다. 그 밖에도 자치위원회 위원장은 소집 요건(자치위원회 재적위원 4분의 1이상이 요청하는 경우, 학교장이 요청하는 경우, 피해학생 또는 그 보호자가 요청하는 경우, 학교폭력이 발생한 사실을 신고받거나 보고받은 경우, 가해학생이 협박 또는 보복한 사실을 신고받거나 보고받은 경우, 그 밖에 위원장이 필요하다고 인정하는 경우)이 충족되는 경우 반드시 자치위원회를 소집해야 한다.

자치위원회는 신고 접수 등 사건 인지 후 14일 이내에 개최해야 하며, 자치위원회 개최 통지는 해당학생 및 보호자에게 충분한 기간을 두고 서면으로 통보해야 한다. 필요한 경우 학교장은 7일 이내에서 자치위원회 개최를 연기할 수 있다. 자치위원회의 진행 절차 및 과정은 [그림 5-5]와 같다. [그림 5-5]에서 제시하는 절차는 표준절차로 학교의 여건, 사안의 성격, 장소 등에 따라 조정할 수 있다.

---

1) 위원이 10인이면 학부모위원은 6인 이상, 9인이면 학부모위원은 5인 이상이 되어야 한다.

단계	처리 내용	비고
개회	① 개회알림 ② 진행절차 설명 ③ 주의사항 전달 −자치위원회의 조치는 처벌을 목적으로 하는 것이 아니라 교육적 선도와 보호를 위한 목적임을 설명한다. −발언을 하기 위해서는 먼저 동의를 구해야 함을 알린다. −욕설, 폭언, 폭행 등을 할 경우에는 퇴실조치 됨을 알린다. −위원들의 제척 사유 및 기피 · 회피 여부를 확인한다. −회의 참석자 전원은 자치위원회에서 알게 된 사항에 대한 비밀유지 의무가 있음을 알린다.	간사 또는 위원장
사안보고	• 사안조사 결과 보고를 한다. ※ 피해 · 가해 측에서는 해당 사안조사 결과를 사전에 인지하고 자치위원회에 참석할 수 있도록 한다. • 피해 및 가해학생에게 긴급조치가 이루어진 경우 이를 보고한다. • 자치위원회는 해당지역에서 발생한 학교폭력에 대하여 학교장 및 관할 경찰서장에게 관련 자료를 요청할 수 있다(법률 제12조 제3항).	전담 기구
피해 측 사실확인, 의견진술 및 질의응답	• 사실을 확인하고 피해 측의 입장과 요구사항을 말하도록 한다. • 피해 측의 의견진술 기회를 반드시 주어야 하며, 참석하기 어려운 경우(예: 성폭력 피해자 등 피해학생이 참석을 원치 않을 경우)에 의견제출 기회를 부여한다. • 위원회에서 피해 측에 질문하고 피해 측에서 답변한다.	피해 측 입장
가해 측 사실확인, 의견진술 및 질의응답	• 사실을 확인하고 가해 측의 입장을 말하도록 한다. • 가해측에 의견진술 기회를 반드시 주어야 하며, 참석하지 않을 경우 사전에 의견제출 기회를 부여한다. • 위원회에서 가해 측에 질문하고 가해 측에서 답변한다.	피해 측 퇴장 가해 측 입장
피해학생 보호 및 가해학생 선도조치 논의	• 자치위원들 간의 협의를 통해 피해학생 보호조치와 가해학생 선도 · 교육조치를 논의한다(교육부 고시 제2016−99호, 「학교폭력 가해학생 조치별 적용 세부기준 고시」 적용)	가해 측 퇴장

조치 결정	• 피해학생 및 가해학생 긴급조치가 이루어진 경우, 이를 보고받고 가해학생 긴급조치의 추인 여부를 결정한다. • 피해학생에 대한 보호조치 결정 • 가해학생에 대한 선도 및 교육조치 결정	

결과 통보 및 교육청 보고	• 서면으로 결과를 통보한다. 　－결과 통보 시 피해 측과 가해 측에 재심 등 불복절차가 있음을 반드시 안내한다. • 교육청(교육지원청)에 자치위원회 결과를 보고한다.	

[그림 5-5] 학교폭력대책자치위원회 운영 절차

출처: 교육부(2018).

② 피해 · 가해학생에 대한 조치

자치위원회는 사안조사와 심의 결과를 바탕으로 피해 · 가해학생에 대한 조치를 학교장에게 요청할 수 있다. 학교폭력예방법 제16조 제1항에 따르면 피해학생 보호를 위하여 '심리상담 및 조언, 일시보호, 치료 및 치료를 위한 요양, 학급교체, 그 밖에 피해학생의 보호를 위해서 필요한 조치'를 학교장에게 요청할 수 있으며 학교장은 피해학생 보호자의 동의를 받아 7일 이내에 해당 조치를 해야 하고 이를 자치위원회에 보고해야 한다.

피해학생이 전문단체나 전문가로부터 상담 등을 받는 데에 사용되는 비용은 가해학생의 보호자가 부담해야 한다. 다만, 피해학생의 신속한 치료를 위하여 학교장 또는 피해학생의 보호자가 원하는 경우에는 「학교안전사고 예방 및 보상에 관한 법률」 제15조에 따라 학교안전공제회 또는 시 · 도교육청이 부담하고 이에 대한 구상권[2]을 행사할 수 있다. 피해학생 보호를 위한 지원 범위는 〈표 5-7〉과 같다.

---

2) 다른 사람을 위하여 그 사람의 빚을 갚은 사람이 다른 연대 채무자나 주된 채무자에게 상환을 요구할 수 있는 권리를 말한다.

표 5-7   피해학생 보호조치 지원 범위

	구분	내용	인정기간
1호	학내외 전문가에 의한 심리상담 및 조언	교육감이 정한 전문 심리상담기관에서 심리상담 및 조언을 받는 데 드는 비용	2년 (보장심사위원회 심의로 1년 범위에서 연장 가능)
2호	일시보호	교육감이 정한 기관에서 일시보호를 받는 데 느는 비용	30일
3호	치료 및 치료를 위한 요양	「의료법」에 따라 개설된 의료기관, 「지역보건법」에 따라 설치된 보건소·보건의료원 및 보건지소, 「농어촌 등 보건의료를 위한 특별조치법」에 따라 설치된 보건진료소	2년 (보장심사위원회 심의로 1년 범위에서 연장 가능)

출처: 교육부(2018).

피해학생에 대한 추가적인 지원으로는 보호가 필요한 학생에 대하여 학교의 장이 인정하는 경우 그 조치에 필요한 결석을 출석일수에 산입할 수 있다. 또한 피해학생 보호조치를 받았다는 사실 자체가 성적평가 등에서 불이익으로 작용하지 않도록 해야 하며, 피해학생이 결석하게 되어 부득이하게 성적평가를 위한 시험에 응하지 못하게 된 경우에도 학교학업성적관리규정에 의거하여 불이익이 없도록 조치해야 한다.

자치위원회는 피해학생의 보호와 가해학생의 선도·교육을 위하여 학교폭력예방법에 따라 '피해학생에 대한 서면사과, 피해학생 및 신고·고발학생에 대한 접촉, 협박 및 보복행위의 금지, 학교에서의 봉사, 사회봉사, 학내외 전문가에 의한 특별교육이수 또는 심리치료, 출석정지, 학급교체, 전학, 퇴학처분'을 학교장에게 요청할 수 있다. 가해학생이 가해학생 조치를 거부하거나 기피하는 경우, 자치위원회는 추가로 다른 조치를 할 것을 학교의 장에게 요청할 수 있다. 학교폭력 가해학생에 대한 조치는 교육부에서 고시한 세부기준에 따라 결정된다.

학교폭력 가해학생에 대한 조치사항은 시행된 즉시 학교생활기록부에 기재해야 한다. 재심, 행정심판 및 소송이 청구된 경우에는 조치사항을 먼저 입력하고, 향후 조치가 변경될 경우 이를 수정해야 한다. 학교생활기록부에 기재된 학교폭력 조치사항은 해당 학생의 반성 정도와 긍정적 행동 변화 정도를 고려하여 졸업하기 직전

표 5-8 학교폭력 가해학생 조치별 적용 세부 기준

가해학생에 대한 조치	호	내용	판정 점수
교내선도	1호	피해학생에 대한 서면사과	1~3점
교내선도	2호	피해학생 및 신고·고발 학생에 대한 접촉, 협박 및 보복행위의 금지	피해학생 및 신고·고발 학생의 보호에 필요하다고 판단되는 경우
교내선도	3호	학교에서의 봉사	4~6점
외부기관 연계선도	4호	사회봉사	7~9점
외부기관 연계선도	5호	학내외 전문가에 의한 특별 교육이수 또는 심리치료	가해학생 선도·교육에 필요하다고 자치위원회가 의결할 경우
교육환경 변화	6호	출석정지	10~12점
교육환경 변화	7호	학급교체	13~16점
교육환경 변화	8호	전학	16~20점
교육환경 변화	9호	퇴학처분	16~20점

기본 판단 요소

판정 점수	학교폭력의 심각성	학교폭력의 지속성	학교폭력의 고의성	가해학생의 반성 정도	화해 정도
4점	매우 높음	매우 높음	매우 높음	없음	
3점	높음	높음	높음	낮음	낮음
2점	보통	보통	보통	보통	보통
1점	낮음	낮음	낮음	높음	높음
0점	없음	없음	없음	매우 높음	매우 높음

부가적 판단요소

해당 조치로 인한 가해학생의 선도가능성	피해학생이 장애학생인지 여부
해당 점수에 따른 조치에도 불구하고 가해학생의 선도가능성 및 피해학생의 보호를 고려하여 시행령 제14조 제5항에 따라 학교폭력대책자치위원회 출석위원 과반수의 찬성으로 가해학생에 대한 조치를 가중 또는 경감할 수 있음	피해학생이 장애학생인 경우 가해학생에 대한 조치를 가중할 수 있음

출처: 교육부(2018).

에 자치위원회에서 심의를 거쳐 동시에 삭제 가능하며 이때 해당 학생의 반성 정도와 긍정적 행동 변화 정도 등을 고려해야 한다.

　학교장은 가해학생 특별교육 이수조치를 결정한 경우, 교육감이 정한 기관에서 그 학생의 보호자도 특별교육을 이수하도록 해야 한다. 보호자가 특별교육에 불응할 경우, 학교장은 법률에 의하여 300만 원 이하의 과태료가 부과됨을 안내하고 특별교육을 이수할 것을 재통보하여 이수하도록 해야 한다.

③ 분쟁조정

　학교폭력과 관련한 분쟁이 있는 경우에 자치위원회 또는 교육감이 그 분쟁을 조정할 수 있다. 자치위원회 또는 교육감은 분쟁조정 신청을 받으면 5일 이내에 분쟁조정을 시작해야 한다. 학교폭력예방법에 따르면 학교폭력과 관련한 분쟁조정의 대상으로 피해학생과 가해학생 간 또는 그 보호자 간의 손해배상에 관련된 합의조정과 그 밖에 자치위원회가 필요하다고 인정하는 사항을 규정하였다. 피해학생과 가해학생 간 또는 그 보호자 간의 손해배상에 관련된 합의조정으로는 피해학생 측에서 치료비, 위자료 등 금전적 손해에 대한 배상을 요구하는 경우, 가해학생 측에서 치료비, 위자료 등 금전적 손해배상을 통해 합의하고자 하는 경우가 있고, 그 밖에 자치위원회가 필요하다고 인정하는 사항으로는 자치위원회의 조치만으로는 해결이 불가능한 갈등이 있는 경우, 제3의 전문기관을 통한 객관적, 전문적, 공정한 개입이 필요한 경우가 있다.

　분쟁조정 시, 피해·가해 학생이 같은 학교일 경우는 해당학교 자치위원회에서 분쟁을 조정하고, 피해·가해학생이 다른 학교일 경우에는 동일한 시·도 관할 구역인 경우 해당 시·도 교육감이 분쟁을 조정하고, 관할구역이 다른 시·도일 경우에는 각 지역의 교육감 간에 협의를 거쳐 분쟁을 조정한다.

　분쟁조정은 자치위원회의 피해·가해학생에 대한 조치와는 다르게 당사자들의 의견에 반해서 내려질 수 있는 결정은 아니다. 자치위원회 또는 교육감은 다음 어느 하나에 해당하는 사유가 발생하면 분쟁조정의 개시를 거부하거나 분쟁조정을 중지할 수 있다. 분쟁당사자 중 어느 한쪽이 분쟁조정을 거부한 경우, 피해학생 등이 관련된 학교폭력 건에 대해서 가해학생을 고소·고발하거나 민사상 소송을 제기한 경우, 분쟁조정의 신청내용이 거짓임이 명백하거나 정당한 이유가 없다고 인정되는 경우가 이에 해당된다.

　분쟁조정은 분쟁당사자 사이에 합의가 이루어지거나 자치위원회 또는 교육감이 제시한 조정안을 분쟁당사자가 수락하는 등 분쟁조정이 성립한 경우 또는 분쟁조정 개시일로부터 1개월이 지나도록 분쟁조정이 성립하지 않은 경우에 종료된다.

(4) 조치 결정에 대한 재심과 불복절차

　자치위원회가 학교장에게 요청한 피해·가해학생 조치에 대하여 학교장이 해당 조치를 취하고, 이에 대한 피해학생 측과 가해학생 측의 이견 없이 조치가 잘 이행된 경우에는 학교장이 상급행정기관에 처리 결과를 통보함으로서 학교폭력 사안처

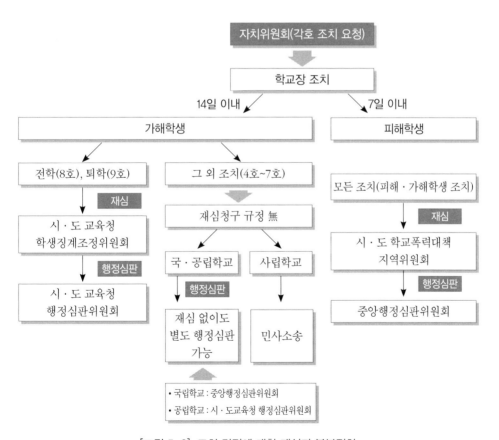

[그림 5-6] 조치 결정에 대한 재심과 불복절차

출처: 교육부(2018).

리가 종결된다. 하지만 자치위원회의 결정에 학교폭력 당사자들이 불복하는 경우에는 학교 밖에서 학교폭력 사안처리가 계속된다.

국·공립학교 학생의 재학관계는 공법관계이며 피해학생 및 가해학생에 대한 조치는 학교장의 행정처분에 해당한다. 이와 달리 사립학교 학생의 재학관계는 사법관계이고 피해학생 및 가해학생에 대한 조치 역시 사법상의 행위로 보아야 할 것이다. 따라서 피해학생 및 가해학생에 대한 조치에 대한 불복절차 역시 국·공립학교학생과 사립학교 학생으로 나누어진다. 학교폭력예방법은 재심제도라는 특별한 권리구제절차를 두고 있는데, 적용에 있어서는 국·공립학교 학생과 사립학교 학생을 구별하지 않는 반면, 피해학생 보호조치와 가해학생 조치에 대하여 재심범위와 재심기관을 달리 정하고 있다.

① 재심

학교폭력예방법에 따라 피해학생 측, 가해학생 측이 자치위원회나 학교장이 내린 결정에 대해 이의가 있는 경우 상급행정기관에 재심을 청구할 수 있다. 피해학생(또는 그 보호자)은 자치위원회 또는 학교장이 내린 피해학생의 조치 및 가해학생에 대한 조치('조치없음' 포함)에 대하여 이의가 있는 경우 지역위원회에 재심을 청구할 수 있다. 가해학생(또는 그 보호자)은 자치위원회가 가해학생에게 내린 전학, 퇴학 조치에 대하여 이의가 있는 경우 시·도교육청에 설치된 시·도학생징계조정위원회에 재심을 청구할 수 있다. 피해·가해학생 모두 재심청구는 조치를 받은 날부터 15일 이내 또는 조치가 있음을 안 날[3]부터 10일 이내에 신청해야 하며, 재심청구를 받은 지역위원회와 시·도징계조정위원회는 30일 이내에 심사·결정하여 청구인에게 통보해야 한다.

하지만 재심 결과에 대해서도 이의가 있는 경우에는 결과 통보를 받은 날부터 60일 이내에 행정심판을 제기할 수 있다.

---

3) '조치를 받은 날'이란 학교장 명의의 학교폭력대책자치위원회 결과통지서가 '당사자에게 도달하여 조치가 성립한 날'을 의미한다. 또한 '조치가 있음을 안 날'이란 해당 조치가 있음을 '현실적으로 안 날'을 의미한다.

② 행정심판

　행정심판이란 행정청의 위법·부당한 처분이나 부작위로 권리 또는 이익을 침해 받은 국민이 이를 회복하기 위하여 행정기관에 제기하는 권리구제제도이다. 가해 학생이나 피해학생이 학교장의 조치나 재심기관의 결정에 대해 불복한 경우 행정 심판을 제기할 수 있다. 다만, 국·공립학교에 재학하고 있는 가해학생은 학교장의 조치에 대하여 행정심판을 제기할 수 있으나 사립학교 재학생과 학교와의 관계는 사법관계에 해당하여 사립학교는 행정청으로 볼 수 없어 사립학교 재학생은 학교 장의 조치에 대하여 행정심판을 제기할 수 없다. 지역위원회와 시·도학생징계조 정위원회는 행정청에 해당하므로 재심 결정에 대해서는 학교의 설립형태에 관계없 이 행정심판을 청구할 수 있다. 학교장의 조치 또는 시·도학생징계조정위원회의 재심 결정에 대한 행정심판은 해당 교육청 행정심판위원회로 제기하고, 지역위원 회의 재심 결정에 대해서는 중앙행정심판위원회에 제기한다.

　행정심판 청구기간은 학교장의 조치에 대하여는 처분이 있음 알게 된 날부터 90일 이내에 청구해야 하며 처분이 있었던 날부터 180일이 지나면 청구하지 못한다. 재 심을 청구하여 그 결정에 이의가 있는 청구인은 통보를 받은 날부터 60일 이내에 행 정심판을 제기할 수 있다.

③ 행정소송

　자치위원회가 법률에 따라 가해학생에 대한 조치를 결정하고, 학교장이 조치를 하였는데 이에 대하여 이의가 있는 가해학생 또는 보호자는 법원에 소송을 제기할 수 있다. 사법적 구체절차인 소송은 재심 또는 행정심판과 무관하므로 학교장의 조 치에 대하여 이의가 있는 가해학생은 재심 또는 행정심판을 거치지 않고 바로 소송 을 제기할 수 있다.

　국·공립학교 재학생과 학교와의 관계는 공법(公法) 관계에 해당하므로 국·공 립학교 재학생은 학교장이 내린 조치에 대하여 조치의 취소 또는 무효확인을 구하 는 행정소송을 제기할 수 있다. 또한 자치위원회 결정에 따른 학교장의 처분에 대 해 재심 및 행정심판이 청구된 경우, 그 결정에 대해 취소 또는 무효확인을 구하는 행정소송 제기가 가능하다. 취소소송은 처분이 있음을 안 날부터 90일 이내에 제기 해야 하며, 처분이 있은 날로부터 1년을 경과하면 제기할 수 없다. 하지만 사립학교

재학생과 학교와의 관계는 사법(私法) 관계에 해당하므로 사립학교 재학생은 학교
장이 내린 조치에 대하여 학교법인을 상대로 조치의 무효확인을 구하는 민사소송
을 제기할 수 있다. 민사소송은 기간 제한 없이 소송을 제기할 수 있다.

3) 공정한 학교폭력 사안처리를 위한 노력

학교폭력 문제가 심각해지면서 교원의 학교폭력 대응 역량이 점차 강조되고 있
다. 특히 학교폭력 사안을 처리할 때, 학교폭력예방법에 근거하여 합법적인 절차에
따라 신속하고 공정하게 진행하는 것이 요구된다. 학교폭력 당사자들은 학교 내의
학교폭력 사안처리 과정에서 여러 갈등을 겪게 되고, 이 과정에서 서로 간의 불신과
반목이 발생하여 학교폭력 문제가 더욱 심각해지기도 한다. 또한 초기에 적절한 대
응과 긴급조치가 이루어지지 않거나, 피해상황에 대한 사실관계 확인이 명확하지
않은 상태에서 학교폭력 사안처리가 진행되는 경우에 학교폭력 당사자들은 학교장
및 자치위원회의 결정을 신뢰하지 않는 결과를 가져온다.

학교폭력 사안처리 과정에서의 정보 부재와 의사소통의 부족 역시 효과적인 사
안처리 절차를 방해한다(서정기, 2012). 특히 학교 내에서 학교폭력 문제가 해결되지
않고 법적인 절차를 밟게 되면 당사자 간의 오해와 대립이 심화된다. 또한 학교공동
체 구성원들도 학교폭력 사안과 관련하여 여러 가지 심각한 분열을 겪기도 하고, 학
교의 핵심 업무를 처리하는 데 지장을 받기도 한다(한유경, 이주연, 박주형, 2013).

학교폭력으로 발생하는 다양한 문제는 사안처리를 공정하고 신속하게 처리한다
고 해서 모두 해결할 수 있지는 않다. 하지만 이 장에서 언급한 학교폭력 사안처리
과정에 따라 피해학생 보호조치와 가해학생 선도·교육조치가 적절하게 이루어진
다면, 학교폭력 당사자들은 학교장 및 자치위원회의 결정에 대해 신뢰할 수 있게 되
고, 궁극적으로 학교폭력 문제 해결에 도움이 될 것이다.

2. 판례

1) 학교폭력 관련 소송의 종류

(1) 행정소송

「학교폭력예방 및 대책에 관한 법률」 제17조 제1항 각호의 가해학생 조치가 학교 생활기록부에 기재가 되면서 가해학생 조치를 받은 학생이 학교(장)를 상대로 제기 하는 소송이 증가하고 있다. 가해학생이 국·공립학교 재학생인 경우에는 학교장 을 상대로 항고소송(취소소송 또는 무효확인소송)을 제기할 수 있다.[4] 취소소송은 처 분이 있음을 안 날(결과통지서를 서면으로 수령한 날)로부터 90일 이내에 제기할 수 있으나 처분이 있은 날(결과통지서를 서면으로 보낸 날)로부터 1년이 지나면 제기할 수 없다. 무효확인소송은 제소 기간에 제한이 없으나 무효확인소송은 일반적인 위 법 사유로는 조치가 무효가 되지 않으며 위법사유가 중대·명백한 예외적인 경우 에만 무효가 되므로 인정되는 경우가 드물다.

가해학생이 행정소송을 제기할 때 위법사유로 주장하는 것은 크게 세 가지로 나 눌 수 있다. 첫 번째는 절차상의 위법이다. 자치위원회 구성상의 법률 위반, 사안 조 사 과정에서의 법률 위반, 자치위원회 개최 과정에서의 법률 위반, 자치위원회 결과 통지 과정에서의 법률 위반 등이 가해학생 측에서 주장하는 대표적인 절차상의 위 법사유이다. 두 번째는 내용상의 위법으로 자신이 가해학생이 아니라는 주장이다. 학교폭력의 고의가 없는 단순한 장난이라거나, 학교폭력이 아닌 학교안전사고에 해당한다거나, 상대방이 먼저 폭력을 행사하여 정당방위라는 주장이 본인은 가해 학생이 아니라는 주장의 대표적인 경우이다. 세 번째는 가해학생은 맞으나 조치가 너무 과해서 재량권을 일탈 또는 남용했다는 주장이다. 2016년 9월 1일부터 교육부

---

4) 사립학교 재학생은 민사소송을 제기하여야 한다는 것이 종전의 확립된 견해였는데 최근 의무교육과정에 있는 초·중학교는 사립학교라고 하더라도 행정청에 해당하여 행정소송을 제기하여야 한다는 법원 결정이 다수 나오고 있다.

고시 「학교폭력 가해학생 조치별 적용 세부기준 고시」가 시행되어 학교폭력의 심각성, 지속성, 고의성, 가해학생의 반성 정도, 화해 정도를 각각 0점부터 4점까지 점수화하여 총점 0점부터 20점까지 구간을 정해서 조치하고 있다. 최근에는 자치위원회가 점수를 높게 주어 위법하다는 주장[5]이 많다.

　드물지만 피해학생이 가해학생이 받은 조치에 대해서 행정소송을 제기하는 경우도 있다. 피해학생은 가해학생 조치에 불만이 있으면 「학교폭력예방 및 대책에 관한 법률」 제17조의 2 제1항에 따라 지역위원회에 재심을 청구할 수 있다. 피해학생이 재심을 청구하였는데 지역위원회의 결정에 불만이 있는 경우에는 지역위원회를 상대로 행정심판이나 행정소송을 제기할 수 있다. 피해학생이 재심을 청구하지 않고 직접 자치위원회의 결정에 대하여 학교장을 상대로 소송을 제기할 수 있는지가 불분명한데 피해학생은 가해학생 조치에 대하여 법적으로 다툴 수 있는 원고적격이 없다는 견해가 우세하다.[6]

　가해학생이 전학이나 출석정지 조치를 받았는데 이에 불복하여 소송을 제기한 경우에도 해당 조치의 효력은 그대로 유지가 된다. 따라서 원칙적으로는 가해학생이 조치를 이행을 하고 소송 결과에 따라 원상회복을 하여야 한다.[7] 그런데 이미 조치를 이행하고 나면 소송을 제기할 실익이 없어지거나, 당사자(가해학생)에게 회복하기 어려운 손해가 발생할 수 있으므로 집행을 정지해야 할 필요가 있을 때에는 소송과 별도로 집행정지 신청을 하여 법원이 집행정지 결정을 하여야 해당 조치의 집행이 정지된다. 일반적으로 가해학생이 취소소송을 제기할 때에는 집행정지 신청을 같이 하는 경우가 대부분이다.

---

5) 예를 들어, 본인은 사건 이후 반에서 떠들지도 않고 근신하고 있으며 봉사활동도 하는 등 반성하고 있는데 자치위원회는 반성의 정도를 '없음' 또는 '낮음'으로 판단하여 위법하다고 주장하는 경우가 있다.

6) 최근 피해학생이 가해학생 조치에 대하여 소송을 제기하여 원고적격을 인정한 하급심 판결이 있다(서울행정법원 2016구합75036).

7) 전학 또는 퇴학조치에 대하여 학생징계조정위원회에 재심을 청구하면 재심 결과가 나올 때까지 전학이나 퇴학조치는 유보가 된다.

(2) 민사소송

피해학생은 가해학생을 상대로 치료비, 정신적 위자료 등 손해배상청구소송을 제기할 수 있다. 가해학생이 책임능력이 없는 미성년자인 경우에는 가해학생의 부모가 소송의 상대방이 된다. 피해학생이 가해학생 측을 피고로 손해배상청구소송을 제기할 때에는 가해학생뿐만 아니라 담임교사, 학교장, 시·도(사립학교인 경우 학교법인)를 공동피고로 하여 관리 책임을 묻는 것이 일반적이다. 가해학생과 시·도 또는 학교법인의 공동책임이 인정되면 「민법」 제760조에 따라 부진정연대책임의 법리가 적용되어 공동불법행위자(가해학생, 시·도나 학교법인) 중 일방이 모든 손해에 대하여 피해학생에게 배상을 하고 남은 공동불법행위자에게 구상권을 청구하여야 한다.

(3) 형사소송

피해학생이 가해학생을 수사기관에 고소하여 형사책임을 물을 수 있다. 「형법」은 만 14세 이상의 소년에 대해서만 형사책임능력을 인정하므로 만 14세 미만은 형사적으로 처벌이 불가능하다.[8] 「소년법」에 따르면 10세부터 19세까지의 소년은 가정법원에서 보호처분[9]을 할 수 있다. 그러므로 14세 이상은 형사처벌이나 보호처분

표 5-9 청소년 연령에 따른 형사책임과 보호처분

나이	형사책임	보호처분
10세 미만	×	×
10~14세(촉법소년)	×	○
14~19세(범죄소년)	○	○

---

8) 「형법」 제9조(형사미성년자) 14세 되지 아니한 자의 행위는 벌하지 아니한다.

9) 「소년법」 제32조(보호처분의 결정) ① 소년부 판사는 심리 결과 보호처분을 할 필요가 있다고 인정하면 결정으로써 다음 각 호의 어느 하나에 해당하는 처분을 하여야 한다.

　1. 보호자 또는 보호자를 대신하여 소년을 보호할 수 있는 자에게 감호 위탁

　2. 수강명령

을 할 수 있고, 10세부터 14세까지는 보호처분만 가능하고, 10세 미만은 「형법」 또는 「소년법」에 의하여 형사책임을 물을 수 없다.

2) 학교와 교사의 법적 책임

(1) 민사적 책임

법원은 ① 교육활동 및 이와 밀접 불가분한 생활관계, ② 예견가능성이 인정되는 경우, ③ 예방교육 등 예방조치를 하지 않은 경우의 세 가지 요건을 모두 충족할 때 교사에게 민사책임(손해배상)을 인정한다.

학교폭력이 발생하였어도 시간과 장소가 교사의 지도범위를 벗어나서 교육활동이 아닌 사적인 영역에서 발생하였다면 교육활동이 아니므로 교사의 책임은 인정되지 않는다. 그리고 교육활동 중에 학교폭력이 발생하였다고 하더라도 우발적으로 발생하여 교사가 예측할 수 없었다면 교원의 책임은 인정되지 않는다. 마지막으로 교육활동 및 예측가능성이 인정되는 경우라도 교사가 예방교육을 실시하고 주의를 주고, 규정에 따른 조치를 다 하였는데도 학교폭력이 발생하였다면 교사에게 민사적인 책임은 인정되지 않는다.

이 세 가지 요건을 모두 만족하여 교사의 민사책임이 인정되는 경우라도 국·공립학교는 교사의 주의의무 위반의 정도가 경과실이라면 국가(지방자치단체)가 대신하여 민사책임을 부담한다. 즉, 국·공립학교 교사는 주의의무 위반의 정도가 고의 또는 중과실인 경우에만 민사책임을 부담한다.

---

3. 사회봉사명령
4. 보호관찰관의 단기(短期) 보호관찰
5. 보호관찰관의 장기(長期) 보호관찰
6. 「아동복지법」에 따른 아동복지시설이나 그 밖의 소년보호시설에 감호 위탁
7. 병원, 요양소 또는 「보호소년 등의 처우에 관한 법률」에 따른 소년의료보호시설에 위탁
8. 1개월 이내의 소년원 송치
9. 단기 소년원 송치
10. 장기 소년원 송치

(2) 형사적 책임

집단따돌림과 같은 지속적이고 악의적인 학교폭력에 의하여 피해학생이 자살을 하거나 심각한 피해를 입은 경우에 (담임)교사에게 형사책임을 물을 수도 있다. 교사는 학생들을 지도하고 감독할 주의의무가 있는데, 교사의 책임을 다하지 못하여 학교폭력이 발생하였다면 「형법」상의 직무유기[10)]에 해당할 수 있다.

학교폭력이 신고·접수되어 교사가 사안을 조사하는 과정에서 협박, 강요, 직권남용 등 강압적인 방법으로 학생에게 진술을 받았다거나 「학교폭력예방 및 대책에 관한 법률」 제21조의 비밀누설 금지를 위반하였다는 이유로 교사를 고소하는 경우도 있으나 실제로 교사의 형사책임이 인정되는 경우는 거의 없다.

(3) 행정적 책임

교사가 학교폭력 사안을 처리하는 과정에서 규정을 위반하였다거나 교사로서 지켜야 하는 책임을 다하지 못하였다면 행정적 책임, 즉 징계를 받을 수 있다. 국·공립학교 교사라면 교육청에서 징계위원회가 열려 징계처분(파면·해임·강등·정직·감봉·견책)을 받고, 사립학교 교사는 학교법인의 정관에 따라 징계를 받는다. 교원의 징계에 대해서는 교원소청심사위원회에 소청을 제기하여 이의를 제기할 수 있으며, 소청심사위원회 결정에 불만이 있으면 소청심사위원회 결정을 상대로 행정소송을 제기할 수 있다.

(4) 관계

교사의 민사, 형사, 행정적인 책임은 별개이므로 동일 사안에 대해서 민사, 형사, 행정적인 책임을 모두 부담할 수도 있으며 민사책임은 인정되나 형사책임은 인정되지 않는 경우도 있을 수 있고, 민사책임과 형사책임은 인정되지 않으나 행정적인

---

10) 「형법」 제122조(직무유기) 공무원이 정당한 이유 없이 그 직무수행을 거부하거나 그 직무를 유기한 때에는 1년 이하의 징역이나 금고 또는 3년 이하의 자격정지에 처한다.

책임은 인정될 수 있다. 민사, 형사, 행정상의 책임은 판단기준, 판단주체, 근거법률, 취지가 다르므로 책임의 범위가 각각 다를 수 있다.

3) 관련 판례

(1) 절차상 하자

> **의정부지방법원 2015. 4. 14. 선고 2014구합7133 판결**
> - 피고가 제출한 자치위원회 위원 명부는 위원이 11명으로 기재되어 있어 법에서 정한 인원을 초과하였음
> - 학부모위원 6명이 학부모전체회의에서 직접 선출되었다는 증명이 없어, 학부모전체회의에서 학부모 대표를 위촉하였다고 볼 수 없음
> - 학교장이 자치위원회에 참석한 것은 자치위원회 결정의 공정성과 독립성이 훼손될 가능성이 크며, 자치위원회의 비공개 원칙에 반하여 위법함

> **서울행정법원 2015. 1. 29. 선고 2014구합62586 판결**
> - 「행정절차법」 제21조 제1항에 의하면 행정청은 당사자에게 의무를 부과하거나 권익을 제한하는 처분을 하려는 경우에는 미리 ① 처분의 제목, ② 당사자의 성명, ③ 처분하려는 원인이 되려는 사실과 처분의 내용, 법적 근거, ④ 의견제출 및 방법 등을 당사자에게 통지하여야 함
> - 자치위원회가 개최되기 전에 가해학생에 해당하는지 여부와 학교폭력예방법 제17조 제1항 각호의 조치 중 어느 조치를 할 것을 미리 통지할 수는 없지만, 처분 상대방의 방어권 보장을 고려할 때 처분하려는 원인이 되는 사실(자치위원회 개최의 원인이 된 학교폭력의 일시, 장소, 행위내용 등 구체적 사실을 의미)을 통지하여야 함
> - 자치위원회가 개최되기 전에 개최된다는 사실만 통지했을 뿐 학교폭력의 내용에 관하여는 아무런 통지를 하지 아니하였으며, 원고의 아버지가 자치위원회가 개최되기 전에 생활지도부장을 찾아가 진술서를 보여 달라고 요구하는 등 충분

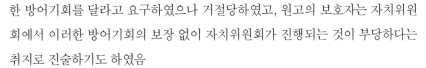

한 방어기회를 달라고 요구하였으나 거절당하였고, 원고의 보호자는 자치위원회에서 이러한 방어기회의 보장 없이 자치위원회가 진행되는 것이 부당하다는 취지로 진술하기도 하였음

- 이 사건 자치위원회는 처분의 원인이 되려는 사실을 통지하지 아니하였으므로 학교폭력예방법 제17조 제5항에 따른 적정한 절차를 거쳤다고 할 수 없으므로 절차적 하자로 인해 위법함

서울행정법원 2013. 12. 24. 선고 2013구합59613

- 피고는 이 사건 처분을 하면서 이유 제시를 하지 아니하였고, 원고와, 특히 법정대리인인 원고의 부는 그로 말미암아 학교폭력을 구성하는 원고의 각각의 행위를 명확히 알지 못하여 이 사건 처분에 불복하여 행정구제절차로 나아가는 데에 지장이 있었다고 판단되므로 이 사건 처분에는 「행정절차법」 제23조 제1항을 위반한 하자가 있음

- 이 사건 처분 이후 원고가 정보공개를 통하여 '학생사안보고서'를 입수한 것으로써 위 하자가 치유된다고 볼 수도 없음

- 따라서 이 사건 처분에 실체적 하자는 없으나 「행정절차법」 제23조 제1항을 위반한 절차적 하자가 있는 이상, 이 사건 처분은 위법하여 취소되어야 함

서울고등법원 2014. 10. 1. 선고 2014누40168(항소심)

- 이 사건 중학교 측에서는 피해학생의 신고 등에 따라 학교폭력에 대한 조사를 실시하면서 원고는 2013. 4. 9.~4. 11. 세 차례에 걸쳐 자필로 자신의 가해행위에 관한 진술서 또는 반성문을 작성하여 담임교사 또는 생활교육담당교사 등에게 제출하였음

- 이 사건 중학교 측에서는 원고가 직접 작성한 서류와 다른 가해학생들이 작성한 서류 등을 종합하여 구체적인 학교폭력 사실의 존부나 경위를 확인한 후 자치위원회를 개최하기로 결정하였는데, 자치위원회에 제출된 '학생사안보고서'에 원고의 가해행위로 명시된 내용은 원고 스스로 작성한 진술서의 내용과 대동소이하여 원고로서는 자신의 어떠한 행위가 어떤 이유로 문제되어 자치위원회가 개최되었는지 충분히 알 수 있었음

- 중학교 측에서는 2013. 4. 11.경 원고가 자신의 가해행위에 관하여 작성한 진술서를 원고를 통하여 보내는 방법으로 이○○에게 원고가 어떠한 학교폭력을 하였는지 알렸고 이○○는 2013. 4. 17. 이 사건 중학교 측으로부터 자치위원회 개최 사실을 통보받게 되자 바로 그 다음 날 원고의 담임교사를 찾아가 담임교사로부터 원고가 다른 학생들과 함께 장애가 있는 급우에게 폭력행위를 하였다는 말을 듣고 피해학생에게 사과하기 위한 방법 등을 상의하였음
- 따라서 이○○ 역시 원고의 어떠한 행위가 어떤 이유로 문제되어 자치위원회가 개최되었는지 충분히 알 수 있었음
- 이 사건 중학교 측에서는 2013. 4. 17. 이외에도 2013. 4. 19. '자치위원회가 개최되니 참석하여 의견을 진술하고 사건에 대하여 소명하라'는 내용의 안내서를 원고를 통하여 이○○에게 보냄으로써 원고와 이○○가 자치위원회에 대비할 수 있는 충분한 기회를 제공하여 이○○는 자치위원회에 대비하는 과정에서 원고에게 구체적으로 어떠한 학교폭력 행위를 저질렀는지 당연히 확인하였을 것으로 보임
- 2013. 4. 22. 열린 자치위원회에서 원고를 비롯한 가해학생 전원은 보고 내용이 모두 사실이라는 취지로 답변하였고, 가해학생들과 그 학부모들이 구체적으로 어떠한 학교폭력 행위를 문제 삼는 것인지 모르겠다는 취지의 이의를 제기한 사실은 없음
- 이 사건 처분 당시 원고와 그 법정대리인인 원고의 아버지 이○○는 어떠한 근거와 이유로 처분이 이루어지는지를 충분히 알 수 있어서 그에 불복하여 행정구제절차로 나아가는 데 별다른 지장이 없었다고 판단됨
- 이 사건 처분서에 처분의 근거가 된 법률의 명칭과 해당 조항이 정확하게 기재되어 있지는 않았으나, 그 문구를 전체적으로 살펴볼 때, 그러한 사정만으로 원고와 이○○가 이 사건 처분의 법률적 근거를 이해하는 데 객관적인 장애가 있었다고는 보이지 않음
- 제1심판결은 이와 결론을 달리하여 부당하다. 따라서 제1심판결을 취소하고, 원고의 청구를 기각한다고 판시함

광주지방법원 2014. 5. 1. 선고 2013구합2402

- 담임교사는 반 학생의 학업, 교우관계 등 학교생활 전반을 가까이서 지도하면서 학생과 밀접한 유대관계를 형성하고 애착을 갖게 되는 것이 일반적임
- 자치위원회 당시 피해학생 담임교사는 피해학생과 밀접한 관련이 있어 불공정한 의결을 할 우려가 있다고 인정할 만한 상당한 이유가 있어 제척사유에 해당함
- 제척사유에 해당하는 담임교사가 의결에 참여한 것은 절차상의 하자에 해당하며, 담임교사를 제외하면 위원 10명 중 5명이 회의에 참여한 것이 되므로 의결 정족수를 충족하지 못하는 위법도 존재함

(2) 재량권의 일탈 또는 남용

광주지방법원 2014. 5. 1. 선고 2013구합2402

- 2012. 11. 14. A는 원고 외 가해학생들이 A를 괴롭힌다고 신고하면서, 원고는 B를 괴롭힌다는 사실을 함께 신고함
- 학교에서 설문조사를 실시하였는데 원고 외 가해학생들의 학교폭력이 대부분이었으며 원고에 대한 내용은 일부 포함되었음
- 원고는 자신의 잘못을 인정하는 반성문을 작성하였으며, 학교에서는 원고 외 가해학생들은 자치위원회에 상정하기로 하고, 원고는 2012. 1학기에 학교폭력 피해자였으며 현재는 피해학생들과 잘 지내고 있는 점을 고려하여 담임교사가 지도하고 종결하기로 함
- 2012. 12. 5. 자치위원회가 개최되어 원고 외 가해학생들에게 출석정지 24일 2명, 출석정지 15일 1명, 출석정지 8일 1명의 조치가 결정됨
- 이후 원고가 B에게 학교폭력을 행사한 사실은 없었으나 원고의 부모와 피해학생들의 갈등으로 2013. 6. 18. 자치위원회가 개최되었고 원고에게 전학조치가 결정됨
- 원고의 행위가 학교폭력에 해당하지만 출석정지를 받은 학생들의 행위에 비하여 중하다고 볼 수 없고, 부모들의 계속된 갈등으로 인하여 담임지도로 종결될

수 있었던 학교폭력 사건이 뒤늦게 피해학생의 요청에 의하여 전학조치가 되었는데, 그 일련의 과정에서 원고의 부모에게 책임을 물을 만한 사정이 있을지언정 원고에게 책임을 물을 만한 사정은 존재하지 않음
- 이 사건 처분(전학조치)은 재량권을 일탈·남용하여 위법하므로 취소함

서울행정법원 2016. 2. 26. 선고 2015구합71358
- 원고가 학교 운동장에서부터 주차장, 강당 옆 계단까지 피해학생을 쫓아가 나무막대기로 때릴 것처럼 휘둘러서 피해학생이 울음을 터트린 것은 신체에 대한 유형력의 행사로서 폭행에 해당하고 당연히 학교폭력에 해당함
- 원고가 정신적으로나 사회적으로 미성숙하고 규범의식을 제대로 정립하지 못한 만 7세의 어린 아동인 점, 부모들이 형사고소를 하는 등 감정이 상하여 화해를 하지 못하여 사건의 본질에서 벗어난 학부모 간의 갈등이 원고에게 불리하게 작용하여서는 아니 되는 점 등을 고려하면 2호 및 5호 처분은 형평과 비례의 원칙에 반하여 재량권을 일탈·남용하였다고 볼 수 있으므로 1호 서면사과 조치를 제외한 나머지 2호, 5호 조치를 취소함

서울행정법원 2016. 5. 26. 선고 2015구합76957
- 학교폭력예방법의 입법취지를 고려할 때 학교폭력에 대해서는 단호하고 엄정한 대처가 불가피함
- 이 사건 학교폭력은 원고가 줄넘기를 하고 있던 피해학생에게 시비를 건 것이 발단이 되었고, 말싸움에 그치지 않고 폭력으로 나아갔으며, 얼굴을 발로 가격하여 코뼈가 부러지고 얼굴이 찢어져 흉터가 넘게 되는 중한 결과를 낳았고, 원고와 원고의 부모는 사과를 하거나 원만한 해결을 위해 노력하는 등 반성하는 모습을 보인 것이 아니라 목격학생에게 유리한 진술을 부탁하고 피해자를 고소하는 등 현명하지 못한 비교육적·감정적 대처로 사태를 더욱 어렵게 만들었음
- 원고는 학교폭력 직전에 체육관 기물을 파손하는 등 폭력적인 행동을 하다가 선도위원회에서 사회봉사 5일의 처분을 받아 이행이 예정된 상태에서 학교폭

력을 일으켰음

- 피해학생과 합의가 되지 않아 감정의 골이 깊어져 있는 상태이고, 학교의 구조상 같은 학년은 같은 층에 배치되어 서로 격리하지 않을 경우 또 다른 불상사가 생길 가능성도 배제할 수 없다는 점에서 전학조치는 불가피함

(3) 교사의 민사책임

- 선도부원이던 B 군은 쉬는 시간과 점심시간에 자신을 무시하고 담을 넘은 A 군을 찾아가 머리와 눈 등을 때림
- A 군은 이 폭행으로 결국 한쪽 눈의 시력을 잃게 됐고, B 군의 어머니 등을 상대로 민사소송을 제기함
- 재판부는 "(가해학생 보호자가) 평소 자녀가 남을 괴롭히거나 해를 입힐 수 있는 위험한 행동을 하지 않도록 일상적인 지도·조언 등으로 보호·감독해야 할 의무가 있음에도 이를 게을리했다"고 판시하면서 1억 2,354만 원과 피해학생의 보호자에게 각각 250만 원을 배상하라고 판시함
- 다만, 학교의 책임은 인정하지 않아 서울시를 상대로 한 청구는 기각함

대법원 2007.11.15. 선고 2005다16034 판결

- 집단따돌림이란 학교 또는 학급 등 집단에서 복수의 학생들이 한 명 또는 소수의 학생들을 대상으로 의도와 적극성을 가지고, 지속적이면서도 반복적으로 관계에서 소외시키거나 괴롭히는 현상을 의미함
- 집단따돌림으로 인하여 피해학생이 자살한 경우, 자살의 결과에 대하여 학교의 교장이나 교사의 보호감독의무 위반의 책임을 묻기 위하여는 피해학생이 자살에 이른 상황을 객관적으로 보아 교사 등이 예견하였거나 예견할 수 있었음이 인정되어야 함. 다만, 사회통념상 허용될 수 없는 악질, 중대한 집단따돌림이 계속되고 그 결과 피해학생이 육체적 또는 정신적으로 궁지에 몰린 상황에 있

었음을 예견하였거나 예견할 수 있었던 경우에는 피해학생이 자살에 이른 상황에 대한 예견가능성도 있는 것으로 볼 수 있을 것이나, 집단따돌림의 내용이 이와 같은 정도에까지 이르지 않은 경우에는 교사 등이 집단따돌림을 예견하였거나 예견할 수 있었다고 하더라도 이것만으로 피해학생의 자살에 대한 예견이 가능하였던 것으로 볼 수는 없으므로, 교사 등이 집단따돌림 자체에 대한 보호감독의무 위반의 책임을 부담하는 것은 별론으로 하고 자살의 결과에 대한 보호감독의무 위반의 책임을 부담한다고 할 수는 없음

• 중학교 3학년 여학생이 급우들 사이의 집단따돌림으로 인하여 자살한 사안에서, 따돌림의 정도와 행위의 태양, 피해학생의 평소 행동 등에 비추어 담임교사에게 피해학생의 자살에 대한 예견가능성이 있었다고 인정하지 아니하여 자살의 결과에 대한 손해배상책임은 부정하면서, 다만 학생들 사이의 갈등에 대한 대처를 소홀히 한 과실을 인정하여 교사의 직무상 불법행위로 발생한 집단따돌림의 피해에 대하여 지방자치단체의 손해배상책임을 긍정한 사례

대법원 2007.4.26. 선고 2005다24318 판결

• 망인은 가해학생들로부터 수개월에 걸쳐 이유 없이 폭행 등 괴롭힘을 당한 결과 충격 후 스트레스 장애 등의 증상에 시달리다 결국 자살에까지 이르게 되었음을 알 수 있고, 가해학생들의 망인에 대한 폭행 등은 거의 대부분 학교 내에서 휴식시간 중에 이루어졌고, 또한 수개월에 걸쳐 지속되었으며 당시 학교 내 집단 괴롭힘이 심각한 사회문제로 대두되어 있었으므로, 망인의 담임교사인 소외 1로서는 학생들의 동향 등을 보다 면밀히 파악하였더라면 망인에 대한 폭행 등을 적발하여 망인의 자살이라는 결과를 사전에 예방할 수 있었던 것으로 보이며

• 나아가 망인에 대한 폭행사실이 적발된 후에도 소외 1, 2는 망인의 정신적 피해 상태를 과소평가한 나머지 망인의 부모로부터 가해학생들과 망인을 격리해 줄 것을 요청받고도 이를 거절하면서 가해학생들로부터 반성문을 제출받고 가해학생들의 부모들로부터 치료비에 대한 부담과 재발방지 약속을 받는 데 그치는 등 미온적으로 대처하였고, 또한 그 이후의 수학여행 중에도 망인에 대하여 보다 특별한 주의를 기울였어야 함에도 불구하고, 특별교우관계에 있는 학생을 붙여 주는 이외에 별다른 조치를 취하지 아니함으로써 결과적으로 망인이 자살

에 이르게 하도록 한 원인을 제공한 과실이 있다고 할 것이므로,
- 피고 경기도는「국가배상법」제2조 제1항에 의하여 그 소속 공무원인 소외 1, 2의 위와 같은 공무수행상의 과실로 인하여 망인 및 원고들이 입은 손해를 배상할 책임이 있다고 판단함

(4) 교사의 형사책임

- 2011년 11월 중학교 여학생이 투신자살을 하였는데, 담임교사가 집단따돌림을 방치하였다는 이유로 직무유기로 기소가 됨
- 1심에서는 유죄가 인정되어 징역 4개월의 선고유예가 선고되었고, 2심에서는 형식적이지만 가해 학생을 불러 훈계를 하는 등의 후속 조치를 했기 때문에 직무유기 혐의를 적용하기 어렵다는 이유로 무죄로 변경되었고 검찰 측에서 대법원에 상고하여 현재 대법원 판결을 기다리고 있음

Chapter 요약 ✎

학교폭력 사안은 학교폭력예방법에 규정된 공식적인 절차에 의해 합법하게 처리되어야 한다. 이는 피해학생에 대한 보호와 가해학생에 대한 올바른 선도 · 교육을 위해 매우 중요하다. 따라서 이 장은 학교폭력이 발생한 이후 효과적인 사안처리를 위해 필요한 절차와 주의사항 등을 알아보았다.

첫째, 학교폭력 사안처리 초기대응 단계에서는 학교폭력 인지 · 감지를 위한 노력, 신고 접수 방법, 초기대응 요령을 알아보았고, 둘째, 사안조사 단계에서서는 전담기구의 구성 및 역할, 사안조사 절차 및 방법, 긴급조치 등에 대해서 알아보았다. 셋째, 조치 결정 및 이행 단계에서는 자치위원회 구성 및 운영절차, 피해 · 가해학생 조치, 분쟁조정에 대해 알아보았고, 마지막으로, 조치 불복수단에서는 재심, 행정심판, 행정소송 절차에 대해 알아보았다.

⌛ 생각해 볼 문제

1. 학교폭력 사안처리 절차가 신속하고 공정하게 이루어져야 하는 이유를 설명하고, 이를 위해 갖추어야 할 교원의 자질이 무엇인지 생각해 보세요.

2. 학교폭력을 감지·인지한 이후 학교폭력 사안처리 과정을 설명하고, 사안처리 과정에서 교원이 주의해야 할 사항을 생각해 보세요.

3. 학교폭력 사안처리 과정에서 교원으로서 피해·가해학생 간의 갈등을 최소화할 수 있는 교육적인 방법을 생각해 보세요.

4. 학교폭력으로 인한 소송이 증가하는 이유는 무엇일지 생각해 보세요.

5. 학교폭력이 발생하였을 때 교사는 어떻게 대응하여야 할지를 생각해 보세요.

6. 학교폭력과 관련한 법적 분쟁을 예방하기 위해서 교사는 어떻게 행동하여야 할까를 생각해 보세요.

7. 학교를 대상으로 소송이 제기되었을 때 당사자 간에 얻는 점과 잃는 점은 무엇일지 생각해 보세요.

참고문헌

교육부(2012). 학교폭력 사안처리 가이드북.

교육부(2014). 학교폭력 사안처리 가이드북.

교육부(2018). 학교폭력 사안처리 가이드북.

서정기(2012). 학교폭력 이후 해결과정에서 경험하는 갈등의 구조적 요인에 대한 질적 사례 연구. 교육인류학연구, 15(3), 133-164.

한유경, 이주연, 박주형(2013). 학교폭력 대책 강화방안에 따른 단위학교 사안 처리과정에서의 갈등 분석. 교육과학연구, 44(4), 73-97.

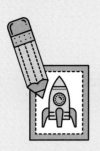

제2부

학생의 이해

학습부진의 이해와 대응

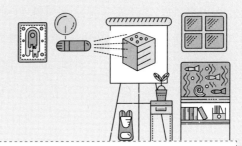

학습개요 및 학습목표

　이 장에서는 기초학력 미달, 학습지진, 저성취 학습자 등 다양한 용어와 혼용되고 있는 학습부진의 개념을 명확히 하는 것으로부터 시작하여, 유형과 영역 및 정도에 대한 진단 방법을 이해하고, 학습부진의 원인과 유형별 특성 파악을 통해 예방과 효과적인 지도 및 상담에 이르는 전반적인 내용을 살펴볼 것이다.
　이 장의 구체적인 학습목표는 다음과 같다.

1. 학습부진과 유사 개념의 차이를 구분하여 설명할 수 있다.
2. 진단과 관련하여 선별과 판별의 개념을 설명하고, 학습부진의 유형, 영역, 정도에 따른 진단의 목표와 방법 및 사용 가능한 검사도구를 제안할 수 있다.
3. 학습부진의 원인과 특성에 대한 이해를 기반으로 유형화할 수 있다.
4. 학습부진 학생 지도를 위한 계획을 수립할 수 있다.
5. 학습부진을 예방하고 이미 학습부진을 보이고 있는 학생에 대한 생활지도 및 상담을 계획할 수 있다.

1. 학습부진의 개념과 진단

의학이나 임상 및 심리학 분야에서는 빈번하게 관찰되는 어떤 현상에 대해 명명(naming)하고, 그 현상의 속성이나 특징을 추출한 후, 향후 그와 비슷한 특징을 보이는 사례를 진단하여 정도에 따라 현재 상태를 판별하게 된다. 이러한 과정은 교육현상에서도 마찬가지이다. 같은 문제를 제시하였을 때 매우 빠른 속도로 정확히 해결하는 학생이 있는가 하면, 많은 시간을 할애해도 해결하지 못하는 학생이 있다. 교육심리학 분야에서는 이렇게 빈번하게 관찰되는 현상을 간단히 기술하기 위해 '지능'이라는 개념을 제안하고, 인간의 지적 특성에 대해 특징을 추출한 후, 향후 진단을 통해 지적 활동을 수행하는 상황에서 학생들의 수행을 예측하거나 수행의 성공 가능성을 판별하기도 한다.

1) 학습부진의 의미

학습부진(underachievement)에 대한 교육심리학적 정의는 성격, 태도, 학습동기, 학습 습관과 같은 개인의 내적 요인이나 학습결손, 부적절한 교수방법, 가정환경 등과 같은 개인의 외적 요인으로 인하여 학습결과가 학습자의 잠재능력에 미치지 못하는 현상을 말한다(한국교육심리학회 편, 2000, p. 473). 이러한 설명은 학습부진에 대한 개념적 정의뿐 아니라 현상에 대한 개인의 내·외적 요인을 포함하고 있지만, 그 원인이 무엇이든 학습의 결과가 낮은 모든 경우를 지칭한다고 할 수 있다. 또한 학교현장에서는 학습부진을 읽기, 쓰기, 셈하기 능력이 초등 3학년 수준에 도달하지 못하는 기초학습 부진과 특정 교과에 있어서 학년별 교육과정에 제시된 최소 수준 목표에 도달하지 못하는 교과학습 부진으로 구분하는 추세이다. 〈표 6-1〉은 학습부진에 대한 국내 연구가 시작된 1980년대를 전후로 하여 연구자들이 사용한 학습부진의 개념을 요약한 것이다.

표 6-1	학습부진 개념화의 변천

연구자	학습부진에 대한 개념화
신세호 외 (1979)	학습잠재능력을 가지고 있으면서도 환경적인 결함으로 학습능력의 발달이 부진하거나 초기의 심한 학습결손 때문에 현재의 학습진도에 적응하기가 매우 어려운 상태에 있어서 정상적 수업조건에서는 기대되는 학습성취를 할 수 없는 학습자
박병량 외 (1980)	학습에 필요한 요소의 결함으로 인하여, 교육단계에서 요구하는 학업성취에서 수락할 수 있는 최저 수준에 도달하지 못한 학습자
박성익 외 (1984)	정상적인 학교학습을 할 수 있는 능력이 있으면서도 선수학습 요소의 결손으로 인하여, 설정된 교육목표에 비추어 볼 때 수락할 수 있는 최저 학업성취 수준에 도달하지 못한 학습자
김수동 외 (1998)	정상적인 학교 학습을 할 수 있는 잠재능력이 있으면서도 환경요인, 개인의 성격이나 태도, 학습습관 등의 요인으로 인하여 교육과정에 설정된 교육목표에 비추어 볼 때 최저 학업성취 수준에 도달하지 못한 학습자
이화진 외 (1999)	일반 능력 면에서는 정신지체 및 심한 정서 장애를 지닌 자를 제외한 모든 학생이면서, 발생 원천 면에서는 선천적 또는 환경적 요인을 모두 포함하며, 학업성취수준 면에서는 읽기, 쓰고 셈하기 측면에서의 기초학습기능 결손자 및 교과별 최소 학업 수준 미달자
김선 외 (2001)	• 광의: 학업수행에 곤란을 느끼는 모든 경우 • 협의: 읽기, 쓰기, 셈하기 등의 기본적인 학습기능에 문제가 있거나 각 교과에서 요구하는 최소 학업성취 기준에 미달하는 경우

출처: 이대식, 황매향(2014), pp. 18-20의 내용을 재구성.

이상의 정의들을 종합해 보면, 연구 초기의 정의에서는 지적 능력보다 환경적 요인의 중요성을 강조하였으나 점차 개인의 내적 요인을 고려하게 되었고, 전반적 부진을 교과 영역이나 인지 기능 영역으로 세분화하는 경향성을 볼 수 있다. 또한 모든 정의에서 '잠재능력'과 '비교기준'에 관련된 용어를 사용하고 있다.

학습결과가 낮다는 현상의 기준 혹은 준거는 무엇인가? 일반적으로 동일 학년에서 상대적인 서열이나 해당 학년에서 달성해야 하는 성취기준 또는 거의 모든 정의에서 사용하고 있는 학습자의 잠재능력을 고려하는 적성-성취의 편차(aptitude-achievement discrepancy)를 전제할 때 학습부진에 대한 정의가 명확해질 수 있다. 또한 뚜렷한 원인이 드러나지 않거나 한 가지 이상의 원인이 복합적으로 작용하고 있는 사례도 많으므로 학습부진에 대한 정의에 이러한 의미가 포함될 필요가 있다.

결론적으로 학습부진이란 잠재능력과 비교하여 학업성취 수준이 특정 기준보다 낮은 사례를 지칭한다. 따라서 일반적으로 학습부진은 창의성이 요구되는 영역보다는 지적 활동이 요구되는 영역과 관련이 있다고 할 수 있다. 학습부진과 혼동되는 개념으로는 학습지진과 학습장애가 있으며 이 개념들의 차이를 이해할 필요가 있다.

2) 유사 개념에 대한 이해

학습부진과 가장 혼동되는 개념은 학습장애이다. 그러나 용어에 포함된 '장애'의 개념으로 알 수 있듯이, 학습장애는 정상의 범위에서 다소 벗어나 있는 대상자라고 할 수 있다. 특수교육학 용어사전에 제시된 학습장애의 정의는 다음과 같다.

학습장애(learning disabilities)

개인의 내적 요인으로 듣기, 말하기, 주의 집중, 지각, 기억, 문제 해결 등의 학습 기능이나 읽기, 쓰기, 수학 등 학업성취 영역에서 현저하게 어려움을 나타내는 장애이다. 학습장애는 다른 장애 조건(감각장애, 정신지체, 정서장애 등)이나 환경 실조(문화적 요인, 경제적 요인, 교수적 요인 등)와 함께 나타날 수 있으나 이러한 조건이 직접적인 학습장애의 원인은 아니다. 학습장애 발현 시점에 따라 발달적 학습장애와 학업적 학습장애의 두 가지 유형으로 분류할 수 있다. 발달적 학습장애(developmental learning disabilities)는 학령 전기 아동들 중 학습과 관련된 학습 기능에 현저한 어려움을 보이는 아동으로 구어장애, 주의 집중장애, 지각장애, 기억장애, 사고장애 등으로 나타날 수 있다. 학업적 학습장애(academic learning disabilities)는 학령기 이후 학업과 관련된 영역에서 현저한 어려움을 보이는 경우로 읽기장애, 쓰기장애, 수학장애 등으로 나뉜다(국립특수교육원 편, 2009, p. 433).

학습부진과 학습장애는 학업성취 결과가 특정 기준보다 현저하게 낮다는 공통점이 있지만, 학습장애는 학습부진의 한 유형이다. 다시 말해, 학습장애는 인지과정의 결함에 의한 학습부진아를 지칭하는 것으로 정의되지만, 현실적으로 지적장애(IQ 75 이하)를 제외하고는 학습장애와 학습부진을 구별하는 것은 거의 불가능하여 유사하게 사용된다.

　한편, 학습부진과 학습장애의 경우 지적 능력의 결함이 전제되지 않지만 지적 능력의 저하로 학업성취가 낮은 경우는 학습지진으로 분류한다. 특수교육학 용어사전에 제시된 학습지진아의 정의는 다음과 같다.

학습지진아(slow learner)

학습지진아는 지적 수준이 정신지체는 아니지만 경계선급 경도장애를 보여 학습 속도가 느리고 학습 능력도 평균 수준에 미치지 못한다. 일반 아동 집단의 하위 15~20%가 학습지진에 해당하며, 지능 수준은 하위 3~25%가량으로 지능지수(IQ)로는 약 75~90 사이에 속한다. 학습지진아는 지각기능장애, 언어 또는 지각 능력 부족, 기억 능력 저하, 논리적 사고력 부족 등의 인지적 특성과 과잉 행동, 주의집중 결핍, 충동성, 자신감 결여 등의 정의적 특성을 가진다. 일반적으로 학습지진아들은 새로운 과제 또는 문제 해결에 자신이 알고 있는 지식을 활용함에 있어서 어려움을 겪고, 학습 및 과제 완성 때 조직 전략을 사용하는 것에 어려움을 갖는다(국립특수교육원 편, 2009, p. 434).

　학업성취도가 낮다는 측면에서 보면 학습지진도 학습부진의 한 유형이라고 할 수 있다. 그러나 학습부진과 학습장애의 경우에는 지능에 결함이 없음에도 불구하고 성취가 낮음에 비해 학습지진은 지능의 결함이 전제되는 차이가 있다. 특히 최근 장애 판별 기준의 변화로 인해 지적장애도 학습장애도 아닌 학습지진아들은 적절한 교육적 서비스를 받기 어려운 실정이다.

　이 밖에도 우리나라의 경우, 저성취 학습자나 기초학력미달 학습자라는 용어가 교육현장에서 빈번하게 사용되고 있다. 시대와 상황을 막론하고 모든 국가는 학령기 학생들의 학력 신장을 통해 장기적인 국가 발전을 도모한다고 볼 수 있다. 우리나라도 학력에 대한 관심이 최고조에 달하고 있으며, 국내외 성취도 평가 결과 추이를 통해 다양한 교육정책과 지원 프로그램을 시행 및 지원하고 있다. 학업성취도 평가와 관련하여 가장 많은 주목을 받는 정보는 국제학업성취도평가(PISA)와 국가 수준 학업성취도 평가이다. 두 가지 평가의 가장 최근 결과에서 우리나라 학생들의 성취도 수준을 요약하자면, PISA 2015의 결과는 2012년 결과와 비교하여 읽기, 수학, 과학 전 영역에서 순위가 하락하였으며, 상위 성취 수준 비율은 감소하고 하위 성취 수준 비율이 증가하는 현상이 나타났다. 또한 2016 국가 수준 학업성취도 평가 결과는 2015년 결과와 비교하여 중 · 고등학교 전체가 보통학력 이상 비율이 2.8%p 증가하였으나, 기초학력 미달 비율이 감소하기보다 아직도 소폭 증가(0.2%p) 곡선을 그리고 있다. 이상의 두 가지 결과를 통해 학습부진에 대한 시사점이 다시 한 번 중요하게 제기되고 있다.

기초학력 미달이란 매년 중학교 3학년과 고등학교 2학년 학생들을 대상으로 시행하는 국가 수준 학업성취도 평가에서 목표 성취 수준의 20%에 도달하지 못하는 경우를 지칭하며, 저성취 학습자(low-achieving students)란 지능이 예측하는 학업성취보다 낮은 수준에 도달한 학생을 의미한다. 교육부는 기초학력 미달에 대해 "해당 학년 학생들에게 기대되는 최소 목표 수준에 이르지 못하여 별도의 보정교육 없이는 다음 학년의 교수학습 활동을 정상적으로 수행하기 어려운 경우"라고 규정하고 있다. 그러나 기초학력 미달과 학습부진이 구분되어야 하는 이유는 기초학력 미달은 선천적 원인에 의한 학습부진도 포함된다는 것이다. 그들의 경우 보정교육을 통해서도 학습부진이 해결되지 않거나 해결이 어려우므로 실제 학교현장에서의 어려움이 크다.

이상의 유사 개념에 대한 이해를 통해 교사들은 교수-학습 상황에서 개별 학습자에 대한 정확한 파악과 그에 기초한 최적의 교육적 처치를 계획할 수 있는 전문가의 역량을 갖추어야 할 것이다.

3) 학습부진 진단

일반적으로 교육상황에서 특정 검사 결과에 의해 학습자를 평가하는 과정에는 선별, 진단, 판별 등의 개념을 사용하고 있다. 세 가지 개념을 학습부진과 관련하여 설명하면 〈표 6-2〉와 같다.

표 6-2 학습부진의 선별, 진단, 판별

구분	목표	방법	국내 검사 도구 예
학습 부진 선별	학습부진 가능성이 있는 학생에 대한 조기 발견을 위해 전체 대상에 대한 대략적 검토	−모든 학생 대상 −형식적, 비형식적 평가 −집단 검사 −시계열적 자료 수집	−교과학습진단검사(학교, 시·도교육청 개발 검사) −국가 수준 학업성취도 평가 −기타(한국교육개발원의 기초학습기능검사, 국립특수교육원의 기초학력검사, 김동일의 기초학습기능수행평가체제)
학습 부진 진단	학습부진 유형과 원인 규명 정도에 대한 확인	−현재/잠재 대상 −표준화검사 −전문가에 의한 개인검사	−지적 원인 검사: 웩슬러 아동용 지능검사, 카우프만 지능검사 −발달 원인 검사: 아동기자폐증평정척도검사 도구, 한국ADHD 진단검사 −유형 검사: 각종 자기보고식 검사
학습 부진 판별	어떤 학생이 학습부진 집단에 속하는지에 대한 최종적 판단	−선별과 진단에 해당하는 대상 −일회적 검사 결과에 의한 판별의 대안: 중재−반응 모형	−국가 수준 학업성취도 평가

　교사와 학생의 직접적인 상호작용이 일어나는 교실에서 현재 혹은 가까운 미래에 학습부진 가능성을 보이는 학습자를 파악하여 적절한 교육적 계획을 수립하고 실천하기 위한 학습부진 진단에 대해 구체적으로 살펴볼 것이다. 이대식과 황매향(2014)은 학습부진 진단의 목적을 학습부진의 원인과 유형 확인, 정도 확인, 영역 확인의 세 가지로 규정하며 다음과 같은 주안점을 제시하였다. 첫째, 학습부진의 유형 진단을 위해서라면 개인 내적(인지 및 심리 요인), 외적(가정의 사회·경제적 여건), 생물학적(뇌 신경계 기능) 요인으로 학습부진의 원인을 파악하고 관련된 교과 영역을 확인해야 한다. 둘째, 학습부진의 영역 진단을 위해서라면 저학년의 경우 읽기, 쓰기, 말하기, 셈하기 등의 기본 학습기능을 중심으로 평가하고 고학년의 경우 주요 교과(국어, 수학, 사회, 과학, 외국어) 영역별 평가를 하여 해당 학년의 평균과 표준편차를 고려해야 한다. 셋째, 학습부진의 정도 진단을 위해서라면 구체적인 정보를 제공하여야 한다. 특히 마지막 정도 진단과 관련하여 현재 우리나라의 학습부진 진단이 판별의 기능만 강조되어 있기에 개별 학습자가 해당 학년 전체 분포에서 차지하는

상대적 서열 정보만 알 수 있다고 지적하였다. 즉, 각 영역별로 어느 정도의 성취를 보이는지에 대한 구체적인 정보가 부족하다는 것이다. 더불어 학습부진을 단 1회의 검사 결과로 진단·판별하기보다 평가 결과의 증감 추이를 주기적으로 점검하거나 한 가지 검사만 사용하기보다 다면적인 측정을 시도해야 할 것이다. 다음 절에서는 학습부진의 다양한 원인과 특성 및 유형에 대해 살펴볼 것이다.

2. 학습부진의 원인과 특성 및 유형

학습부진 원인이란 부진이라는 결과를 촉발한 근본적인 이유이며, 학습부진 유형은 부진의 다양한 현상을 공통적인 속성끼리 묶어서 구분해 놓은 틀이라고 할 수 있다. 학습부진이 한 가지 원인만으로 초래되는 경우는 드물고, 또 한 가지 원인이 한 가지 유형으로 분류되는 것도 아니므로 학습부진의 특성을 복합적인 현상으로 이해할 필요가 있다. 이 절에서는 학습부진의 원인을 학교학습에서 필연적인 개인 차로 이해하고, 주요 연구 결과에서 제시하는 학습부진의 구체적인 특성을 파악하고 학습부진의 유형을 비교해볼 것이다.

1) 학습부진의 원인: 학교학습에서 개인차에 대한 이해

앞서 살펴본 학습부진과 유사 개념들에 대한 이해를 통해 학업성적이 낮은 이유가 다양하다는 것을 짐작할 수 있다. 학습 잠재력이 있음에도 불구하고 환경적·심리적 원인으로 특정 기준보다 학업성취가 낮은 학습부진의 원인을 이해하고자 한다면, 학업성취 관련 요인(혹은 결정요인)에 대한 이해가 선행되어야 한다.

동·서양의 수많은 학자가 학업성취 결정요인에 대한 다양한 개념을 제안해 왔으며 그 전통은 Bloom(1976)으로부터 찾을 수 있다. Bloom은 학생의 개인차를 인지적 투입행동(예: 선수지식, 적성, 독해력, 일반지능)과 정의적 투입행동(예: 교과흥미와 태도, 학교교육에 대한 태도와 흥미, 학문적 자아개념 등)으로 구분하였다. 미국 내 관련 연구들을 분석해 보면 두 요인 중 인지적 행동의 설명력이 더 큰 것으로 추정하고 있다. 그 후 국내외 많은 연구자가 Bloom의 분류를 이용하여 학업성취의 차이를 설명하였으며 그중 우리나라의 한국교육개발원에서는 환경요인으로 가정환경, 학생 특성 요인으로 Bloom의 두 가지 투입행동, 수업요인으로 학습과제와 교수의 질로 설정한 인과적 모델로 학습부진의 원인을 설명한 바 있다(박병량, 이영재, 조시화, 1980).

한편, 국내 연구 중 오성삼과 구병두(1999)는 해방 이후 국내 석·박사 학위논문 587편에 대한 메타분석을 통해 학업성취 관련 변인의 효과 크기 및 영향력을 검증하였다. 연구 결과에 의하면, 한국형 학업성취 관련 변인은 가정변인군, 학교변인군, 교사변인군, 학생변인군, 교수–학습변인군 등의 다섯 가지로 도출되었다. 연구자들은 산발적으로 누적된 국내 연구들을 통합하는 시도를 통해 더욱 신뢰롭고 타당한 대결론을 유도하고자 한 것이다. 이를 바탕으로 윤미선(2008)은 학업성취 관련 개인차변인들에 관한 주요 국내외 연구 결과들을 통해 학교학습에서의 개인차에 대한 이해를 증진하고자 하였다. 특히 오성삼과 구병두(1999)의 변인 구분 틀을 사용하여 그들의 연구 후 10년에 걸친 후속 연구를 분석하고 관련 변인들에 대한 연구동향성을 보고하였다. 두 연구를 종합하여 학교학습에서의 개인차 발생요인을 통한 학습부진의 원인을 제시하면 〈표 6–3〉과 같이 요약할 수 있다.

표 6–3 학교학습에서의 개인차에 기초한 학습부진의 원인

요인군	관련 요인	학교학습에서의 개인차 세부요인 예
학생	지적 특성	지능, 인지양식, 상위인지, 학습전략/기술, 학습양식
	정서	성격 특성, 불안, 신경증, 스트레스, 정신건강 전반
	자아인식	자아개념, 자아존중감, 내외통제 및 자기규제
	동기/태도/습관	학습동기, 습관 및 신념, 교과흥미, 자기조절, 자기효능감, 목표지향성
교수 학습	교수	컴퓨터보조, 수업방법, 웹기반, 발문 수준, 자료특성
	학습	선수학습, 선행지식
	평가	피드백, 평가유형
가정	환경	심리적 환경, 구성원, 사회경제적 지위, 과정변인
	학부모	양육방식, 학습지도/관여양식, 애착
학교	학교	학교장지도성, 학교교육목표
	학급	학급풍토
	교사	전문성, 교수효능감

토착심리학적 접근의 연구물을 지속해서 발표하고 있는 한 연구자에 의하면, 외국 연구와 비교했을 때 우리나라 학생들의 학업성취 결정요인으로 부모자녀 관계나 부모의 학습관여 요인에 대한 영향력이 확인되어 우리나라의 독특한 교육열을 설명할 수 있다고 하였다(박영신, 김의철, 정갑순, 2004 참조). 요약하자면, 교육심리학의 이론적 측면에서나 교육현장의 실제적 측면에서 개인차는 매우 중요하지만, 개인차와 환경적(문화를 포함한 학습자가 처한 맥락) 특성을 연결하는 이해가 수행되지 않는 한 학습자 이해에 기초한 최적화된 교수 · 학습 설계의 한계에 부딪히게 될 것이라는 시사점을 논할 수 있다.

2) 학습부진의 특성

다양한 연구물을 종합해 보면 학습부진의 특성을 설명하기 위해 인지적, 정의적, 환경적 요인을 고려하는 공통점을 찾을 수 있고 각각의 특징을 다음과 같이 요약할 수 있다.

첫째, 학습부진을 보이는 학습자의 주요 인지적 특성은 지적장애의 수준은 아니지만, 지능이 다소 낮고, 어휘력을 포함한 언어능력(특히 추상적 언어능력)이 부족하며, 논리적 사고력과 수리력이 낮고, 주의력결핍-과잉행동장애(ADHD)로 진단받지는 않지만, 주의력에 문제를 보이며 전반적으로 학습 결손이 누적되어 있다.

둘째, 학습부진 학생들의 정의적 특징은 사회적 관계 능력도 낮으며, 불안이 상대적으로 높게 나타난다.

셋째, 학습부진아들의 동기적 특성은 전반적으로 학습의욕과 관련된 동기가 낮고, 자신의 능력에 대한 신념으로서 자기효능감이 낮으며, 목표 설정에서도 장기적이기보다 순간적인 목표를 추구하는 경향이 있다.

넷째, 학습부진의 주요 행동적 특성은 자기통제력이 낮아 충동성과 과잉행동을 보이는 경우도 있고, 절대적으로 학습활동이 부족하며, 학습전략을 사용하지 못하거나 비효율적 혹은 부적절하게 사용한다.

다섯째, 학습부진을 보이는 학습자의 주요 가정 환경적 특징은 가족의 사회경제적 지위인 SES(Social Economic Status)가 낮은 경향이 있고, 부모-자녀 간 관계나 부모의 학습 지원 행동이 원만하지 않으며, 학생의 자율성이 보장되지 않는 환경일 가능성이 크다. 환경적 요인 중 학교나 수업환경은 가정과 비슷하게 학교의 사회경제적 지위가 낮은 경우가 많으며, 학생의 특성을 고려한 교육과정 및 수업 운영 면에서 제한적이고, 교사-학생 간 관계가 낮은 경향이 있다.

이상에서 기술한 학습부진 학생의 특성을 도식화하면 [그림 6-1]과 같다.

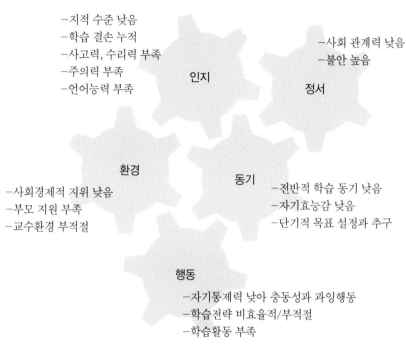

-지적 수준 낮음
-학습 결손 누적
-사고력, 수리력 부족
-주의력 부족
-언어능력 부족

인지

-사회 관계력 낮음
-불안 높음

정서

환경

-사회경제적 지위 낮음
-부모 지원 부족
-교수환경 부적절

동기

-전반적 학습 동기 낮음
-자기효능감 낮음
-단기적 목표 설정과 추구

행동

-자기통제력 낮아 충동성과 과잉행동
-학습전략 비효율적/부적절
-학습활동 부족

[그림 6-1] 학습부진 학생의 다면적 특성

학습부진의 특성을 이해하는 데 있어서 주의할 점은 한 가지 원인만으로 학습부진이 초래되기보다 복합적인 경우가 많듯이 학습부진으로 인한 결과적 특성 역시 인지적, 정서적, 동기적, 행동적, 환경적 현상의 복합체로 이해할 필요가 있다는 것이다. 또한 일시적으로 나타나는 특성으로 인해 진단의 오류를 범하지 말아야 하며, 외현적으로 쉽게 드러나지 않는 내면적 심리 특성을 잘 파악해야 한다. 교사가 경험하는 학습자의 정서ㆍ행동 문제는 충동적이고 과잉행동을 보이는 경우보다 우울함이나 불안과 같이 겉으로 드러나지 않는 경우 적절한 교육적 개입의 기회를 포착하기 어렵기 때문이다.

3) 학습부진의 유형

학습부진은 임상적 진단명이 아니라 정서적 문제나 환경문제 때문에 학습의 어려움이 초래된 경우로, 현실적으로 여러 가지 문제가 복합적으로 작용하여 나타나는 결과적 증상이며 신호이기 때문에 앞서 살펴본 원인에 따른 분류가 불가능할 수도 있다. 따라서 학습부진의 유형은 현상의 결과에 초점을 맞추어 분류하는 것이 적절할 것이다. 최근 학습부진과 관련된 주요 문헌을 통해 학습부진의 유형을 제시하면 〈표 6-4〉와 같다.

표 6-4 학습부진 유형화의 다양성

주요 연구물		학습부진의 유형
조난심 외(2009)		1. 노력형 2. 놀이형 3. 또래형 4. 심리장애형 5. 인지장애형 6. 무력형
이화진 외 (2009)		1. 보육필요형 2. 심리 · 정서 지원 필요형 3. 학습 결손 누적 해결 필요형 4. 학습태도와 동기 유발 필요형
오상철 외(2011)		학습동기-자기통제성의 조합에 따라: 1. 고-고: 노력형 2. 고-저: 동기형 3. 저-고: 조절형 4. 저-저: 행동형
이대식, 황매향 (2014)	개인 특성 측면	1. 학습의지 부족형 2. 학습동기 결여형 3. 공부방법 부적절형 4. 누적된 학습 결손형 5. 심리/정서 불안정형 6. 건강/신경심리학적 문제형 7. 학습장애로 인한 교과별 필수 기본학습기능 결여형
	환경적 지원 측면	1. 주변으로부터의 심리적 지원 결여형 2. 물질적 환경 열악형 3. 수업의 질 미흡형
	교과내용 측면	1. 읽기 기본 학습기능 미흡형 2. 쓰기 기본 학습기능 미흡형 3. 언어 구사 관련 신경기능 결함형 4. 수학 기본 학습기능 미흡형
	복합형	앞의 원인 중 두 가지 이상이 조합된 경우

〈표 6-4〉에서 볼 수 있듯이 학습부진의 유형은 구분하는 기준에 따라 매우 다른 분류가 가능하다. 예를 들어, 이대식과 황매향(2014)은 학습자 개인의 심리적 특성과 환경 여건 및 교과내용의 측면으로 분류한 것에 비해, 오상철 등(2011)은 학습행동에 주요 요인이라고 간주하는 두 가지 심리적 특성의 조합으로 분류하는 다소 특이한 방식을 볼 수 있다.

어떤 기준을 적용하여 분류하건 학습부진의 유형을 분류하는 것은 각 유형에 대한 세부적인 이해가 가능하고, 학습부진 학습자에 대한 직접적인 교육 계획을 수립하는 데 유용하다. 예비교사들은 현장에 진출하는 순간부터 교실에서 만나게 될 학습부진 학생에 대해 정확한 유형 분류를 할 수 있어야 하며, 분류 결과에 의해 적절한 교수 계획을 수립할 수 있어야 한다. 또한 적정 기간의 보정교육이 시행된 후에도 학습의 진전이 보이지 않는다면 교사 자신의 계획과 실행 과정을 점검해 보아야 하고, 분류된 유형은 언제든지 다른 유형으로의 전이가 가능하거나 학습부진으로부터 벗어날 가능성도 염두에 두어야 한다.

3. 학습부진 학생의 지도와 관리

모든 병을 고치는 만병통치약이 없듯이 모든 학습자에게 효과적인 지도와 관리 방법을 계획하기란 불가능하다. 같은 학년, 같은 학급에서 관찰할 수 있는 유사한 학습부진 사례들일지라도 부진의 원인과 정도가 다르며 무엇보다 학생들의 인지 · 정의적 특성, 성장배경, 가정환경 등이 다르기 때문이다. 앞서 살펴본 학습부진의 개념, 진단, 원인, 특성, 유형 등에 대한 이해를 바탕으로 이 절에서는 학습부진 학생들의 학습능력을 실제로 향상할 수 있는 지도 방법과 생활지도 및 상담에 대해 살펴볼 것이다. 중등교사를 준비하는 예비교사라면, 이미 초등학교 단계에서부터 누적된 부진으로 인해 중학교 수업이 불가능한 학생들을 만나게 될 가능성도 적지 않다. 따라서 학습부진이 시작되고 있는 학생들에 대한 초기 개입과 함께 이미 많은 부진이 누적된 학습자들에 대한 효과적인 교수를 계획할 수 있는 역량을 키워야 할 것이다.

1) 교수 계획과 학습전략 지도

⑴ 학습부진 지도모형과 지도전략

학습부진 학생을 위한 프로그램은 기초학습 기능형, 교과 개별지도형, 직업프로그램형, 학습전략형, 심리치료형 등으로 구분할 수 있다. 학습부진의 원인과 유형에 따라 각기 다른 지도방안을 구안해야 하지만, 이 절에서는 가장 기본적인 원칙의 이해를 목적으로 이대식과 황매향(2014)이 제시한 '문제해결식 학습부진 평가모형'에 대해 살펴보고자 한다. 자세한 설명에 앞서 그들이 제시한 모형을 도식화하면 [그림 6-2]와 같다.

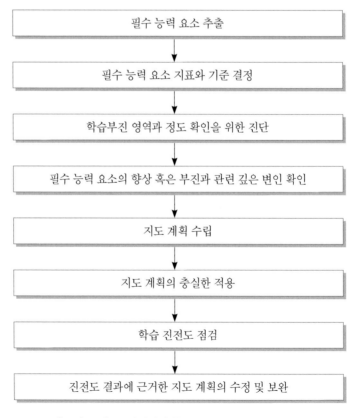

[그림 6-2] 문제해결식 학습부진 평가 및 지도 모델

출처: 이대식, 황매향(2014), p. 106.

이 모델은 전체 8단계로 구성되어 있으며, 특정 교과의 특정 단원에서 학생이 학습한 결과로 보여야 하는 능력 요소인 '필수 능력 요소'를 갖추거나 향상하는 것이 목적이므로 '문제해결식 모형'이라고 볼 수 있다. 일반적으로 교육과정 해설서에 제시된 학습목표가 필수 능력 요소일 가능성이 높지만, 더욱 효과적인 교수 계획을 수립하고자 한다면 객관적으로 확인 가능하며 구체적이고 행동적 수준으로 진술해야 한다.

모델 개발자들은 이 모델에 대해 학습부진 발생 원인을 파악하고 관련 변인을 탐색하여 그에 기반을 두어 지도 계획을 수립하고 적용하며 그 결과를 다시 지도 계획의 수정에 반영하는 과정을 거치는 특징으로 설명하였다. 즉, 계열성을 갖지만 어느 과정에서라도 앞 단계로 돌아가 수정이 가능한 일종의 순환식 모형으로 볼 수 있으며, 이 모형에 기초하여 학습부진의 원인·영역·정도별 구체적인 교수 계획으로 응용할 수 있을 것이다.

국내외에서 학습부진 학습자를 위한 교수방법들을 정리하여 요약하면 다음과 같다.

학습부진 교수전략

1. **적응적 수업전략**: 학습자가 학습상의 결함과 장애를 가지고 있다는 것에 중점을 두지 않고, 학교 외적·내적 요인과 수업사태에서 일어나는 과정변인들을 재조직하고 재구성하는 수업 방식

2. **교정적 수업전략**: 학습자, 학습과제, 학습환경을 분석하여 최적화한 후 장애가 되는 결함이나 약점을 제거하는 데 초점을 맞추는 수업 방식

3. **임상적 수업전략**: 병원에서 환자를 대하듯 진단에서부터 시작하여 개별 학습자의 독특한 특성과 욕구에 부합되도록 학습경험을 제공하는 수업처치(치료)에 초점을 두는 수업 방식

4. **상담을 통한 수업전략**: 상담활동 후 또는 상담활동과 함께 학습지도 프로그램을 시행하는 교수상담(instructional counseling)을 적용하는 방식

(2) 학습전략 지도

학습부진의 원인과 유형에 따라 필요한 지도 계획 수립을 차별화해야 하지만, 이 절에서는 기본적인 학습전략을 소개하고 자기조절 학습전략에 대해 자세히 살펴볼 것이다. 학습전략에 대한 전통적 정의는 '다양한 교과영역에 걸쳐 학습자의 학업성취를 증가시키기 위해 적용되는 일종의 사고전략(thinking strategy) 혹은 인지전략(cognitive strategy)'이었다. 즉, 학습자가 학습할 내용을 효과적으로 이해하고 기존의 저장되어 있는 정보들과의 관련성을 찾아 효율적인 기억과 파지의 단계를 거쳐 문제 상황에 적절한 정보를 탐색한 후 인출하고 적용하여 해결책을 찾는 일련의 인지과정으로 사용된 것이다. 인지심리학 및 교수-학습 영역의 초기 연구자들이 학습에 있어서 사전 지식의 역할을 강조하고 점차 효과적인 학습을 위한 고차적 사고기술, 문제 해결력, 학습전략 등을 가르치는 것에 관심을 전환하는 과정도 학습전략 개념화에 일조하였다.

특히 인지발달이론가들에 의한 저성취 학습자에 대한 연구가 학습전략 연구에 대한 관심을 일으킨 원인 중의 하나라고 볼 수 있다. 즉, 저성취의 원인이 학습자의 인지능력이 아닌 학습전략의 소유 여부와 활용 능력 때문일 수 있다는 인지발달이론가들의 연구 결과(Brown, 1980; Brown, Campione, & Day, 1981)가 교수-학습이론가 및 교육심리학자들의 관심을 고무시킨 것이다(윤미선, 2008 참조).

학습전략 이론의 발달과 더불어 유사 개념이 다양하게 발표되었으며, 전략의 범위 또한 확장되었다. 자기조절 학습(self-regulated learning) 전략은 그 대표적인 예이지만, 전통적인 개념과는 달리 학습전략의 범위를 인지 영역뿐 아니라 행동 및 동기와 정서 조절까지 포함하여 학습과 관련된 포괄적인 전략을 제시하고 있다. 우리나라의 경우, 자기조절 학습과 관련된 용어는 7차 교육과정이 도입된 이후 학교현장에서 자기주도 학습(self-directed learning)으로 더 많이 사용되고 있으나 자기주도 학습을 위한 학습전략이 자기조절 전략이라고 보면 두 용어에 대한 관계를 이해할 수 있을 것이다. 다음 표는 학습자의 자기조절 학습전략을 진단하기 위해 국내에서도 많이 쓰이고 있는 MSLQ(Motivated Strategies for Learning Questionnaire; Pintrich, Smith, & McKeachie, 1989)의 구성 요소와 각 요소를 구현하기 위한 대표적인 예를 제시한 것이다. MSLQ는 진단도구이지만 MSLQ뿐 아니라 일반적으로 대부분의 진

표 6-5	MSLQ의 구성요소와 학습전략 지도를 위한 예	
동기	가치요인	• 내적 목표성향: 도전감, 호기심, 만족감, 발전 정도 지향 • 외적 목표성향: 성적, 상대적 우월감, 과시욕 강조 • 과제 가치: 중요성, 비용, 효용성, 내적 흥미의 개발
	기대요인	• 학습신념 통제: 노력 귀인 강조 • 자기-효능감: 성공 경험 갖기
	정서요인	• 시험불안: 긴장이완 훈련
학습 전략	인지 및 초인지 전략	• 시연: 큰 덩어리를 작게 나누어 누적 반복 • 조직화: 군집/범주화(청킹), 밑줄 긋기, 중심개념 정리, 표/도표 이용 • 정교화: 말뚝어법, 핵심단어법, 심상, 심층처리, 유추 활용 • 비판적 사고: 반대로 생각하기, 질문하기 • 초인지적 자기조절: 계획, 점검, 조절, 자기평가
	자원관리 전략	• 시간 관리: 스케줄러를 작성하고 점검 • 학습환경 관리: 책상 주위에 방해요인 제거 • 노력 조절: 노력 후 자기보상으로 행동 강화 • 동료 학습: 스터디 그룹 활용 • 도움 구하기: 도움 제공자 확보

단도구의 구성요소는 해당 특성을 증진하기 위한 프로그램 구성요소로도 이해할 수 있으므로 학습전략 지도를 위한 교수 설계에 활용하기에 유용하다.

학습전략은 학습부진 학습자에게만 필요한 것은 아니지만, 학습부진 학습자들의 경우 공부하는 방법이나 교과에 따라 효과적인 학습전략을 스스로 터득하지 못했거나 교육받지 못한 경우가 많다. 가장 흔히 볼 수 있는 사례 중 공부를 매우 열심히 하지만 성적이 낮은 학습자의 대부분은 전략 부족이거나 부적절한 전략을 사용하기 때문이다. 또한 학습부진 학습자의 경우 앞서 살펴본 다양한 요소 중 특히 MSLQ의 자원관리 전략에 포함된 시간·환경·노력 조절과 노트필기나 계획 세우기 등의 기본적인 행동 조절과 시연, 조직화 같은 낮은 수준의 인지 조절부터 지도할 필요가 있다. 또한 이러한 전략지도에 있어서 무엇보다 염두에 두어야 할 것은 이 절의 첫 부분에서 설명한 바와 같이 모든 학습부진 학습자에게 만병통치의 기능을 할 수 있는 학습전략이란 존재하지 않는다는 것이다. 학습부진의 원인과 유형에 따라 최적의 지도 계획을 수립할 수 있어야 할 것이며, 학습자 입장에서의 전략은 익숙하고 자연스럽게 사용될 수 있을 때까지 연습과 훈련이 필요하다는 것이다. 일회적인 프로그램의 제공이나 지도로 학습부진이 향상되기를 기대하는 교사는 없겠지만, 특히 중등 교실에서 만나는 학습자들은 이미 초등학교 6년 이상 효과적이건 비효과적이건 자신만의 공부방법을 가지고 있을 것이다. 따라서 학생들은 교사의 기대만큼 쉽게 변하지 않기 때문에 효과적인 지도방법뿐 아니라 교사의 인내심도 필요하다.

2) 예방과 생활지도

(1) 학습부진의 예방

학습부진의 개념을 어떻게 정의하는가에 따라 그 출현율도 달라질 수 있지만, 학습부진의 비율을 최소화하는 것이 학교교육 목적이 되어야 할 것이다. 이와 관련하여 교실 수준에서 교사가 실천할 수 있는 방안으로는 개별화 전략, 즐거운 수업, 관심과 열정, 피그말리온 효과와 같은 기대, 무한경쟁으로부터의 탈피, 자율적 규칙 등을 생각해 볼 수 있다. 나아가 학습부진을 예방할 수 있는 방법으로 선수학습과 완전학습(숙달학습)을 설명하고자 한다.

주어진 시간에 배우게 될 학습과제보다 위계적으로 하위에 해당하는 학습과제를 성공적으로 습득하고 있으면 본 학습과제의 학습이 보다 쉽게 된다. 이때 위계상 하위에 속하는 학습과제를 습득하는 것이 선수학습이다. 각 학습과제는 그 학습과제를 성취하기 위하여 필연적으로 알아야 할 어떤 선행학습이 있게 마련인데, 흔히 선수학습이라 부르기도 하고 시발행동 또는 투입행동이라 하기도 한다. 학습부진은 선수학습의 결여로 생긴 결과일 가능성이 있으므로 부진이 일어나기 전 학습의 계열성을 점검하여 현시점보다 앞선 단계부터 채워 준다면 부진을 예방하는 데 도움이 될 것이다.

Bruner, Gagne, Carroll, Bloom은 교수–학습 이론에서 선수학습을 강조한 학자들로 볼 수 있다. Bruner와 Gagne는 학습에서 아동의 준비도보다는 학습과제의 제시 양식과 그 과제를 학습하기 위해서 선행되어야 할 선수학습의 문제를 더 중시하였다. 이는 학습의 과정에서 필수적으로 요구되는 선수학습의 결손이 학습부진 및 개인차를 유발하는 중요한 요인임을 시사하는 것이다. Bloom도 그의 완전학습 이론에서 출발점 행동이라는 개념 속에 선수학습 요인을 중요한 요소로 지적하고 있다. 또한 Carroll 역시 지능의 개인차란 일정 과제를 해결하는 시간의 개인차일 뿐이며 선수학습의 결손을 없애고 교수의 질을 학습자에게 적합하게만 한다면 누구라도 성공적인 학업성취를 할 수 있음을 강조했다. 특히 Carroll은 학습자가 성취한 학습의 정도를 학습에 필요한 시간과 학습에 사용된 시간의 비율로 설명함으로써 학교 학습을 촉진하고 개선하는 데 필요한 실질적이고 구체적인 전략을 제안한바 있다.

Carroll의 학교학습 모형의 시사점

학습의 정도 = 학습에 사용된 시간 / 학습에 필요한 시간

= (학습기회 · 지구력) / (적성 · 교수이해력 · 교수의 질)

Carroll의 모형에 의하면 학습부진 학습자의 경우 학습에 필요한 시간이 보통 또는 우수한 학생들보다 많이 필요하므로 학습의 정도를 높이고자 한다면 학습에 사용하는 시간을 늘려야 한다. 이는 Bloom의 완전학습 모형에 이론적 기초를 제공하게 되었다.

---

(2) 학습부진 학생의 생활지도

학습부진과 함께 나타나는 다양한 특징 중 특히 낮은 자존감, 부정적 자아개념, 학습 및 생활 전반에 대한 동기 결여 등은 학습의 문제에만 국한되는 것이 아니라 청소년기 발달 과업에 지대한 영향을 주어 건전한 성인으로의 발달을 저해하기도 한다. 교사들은 이미 학습부진을 보이는 학생들의 학습 외 측면에서 어떤 지도를 해야 하는가? 이와 관련하여 Coil(2001, 2012)이 제시한 자존감 형성과 동기유발을 위한 구체적인 기법들을 요약하면 〈표 6-6〉과 같다.

표 6-6 학습부진 학생의 자존감 및 학습동기 향상을 위한 전략

학습부진아의 자존감 형성을 위한 성공적 전략	학습부진아의 학습동기 향상을 위한 성공적 전략
• 거부하는 의미로 해석할 수 있는 말이나 행위(제지행동)를 삼가라. • 언어적인 훈육이 필요할 때는 개인저으로 조용히 불러 교정하라. • 객관적인 평가도구들을 이용하여 장점과 약점을 확인시키고, 장점을 발휘하여 성공을 거두고 성취감을 맛볼 수 있도록 기회를 제공하라. • 긍정적인 피드백을 개별적으로, 지지와 격려를 담아 진심으로 제공하라. • 작은 성취에 대해 보상하고 보상은 행위의 수준에 따라 정도를 달리 제공하라. • 학생의 학교나 일상 중의 감정을 공감하여 신뢰와 수용의 관계를 형성하라. • 적절한 목표를 설정하고, 목표를 성취할 수 있도록 도움을 제공하라.	• 동기 유발이 가능한 교수스타일을 탐색하라. • 학생들에게 관심 영역을 탐색할 기회를 제공하라. • 전형적인 수업방식에서 벗어나 교실 구조를 변형시키되 학습자의 학습양식을 고려하라. • 새로운 기술을 사용하고 학생들이 직접 활용할 기회를 제공하라. • 성공의 기회를 얻게 하여 자신감과 효능감을 높여라. • 동기 증진을 위한 창의성을 계발하기 위해 확산적 사고활동을 늘려라. • 내재동기와 외재동기를 구분하여 사용하라.

한편, 학습부진의 생활지도는 학교 교사만의 힘으로 성공할 수 없으며 가정과의 연계가 중요하다. 이대식과 황매향(2014)은 학습부진 학습자 부모와의 협력 단계를 다음 3단계로 설명하였다.

• 가정의 학업환경 파악하기: 자녀 학업에 대한 부모의 관심 정도와 기대 및 부모의 기대에 대한 자녀의 지각, 양육태도, 가정의 전반적 특성(결손, SES, 다문화, 부모의 심리적 건강 등)을 파악함.

• 부모 만나기: 부모의 협조가 필요한 경우 만남을 주도함. 단, 심리적으로 미성숙한 부모, 생업에 바쁜 부모, 다문화 가정의 부모, 낮은 SES로 학업에 대한 가치가 낮은 부모에 대한 이해가 필요함.

• 부모에게 협조 구하기: 부모가 실천 가능한 구체적인 행동으로 요청하고 부모의 도움 요청에 적극적으로 대응해야 함. 단, 협조 구하기가 불가능한 경우 지역아동센터나 공부방 등 관련 기관의 협조를 구하도록 함.

3) 학습부진 상담 절차와 방법

학습부진과 관련한 학업문제의 상담은 이미 낮아진 성적을 향상시키고자 하는 목적 외에 성적 부진과 함께 출현하는 다양한 요인들을 함께 고려해야 하는 어려움이 있다. 예를 들면, 스트레스, 친구와 가족과 심지어 교사를 포함한 대인관계에서 발생하는 문제들, 학교생활 부적응, 열등감을 포함한 부정적 자아개념 등은 학습부진과의 관계에 있어서 어떤 요인이 선행한 것인지 모호한 경우가 많다. 즉, 학습부진으로 인해 앞서 나열한 요인들이 파생된 것인지, 그 요인들이 먼저 작용하여 학습부진을 초래한 것인지에 따라 상담의 목적과 방법도 달라질 것이다. 또한 상담활동만으로는 효과를 기대하기 어려우며 상담활동과 함께 학습지도활동이 제공되면 상담활동만을 제공하는 것보다 학습부진아의 성적 향상에 훨씬 도움이 되는 것으로 밝혀지고 있다.

(1) 학습부진 상담의 절차

일반적인 상담과 마찬가지로 학습부진 상담도 기본적인 절차는 유사하다. 학교 상담의 다양한 문제 유형 중 학습부진을 포함하여 학업 관련 문제 상담을 위해 구광현, 이정윤, 이재규, 이병임, 은혁기(2005)는 다음과 같은 네 가지 절차를 제안하였다.

- 의뢰: 학습부진의 경우 학습자 본인이 자발적으로 신청하는 경우도 있지만, 대부분은 학부모 또는 담임교사에 의해 의뢰되는 경우가 많다. 상담의 예후로 보면, 어떤 문제이건 자발적 상담인 경우의 효과가 높다고 알려져 있으므로 학생들에게 상담을 안내하는 것도 교사의 역할이 될 수 있다. 또한 자신의 문제를 인식하는 과정에서부터 상담의 필요성을 인식할 수 있으므로 학습부진에 대한 자기성찰의 기회를 제공할 필요가 있다.
- 상담 시작: 자발적이건 비자발적이건 학습부진의 주체는 학습자이므로 상담은 학습자와 시작한다. 시작 단계에서 무엇보다 중요한 것은 내담자인 학습자가 상담자에게 신뢰감과 전문성을 느끼도록 하는 것이다. 이는 상담 진행과정에서 라포 형성으로 자연스럽게 이어질 것이며 상담의 성패를 가름하는 초기요

인이 될 수 있다. 한편, 학습부진의 주원인이 환경적 요인이라면 상담의 시작
단계에서부터 부모를 참여시킬 수도 있다.

- 상담 진행: 시작 단계에서 강조했던 신뢰로운 관계를 통해 상담자와 내담자 간
  형성된 좋은 관계가 상담을 순조롭게 진행한다. 학습부진 상담에 있어서 특별
  히 주의할 것은, 다른 심리적 문제와 달리 학습부진은 현상이나 해결책이 상대
  적으로 분명하므로 수용이나 공감 없이 상담자가 지나치게 일찍 문제를 지적
  하거나 개입하면 내담자의 저항이 생기기 쉽다. 특히 신속한 성적 향상을 기대
  하는 학부모의 재촉으로 인해 상담 진행이 원만하지 않게 될 가능성을 차단하
  고, 조기에 부모교육을 제공하거나 부모에게 상담과정을 이해시키고 적극적인
  협조를 구할 필요가 있다.
- 상담 종결: 어느 시점에서 상담을 종결할지를 결정하는 것 또한 매우 중요하다.
  모든 상담의 궁극적인 목적이 내담자 스스로 문제 해결력을 갖게 하는 것이므
  로, 학습부진 상담의 경우도 학습자에게 상담과정의 주도권을 주고 실제 생활
  에서 연습의 기회를 통해 성공 경험을 쌓아 갈 무렵이 종결을 준비해야 하는 시
  점이라고 이해하면 될 것이다. 상담자는 실제 종결의 2~3회기 전에 내담자에
  게 종결을 예고하되 추수과정(follow-up service)에 대해 안내하여 내담자의 불
  안함을 최소화해 줄 필요가 있다.

(2) 학습부진 상담의 방법

이상에서 살펴본 일반적인 학습부진 상담 절차는 어떤 상담 방법을 적용할 것인
가에 따라 구체적인 기법이나 전략들이 달라질 수 있다. 김영진(2003)은 학습부진
상담을 위해 적절한 방법으로 개인 및 집단상담, 학습놀이, 사회적 집단 요법, 부모
교육 등의 네 가지를 제안하였다.

- 개인 및 집단상담: 학습부진뿐 아니라 모든 상담 영역에서 가장 전형적인 방법이
  며, 특히 학습상담에 적용할 경우 부진의 초기 과정에서 학습부진 정도 및 영역
  등을 진단하여 처방하는 교육적 프로그램을 계획하거나 이미 부진이 많이 진
  행된 학생을 대상으로 교정전략을 제공할 수 있다. 즉, 전자의 경우 상담적 접

근이고 후자의 경우 보상교육의 접근이라고 할 수 있다. 학습부진의 원인이 개인의 심리적 특성 및 가정환경과 관련되어 있다면 먼저 상담적 접근이 필요하지만, 학습방법이나 전략 혹은 특정 인지 결함이 부진의 원인이라면 학습전략 훈련을 통한 교육적 접근이 필요하다. 물론 학습자의 문제 상황에 따라 상담과 학습전략 훈련의 두 과정을 모두 병행해야 하는 경우가 많을 것이다.

- **학습놀이**(learning play): 인간은 누구나 본연의 흥미와 욕구를 가지고 있으며 개인의 자율성과 동기를 통해 스스로 발전시킬 수 있는 능력을 갖춘다는 적극적인 인간관에 의한 상담 및 치료 방법이다. 효과적인 상담을 위해 단순한 장난감이 아닌 인지, 수리, 언어, 과학 등 교과 학습과 관련하여 구체적 목적으로 개발된 놀잇감을 준비한다. 상담이 시작되면 최소한의 규칙을 설명한 후 충분한 탐색시간을 갖도록 하고 관심 있는 놀잇감을 골라 스스로 계획을 수립하여 활동하고 나아가 자신의 활동에 대한 평가도 경험하게 한다. 이 과정에서 상담자나 교사는 학생의 현재 수준을 수용하여 의미화하고 격려하는 긍정적 강화를 통해 그동안 누적된 학습된 무기력이나 두려움을 감소시켜 주는 것이다. 이러한 학습놀이는 특히 부진 초기의 학습자나 가정의 사회경제적 빈곤으로 인해 아동기 인지 경험이 부족한 학습자에게 유용할 수 있다.

- **사회적 집단 요법**: 인과관계를 밝히기 어렵지만 학습부진과 사회성은 일정 부분 관련성을 갖는 듯하다. 즉, 학습부진으로 인해 학교생활에서 자신감이 낮은 학생들은 자연스럽게 교우관계에서도 적극적이지 못한 경우가 많다. 학습부진 학생들의 사회성 회복을 위해 학습자 내면의 심리적 갈등이나 스트레스 및 불만을 스스로 이해하여 변화시키도록 하는 '심리교육적 접근'과 신념체계에 의해 행동이 결정되기 때문에 개인의 행동 변화를 위해 사고와 신념을 변화시키도록 하는 '인지-행동적 접근'을 상담에 적용할 수 있다. 상담과정에서는 게임 요법(game therapy), 역할연기(role-playing), 토론 등을 이용하여 일상생활에서 위축된 자아를 게임이나 다른 사람에 대한 가상적 시연으로 회복시키는 데 초점을 두고 진행하도록 한다. 단, 토론은 초등학교 고학년 이상에게 적용 가능한 것처럼, 학습자의 발달 상태에 따라 효과적인 방법이 다름을 염두에 두어야 한다.

- **부모교육**: 학생 상담의 많은 사례는 가정-학교 간 연계가 필수적이다. 학습부

진의 경우도 예외가 아니며, 특히 학습부진의 원인이 학습자의 인지적 결함이 아닌 경우 부모교육을 통해 효과를 증진할 수 있다. 상담자는 부모에게 자녀의 학습부진 원인을 이해시켜야 하며, 해결이나 증진을 위해 부모의 적극적인 협조를 구해야 한다. 나아가 학습부진의 원인이 부모-자녀 관계나 부부 관계 문제인 경우는 무엇보다 가족 간 관계 회복이 선결되어야 한다. 학습부진의 원인을 파악하기보다 부진이라는 결과에만 초점을 두는 부모들에게 건강한 가족의 기능과 역할이 자녀의 학습에 미치는 영향을 이해시키는 부모교육 또한 학습부진 상담의 주요한 방법이다.

학생들은 같은 교실에서 같은 교사가 진행하는 수업에 참여하지만 학습 결과는 천차만별이다. 그러한 결과를 당연하게 받아들이기는 하지만 간혹 교사나 예비교사, 혹은 학부모와 학습자 모두는 그 이유에 대해 의구심을 갖게 된다. 특히 이 책의 주요 독자층이며 아직 현장에 대한 경험이 없는 예비교사들은 학습부진에 대한 기본적인 개념 이해와 학습 결과의 차이를 일으키는 주요 원인을 자세히 이해하여 교수·학습 설계나 학생 생활지도 및 상담에 필요한 전문 지식을 갖추어야 한다.

Chapter 요약 ✎

이 장의 목적은 학습부진 학습자에 대한 정확한 이해를 바탕으로 적절한 교수·학습적 대응 계획에 필요한 전문 지식을 갖추는 것이다. 이를 위해 우선 학습부진의 개념을 유사 개념들과 비교하여 구분하고, 유형과 영역 및 정도에 대한 진단 방법을 소개하였다. 나아가 학습부진의 원인과 유형별 특성 파악을 통해, 예방과 효과적인 지도 및 상담에 이르는 전반적인 내용을 살펴보았다.

잠재 능력과 비교하여 학업성취 수준이 특정 기준보다 낮은 학습부진과 학습장애, 학습지진, 기초학력 미달, 저성취 학습자 등을 구분해야 하는 이유는 원인과 특성에 따라 교사의 대응이 달라야 학습자는 최적의 교육 효과를 보이기 때문이다. 그러나 모든 병을 치료하는 만병통치약이 없듯이 학습부진으로 판별되었다 할지라도 학습자마다의 다른 교수전략과 지도 및 상담을 계획할 수 있는 교사로서의 역량을 키우는 것이 중요하겠다.

⧖ 생각해 볼 문제

1. 계속되는 실패를 경험하는 학습부진 학생에게 나타날 수 있는 심리 · 행동적 특징은 무엇이 있는지 생각해 보세요.
2. 공부에 투입하는 시간이 매우 많음에도 성적이 부진한 학생이 있다면 어떤 방안을 제공해 주어야 하는지 생각해 보세요.
3. 학습부진 학생 가정과의 협력을 위해 교사로서 할 수 있는 행동의 내용과 범위는 어느 수준까지가 적절할지 생각해 보세요.

참고문헌

구광현, 이정윤, 이재규, 이병임, 은혁기(2005). 학교상담의 이론과 실제. 서울: 학지사.

국립특수교육원(2009). 특수교육학 용어사전. 서울: 도서출판 하우.

김선, 김경옥, 김수동, 이신동, 임혜숙, 한순미(2001). 학습부진아의 이해와 교육. 서울: 학지사.

김수동, 이화진, 유준희, 임재훈(1998). 학습부진아 지도 프로그램 개발 연구. 한국교육과정평가원 연구보고 RRC 98-4.

김영진(2003). 아동 · 청소년 지도자를 위한 학습상담연구. 경기: 양서원.

박병량, 이영재, 조시화(1980). 학습부진아 유형분석에 관한 기초연구. 한국교육개발원 연구보고 RR-121.

박성익, 현주, 임연기, 서혜경(1984). 중학교 학습부진 학생을 위한 프로그램 개발 연구. 한국교육개발원 연구보고 RR-84-12.

박영신, 김의철, 정갑순(2004). 한국 청소년의 부모자녀관계와 성취에 대한 종단 연구: 자기효능감과 성취동기를 중심으로. 한국심리학회지: 사회문제, 10, 37-59.

신세호, 이병호, 김재복, 홍재호(1979). 학습부진학생에 대한 이론적 고찰. 서울: 한국교육개발원.

오상철, 이화진, 김태은, 노원경, 김영빈(2011). 학습부진학생 지도의 실효성 제고를 위한 지원 연구: 강점기반 학습도움 프로그램개발. 한국교육과정평가원 연구보고 RRI 2011-6-1.

오성삼, 구병두(1999). 메타분석을 통한 한국형 학업성취 관련변인의 탐색. 교육학연구, 37(4), 99-122.

윤미선(2008). 학교학습에서의 개인차에 대한 이해. 교육방법연구, 20(1), 23-47.

이대식, 황매향(2014). 학습부진 학생의 이해와 지도(2판). 경기: 교육과학사.

이화진, 김민정, 이대식, 손승현(2009). 학습부진학생지도 · 지원의 실효성 제고를 위한 대안

탐색: 학습부진학생 지도·지원 종합계획(안) 제안을 중심으로. 한국교육과정평가원 연구보고 RRI 2009-13.

조난심, 권점례, 김도남, 서근원, 이신동, 이혜영(2009). 기초학력 증진을 위한 정책 개발 기초연구. 한국교육과정평가원 연구보고 RRI 2009-2.

한국교육심리학회 편(2000). 교육심리학용어사전. 서울: 학지사.

Bloom, B. S. (1976). *Human characteristics and school learning*. New York: MacGraw-Hill.

Brown, A. L. (1980). Metacognitive development and reading. In R. J. Spiro, B. C. Bruce, & W. F. Brewer (Eds.), *Theoretical issues in reading comprehension: Perspective from cognitive psychology, linguistics, artificial intelligence and education* (pp. 453-381), Hillsdale, NJ: Lawrence Erlbaum Associates.

Brown, A. L., Campione, J. C., & Day, J. (1981). Learning to learn: On training students to learn from text. *Educational Researcher, 10*, 14-21.

Coil, C. (2012). *Motivating underachievers: 220 strategies for success*. 정종진 역(2012). 학습코칭: 학습부진아 지도를 위한 220가지 전략. 서울: 시그마프레스.

Pintrich, P. R., Smith, D., & McKeachie, W. J. (1989). *The Motivated Strategies for Learning Questionnaire* [MSLQ]. Ann Arbor, MI: National Center for Improving Postsecondary Teaching and Learning (The University of Michigan [NCRIPTAL]).

제 **7** 장

학교부적응 및 비행행동의
이해와 대응

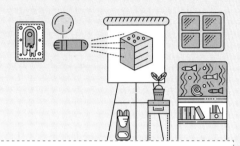

학습개요 및 학습목표

이 장에서는 학교부적응에 대해 이해하고 비행행동의 개념과 유형을 살펴보고자 한다. 이러한 학교부적응 및 비행행동이 발생하는 원인을 진단함으로써 적절한 예방 및 대응 방안을 알 수 있다.

이 장의 구체적인 학습목표는 다음과 같다.

1. 학교부적응의 개념을 이해하고 그 유형을 설명할 수 있다.
2. 비행행동의 개념과 유형을 알고, 이론에 대해 설명할 수 있다.
3. 비행행동의 발생 원인에 대해 설명할 수 있다.
4. 비행행동의 대응 방안에 대해 설명할 수 있다.

1. 학교부적응의 개념 및 유형

1) 학교부적응의 개념

학교부적응(school maladjustment)의 개념이 무엇인지 한마디로 정의하는 것은 어렵다. 왜냐하면 부적응이라 볼 수 있는 행동들이 다양한 형태로 표출되고 있으며, 적응과 부적응의 경계에 대한 관점도 다를 수 있기 때문이다(류방란, 최윤선, 신희경, 이규재, 2007; 이혜영, 손흥숙, 김일혁, 김미숙, 2012).

학교부적응이란 학교라는 환경에서 학생들이 느끼는 마음과 행동이 학교생활 전반에서 제대로 관리되지 못하거나 대처할 수 없는 상태로 논의되기도 한다. 학생들의 다양한 부적응 행동특성이 학교생활이라는 하나의 영역에서 나타나는 것으로 학교생활의 적응과정에서 욕구불만이나 갈등이 심하여 이로 인한 긴장을 해소하기 위해 학교생활에서 이탈하려는 행위로 볼 수 있다. 학교부적응은 학생들의 학교거부 행동을 야기하기도 하며, 학교부적응의 진단근거로는 무단결석, 학교 내외에서 일으키는 사건·사고, 학교가 요구하는 행위로부터 일탈, 학업성적 부진, 등교거부, 교우관계 문제, 의욕 상실 등을 들 수 있다(이복희, 김종표, 김지환, 2011).

학교부적응의 개념을 정의하기 위해 학교부적응과 반대되는 학교생활 적응에 대해 논의하기도 한다. 학교생활 적응이란 학교생활을 하면서 접하게 되는 여러 가지 교육적 환경을 자신의 욕구에 맞게 변화시키거나 자신이 학교생활의 모든 상황과 환경에 바람직하게 수용되는 것이다. 반면, 적응과 달리 부적응은 사람이 자기가 처해 있는 환경과 조화적인 관계를 이루지 못하는 상태를 의미하는 것이다(이병환, 강대구, 2014). 이러한 논의에서 학교부적응은 학교 내의 다양한 요소, 즉 학교규칙이나 친구, 수업에 대한 부적응 상태를 말하며, 이를 통하여 학교에서 문제를 일으키는 것을 의미한다.

학교부적응을 학생의 문제가 아니라 학교의 문제로 보는 관점도 있다. 학생이 아니라 학교가 학생의 학교부적응을 유발한다고 보며, 이는 학교부적응과 학업중단, 학교중퇴 등을 학교 실패(school failure)로 보는 것이다(이혜영 외, 2012). 학교부적응 문제와 관련하여 학생들의 학업성적 부진, 잦은 결석, 성취 수준 미달, 유급, 퇴학 등 처음에는 학교에서의 학생 실패에 관심이 모아졌다가 학생들의 실패가 누적되면서 그러한 실패를 유발하는 학교교육 자체의 문제에 관심을 기울이게 된 것이다(나병현, 2001; 이혜영 외, 2012).

안병영과 김인희(2009)는 그동안 학교부적응을 학생의 문제로 보는 것이 주된 관점이었다고 비판하며, 적응이란 개념에는 본질적으로 적응자와 피적응자가 포함되어 있고 상호관계를 맺고 있기 때문에 학생이 학교에 잘 적응하는가를 살펴보기 위해서는 학교가 학생들에게 잘 적응하는가의 질문도 성립해야 한다고 보았다. 이러한 관점에서 제시된 학교적응과 부적응의 유형에 대한 구분을 제시하면 다음 [그림 7-1]과 같다.

여기서는 학생의 적응유연성과 학교의 적응유연성이 학교부적응의 정도와 양태를 결정하게 된다고 보았다. 유형 1은 학교와 학생 모두 유연성이 높아 부적응 현상이 없으며, 유형 2는 학교의 유연성은 낮으나 학생이 이에 적응하여 나감으로써 적응은 하지만 만족도는 낮은 상태이다. 유형 3은 학생의 적응력은 떨어지나 학교가 유연하게 학생들을 수용하는 상태이며, 유형 4에서는 학교와 학생 모두 유연성이 낮기 때문에 학교부적응이 심각하다고 보았다. 학생이 학교에 부적응하는 경우 일반적으로 학생의 문제로 보는 경향이 있으나, 학교에도 문제의 소지가 있을 수 있다고 본 것이다. 학생의 적응유연성은 개인의 인식, 즉 주어진 상황을 긍정적으로 보느냐, 부정적으로 보느냐 하는 문제와 관련되어 있으며, 가정환경의 영향도 큰 것으

[그림 7-1] 학교적응-부적응의 유형

로 논의된다. 학교의 유연성(resilience)은 학교풍토와 관련이 있다. 인권존중 의식의 부족, 입시 위주의 교육, 성적 중심의 학생 평가, 규제 위주의 경직된 교육행정, 학생의 개성을 존중하지 않는 집단주의적 교육 운영 등이 학교의 유연성을 저해하는 요인들로 지적된다. 학교의 유연성 부족은 학생들이 그만큼 학교에 적응하기 어렵다는 것을 의미하며, 적응하고 있는 학생들도 학교에 대한 만족도는 낮을 수 있다는 것을 의미한다. 학교의 유연성은 기본적으로 학교를 운영하고 교육을 실시하는 사람의 유연성에 기인하며, 이러한 유연한 사고와 적용을 가능하게 하는 것은 유연한 교육행정에서 비롯된다고 보았다. 이러한 유연성은 자율성, 개방성, 상대성, 다양성을 존중하는 사고와 태도를 바탕으로 실현되며, 학교의 일상 속에서 자연스럽게 나타나는 것이므로 유연성을 본질적으로 존중하는 학교문화 형성이 중요하다고 논의하고 있다(안병영, 김인희, 2009).

곽종문(2002)은 또 다른 맥락에서 학교부적응을 보아야 한다고 논의하면서, 학교와 학생에 대한 가정을 재검토할 것을 제안하였다. 학교는 고정된 형식과 내용을 가지고 있으며, 학생은 이를 따라야 한다는 것이다. 학교는 교육과정, 학년제, 시간표, 진급과 진학, 교칙과 질서 유지, 교사와 학생 간 관계 등에서 정형화된 틀이 있으며, 부적응 학생이란 이러한 틀에 적응하지 못하는 학생을 지칭한다고 보았다. 기존의 학교에 부적응했던 학생들이 소규모 대안학교에서는 부적응하지 않는 사례를 지적하며, 종래의 학교 패러다임을 바꾸고 부적응에 대한 관점을 달리해야 한다고 주장하였다(이혜영 외, 2012).

이처럼 학교부적응의 개념은 매우 다의적이고 경계를 분명하게 설정하기 어렵다. 학생들이 학교생활을 영위해 나가는 과정에서 학습 및 생활의 여러 차원의 문제가 학생마다 다르게 나타날 수 있으며, 한 학생에게 중첩되어 나타나기도 한다. 학교부적응을 진단하기 위해서는 주관적 가치판단이 개입되기 때문에 어떤 교사에게는 학교부적응으로 여겨지는 행위가 또 다른 교사에게는 그렇지 않을 수 있다. 학습부진, 수업부적응, 무단결석 등 학습과 관련된 학교부적응과 비행행동, 학교폭력 등 학교생활에서 발생할 수 있는 여러 문제행동을 포괄하여 학교부적응으로 개념화할 수도 있다(류방란 외, 2007; 심의보, 2015).

2) 학교부적응의 유형

교육부에서는 학업중단 현황을 조사하기 위해 학교부적응의 유형을 네 가지로 구분하고 있다. 학업 관련 부적응, 대인관계 부적응, 학교규칙 관련 부적응, 기타 부적응을 학교부적응으로 보고 있으며, 부적응 등의 사유로 학업을 중단하는 학생들이 가장 많은 실정이다(교육부, 2016).

학교부적응을 학업과 관련된 유형, 학교폭력과 관련된 유형, 학교교칙과 관련된 유형, 교우와 관련된 유형, 문화적 차이 및 정서장애 관련 유형 등의 다섯 가지로 구분하기도 한다(김진화 외, 2002; 한국청소년교육연구회, 2000).

첫째, 학업과 관련된 유형으로는 주로 학습부진과 무단결석을 들 수 있다. 학습부진은 정상적으로 요구되는 학습 정도를 따라가지 못하는 상태로 결석, 조퇴 등의 불성실한 태도가 수반된다. 학습부진은 단순히 학업성취로만 표출되는 것이 아니라 다양한 학교생활 부적응이나 생활태도로 나타난다. 둘째, 학교폭력과 관련된 유형은 대인관계에서 발생하는 부적응으로 볼 수 있으며, 가해학생뿐 아니라 피해학생을 모두 학교부적응 유형으로 볼 수 있다. 셋째, 학교교칙과 관련된 유형으로 학교에서 학생들이 지켜야 할 규칙을 위반하는 것과 관련되어 있다. 이러한 경우, 규율위반 시 적용되는 조치에 따라 학생들은 처벌이나 징계를 받기도 한다. 통제를 거부하는 학생들과 질서 유지라는 이름으로 교칙을 적용하려는 학교가 서로 갈등하면서 결국 학생들이 학교에 부적응하게 된다. 넷째, 교우와 관련된 유형으로 또래집단과의 관계가 부적절하거나, 여가시간을 친구와 위험한 행동을 하면서 보내는 것, 반사회적 행동을 하는 친구들과 어울리는 것, 친구들과의 심각한 갈등 등이 부적응의 위험요소로 거론되고 있다. 다섯째, 문화적 차이 및 정서장애 관련 유형은 지역이나 소속 집단의 문화적 차이에 의해 나타나는 부적응으로 오늘날 다양화된 사회에서 간과할 수 없는 부분이다. 정서장애는 감정이 극단적이거나 부적절한 상태가 계속되는 경우를 말하며, 학생들의 정서와 관련된 문제는 대체로 가정에서의 양육태도나 사회환경적인 요인의 결과로 발생하는 경우가 많다(김진화 외, 2002).

이복희 등(2011)은 학교부적응의 유형을 크게 다섯 가지로 구분하였다. 첫째, 학업과 관련된 유형으로 학습부진과 무단결석을 들고 있으며, 둘째, 약물남용과 관련된 유형이 있으며, 셋째, 교우와 관련된 유형으로 교우관계에서 부적절하거나 위험한 행동을 하는 것, 반사회적인 행동을 하는 친구들과 어울리는 것 등이 포함된다. 넷째로, 성과 관련된 유형, 마지막으로, 정서와 관련된 유형으로 구분하였다.

심의보(2015)의 연구에서는 학교부적응의 유형을 개인적 특성에 의한 신체·병리적 부적응과 심리·정서적 부적응, 학교사회의 환경에 의한 부적응으로 구분하였다. 첫째, 신체·병리적 부적응은 신체상의 문제나 병리적 문제들이 부적응이 되는 경우로, 주의력결핍-과잉행동장애, 품행장애, 우울장애 등을 들 수 있다. 둘째, 심리·정서적 부적응은 신경증적 문제가 있거나 열등감이 많은 학생, 무기력한 학생 등을 포함한다. 셋째, 사회·문화적 부적응은 다시 학습활동 부적응과 학교생활 부적응, 대인관계 부적응으로 구분할 수 있다. 학습활동 부적응은 학생이 주어진 과제를 감당하지 못해 학습활동의 성과를 거두지 못하는 것으로 학습부진, 학습곤란, 학습지진 등을 들 수 있다. 학교생활 부적응은 등교를 거부하거나 무단결석하는 학생, 가출하는 학생 등이 포함되며, 최근에는 인터넷 중독으로 인한 학교부적응도 늘어난다고 하였다. 대인관계 부적응은 친구관계 부적응과 교사에 대한 부적응 등으로 대인관계나 사회적 상황에서 주로 나타나는 문제로 보았다.

곽종문(2002)은 학교부적응의 유형을 적극적 탈학교형, 소극적 탈학교형, 잠재적 탈학교형으로 구분한 바 있다. 적극적 탈학교형은 기존의 부적응 개념으로는 포괄할 수 없는 유형으로, 자신의 길을 찾아 자발적으로 학교를 이탈하는 유형을 의미한다. 소극적 탈학교형은 청소년 범죄나 비행, 교칙위반, 가정 파탄 등의 사유로 타의에 의해 학교를 그만두는 경우가 해당하며, 잠재적 탈학교형은 수업시간 내내 잠만 자는 등 학교생활에 전혀 의미를 두지 않는 학생들을 의미한다고 볼 수 있다. 정연순, 이민경(2008)은 학교부적응 학생의 유형을 학교 밖에서 노는 아이들, 학교 안에서 버티는 아이들, 집으로 숨는 아이들로 구분하기도 하였다(이혜영 외, 2012). 이혜영 등(2012)은 학교부적응의 원인을 분석하기 위한 모형을 설정하면서 학생의 학교부적응 유형을 규범부적응, 수업부적응, 교사관계 부적응의 세 가지로 구분한 바 있다.

학교부적응이란 청소년의 다양한 부적응 행동특성들이 학교생활이라는 하나의 삶의 영역에서 나타나는 것을 의미한다. 그것은 개인의 욕구가 학교 내부의 환경과의 관계 그리고 가정과 사회적 환경에서 수용되지 못하거나 만족되지 못함으로써 갈등을 일으키거나 부적절한 행동 양상을 보이는 것을 말한다. 즉, 학교부적응이란 학교생활의 적응과정에 있어서 욕구불만이나 갈등이 심하여 이로 인한 긴장을 해소하기 위해서 학교생활에서 이탈하려는 행위라고 볼 수 있다. 학교부적응과 비슷한 의미로 청소년일탈, 청소년비행 등이 혼돈되어 쓰인다(김진화 외, 2002). 이 장에서는 학교부적응의 한 유형으로서 청소년비행에 대해 구체적으로 살펴보고자 한다.

2. 비행행동의 개념 및 이론

1) 비행의 개념 및 유형

청소년비행(juvenile delinquency)이란 용어는 1899년에 미국 일리노이주에서 「청소년비행에 관한 법률(law on juvenile delinquent behavior)」이 통과되면서 사용되기 시작했으며, 여기에 포함되는 행위의 행태를 살펴보면 「형법」을 위반하는 범죄행위뿐만 아니라 성인과 달리 청소년이기 때문에 문제가 되는 다양한 유형의 행위가 함께 포함되어 매우 포괄적이다(이동원, 2006). 범죄와 비행, 비행과 문제행동을 어떻게 구분해야 할 것인가가 난점으로 제기되며, 보편적으로 받아들일 수 있는 비행에 대한 법적 기준은 있을지 모르나(「소년법」 제4조) 일반적으로 훨씬 넓은 범주의 문제행동까지를 비행으로 인식하기 때문에 공통의 합의를 얻기는 어렵다(고성혜 외, 1995).

청소년에게 기대되는 규범에서 벗어난 일탈행동을 청소년비행이라고 본다면 우선 청소년의 범위에 대한 논의가 개념 규정의 출발이 될 수 있다. 기존 「소년법」은 원래 12세 이상 20세 미만 청소년들을 대상으로 하였으나, 최근에 점점 소년비행이 저연령화, 심각화되어 가는 추세를 반영하여 2007년 개정된 「소년법」에서는 10세 이상 19세 미만 청소년들을 대상으로 하고 있다. 청소년의 연령뿐 아니라 어떠한 행위가 청소년비행인가에 대해서도 논란의 여지가 있을 수 있다. 특히 법적인 개념으로서 소년범죄와 청소년비행은 어떻게 다른가 하는 문제이다. 예를 들어, 중·고등학생들의 가벼운 음주나 흡연은 청소년비행일 수는 있으나 소년범죄는 아니다. 따라서 청소년비행은 소년범죄를 포함한 광의의 개념이라 볼 수 있다.

우선 법적인 개념인 소년범죄에 대해 살펴보자. 소년범죄에 대한 규정은 「소년

법」제4조에서 확인할 수 있다. 개입이 필요한 소년범은 크게 다음의 세 가지 유형
으로 분류할 수 있다.

첫째, 우범소년이란 10세 이상 19세 미만자로서 형사법령을 위반한 것은 아니나
① 집단적으로 몰려다니며 주위 사람들에게 불안감을 조성하는 성벽(性癖)이 있거
나, ② 정당한 이유 없이 가출하거나, ③ 술을 마시고 소란을 피우거나 유해환경에
접하는 성벽이 있는 경우를 말한다. 둘째, 촉법소년이란 10세 이상 14세 미만자로
서 형사법령을 위반하였으나, 형사책임이 없는 청소년들을 말한다. 따라서 이들에
게는 우범소년과 마찬가지로 형사처분을 할 수 없고, 보호처분만 가능하다. 셋째,
범죄소년이란 14세 이상 19세 미만자로서 형사법령을 위반하고 형사책임도 있는
청소년들을 말한다. 이들은 보호처분과 형사처분이 모두 가능하기 때문에 검사가
형사법원으로 보낼지, 아니면 소년법원으로 보낼지를 판단한다(김준호 외, 2013).

청소년비행은 관점과 목적에 따라 시대별로 학자마다 다양하게 정의하고 있다.
협의의 개념으로는 성인이 했을 때는 문제가 되지 않지만 청소년이 했을 때 문제
가 될 수 있는 음주, 흡연, 가출, 무단결석, 성경험 등을 비행행동으로 볼 수 있다(김
경식, 이현철, 2007; 김준호, 1994; 노성호, 2006; 정제영 외, 2016). 학자에 따라서는 이
를 청소년의 지위에 걸맞지 않는 문제행위로 소위 지위비행(status offense)으로 구분
(김경식, 이현철, 2007; 김준호, 1994; 노성호, 2006)하기도 하고, 사회의 바람직한 가치
규범에서 벗어나는 행동이므로 일탈행위(deviant behavior)로 구분(박성희, 1997)하
거나 일탈비행(deviation misdemeanour)으로 정의하기도 한다(정제영 외, 2016). 앞서
살펴보았듯이 광의의 개념에서 청소년비행은 일반적인 사회규범을 위반함으로써
다른 사람에게 피해를 입히는 행위부터 금품갈취, 절도, 폭행 등 각종 법령을 위반
하는 반사회적 행위까지 포함하는 것으로 범죄보다 더 포괄적인 의미를 갖는다(노

표 7-1 현행 소년법에서의 소년범의 분류

유형	해당 연령	형사책임 여부	형사법령 위반 여부	가능한 처분
우범소년	10세 이상 19세 미만	없음	위반 안 함	보호처분
촉법소년	10세 이상 14세 미만	없음	위반	보호처분
범죄소년	14세 이상 19세 미만	있음	위반	보호처분 형사처분

언경 외, 2014; 박병식, 1999; 박성희, 1997).

청소년비행의 유형을 구분하는 가장 일반적인 형태는 비행의 죄질에 따라 경비행과 중비행으로 구분하는 방식이다(이동원, 2006). Sanders(1976)는 청소년비행을 크게 세 가지 유형으로 구분하였는데, 첫째, 청소년들에 의해서 범해지는「형법」을 위반하는 중한 범죄행위들로 여기에는 살인, 강간, 강도, 폭행 등의 강력범죄와 주거침입, 절도와 같은 일부의 재산범죄가 포함될 수 있다. 둘째, 경한 비행으로서 빈도 상으로 중한 범죄보다는 좀 더 많이 나타나는「형법」위반행위로 사소한 절도나 폭행 등이 포함된다. 세 번째 유형은 청소년 지위비행으로 가출, 무단결석, 음주, 흡연, 미성년자 출입금지 장소의 출입 등 청소년들에게만 해당되는 위반행위가 포함된다.

한편, Kobrin 등(1980)은 전적으로 중한 비행을 저지르는 중비행자(heavies), 지위비행뿐만 아니라 사소한 경비행을 저지르는 경비행자(lightweights), 간헐적으로 지위비행을 저지르는 일반 청소년(conforming youth)의 세 가지 유형으로 구분하였다. 이 연구에 의하면 각 집단에서 지위비행이 가지는 의미가 다르게 나타나는데, 중비행자들에 지위비행은 흔히 일어나는 사건에 불과하며, 경비행자들에게는 경비행과 함께 간헐적으로 저지르는 비행행동의 형태로 나타난다. 일반 청소년들은 지위비행을 가끔 하지만 자신이 비행자로 인식되지 않을까 하는 두려움 때문에 자주 저지르지는 않는다고 한다. Kelly(1983)도 지위비행자들을 일반 비행자들과 구분하고 있다. 지위비행자라는 용어는 소년법원의 입장에서 청소년의 지위상 불법행동이지만, 만일 그러한 행위가 법적인 성인에 의해서 저질러졌다면 불법행동이 아닌 것이다. 지위비행자들은 청소년들 사이에서 독특한 특성을 가진 집단이며, 심각한 비행자(hard-core delinquent)들과는 명확하게 구분된다. 대부분 지위비행자의 행동은 성장하는 과정에서 나타나는 것으로 크게 비정상적인 것이 아니며, 이러한 행동은 청소년들의 독립적인 정체감을 갖도록 하는 측면도 있다고 보고 있다(이동원, 2006에서 재인용).

노성호(1992)는 청소년비행을 죄질에 따라서 범죄행동과 문제행동으로 구분하고, 범죄행동에는「소년법」에 의거해서 범죄소년 또는 촉법소년의 기준에 부합되는 행위를 포함하였으며, 문제행동에는 음주, 흡연 등과 같은 지위비행을 포함하였다. 김준호와 이동원(1995)은 비행의 질을 측정하기 위해 비행항목을 지위비행, 약물비행, 성비행, 재산비행, 폭력비행으로 구분하였고, 김희화(2003)는 시대적 흐름을 반영하여 최근에 빈번하게 일어나고 있는 사이버비행을 포함하여 지위비행, 폭력비행, 성비행, 약물비행, 재산비행으로 구분하였다. 정제영 등(2016)의 연구에서는 청소년이 행하면 문제의 소지가 될 수 있는 행위인 음주와 흡연 등을 일탈비행(deviation misdemeanour)으로 정의하고, 일반적인 사회규범을 위반하는 수준에 이르는 금품갈취, 절도, 허위정보 유포, 폭행 등을 범법비행(law-breaking delinquency)으로 정의하면서 이 둘을 포괄하여 다중비행(multiple delinquency)으로 개념화하기도 하였다.

2) 비행행동을 설명하는 이론

청소년비행을 설명하는 이론은 크게 개인을 중심으로 설명하는 이론과 사회환경을 중심으로 설명하는 이론으로 구분할 수 있다. 개인을 중심으로 설명하는 이론은 다시 생물학적 원인론과 심리학적 원인론으로 구분하여 살펴볼 수 있다. 사회환경을 중심으로 설명하는 이론은 긴장이론, 사회학습이론, 사회통제이론, 낙인이론 등으로 구분할 수 있다.

(1) 개인 중심의 청소년비행이론

① 생물학적 원인론

생물학적 원인론에서는 개인의 신체적 특징, 체격, 유전성 등을 통해 개인의 비행행위를 설명한다. 과거에는 단순히 생물학적 특성에만 주목했다면 최근에는 청소년의 행동이 주변을 둘러싼 환경에 적응하는 과정에서 나타나는 것으로 간주하여 그의 유전적 소질과 환경적인 영향의 조합이 행위 유형을 만들어 내는 것으로 보아 생물사회학적 요인으로 설명하려는 경향이 늘고 있다. 즉, 한 청소년의 생물학적, 정신적 결함에 의해 야기된 개인의 소질과 그의 환경 사이의 상호작용이 청소년의 비행 행위를 일으키는 원인이라는 것이다. 이러한 관점에서 음식물 섭취, 호르몬 수준과 같은 생화학적 요인과 신경계 기능장애, 유전적인 영향에 대한 연구들이 이루어지고 있다(김준호 외, 2013).

첫째, 생화학적 요인들에 대한 것으로 청소년의 반사회적 행위와 생화학적 요인 사이에 관심을 기울이는 견해에 따르면 어떤 청소년의 신체적 화학작용이 공격성과 우울증의 수준 등을 포함하여 행위와 성격을 지배할 수 있다는 것이다(Raine, 1993; Denno, 1988; Hippchen, 1981; Gans,1991). 둘째, 신경계 기능장애에 주목하는 견해로 신경내분비계의 이상이 반사회적 행동이나 약물남용과 관련이 있다고 보거나(Fishbein et al., 1989), 뇌신경계의 기능 장애도 반사회적 행동과 관련이 높다고 보고 있다(Raine et al., 1966; Tibbetts, 1995; Seguin et al., 1995). 셋째, 유전적인 영향으로 어떤 청소년들은 폭력과 공격성에 빠질 경향이 높다는 것이다. 최근 연구들은 같은 가정에서 자라난 형제 자매간에 비슷한 비행행위를 저지른다는 사실을 보여 주었다. 그 이유가 환경 때문인지 유전 때문인지 명확하지 않아 환경과 유전성의 영향을 독립적으로 파악하기 위해 범죄학자들은 범죄자가계연구, 쌍생아연구, 입양아연구를 진행하였는데, 이들 연구에서 상당 부분 유전적인 영향이 있는 것으로 나타났다. 입양아연구에서는 어릴 적에 입양된 아이의 행동이 아이를 기른 양부모의 행동보다는 이전에 한 번도 만나 본 적이 없는 생물학적인 부모의 범죄행동에 보다 가까운 것으로 나타났다(Hutchings & Mednicks, 1977). 그러나 최근 유전성과 비행과의 관계에 대한 평가 결과를 종합해 보면 비록 그 관계가 의미 있게 나왔다고 하더라도 잘 계획된 조사 연구들은 이전의 조사 설계가 미흡했던 연구의 결과들에 비해 그 관계를 덜 지지한다는 사실을 알 수 있다.

② 심리학적 원인론

심리학적 원인론에서는 폭력행위, 절도 등 모든 비행행위들이 결국은 청소년의 마음에 내재된 심리적인 문제의 증상이라고 간주한다. 인간의 심리에 대한 연구 분야는 상당히 다양하고 복잡하기 때문에 청소년의 비행행위에 대한 여러 가지 설명이 가능하다(김준호 외, 2013). 비행에 대한 심리학적 접근에 있어서 정신분석적으로 비행의 원인을 규명하려는 이론과 비행을 과거 학습경험의 자연적인 발전으로 파악하는 행동이론, 인지발달 정도에 따라 비행원인을 밝히려는 인지이론, 그리고 인간의 인격특성의 차이에서 비행성을 찾으려는 인성이론 등이 대표적이다.

첫째, 정신분석이론에서는 법 위반행위는 인생의 초기에 형성되어 그 이후의 인간행위 선택과정을 통제하는 비정상적인 성격구조의 결과라고 설명한다(Freud,

1963). 청소년의 비행행위는 원본능에 의해서 본능적인 욕구에 따른 행동을 하는 것을 자아와 초자아가 적절하게 통제하지 못하면 나타나게 된다는 것이다. Erickson (1968)은 많은 청소년들이 자신의 역할과 인생의 목표에 대해 감정적이고 충동적이며 확신하지 못하는 상태를 느끼며 자신의 내부에서 일어나는 갈등에 직면하는 정체성 위기를 경험하게 되고 이때 비행행동을 저지르기 쉽게 된다고 설명하였다. 비행행위를 청소년들이 경험하는 해결되지 않는 정신적인 분노와 내적인 갈등의 결과라고 보기도 한다(Abrahamsen, 1944).

둘째, 행동이론에서는 한 개인의 성격은 무의식적인 과정보다는 다른 사람과 상호작용을 하는 과정에서 형성되는 것으로 본다. 개인이 자신의 행동에 다른 사람이 어떻게 반응하는가를 관찰하는 것을 통해 배우게 되고, 행동은 처음에 환경 내에서의 자극이나 변화에 의해서 시작된다고 주장한다. 폭력행위가 빈번하게 발생하는 가정환경에서 자란 청소년들은 그러한 행동이 받아들여질 수 있는 것이고 보상을 받는 것이라고 배울 수 있다는 것이다(Calson, 1986).

셋째, 인지이론에서는 도덕적 판단력이 인간의 인지발달에 따라 내재화되는 과정을 상정하여 범죄원인을 탐구한다. 어떻게 사회의 가치와 규범을 획득하여 내재화하는가가 비행행동에서 중요한 문제가 되며, 어떤 사람은 사회적 기대를 보다 쉽게 내재화하는 반면, 어떤 사람은 그렇지 못하다고 보았다. 청소년비행은 사회의 규제를 내재화하는 데 어려움을 겪을 때 나타난다(Bartol, 1980). Kohlberg 등(1973)에 의하면 비행청소년 중의 상당수는 도덕적 발달단계에서 1~2단계에 머물고 있는 반면, 일반 청소년은 그보다 높은 단계에 있는 것으로 나타났다.

넷째, 인성이론에서는 인간의 심리적 틀 내에 존재하는 저변의 갈등이 표출된 것이 비행이라고 말한다. 인성 발달은 현재의 생활경험에서도 영향을 받지만 그 발생기원은 아동기에 있으며, 어려서 형성된 특정한 인성적 특징이 그 사람의 일반적 외관뿐만 아니라 전반적인 행위를 특징지으며, 비정상적 특징이 비행을 유발하도록 작용한다고 가정한다. 인성이론에서는 비행과 관계된 것으로 알려진 파괴적·비정상적인 인성특징을 평가하기 위해 투사법(projective techniques)과 인성검사표(personality inventory) 등을 주로 사용한다.

(2) 사회환경 중심의 청소년비행이론

① 긴장이론

긴장이론에서는 청소년들이 겪는 긴장과 좌절이 비행의 동기로 작용한다고 보았다. 대표적으로 Merton(1938)의 아노미이론(anomie theory)을 들 수 있다. Merton은 문화적 목표와 제도적 수단 간의 관계로 이들 행위를 설명하는데, 문화적으로 공유하고 승인하는 목표를 제도권 내에서 합법적으로 달성하기 위한 수단이 없을 때 비합법적인 방법을 동원할 수밖에 없다고 보았다. 하층청소년들은 성공에 있어서 합법적인 수단이나 기회의 제약으로 좌절하게 되고 대처방식으로 비행을 선택한다고 보았다. 긴장이론에 대한 미시연구에서는 열망(aspiration)과 기대(expectation) 간의 격차를 통해 비행행동의 관련성을 살펴보려고 하였다. 그러나 기존 연구를 보면 계층과 비행과는 큰 관련이 없고, 하위계층일수록 그러한 열망과 기대 간에 격차가 큰 것으로 나타나지도 않았으며, 또 그 격차가 큰 아이들이 비행을 더 저지르는 것도 아니라는 연구 결과가 있어 긴장이론은 큰 지지를 받지 못했다. 이후 열망과 기대의 격차보다는 기회 제약, 상대적 박탈감을 통해 접근하기도 하였다.

한편, Agnew(1992)는 일반긴장이론(general strain theory)을 주장하면서 비행의 원인으로 목표 달성의 실패, 긍정적 자극의 소멸, 부정적 자극의 발생을 제시하였다. 첫째, 목표 달성의 실패에서는 원하는 열망과 기대간의 격차, 기대와 실제 성취 사이의 격차 그리고 공정치 못한 결과로 인한 긴장을 그 요인으로 제시한다. 둘째, 긍정적 자극의 소멸은 청소년들에게 꼭 필요하지만 그것이 상실된 사건, 예를 들어 부모의 사망, 친구와의 이별 등 생활사건을 긴장의 원천으로 보았다. 셋째, 부정적 자극의 발생은 부모로부터의 학대, 친구들의 괴롭힘, 선생님으로부터의 스트레스 등 일상생활에서의 부정적 자극을 말한다. 일반긴장이론에서는 그러한 긴장요인들로 인해 청소년들이 부정적 감정을 경험하기 때문에 비행을 저지른다고 봄으로써 긴장과 비행 사이의 부정적 감정을 매개요인으로 보았다(Agnew & White, 1992; Paternoster & Mazerolle, 1994).

② 사회학습이론

사회학습이론의 관점에서는 청소년들이 학습한 가치와 태도에 주목한다. 어떤 청소년은 법을 절대로 위반해서는 안 된다고 생각하는 반면, 위반할 수도 있다고 보는 청소년도 있다. 대표적으로 Sutherland(1939)의 차별접촉이론(differential association theory)을 들 수 있다. 청소년들이 주위 사람들로부터 법 위반에 호의적인 가치나 태도를 학습하게 되면 비행을 저지를 가능성이 높아진다. 즉, 비행은 친밀한 관계에 있는 주위 사람들과의 상호작용과 의사소통 과정에서 학습되는 것이다. 차별접촉이론은 이후 경험적 연구들에서 많은 지지를 받아 왔다(Short, 1957; Jackson et al., 1986; Bruinsma, 1992). 그러나 왜 청소년들이 차별적 접촉을 하는지에 대한 설명이 부족하고, 최초 비행을 설명할 수가 없으며, 법 위반 태도의 학습과정을 제시하지 못한다는 비판을 받는다. 또한 접촉 없이도 비행이 일어나는 경우를 설명하지 못하며, 비행친구와 접촉한다고 누구나 비행을 하는 것은 아니기 때문에 어떤 특성이 그러한 작용을 막는지를 설명하지 못한다는 한계가 있다. 차별접촉이론을 보완한 이론들로는 Glaser(1956)의 차별동일시이론(differential identification theory), Burgess와 Akers(1966)의 차별강화이론(differential reinforcement theory), Akers(1985)의 사회학습이론(social learning theory) 등이 있다.

한편, 사회학습이론을 거시적 측면에서 접근한 이론으로 하위문화이론(subculture theory)을 들 수 있다. 하위문화이론에서는 하층청소년들이 지배적인 문화와는 다른 문화 속에 위치해 있음으로 해서 그 문화에 속한 가치와 신념에 따라 행동하다 보면 자연스럽게 비행을 할 수 밖에 없다는 것을 강조한다. Cohen(1955)은 비행하위문화이론(delinquent subculture theory)을 통해 하층청소년들이 중산층 기준에 맞추는 과정에서 좌절을 경험하고 그 과정에서 비행하위문화를 형성하고 비행을 저지르게 된다고 설명했다. Miller(1958)는 하층지역에 본래부터 비행가치와 문화가 존재하고 있기 때문에 그 지역에 사는 청소년들이 비행을 저지르게 된다고 보았다. 그러나 하층지역의 비행률이 높은 것이 하위문화 때문인지는 분명하지 않다. 흑인 구성률이 높은 지역의 범죄율이 높다 하더라도 그것은 흑인의 하위문화가 아니라 빈곤문제에 기인한 것이라는 연구 결과(Blau & Blau, 1982; Parker, 1989)에서 나타나듯이 이 이론은 큰 지지를 받지는 못했다.

③ 사회통제이론

사회통제이론적 관점에서는 어떠한 요인이 비행을 하지 않도록 하는가에 관심을 갖는다. 개인의 내적인 통제요인에 주목한 이론으로는 Reckless(1961)의 봉쇄이론(containment theory)을, 사회화 기관에 의한 통제작용은 Hirschi(1969)의 사회유대이론(social bonding theory)을 들 수 있다. 또한 사법기관의 처벌에 의한 통제작용은 억제이론(deterrence)에서 강조되고 있다.

Reckless(1961)는 청소년들에게 비행을 하도록 유인하는 요인으로 비행에 대한 욕구와 충동, 불만, 공격성과 같은 내적 배출요인, 주위 비행친구의 꼬임, 대중매체, 유흥업소 등의 외적 유인요인, 빈곤, 실업 등 열악한 환경과 같은 외적 압력요인을 제시하고 있다. 이러한 요인들이 있으면 청소년의 비행 가능성이 높아지지만 그럼에도 불구하고 내·외적 통제가 있다면 비행을 극복할 수 있다고 보았다. 외적 통제는 부모의 감독, 훈육과 같이 외부의 누군가에 의한 비행 통제이며, 내적 통제는 책임감이나 자기통제력과 같은 내적 특성에 의한 통제인데, 특히 '좋은 자아개념'과 같은 내적 요인이 비행을 하지 않도록 하는 중요한 결정요인이 된다고 보았다. 한편, Hirschi(1969)는 누구나 비행동기를 갖고 있지만, 사회와 유대를 가질수록 비행동기를 통제할 수 있게 되어 비행을 저지르지 않게 된다고 주장한다. 즉, Hirschi의 사회유대이론에서는 청소년이 사회와 맺는 사회유대의 정도를 비행의 중요한 원인으로 다루고 있는데, 애착(attachment), 관여(commitment), 참여(involvement), 신념(belief)을 주요한 요소로 들었다. 사회에 대한 애착이 높고, 관여하며, 참여를 하고, 사회의 도덕적 신념을 받아들이는 아이들은 비행가능성이 낮고, 그렇지 못한 아이들은 비행을 저지른다고 주장한다.

억제이론은 사회 통제 중 사법기관의 처벌 여하에 주목하여 청소년비행을 설명할 수 있다고 주장한 이론이다. 억제이론은 비행의 원인을 처벌의 여부와 강약에 두고 처벌을 강화하게 될 때 아이들은 처벌에 따르는 고통과 두려움 때문에 비행을 하지 않으며, 처벌과 통제가 느슨하다면 비행 발생 가능성이 높을 것이라고 주장한다. 또한 처벌을 강화함으로써 잠재적 비행청소년의 비행을 사전에 억제하고 예방할 수 있다고도 보았다. 그러나 경험적 연구들에서 처벌과 비행의 인과관계가 정확하지 않다는 비판이 제기되었고, 억제이론가들은 처벌이 단순히 처벌 자체의 고통 때문에 비행의 감소 및 억제를 가져오는 것이 아니라 처벌의 억제효과는 사회유대와 관련해서 나타난다고 주장한다. 비행으로 인해 처벌을 받음으로써 주위 사람들에게 비난을 받는 등 사회유대에 손실이 발생하기 때문에 비행을 억제하는 효과가 있다고 본 것이다(Williams & Hawkins, 1986).

④ 낙인이론

낙인이론(labeling theory)은 누가 비행을 하는가보다는 누가 비행행위자로, 그리고 어떤 행동이 비행으로 규정되는가에 주목한다. 낙인이론가들은 비행을 아이들이 저지른 행동이 가지는 특성 자체가 아니라 비행이라고 규정된 것이라고 본다. 즉, 사법기관 등에 의해 어떠한 행위가 '비행'이라고 규정되기 때문에 비행이 되는 것이지 특별히 어떤 아이들이 비행을 저지르는 것은 아니라고 보았다. Lemert(1967)는 일차적 일탈(primary deviance)과 이차적 일탈(secondary deviance)이라는 개념으로 낙인을 설명하였는데, 일차적 일탈은 누구나 우연한 기회에 저지를 수 있는 사소한 일탈을 말한다. 그런데 그 행동이 일탈로 낙인찍히게 되면 그 아이는 사소한 수준을 넘어 보다 심각한 일탈을 저지르게 되는데, 이처럼 낙인으로 인한 심각한 수준의 일탈을 이차적 일탈이라고 보았다. 낙인이론가들은 비행의 원인이 낙인이라는 것을 강조한다. 어떤 아이가 비행청소년으로 낙인찍히게 되면, 그러한 과정을 통해 더욱 심각한 비행을 저지르게 된다고 본 것이다. 낙인이론가들은 낙인이 찍히면 부정적 자아가 형성되고, 부정적 자아대로 행동하다가 비행을 하는 것으로 보고 자아의 역할을 강조하는데, 이러한 측면에서 상징적 상호작용이론에 의해 영향을 받았다고 평가된다. 즉, 다른 사람과의 상호작용에서 남들이 나를 어떻게 생각하는가 하는 사고과정 가운데 자아가 형성되고 그 자아가 사람들의 행동을 설명하는 데 매우 중요하다고 보고 있으며, 이러한 내적 과정과 자아의 역할을 강조하고 있다.

기존의 경험적 연구들에서 낙인이론을 어느 정도 지지하는 결과(Palamara et al., 1986; Kaplan & Johnson, 1991)가 나타나기도 하였지만 그 효과는 강하지 않으며, 다른 변인들이 통제될 때 영향력이 미약하다는 비판이 제기되었다. 낙인이론은 특히 억제이론가들의 주장과 대조되어 억제이론의 논의대로 비행청소년에 대한 처벌이 이후 비행을 차단하는지, 아니면 처벌과 낙인은 오히려 비행청소년을 양산하게 하는지가 논란이 되었다. 그러나 기존 연구들에서는 두 이론 모두 크게 지지받지는 못하였다. 비행을 저지르고 처벌을 받은 아이들은 추후 비행을 저지를 가능성이 높지만, 그것은 처벌과 낙인 때문이 아니라 이전의 비행의 정도와 죄질에 의해서 설명

된다는 것이 지배적인 입장이다(이성식, 1997). 즉, 초기 비행을 일으킨 개인 혹은 사회 환경적 요인이 이후의 비행도 설명한 개연성이 높다는 것이다. 그렇지만 기존 연구에서 공식기관의 처벌과 낙인의 부정적 효과가 상대적으로 미약했던 반면, 부모나 학교 교사 등 주위 사람들에 의한 낙인은 청소년에게 부정적인 영향을 미치는 것(Matsueda, 1992; 이성식, 2007)으로 나타나 주위 사람들의 태도가 중요하다는 것을 알 수 있다.

3. 비행행동의 발생 원인 및 현황

1) 비행행동의 발생 원인

사회 현상을 진단하고 파악할 때에는 그 현상의 발생 원인을 다양한 관점에서 살펴보는 것이 중요하다. 비행행동 및 부적응도 단일한 차원의 요인에 의해 발생하기보다는 개인의 특성, 가정환경, 학교교육활동 경험 등의 다양한 환경적 요인의 상호작용을 통하여 발생하므로 이러한 요인들을 충분히 고려해야 한다(정제영 외, 2016). 청소년비행의 원인은 크게 거시적 측면, 미시적 측면, 개인 심리적 측면으로 구분하여 살펴볼 수 있다. 거시적 측면은 사회의 제도 및 구조의 모순 때문에 청소년들이 비행을 저지르게 된다는 것이고, 미시적 측면은 청소년의 가족 및 친구관계, 학교생활 등을 통해 청소년비행을 설명하고자 한다. 개인 심리적 측면의 경우에는 사회 구성원으로서 청소년들이 타인과 상호작용하는 과정에서 발생하는 긴장, 스트레스, 분노 등의 부정적인 감정을 청소년비행 발생의 주요한 원인으로 파악한다(고은희, 황성현, 2015).

청소년비행과 관련된 선행연구 결과를 살펴보면 다음과 같다. 청소년비행에 있어 남녀 차이를 다룬 연구들에서는 남학생의 비행 정도가 여학생보다 높게 나타난 연구(고정자, 2003; 남재봉, 2011; 이성식, 2011)가 있는 반면, 비행행동에 있어서 남녀 차이가 없거나(제미순, 최원희, 2008) 지위비행과 같은 비행의 일부 유형에서 여학생의 비행 정도가 심각한 것으로 나타난 경우를 밝힌 연구가 있다(정익중, 2005). 청소년은 사춘기를 전후해서 자아존중감, 자기통제력, 불안 및 우울, 충동성 등 심리적인 감정의 변화를 많이 겪게 되는데, 이는 청소년비행에 부정적인 영향을 미치는 주요한 개인 심리적 요인으로 나타나고 있다(김준호, 1995; 정익중, 2005).

청소년들은 학교에서 교사와 친구들과 함께 생활하게 되는데, 교사의 관심과 지지, 격려와 기대를 매개로 형성되는 긍정적 관계는 학생들의 비행을 낮추는 요인으로 작용하지만(홍봉선, 이영아, 2009), 교사의 무관심과 낙인을 통해 형성되는 적대적 관계는 학생의 도덕적 일탈을 촉진하는 위험요인으로 작용하게 된다(박영신, 2003; 유성경, 1999). 또한, 청소년의 비행친구와의 접촉은 비행 발생에 상당한 영향을 미치는 것으로 나타나고 있다. Sutherland와 Cressey(1947)의 차별접촉이론에 의하면 청소년비행과 범죄행위는 비행친구들과의 상호작용을 통해 비행의 방법, 비행에 대한 욕구 및 동기, 법·규범 위반에 대해 합리화하는 방법 등이 학습되어 나타나는 행동으로 볼 수 있다. 즉, 비행친구가 많고 자주 어울릴수록 청소년의 비행이 증가한다는 것이다(김성식, 이현철, 2007). 반면, Hirschi(1969)의 사회유대이론에 의하면 청소년비행은 청소년들의 비행친구 여부와는 관계없이 사회유대가 약화될 경우에 발생하기 때문에 친구들 간 애착이 강하게 형성된다면 청소년들의 비행 가능성이 낮아지게 된다고 설명한다.

청소년의 징계 경험도 비행의 영향요인으로 나타났는데, 징계처분을 받은 후 비행 청소년으로 낙인되면 그로 인한 재비행이 발생하기 쉽다는 연구(이남희, 이봉건, 2009; 정혜원, 박정선, 2008)가 있다. 한편으로 청소년의 문제행동에 대해 징계처분을 하지 않는 것이 오히려 청소년의 비행을 증가시키게 된다는 연구 결과도 보고되고 있다(정일환, 김영환, 2012).

2) 비행청소년 현황

법무부의 소년보호종합교육관리시스템(TEAMS) 통계에 따르면, 보호소년 및 위탁소년의 연도별 신수용인원은 2012년 10,011명을 정점으로 2015년 8,466명(보호소년 2,288명, 위탁소년 6,178명), 2016년 7,504명(보호소년 2,096명, 위탁소년 5,408명) 감소 추세였으나, 2017년의 경우 8,359명(보호소년 2,450명, 위탁소년 5,909명)으로 소폭 증가하였다. 여기서 '보호소년'은 소년부 판사의 심리 결과 보호처분이 필요하다고 인정되어 「소년법」 제32조 제1항 제7호부터 제10호의 규정에 의하여 소년원에 송치된 소년이며, '위탁소년'은 「소년법」 제18조 제1항 제3호에 의거 소년부 판사가 사건의 조사·심리에 필요하다고 인정하여 소년분류심사원 등에 위탁한 소년을 말한다. '신수용인원'은 당해연도 법원 소년부의 결정에 의해 소년보호교육기관에 송치 또는 위탁된 인원과 임시퇴원 취소, 유치 등으로 새로 입원한 인원을 의미하며, '일일평균수용인원'은 전국 소년원 및 소년분류심사원 등 소년보호기관에 수용되어 있는 보호소년과 위탁소년의 1일 평균 수용인원을 나타내는 수치이다.

표 7-2 보호소년·위탁소년 현황

구분		2010	2011	2012	2013	2014	2015	2016	2017
신수용 인원	계	9,117	9,642	10,011	9,748	8,272	8,466	7,504	8,359
	보호소년	2,822	2,960	3,429	3,037	2,363	2,288	2,096	2,450
	위탁소년	6,295	6,682	6,582	6,711	5,909	6,178	5,408	5,909
일일평균 수용인원	계	1,581	1,720	1,854	1,852	1,660	1,549	1,530	1,612
	보호소년	1,163	1,264	1,390	1,380	1,236	1,112	1,132	1,168
	위탁소년	418	456	464	472	422	437	398	444

출처: 소년보호종합교육관리시스템(TEAMS) 통계.

보호소년 및 위탁소년 현황 지표는 청소년비행의 예방과 선도·보호를 위한 효과적인 정책 수립, 학술연구의 기초 자료로 활용되며 소년보호기관 시설 조성, 처우 및 교육 정책 수립 등에 중요한 자료로 활용될 수 있다. 학교폭력 대처 여론, 소년사법환경 변화 등으로 볼 때 소년보호기관의 전체 수용인원은 일시적으로 증가할 것으로 보이나 청소년인구의 추이, 시설의 수용능력 제한 등으로 신수용인원 및 일일평균수용인원은 감소 할 것으로 예상되고 있다.

한편, 분류심사·상담조사·대안교육 실시인원 현황을 살펴보면 다음과 같다. 이 지표는 분류심사와 비수용 소년에 대한 상담조사를 통한 비행원인 진단과 재범방지 교육, 그리고 학교 부적응자·기소유예자·법원에서 의뢰 또는 결정한 교육대상자에게 실시하는 대안교육 현황을 파악하기 위한 것이다. 구체적으로 살펴보면, '분류심사'는 법원 소년부가 소년분류심사원 또는 소년원에 위탁한 소년범에 대해 수용·보호하면서 비행정도, 비행원인, 재비행가능 여부 등 비행성을 진단하는 일련의 과정으로, 분류심사 결과는 법원으로 송부하여 대상 소년의 심리자료로 활용되며 심리 이후 보호관찰소나 소년원으로 송부되어 보호처분 집행 시 참고자료로 활용된다(관련 법령:「소년법」제12조, 제18조,「보호소년등의처우에관한법률」제24조 등). '상담조사'는 법원 소년부가 비수용 상태에서 소년분류심사원 또는 소년원에 의뢰한 소년에 대해 분류심사를 실시하는 한편, 1주일 이내의 단기간 동안 인성교육 및 체험 위주의 재비행 방지를 위한 단기교육·조사 프로그램을 시행하는 것이다(관련 법령:「소년법」제12조, 제18조,「보호소년등의처우에관한법률」제2조 제2항, 동법 시행령 제52조). '대안교육'은 일반학교에서 의뢰한 학교부적응 학생, 검찰에서 의뢰한 조건부기소유예 대상자, 법원에서 의뢰 또는 결정한 교육대상자에게 실시하는 3일, 5일, 10일 과정의 인성교육 또는 체험교육 프로그램을 의미한다(관련 법령:「소년법」제32조의2 제1항, 제49조의3 제2호,「보호소년등의처우에관한법률」제42조의2,「초중등교육법」제18조).

비행 예방을 위한 다양한 처리 절차 도입과 학교폭력에 대한 강력 대처로 전국에 16개의 청소년비행예방센터(청소년꿈키움센터)가 신설되어 운영되고 있으며, 최근 대안교육 의뢰인원이 급증하는 추세이다. 분류심사 인원은 2010년(5,723명)에서 2013년(6,357명)까지 점차 증가하다 2014년 5,543명 2015년 5,804명, 2016년 5,116명으로 약간 감소 추세였으나 2017년 5,614명으로 증가하였으며, 상담조사 인원은 2010년 5,301명 이후 2015년 4,119명, 2016년 3,993명으로 감소하였으나 2017년 4,179명으로 소폭 증가하였다.

표 7-3 분류심사·상담조사·대안교육 실시인원 현황

구분	2011	2012	2013	2014	2015	2016	2017
분류심사	6,007	5,435	6,357	5,543	5,804	5,116	5,614
상담조사	5,296	5,148	4,382	4,261	4,119	3,993	4,179
대안교육	23,382	30,122	23,013	23,630	36,638	49,317	54,019
합 계	34,685	40,705	33,752	33,434	46,561	58,426	63,812

학교폭력에 대한 강력 대처 등으로 대안교육에 대한 교육 수요는 증가할 것으로 예상되나, 청소년인구 감소에 따라 분류심사·상담조사 인원은 점차 줄어들 것으로 예상된다. 정부에서는 학교폭력의 증가, 소년범의 저연령화, 경제 불황에 따른

가족기능 약화 등으로 청소년비행 문제의 심각성이 높아질 것으로 예상하고 있다. 이에 소년보호기관은 '청소년비행예방센터' 역할을 증대하고, 시설 내 교육의 내실화, 출원자에 대한 사회 정착 지원 강화 등을 통해 청소년비행 예방 및 재범 방지를 위해 총력을 기울여 나갈 방침이라 밝혔다(법무부, 2018).

4. 비행행동의 대응 방안[1]

우리나라에서의 청소년비행에 대한 대책은 사법기관이 그 중심적인 역할을 해왔다. 청소년비행 대책은 주로 사후대책에 초점을 두어 비행이 일어날 경우, 이들에 대한 사건처리를 어떻게 해야 하고 어떻게 선도할 것인지에 주로 관심을 두었던 것이다. 그러나 사법기관 중심의 사후대처는 오히려 청소년들에게 낙인의 오명을 부여할 뿐 큰 효과가 없다는 점이 지적되고 있다. 비행행동을 선도하고 교정하기 위한 사후대책도 물론 중요하겠지만, 사전에 비행을 어떻게 예방할 것인가가 무엇보다 중요하다고 할 수 있다.

정제영 등(2016)의 연구에서는 중학생의 비행에 영향을 미치는 요인을 분석하였는데, 비행의 발생 가능성에 영향을 미치는 요인과 비행의 발생 정도에 영향을 미치는 요인이 다를 수 있다고 보았다. 이 연구에서 중학생의 비행 유형을 일탈비행(음주, 흡연)과 범법비행(금품갈취, 절도, 허위정보 유포, 폭행), 다중비행(일탈비행과 범법비행 모두 포함)으로 구분하여 비행 발생 가능성 및 비행 빈도에 영향을 미치는 요인을 살펴보았는데, 첫째, 일탈비행의 경우, 여학생에 비해 남학생이, 취침시간이 늦을수록, 우울 정도가 높을수록, 학교에서의 인권침해 경험이 많을수록 비행 발생 가능성이 높아지는 것으로 나타난 반면, 독서활동 수준, 가구 총 교육비 지출, 학업성취도 수준은 일탈비행 발생 가능성을 낮추는 요인으로 나타났다. 일탈비행의 발생 빈도에는 성별 및 취침시간, 부모의 이혼이나 별거가 부정적인 영향을 미쳤으며, 학교 수업 태도와 학업성취도는 일탈비행 발생 빈도를 낮추는 요인으로 나타났다. 둘

---

1) 이 절은 정제영, 선미숙, 장선희(2016)의 「중학생의 비행에 영향을 미치는 요인 분석」의 내용을 참고로 정리하였다.

째, 범법비행의 경우에는 여학생에 비해 남학생이, 우울 정도가 높을수록, 학교에서의 인권침해 및 차별 경험이 많을수록 비행 발생 가능성이 높게 나타났고, 부모가 자녀에 대한 관심이 많을수록, 학생의 학교 수업 태도가 긍정적일수록 비행 발생 가능성은 낮아지는 것으로 나타났다. 한편, 부모의 이혼은 범법비행의 발생 빈도를 높이는 요인으로 나타났으며, 가구 총 교육비 지출, 학생의 학교만족도는 범법비행 발생빈도를 낮추는 요인으로 나타났다. 셋째, 다중비행의 경우 여학생에 비해 남학생이, 우울 정도가 높을수록, 월평균 가구소득이 많을수록, 학교 내에서 인권침해의 경험이 많을수록 비행이 발생할 가능성이 높게 나타난 반면, 학생의 시민의식 수준과 학업성취도 수준이 높을수록 비행 발생 가능성이 낮아지는 것으로 나타났다. 다중비행의 발생 빈도에 영향을 미치는 요인으로는 기상시간이 늦을수록, 우울 정도가 높을수록, 부모의 이혼이 부정적인 영향을 미치는 것으로 나타났다.

즉, 비행 유형별로 분석 결과를 종합적으로 살펴보면, 비행의 발생 가능성에 영향을 미치는 공통요인으로 학생의 개인적 특성 요인인 성별(남학생)과 우울 정도가 있는 것으로 나타났으며, 학교생활 요인 가운데 학교에서의 인권침해 경험도 비행 발생 가능성에 영향을 미치는 것으로 나타났다. 한편, 일탈비행, 범법비행 및 다중비행의 발생 빈도에 영향을 미치는 공통요인은 부모의 혼인 상태(이혼)임을 알 수 있다. 이처럼 비행의 발생 가능성에 영향을 미치는 요인과 비행 발생 빈도에 영향을 미치는 요인이 다르기 때문에 이들 각각에 영향을 미치는 핵심요인이 무엇인지 파악하고, 정책목표에 따라 차별화된 정책 수립이 필요하다고 보았다. 비행 발생 가능성에 영향을 미치는 요인은 중학교 전반에 대한 예방 정책 수립을 위해 고려될 수 있고, 비행 발생 빈도에 영향을 미치는 요인은 비행을 저지른 학생들의 비행 행동을 억제하기 위한 정책 수립 자료로 활용될 수 있다. 즉, 비행의 발생을 사전에 막는 예방 조치(prevention)와 비행 학생에 대한 사후 교육지원(intervention) 정책이 달라야 한다는 것이다.

우선, 비행 발생 가능성에 영향을 미치는 핵심적인 요인을 파악하여 집중적인 예방 정책 지원이 이루어져야 한다. 비행의 발생에 공통적으로 영향을 미치는 핵심요인은 성별, 우울 정도, 학교에서의 인권침해 경험으로 나타났다. 여러 경험적 연구들에 따르면 여학생에 비해 남학생이 비행 발생 가능성이 매우 높은 것으로 나타났는데, 이는 성별에 따라 비행 예방 정책이나 지원이 달라야 함을 시사한다. 남학생은 겉으로 드러나는 문제행동이 두드러지는 반면, 여학생은 정서적이고 내면적인 문제행동이 나타난다는 경험적 연구(손은정, 장유진, 2008; 신혜섭, 2005; 노언경 외, 2014)에 비춰 볼 때, 학생의 성별에 따른 특성과 하위 또래문화 등을 고려하여 정책을 수립하려는 노력이 필요하다. 우울과 같은 부정적 정서를 해소하고 조절할 수 있는 프로그램의 지원과 학생을 존중하는 학교문화 조성은 청소년비행을 사전에 예방하기 위한 일반적이고도 효과적인 전략이 될 수 있다. 한편, 독서활동이나 교육비에 대한 투자, 학업성적 향상 등 학업을 위한 교육적 지원은 비행을 예방하는 전략이 될 수 있으며, 자녀에 대한 부모의 관심 표현 및 학생을 대하는 교사의 공정한 태도도 비행을 예방하는 방안이 될 수 있다.

다음으로 비행이 발생한 이후에는 비행의 발생 원인을 파악하여 집중적인 사후교육지원 정책을 추진해야 할 것이다. 정제영 등(2016)의 연구에서는 비행의 발생 빈도 증가에 공통적으로 영향을 미치는 핵심요인은 부모의 혼인 상태인 것으로 나타났다. 부모의 이혼과 같은 가정불화는 청소년들이 가정 내에서 정서적 안정을 찾기 어렵게 만들며, 이로 인한 심리적 불안과 방황은 비행의 발생 빈도를 높이는 요인이 될 수 있다. 이혼에 의한 결손가정 학생들에 대하여 각별한 관심이 필요하며, 별도의 상담과 지원이 이루어질 필요가 있을 것이다.

비행에 대한 대책은 무엇보다도 원인에 근거해 이루어져야 한다. 비행이 발생하게 된 위험요소의 치유 없이는 비행청소년들의 사회복귀가 매우 어렵기 때문이며, 아직 비행을 저지르지 않은 청소년들이라 하더라도 위험요소를 조기에 발견하여 대처할 필요가 있기 때문이다. 앞서 살펴보았듯이 비행이 발생하는 원인은 개인, 가정, 학교, 친구관계, 지역사회 등 매우 다양하다. 따라서 학교나 사법기관의 노력만으로는 비행 문제를 해결하기 어려우며, 가정, 학교, 지역사회 등 전 사회적 노력이 필요하다. 사전예방의 측면에서는 물론이고 사후대처에 있어서도 비행청소년들이 가정, 학교, 지역사회에 복귀할 수 있도록 부모와 교사, 관계기관의 적극적인 참여와 협력이 필요하다.

Chapter 요약 ✐

　이 장에서는 학교부적응의 개념과 유형을 살펴보고, 학교부적응의 한 유형으로서 비행행동에 대해 구체적으로 살펴보았다. 학교부적용의 유형은 크게 학업과 관련된 부적응과 학교생활과 관련된 부적응으로 구분할 수 있으며, 비행은 학교생활과 관련된 부적응으로 분류할 수 있다.

　비행행동은 관점과 목적에 따라 다양하게 정의되고 있으며, 비행행동을 설명히는 이론은 크게 개인을 중심으로 설명하는 이론과 사회환경을 중심으로 설명하는 이론으로 구분할 수 있다.

　학교부적응과 비행행동은 단일한 차원의 요인에 의해 발생하기보다는 개인, 가정, 학교, 사회 등 다양한 환경적 요인들의 상호작용을 통해 발생하므로 학교나 사법기관의 노력만으로 문제를 해결하기는 어렵다. 사전예방의 측면에서는 물론이고 사후대처에 있어서도 가정, 학교, 지역사회의 적극적인 참여와 협력이 필요하다.

⧖ 생각해 볼 문제

1. 학교부적응의 개념과 학교부적응의 유형을 살펴보고 학교부적응이 발생하는 원인이 무엇인지 우리나라 교육현실에 비추어 생각해 보세요.
2. 비행행동의 개념과 비행을 설명하는 이론을 살펴보고, 비행을 설명하는 이론 중 현실을 가장 잘 설명하는 이론이 무엇인지와 그렇게 생각하는 이유가 무엇인지 생각해 보세요.
3. 비행행동에 영향을 미치는 개인, 가정, 학교, 지역사회 등 여러 가지 요인 중 가장 영향력이 큰 요인이 무엇일지 생각해 보세요.
4. 비행행동에 대한 대응 방안 중 효과적인 사전예방 정책과 사후 교육지원 방안은 어떤 것들이 있을지 생각해 보세요.

참고문헌

고성혜(1999). 청소년 비행억제요인에 관한 연구: 개인적·환경적요인을 중심으로. 서울: 한국청소년개발원.

고성혜 외(1995). 청소년 비행의 개념 규정에 관한 연구. 서울: 한국청소년정책연구원.

고은희, 황성현(2015). 청소년의 부정적인 심리요인이 사이버비행에 미치는 영향. 한국경찰학회보, 17(3), 3-26.

고정원(2014). 비행청소년의 독서경험에 관한 종단연구: 내러티브 탐구를 중심으로. 한국독서교육학회지, 2, 43-76.

고정자(2003). 청소년의 개인변인과 청소년이 지각한 가족변인이 문제행동에 미치는 영향. 대한가정학회지, 41(7), 121-143.

교육부(2016). 2015학년도 학업중단 학생 현황조사 결과 보도자료(2016. 9. 29.).

곽금주, 문은영(1993). 청소년의 심리적 특징 및 우울과 비행간의 관계. 한국심리학회지: 발달, 7(1), 12-27.

곽종문(2002). 학교를 버린 아이들, 학교를 떠나는 아이들. 청소년상담문제연구보고서, 46, 81-117.

기광도(2001). 사회계층과 자녀양육 및 비행 간의 관계분석. 형사정책연구, 47, 156-193.

김경식, 이현철(2007). 청소년 비행의 영향 요인. 교육사회학연구, 17(2), 1-22.

김동근, 김세용(2016). 위기의 학생들: 비선형 패널자료를 이용한 고등학교 부적응자에 대한 원인분석. 한국위기관리논집, 12(2), 125-140.

김명화(2015). 인성 교육을 위한 정의적 특성 평가 재조명: 교육연구에서 최근 경향. 학습자중심교과교육연구, 15(11), 981-1000.

김미선(2015). 청소년이 지각한 사회적지지가 학교생활 부적응에 미치는 영향: 학교폭력 가해 및 피해경험의 매개효과. 한국치안행정논집, 12(3), 1-22.

김선남(1994). 청소년비행 관련 변수간의 인과적 분석. 전남대학교 대학원 박사학위논문.

김선아, 김경희(2004). 음악치료를 적용한 학교 부적응 예방 프로그램 효과: 여중생을 대상으로. 정신간호학회지, 13(4), 411-419.

김은행(2012). 생활환경이 초등학생의 학교부적응에 미치는 영향. 한국상담심리치료학회지, 3(2), 35-58.

김준호(1990). 청소년비행의 원인에 관한 연구: 공부에 대한 압력을 중심으로. 형사정책연구, 창간호, 113-148.

김준호(1994). 청소년 비행의 실태와 원인. 형사정책연구, 17, 63-94.

김준호(1995). 여자청소년비행에 대한 연구. 사회과학연구, 1, 153-177.

김준호, 노성호, 이성식, 곽대경, 박정선, 이동원, 박철현(2013). 청소년비행론. 서울: 청목출
    판사.

김준호, 이동원(1995). 한국의 청소년 비행척도 개발에 관한 연구. 서울: 한국형사정책연구원.

김지선(2000). 청소년비행연구 동향에 대한 수량적 고찰. 청소년학연구, 7(2), 183-219.

김진화, 송병국, 고운미, 이채식, 최창욱, 임형백, 이창식, 김경준, 김진호, 권일남(2002). 청소
    년 문제행동론. 서울: 학지사.

김헌수(1998). 청소년 비행행동의 판별요인 분석. 신경정신의학, 37(3), 483-492.

김현경, 김신영(2015). 인권친화적 학교문화가 청소년의 시민의식에 미치는 영향. 시민교육연
    구, 47(2), 29-52.

김현숙, 김화중(1998). 청소년의 건강행위와 비행의 영향 요인에 관한 모형 구축. 한국학교보
    건학회지, 11(2), 171-187.

김혜원, 임동훈(2004). 남녀 고등학생들의 하위유형별 비행발생의 관련성 파악: 폭력비행과
    의 관계를 중심으로. 한국청소년연구, 15(1), 167-189.

김희화(2001). 청소년의 초기 비행과 지속적 비행에 대한 영향 요인. 청소년학연구, 8(1), 143-
    162.

김희화(2003). 청소년의 문제행동 및 인터넷 비행에 대한 모감독과 심리적 통제의 영향. 청소
    년학연구, 10(3), 133-153.

남재봉(1991). 청소년비행의 원인에 관한 연구: 유형별 차이를 중심으로. 학생생활연구, 15,
    25-46.

남재봉(2011). 청소년 비행의 유형별 관련요인. 사회과학연구, 28(2), 1-23.

노성향(1994). 청소년이 지각한 부모와의 의사소통유형과 청소년의 부적응. 고려대학교 대학
    원 석사학위 청구논문.

노성호(2006). 종단적 자료를 이용한 청소년 비행화 모델의 검증. 사회과학논총, 22, 57-83.

노성호(2005). 청소년의 비행화에 영향을 미치는 요인의 검증. 제2회 한국청소년패널 학술대회
    자료집, 583-605.

노언경, 정송, 홍세희(2014). 잠재프로파일 분석을 통한 아동·청소년 비행 유형 분류 및 영
    향요인 검증. 한국청소년연구, 25(4), 211-240.

류방란, 최윤선, 신희경, 이규재(2007). 학교부적응 학생의 교육실태 분석: 고등학생을 중심으로.
    서울: 한국교육개발원.

문병욱, 신동준(2008). 일반긴장이론을 통한 인문계와 실업계 고등학생의 비행연구. 한국청소
    년연구, 19(1), 33-60.

문은식, 김충희(2002). 청소년의 학교생활 적응 행동에 영향을 미치는 사회, 심리적 변인들의

구조적 분석. 교육심리연구, 16(2), 219-241.

박병식(1999). 청소년 문제행동과 관련법규에 관한 연구: 문제 청소년 지도를 위한 법률적 이해. 서울: 한국청소년개발원.

박성희(1997). 청소년 비행의 원인과 지도방안. 청소년행동연구, 2, 98-112.

박영신(2003). 청소년의 인간관계와 일탈행동. 한국심리학회 연차학술발표 논문집, 212-213.

박영신, 김의철, 한기혜(2003). 아동과 청소년의 부모에 대한 지각: 토착심리학적 접근. 한국심리학회지: 사회문제, 9(2), 127-164.

박영신, 김의철(2004). 청소년의 인간관계와 일탈행동: 부모자녀관계, 친구관계, 교사 학생 관계를 중심으로. 한국심리학회지: 사회문제, 10, 87-115.

박정주(2011). 교사애착이 학생의 학교부적응에 미치는 영향에 관한 종단 분석. 한국교원교육연구, 28(3), 333-352.

박창남(2010). 학교의 구조와 조직의 특성이 학교의 부적응수준에 미치는 영향. 미래청소년학회지, 7(3), 165-184.

백병부(2010). 중학교 단계에서의 학습부진 결정 요인 분석. 한국교육, 37(4), 73-102.

법무부(2018). 소년보호종합교육관리시스템(TEAMS) 통계.

손은정, 장유진(2008). 중학생의 성별과 공격성 유형에 따른 자기애 및 지배성의 차이. 한국심리학회 연차학술대회 논문집, 480-481.

심의보(2015). 학교 부적응에 관련된 변인의 메타분석: 유발변인과 억제변인을 중심으로. 고려대학교 대학원 박사학위논문.

안병영, 김인희(2009). 교육복지정책론. 서울: 다산출판사.

유성경(1999). 적응유연성 발달을 통한 청소년 비행의 예방 및 개입. 청소년상담연구, 7, 26-40.

윤옥경(2008). 청소년 비행에 대한 개인, 가정, 학교, 지역사회의 영향력 비교. 교정연구, 38, 107-138.

이경상(2011). 청소년 학교부적응의 종단적 변화의 영향요인. 청소년학연구, 18(12). 131-155.

이경화, 손원경(2005). 아동의 학교부적응에 영향을 미치는 관련 변인의 구조 분석. 아동학회지, 26(4), 157-171.

이규미(2004). 중·고등학교 교사가 지각한 학교부적응 행동지표. 한국심리학회지: 상담 및 심리치료, 16(2), 227-241.

이남희, 이봉건(2009). 비행청소년의 범죄유형에 따른 재범 위험성 차이에 관한 연구. 한국심리학회지: 사회 및 성격, 23(2), 127-140.

이명숙, 이규민(2009). 전문계 고등학생의 학업성취, 자아개념, 학교적응 및 학교부적응행동 간의 관계. 교육과학연구, 40(1), 167-193.

이병환, 강대구(2014). 중고등학교 학생들의 학교부적응 행동 요인 분석. 교육문화연구, 20(3), 125-148.

이복희, 김종표, 김지환(2011). 청소년 교육론. 서울: 학지사.

이상균(2000). 청소년의 학교비행에 대한 생태체계적 영향요인. 사회복지연구, 15(1), 109-132.

이성식(2011). 청소년 매체이용상 비행에서의 원인요소와 통제요소의 통합적 검증: 현실, 인터넷, 휴대전화 비행의 비교. 형사정책연구, 85, 111-135.

이성식, 전신현(2009). 학업성적과 청소년 비행: 청소년패널자료를 통한 비행이론들의 검증. 한국청소년연구, 20(2), 91-111.

이성호(2014). 미국 학교 인성교육의 동향과 시사점. 한국교육, 41(3), 35-59.

이연수, 김효정, 김희경(2015). 교내 인권침해와 학교부적응 관계에 대한 연구. 청소년학연구, 22(12), 413-442.

이유신(2013). 청소년 가출비행의 상습화와 심화. 한양대학교 대학원 석사학위 청구논문.

이은주(2009). 청소년 비행과 비행친구의 인과관계에 대한 자기회귀 교차지연 모델의 검증. 한국청소년연구, 20(1), 141-171.

이정은, 조미형(2007). 남녀 청소년의 학교적응에 영향을 미치는 요인 연구. 한국청소년연구, 18(3), 79-102.

이지현(2015). 학교부적응에 영향을 미치는 학생 개인 및 학교수준 요인: 위계적 선형모형 분석. 청소년학연구, 22(7), 151-177.

이해경, 김수연, 김혜원(2013). 남녀 특성화고등학생들의 진로의사결정유형, 진로결정자기효능감, 자아존중감 및 우울/불안이 학교생활부적응에 미치는 영향. 청소년복지연구, 15(4), 129-156.

이현철, 최성보, 김경식(2011). 중학생이 지각한 부모의 양육태도와 학습태도와의 관계: 부모의 애정, 감독, 과잉기대 및 간섭, 합리적 설명 태도를 중심으로. 제1회 한국아동·청소년패널조사 학술대회 자료집, 171-186.

이혜영, 손흥숙, 김일혁, 김미숙(2012). 학생의 학교 부적응 진단과 대책(I). 서울: 한국교육개발원.

이혜영, 이정화, 김미숙(2013). 학생의 학교 부적응 진단과 대책(II). 서울: 한국교육개발원.

임미령, 김지훈, 김미희, 이현, 정애경(2015). 경기지역 중학생 비행행동 잠재집단분석. 청소년학연구, 22(7), 421-443.

임성택(2002). 청소년의 규범적 문제행동과 관련변인 탐색. 청소년학연구, 9(1), 221-246.

임정화, 전종설(2012). 부·모의 양육태도 및 의사소통이 남·여 청소년의 학교생활적응에 미치는 영향. 청소년학연구, 19(8), 169-190.

정경용, 송종원(2012). 군집분석을 활용한 아동의 학교생활적응 유형 분류와 영향요인 연구.

청소년문화포럼, 32, 120-143.

정규석(2004). 사회적 관계 요인이 청소년의 학교 적응에 미치는 영향. 한국사회복지학, 56(1), 235-252.

정문성(1994). 경기 지역 청소년 비행 실태 조사 연구. 기전문화연구, 22, 133-169.

정소희(2006). 가족구조, 부모양육행동 및 청소년비행: 모자가정과 부자가정의 비교를 중심으로. 사회복지연구, 30, 185-213.

정연순, 이민경(2008). 교사들이 지각한 잠재적 학업중단의 유형과 특성. 한국교육, 35(1), 79-102.

정유진(1999). 청소년 학교생활 적응의 관련 변인. 연세대학교 대학원 석사학위논문.

정익중(2005). 성역할 고정관념과 청소년비행의 성별차이. 한국청소년연구, 16(1), 35-76.

정재훈, 이혜진(2015). 중학생의 내재화 문제와 비행의 관계: 도덕적 판단력의 조절효과 및 성차. 청소년학연구, 22(3), 261-286.

정제영, 선미숙, 장선희(2016). 중학생의 비행에 영향을 미치는 요인 분석. 한국청소년연구, 27(2), 327-355.

정혜원, 박정선(2008). 부정적 인생사건이 비행시작 및 재비행에 미치는 영향: 미시적 요인의 매개효과를 중심으로. 형사정책연구, 74, 273-308.

제미순, 최원희(2008). 고등학생의 비행경험 관련 요인. 한국생활과학회지, 17(5), 807-819.

조은정, 이혜경(2007). 청소년패널연구의 위험행동요인, 학교요인, 가족요인에 따른 학교생활부적응. 청소년학연구, 14(4), 59-80.

진혜민, 배성우(2012). 청소년비행 관련변인에 관한 메타분석. 청소년복지연구, 14(2), 193-221.

하명선, 이순복(2009). 아동이 지각한 부모의 양육태도와 자아탄력성이 학교생활 적응에 미치는 영향. 아동교육, 18(3), 247-258.

한국형사정책연구원(1990). 청소년비행의 원인에 관한 연구. 서울: 한국형사정책연구원.

한국형사정책연구원(1995). 청소년 비행척도개발에 관한 연구. 서울: 한국형사정책연구원.

홍봉선, 이영아(2009). 환경요인과 청소년범죄의 관계에서 누적위험행동의 매개효과. 청소년복지연구, 11(3), 45-67.

홍태경, 류준혁(2011). 성별과 연령에 따른 청소년 비행요인의 비교분석. 한국치안행정논집, 8(3), 113-138.

황성현(2015). 청소년 비행이론의 상대적인 영향력 검증: 아동·청소년 패널자료를 중심으로. 한국경호경비학회, 44, 225-250.

황성현, 이강훈(2013). 청소년비행의 원인에 관한 사회학습, 사회유대, 일반긴장이론적 접근. 한국청소년연구, 24(3), 127-145.

Agnew, R. (1992). foundation for a general strain theory of crime and delinquency. *Criminology, 30*, 47-87.

Hirschi, T. (1969). Causes of delinquency. Berkeley: University of Califonia Press.

Sutherland, E. H., & Cressey, D. R. (1947). *Principles of criminology* (4th ed.). Lippincott.

Wilkins, J. (2008). School characteristics that influence student attendance: Experiences of students in a school avoidance program. *The high school journal, 91*(3), 12-24.

제 **8** 장

학업중단의 이해와 대응

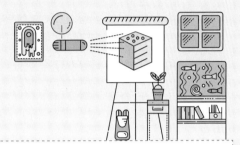

학습개요 및 학습목표

　　이 장에서는 학업중단 현상에 대해 이해하고, 유사 개념과의 차이점을 구분해 보고자 한다. 학업중단의 문제에 대해 구체적으로 살펴봄으로써 학업중단 예방의 중요성을 이해하고, 최근 우리나라의 학업중단 현황을 살펴보고, 학업중단의 원인에 대해 개인요인, 가정요인, 학교요인, 지역사회 요인으로 나누어 살펴보고자 한다. 학업중단의 원인에 따라 학업중단 위기학생을 조기에 발굴하고, 학업중단 위기의 수준과 원인에 따른 대응 방안과 학업중단 숙려제에 대해 살펴보고자 한다.

　　이 장의 구체적인 학습목표는 다음과 같다.

1. 학업중단과 학업중단 위기학생의 개념에 대해 이해하고 설명할 수 있다.
2. 학업중단의 문제점과 현황에 대해 이해한다.
3. 학업중단의 원인에 대해 개인요인, 가정요인, 학교요인, 지역사회 요인으로 나누어 이해하고 설명할 수 있다.
4. 학업중단을 예방할 수 있는 방안에 대해 이해한다.

1. 학업중단의 개념

우리나라의 교육열은 세계적으로 높은 수준이며 상급학교 진학률과 졸업률도 세계 최고의 수준을 기록하고 있다. 국제기구에서 시행하는 국제학업성취도평가에서도 세계에서 선두권을 유지하고 있는 상황이다. 대한민국의 근대화 과정에서 학교교육은 사회 발전에 크게 기여해 왔으며, 특히 경제 성장을 견인한 것으로 평가받고 있다. 하지만 우리나라의 교육을 둘러싼 환경은 급격하게 변화하고 있으며 학교교육 시스템에 대한 위기론이 제기되고 있다. 특히 우리 사회는 저출산 고령화 사회로 급격하게 변화하고 있는 상황이다. 저출산 고령화 사회로의 변화는 학령인구의 감소와 더불어 우리 사회의 생산가능인구의 감소를 초래할 것으로 예상된다. 결국 우리 사회가 유지되기 위해서는 학교교육에서 한 명의 학생도 소홀하게 여겨서는 안 된다는 시사점을 주고 있다(정제영, 2016).

우리나라에서 학교 밖 청소년들에 대한 연구가 본격적으로 수행되기 시작한 것은 1990년대 후반부터의 일이다(정연순, 이민경, 2008). 당시 학교를 벗어난 청소년들이 급격하게 증가하고 이에 대한 사회적 관심이 높아지면서, 정부는 학업중단에 관심을 가지고 이를 예방하기 위한 다각적인 방안을 지속적으로 마련해 오고 있다(교육과학기술부, 여성가족부, 2012; 교육부, 여성가족부, 2013; 관계부처합동, 2015). 국가적 차원에서 학업중단 예방 대책을 지속적으로 마련하는 이유는 학교를 벗어난 청소년이 겪게 되는 어려움이 개인적 차원에서의 문제뿐 아니라 사회적 문제로까지 심화될 수 있기 때문이다.

2013년 조사에 의하면 초등학교, 중학교, 고등학교에 다녀야 할 연령의 청소년 중에서 현재 어디에서 무엇을 하고 있는지 공식적인 통계에 파악되지 않는 학업중단 청소년은 약 28만여 명에 이르는 것으로 추정되고 있다(윤철경, 유성렬, 김신영, 임지연, 2013b). 좀 더 심각한 문제는 현재 학교에 다니고 있지만 학업을 포기한 채로 몸만 교실에 있을 뿐 언제든지 학교 밖으로 빠져나갈 가능성이 있는 '학업중단 위기 학생'이 많다는 사실이다(한유경 외, 2012). 한유경 등(2012)의 연구 결과, 초등학생 28.8%, 중학생 40.9%, 고등학생 48.6% 등 학교에 재학 중인 학생 전체의 40.3%가 학교를 그만두고 싶다는 생각을 해 본 적이 있는 것으로 나타나 학업중단 위기에 노출된 정도는 심각한 수준인 것으로 볼 수 있다. 그리고 학교를 그만두겠다고 마음을 먹은 후에 실제 그만둘 때까지 걸리는 시간이 1주일 이내인 경우(38.9%)가 가장 많은 것으로 나타났다(김영희, 최보영, 이인회, 2013). 현재는 학교 안에 머물러 있다고 하더라도 상당수의 학생들이 즉흥적으로 학교를 떠날 가능성 또한 무시할 수 없는 상황임을 의미한다.

'학업중단 청소년'과 '학교 밖 청소년'에 관련하여 학계나 법조계, 교육계 등에서 다양한 용어가 혼재되어 사용되고 있다. 따라서 학업중단의 개념에 대해서 명확하게 규정하는 것이 필요하다. 우선 법령에 명시된 개념과 학계에서 논의하고 있는 개념들을 중심으로 '학업중단 청소년'과 '학교 밖 청소년'의 개념을 구분하여 살펴보고자 한다. '학업중단'은 정규학교 교육과정을 끝내지 않고 중도에 학업을 중단하는 것을 의미한다. 학생이 학교를 중간에 그만두는 이러한 상황을 지칭하기 위해 이전에는 '학교거부' '학교중도탈락' 등의 용어가 사용되어 왔다. 2001년 교육인적자원부장관이 주재하는 인적자원개발회의에서 '학업중단 청소년 종합대책 수립 계획'이 안건으로 상정된 이후, 2002년부터 교육인적자원부는 공식적으로 '학업중단 청소년'이라는 용어를 사용해 왔으며, 2003년 개정된 「청소년기본법」 제42조에서 '학업중단'을 공식 용어로 규정한 이후 학교를 그만두는 상황을 나타내는 용어가 통일되어 사용되고 있다(이현주, 김용남, 2012; 김상현, 양정호, 2013; 윤여각, 박창남, 전병유, 진미석, 2002). '학교 중도탈락'이라는 용어가 학생이 학교를 그만두게 되는 원인을 학생 개인에게 귀책하고 있는 의미를 가지는 반면, 학업중단은 그 귀책 사유를 학교와 사회에 두려는 점에서 차이를 발견할 수 있다(유진이, 2009). 이는 학업중단 자체는 학생의 개인적 결정이지만 그러한 결정을 미리 예방할 수 있도록 하는 학교나 사회적 제도의 중요성을 강조하는 방향이라고 할 수 있다(이현주, 김용남, 2012).

'학교 밖 청소년'의 법령상 개념을 살펴보면 「초·중등교육법」 제2조에 따라 고등학교 또는 이와 동일한 과정을 교육하는 학교에서 제적·퇴학 처분을 받거나 자퇴한 청소년과, 초등학교 또는 이와 동일한 과정을 교육하는 학교에 취학하지 않은 청소년, 중학교·고등학교 또는 이와 동일한 과정을 교육하는 학교에 입학하지 않은 청소년 모두를 포괄하는 의미로 해석하고 있다. '학교 밖 청소년'이란 '만 19세 미만의 학령기 아동으로서 학교를 다니지 않는 청소년'을 의미하며, 일반적으로 학업중단자를 뜻하지만, 실제로는 입학 여부를 기준으로 의무교육기관에 입학하지 않은

'미취학자', 입학 후 학업을 중단한 '재학 중 학업중단자', 상급학교로 진학하지 않은 '미진학자'를 모두 포함하는 개념이라고 정의하였다. 정리해 보면 '학교 밖 청소년'은 '학령기에 있지만 미취학, 미진학, 학업중단의 이유로 학교에 다니지 않은 청소년'을 의미한다.

학교 밖 청소년이 되는 주요 이유 중의 하나인 학업중단은 일반적으로 자발적 혹은 비자발적 상황으로 인해 학업을 중단하는 것을 뜻한다(김민, 2001; 이경상, 2004). 비자발적 상황이란 학업을 계속하고 싶지만 조건이 여의치 않거나, 학교부적응, 비행 및 범죄 등의 일탈적 행위에 의해 학교를 그만두는 상황을 의미한다. 학업중단 청소년은 학교 밖 청소년 중에서 학교를 다니다가 재학을 중단한 학생만을 의미한다고 할 수 있다.

관련된 용어로서 '위기 청소년'이란 '일련의 개인적·환경적 위험에 노출되어 행동이나 심리적으로 문제를 경험할 가능성이 높으며, 적절한 교육적 개입이 없이는 정상적인 발달을 이루기 어려운 상황에 있는 청소년으로, 가출, 학업중단 및 실업, 폭력, 성매매, 약물오남용 등의 비행 및 범죄, 불안, 우울 등 심리적 장애, 자살의 위험이 높은 청소년'들을 의미한다(구본용 외, 2005). 이러한 위기 청소년들의 위험행동을 제어해 줄 수 있는 중요한 보호요인으로서, 학교라는 제도적 시스템이 작동하여야 한다(차명호, 한상철, 김인규, 양종국, 정경용, 2009). 학업중단 학생들이 모두 위기 청소년이 되는 것은 아니지만, 학업중단 학생들이 위기 청소년이 될 가능성이 높은 것을 고려할 때 청소년이 '학교'라는 울타리 안에 있는가, 그렇지 않은가는 중요한 문제가 될 수 있기 때문이다.

정제영 등(2013)의 연구에서는 '학생' '학교 밖 청소년' '위기 청소년' '학업중단' '학업중단 위기학생'의 개념을 구분하여 정의하였다. '학생'은 「초·중등교육법」에 규정되어 있는 정규학교에 재학 중인 청소년'을 의미한다. '학교 밖 청소년'은 '만 19세 미만의 학령기 아동으로서 학교를 다니지 않는 청소년'의 의미한다. '위기 청소년'은 '일련의 위험 환경에 노출되어 일탈, 비행, 범법행위의 가능성이 높은 청소년'을 의미한다. '학업중단'은 '자퇴, 퇴학, 제적으로 인하여 학교의 정규 교육과정을 중단하는 행위'이며, '학업중단 청소년'은 '정규학교 재학을 중단하여 현재 학교 밖 청소년이 된 경우'를 의미한다. '학업중단 위기학생'은 '학교에 재적하고 있는 학생 가운데 제적이나 자퇴를 명목으로 학교 밖 청소년이 될 가능성이 높은 학생'이라고 할 수

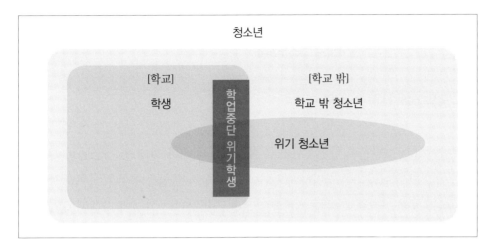

[그림 8-1] 청소년 및 학업중단 위기학생 개념 및 범주

있다.

　이러한 개념 구분을 통해 정책적 대상 집단을 명확하게 구분할 수 있으며, 관련 정부기관의 역할 규정도 이루어질 수 있다. 교육부와 학교 차원에서는 학업을 중단할 위기에 있는 학업중단 위기학생에 대해 학업중단 예방 정책을 수립하고 개별적인 지원을 해야 할 것이다. 또한 이미 학교를 벗어난 학교 밖 청소년에 대해서는 여성가족부와 지방자치단체를 중심으로 학업을 지속하여 건전한 사회인으로 성장할 수 있는 지원이 이루어져야 할 것이다. 특히 최근 청소년 문제와 관련하여 화두가 되고 있는 위기 청소년은 상당수가 학업중단자라는 사실을 살펴볼 때, 학업을 중단하기 이전 단계인 학업중단 위기학생에 대한 적극적인 지원이 필요한 상황이다.

　학교 내에는 크게 두 부류의 위기학생이 있다고 할 수 있는데, 문제행동을 함으로써 학교 차원에서 쉽게 인지할 수 있는 경우도 있지만 심리적·정서적 부적응이 있는 경우에는 위기학생을 인지하기 어려운 경우가 많다. 이미 위기상황이 발현된 고위험군과, 방치할 경우 위기발현 가능성이 높은 잠재위험군 학생으로 나눌 수 있는데, 잠재위험군의 학생들을 체계적으로 진단하는 것이 매우 중요하다(정제영, 강태훈, 류성창, 박주형, 변수용, 2015a). 학업중단 위기학생을 조기에 발견하고 문제를 해결할 수 있도록 하는 것이 학교와 교사에게 주어진 중요한 과제라고 할 수 있다.

2. 학업중단의 문제점 및 현황

1) 학업중단의 문제점

학령기의 청소년들이 학업중단으로 학교에서 벗어나 학교 밖 청소년이 된 경우에는 여러 가지 어려움에 직면하게 된다. 청소년들은 학업중단 이후 가족과 주변 사람들의 부정적 인식으로 인해 불편한 감정을 경험하거나 자신의 미래에 대해 막연한 불안감을 느끼게 된다(김상현, 양정호, 2013). 학업중단 이후에 집에 은둔하여 생활하는 NEET형(Not in Education, Employment or Training)으로 살아가기도 하며(윤철경, 김영지, 유성렬, 강명숙, 2013a), 사회 적응 과정에서도 최저임금보다 낮은 임금을 받거나 부당행위를 당하는 등의 어려움을 겪는 것으로 보고되고 있다(이상준, 이수경, 2013). 심지어 금전적인 필요가 있는 상황에서 근로시장에 정착하지 못할 경우 비행과 연결될 가능성 또한 증가하게 되는데(금명자, 2008; 금명자, 권해수, 이문희, 이자영, 이수림, 2004; 김영희 외, 2013; 남미애, 2006; Sweeten, 2006), 한 연구에 의하면 근로소득 및 세수입 감소 등을 고려할 때 학업중단 학생 한 명당 약 1억 원의 사회적 비용이 발생하는 것으로 보고된 바 있다(최상근, 양수경, 남기곤, 2010).

우리나라에서 학교를 다니지 않는 청소년들은 문제아이자 비행청소년으로 취급되어 방임되거나 통제 일변도로 접근해 온 것이 사실이다(남미애, 2006). 1990년대에는 학교를 떠난 청소년을 학교부적응의 관점에서 이해하면서, 이들을 지칭하는 용어 또한 학교 중도 탈락자, 중퇴 청소년 등 부정적으로 사용된 경우가 많았다(권해수, 서정아, 정찬석, 2007).

학교 밖 청소년은 자의에 의해서든 타의에 의해서든 학업중단을 결정하게 된다. 기존의 연구들은 본인의 의지와 자발성의 유무에 따라 적극적·자발적으로 학업을 중단한 경우와 부등교가 장기화되거나 외부 여건에 의해 비자발적으로 중단한 경우로 구분되며, 이는 학업중단 주체에 따라 학교를 '스스로 때려 친 아이'와 학교에서 '짤린 아이'로 표현되기도 한다(김혜영, 2002; 성윤숙, 2005; 조혜정, 1997). 학업중단 결정의 동기는 시대가 변화함에 따라 차이를 보이는 것으로 논의되는데, 최근에는 어쩔 수 없이 학업을 중단하는 청소년보다 오히려 스스로의 요구에 의해 자발적으로 학업을 중단하는 경우에 해당하는 청소년들이 많아지고 있는 것으로 보고되고 있다. 예컨대, 1990년대 수행된 송광성, 구정화, 김소희, 이명아(1992)의 연구에서는 학교 다니는 것을 싫어하거나 학교를 벗어나기 위해 별다른 대안 없이 학업을 중단하는 '도피형'과 타의에 의해 학업을 중단할 수밖에 없는 '불가피형'이 자발적인 의지로 학업중단을 결정하는 '능동형'보다 많았다고 보고하였다. 그러나 1990년대 중후반 이후부터 청소년 스스로 학교를 벗어난 자발적 학업중단 청소년들이 증가한 것으로 논의되는데(김민, 2001; 김영희 외, 2013), 이처럼 자발적인 학업중단 현상은 전통적인 학업중단 유형에 대비되는 새로운 유형으로서 오히려 긍정적인 사회적 현상으로 간주되기도 하였다(정연순, 이민경, 2008).

학교를 어떠한 이유에서 그만두게 되었는지에 관한 동기는 이후의 생활에도 영향을 미치는 것으로 나타나고 있다(이주연, 정제영, 2015). 능동적으로 학업을 중단한 청소년은 학교를 그만둔 이후에도 자신의 진로를 개척하는 데 적극적인 태도를 보이는 반면, 자신의 문제를 도피하거나 불가피한 이유들로 학업을 중단한 청소년은 사회에서 방황하거나 심리적인 갈등을 겪으며 문제행동을 할 비율이 상대적으로 높은 것으로 보고되었다(김기태 외, 1996; 남미애, 2006). 학업중단 청소년들은 허탈감과 아쉬움, 분노와 짜증, 소외와 위축감 등 부정적인 감정을 경험하거나(권해수 외, 2007; 오혜영, 지승희, 박현진, 2011), 「근로기준법」에 의해 보호받지 못한 채 열악한 상황에서 일하는 것으로 나타났으며(이선희, 2014), 사회 적응에 어려움을 겪을 경우 음주, 유흥업소 출입, 이성과의 혼숙, 타인의 물건 훔치기 등의 비행행동이나 범법행위의 문제를 겪게 될 가능성이 높아지는 것으로 나타난다(김기태 외, 1996).

기존 연구에서는 학업중단 이후 문제가 있다는 점에 주목하고 있었지만, 최근에는 학교 밖 청소년들의 학업중단 이후의 생활 유형이 다양화되고 있다는 데 주목하고 이를 세분화하는 데 관심을 기울이고 있다. 예컨대, 허철수(2004)는 학교 밖 청소년의 유형을 적응형, 부적응형, 요치료형, 자유방임형으로 구분하였고, 이경상과 조혜영(2005)는 학교 밖 청소년을 순수진학형, 아르바이트형, 취업형, 진로미결정중심형, 기타형으로 세분화하였다. 윤철경 등(2013b)은 학업형, 직업형, 니트형(NEET), 비행형으로, 오은경(2014)의 경우는 학업유지형, 취업형, 니트형, 진로탐색형으로 각각 구분하여 학교 밖 청소년의 삶에 대해 논의하고 있다. 이러한 연구들은 기존에 학교 밖 청소년을 적응형과 부적응형 청소년으로 이분화하여 보던 관점에서 탈피하여 학업중단 이후 청소년들의 삶의 유형이 다양화되고 있음을 강조하고 있다고 할 수 있다.

윤철경, 서정아, 유성렬, 조아미(2014)의 연구에서는 학업중단 청소년의 학업중단 이후의 경로를 학업형, 직업형, 무업형(NEET형), 비행형 등 네 가지 범주로 구분하여 분석하였다. 학업형은 복학하여 학교를 다니거나, 대안학교에 다니거나 검정고시를 공부하는 경우로 조사 대상의 71.5%가 경험한 것으로 나타났다. 직업형은 직업기술을 배우거나 아르바이트를 하루 8시간 이상 하는 경우로 52.1%가 경험한 것으로 나타났다. 무업형은 특별한 일을 하지 않으며 혼자 지내거나 친구들과 돌아다니는 경우로 59.8%가 경험하는 것으로 나타났고, 비행형은 가출하여 지내거나 보호시설, 보호관찰, 소년분류심사원 등에서 생활하는 경우로 20.5%가 경험한 것으로 나타났다. 복수 응답을 구분하여 전체를 구분할 경우 학업형이 47.6%, 직업형이 18.9%, 무업형이 21.6%, 비행형이 11.9%인 것으로 나타났다.

정제영 등(2013)의 연구에서 학업중단 청소년들이 가장 도움을 받고 싶은 항목에 대해 조사한 결과에 의하면 청소년 복지시설이나 쉼터에 있는 경우에는 '생활비 지원' '검정고시 준비 지원' '직업 훈련' '진로 · 진학 상담' '직업 소개' 등의 순으로 답하였고, 대안교육시설에 있는 청소년의 경우에는 '생활비 지원' '진로 · 진학 상담' '직업 훈련' '식사 지원' '검정고시 준비 지원'의 순으로 응답하였다. 가장 필요한 도움이 생활비 지원으로 나타난 것은 현재 경제적으로 어려움을 겪고 있음을 보여 주는 결과라고 할 수 있다. 한편, 검정고시 준비 지원, 직업 훈련, 진로 · 진학 상담 등의 경우에는 학업을 지속하고자 하는 요구가 반영된 결과라고 할 수 있다. 이러한 결과는 학교 밖 청소년들이 지속적으로 학업을 유지할 수 있는 기회가 부족하다는 것을 의미하며 이를 위한 정부의 지원이 필요한 상황이라고 할 수 있다.

2) 학업중단 현황

교육부(2016a)에 따르면 2015학년도 학업중단 현황조사 결과, 전체 초 · 중 · 고등학교의 학업중단 학생은 총 47,070명인 것으로 나타났다. 2015학년도 전체 학업중단 학생 47,070명은 재적학생 대비 0.77%이며, 2010학년도 학업중단 학생 76,589명(재적학생 대비 1.06%) 이후 6년 연속 감소 추세에 있는 것으로 조사되었다. 외국과 비

표 8-1 연도별 학업중단율 변화 추이(2010~2016)   (단위: 명, %)

학년도	2010	2011	2012	2013	2014	2015	2016
재적학생	7,236,248	6,986,847	6,721,176	6,481,492	6,285,792	6,088,827	5,882,790
전체 학업중단	76,589	74,365	68,188	60,568	51,906	47,070	47,663
학업중단율(%)	1.06	1.06	1.01	0.93	0.83	0.77	0.81

※ 학업중단율 = 학업중단자 수 / 재적학생 수 × 100 (학업중단자에서 사망자는 제외)
출처: 교육부(2016a), 교육부, 한국교육개발원(2017).

교해 본다면 미국 7.4%(2010년)나 독일 6.5%(2010년), 일본 1.3%(2011년)에 비해 상대적으로 낮은 수치임을 알 수 있다(정제영 외, 2013).

학업중단 학생의 연도별 변화 추이를 살펴보면 2011학년도에 74,365명(1.06%), 2012학년도에 68,188명(1.01%), 2013학년도에 60,568명(0.93%), 2014학년도에 51,906명(0.83%), 2015학년도에 47,070명(0.77%)으로 나타나고 있는데, 1% 정도의 비율을 유지하던 비율이 2013학년도를 기점으로 감소하고 있는 것으로 나타난다. 학령인구의 감소로 재적학생 수가 감소하는 것을 감안하더라도 학업중단 학생 수는 줄어들고 있는 추세이다. 하지만 매년 5만여 명의 학생들이 학업을 중단하고 있다는 것은 적지 않은 인원이라는 것을 알 수 있으며 누적적인 수치로 본다면 상당수의 학생이 학업을 중단하고 있음을 알 수 있다.

2016학년도 학교급별에 따른 학업중단 학생 수 현황을 살펴보면, 초등학교는 14,998명, 중학교는 8,924명, 고등학교는 23,741명으로 고등학생이 가장 많은 비중을 차지하고 있다. 초등학교의 학업중단율은 0.56%, 중학교는 0.61%, 고등학교는 1.35%로 나타나서 전체 0.81% 중에서 고등학교의 비중이 상대적으로 높은 것으로 나타났다. 2015학년도 학업중단 학생 중 해외출국을 제외하고 가사, 학교 부적응 등 부적응 관련 사유로 학업을 중단한 학생 수만을 살펴보면, 초등학교 2,733명(0.1%), 중학교 4,376명(0.28%), 고등학교 17,850명(1.0%)이며, 전체적으로 살펴보면 24,959명(0.41%)이다.

학교급별로 학업중단의 세부 사유를 구체적으로 살펴보면, 초등학교의 경우 정규교육 외 진로선택(대안교육 등)을 사유로 학업을 중단한 학생이 1,520명으로 가장 많았으며, 학교부적응(학업, 대인관계 등)을 사유로 학업을 중단한 학생이 135명으로 그 뒤를 이었다. 이와 달리 중학생과 고등학생은 학교부적응(학업, 대인관계 등)으로

표 8-2 학교급별 학업중단율 변화 추이(2011~2016)   (단위: 명, %)

구분 (학년도)	계			초등학교			중학교			고등학교		
	학생 수	학업 중단자	학업 중단율	학생 수	학업 중단자	학업 중단율	학생 수	학업 중단자	학업 중단율	학생 수	학업 중단자	학업 중단율
2016	5,882,790	47,663	0.81	2,672,843	14,998	0.56	1,457,490	8,924	0.61	1,752,457	23,741	1.35
2015	6,088,827	47,070	0.77	2,714,610	14,555	0.54	1,585,951	9,961	0.63	1,788,266	22,554	1.26
2014	6,285,792	51,906	0.83	2,728,509	14,886	0.55	1,717,911	11,702	0.68	1,839,372	25,318	1.38
2013	6,481,492	60,568	0.93	2,784,000	15,908	0.57	1,804,189	14,278	0.79	1,893,303	30,382	1.60
2012	6,721,176	68,188	1.01	2,951,995	16,828	0.57	1,849,094	16,426	0.89	1,920,087	34,934	1.82
2011	6,986,847	74,365	1.06	3,132,477	19,163	0.61	1,910,572	17,811	0.93	1,943,798	37,391	1.92
2010	7,236,248	76,589	1.06	3,299,094	18,836	0.57	1,974,798	18,866	0.96	1,962,356	38,887	1.98

주 1) 학업중단율 = 학업중단자 수 / 학생 수 × 100

　　2) 구분의 연도는 학년도임(학생 수는 해당 학년도 4월 1일 기준이며, 학업중단자는 해당 학년도 3월~차년도 2월 기준).

　　3) 초등학교와 중학교는 유예 및 면제자를 학업중단자로 봄.

　　4) 고등학교의 학업중단 사유는 자퇴(질병, 가사, 부적응, 해외출국, 기타), 퇴학(품행), 유예, 면제, 제적임.

　　5) 학업중단자에서 사망자는 포함되지 않음.

출처: 교육부, 한국교육개발원(2017).

각각 2,090명, 7,963명이 학업을 중단해 상급학교로 올라갈수록 학교부적응 요인이 학업중단에 큰 영향을 미치는 것으로 나타났다.

　특히 고등학교의 경우에는 부적응으로 인한 학업중단 학생이 많은 것은 우리나라는 초등학교와 중학교가 의무교육으로 규정되어 있어서 퇴학이 없지만, 고등학교부터는 퇴학이 있기 때문이다. 고등학교에서 퇴학과 제적 등 비자발적인 학업중단에 비해 자퇴의 비중이 높은데, 전체 17,850명 중에서 자퇴를 한 경우가 16,852명으로 94.4%를 차지하고 있다. 자퇴 중에서 학교부적응으로 인한 경우가 7,963명으로

표 8-3 2015년 초등학교 및 중학교 학업중단 현황(질병, 해외출국 제외)   (단위: 명)

학교급	합계	유예									정규교육 외 진로선택 (대안교육)	기 타	면제
		소계	장기 결석	가사	품행	학교부적응							
						소계	학업 관련	대인 관계	학교 규칙	기타 부적응			
초등 학교	2,733	2,329	87	50	3	135	23	4	1	107	1,520	534	404
중학교	4,376	4,241	116	66	36	2,090	904	55	13	1,118	1,435	498	135

출처: 교육부(2016a).

| 표 8-4 | 2015년 고등학생 학업중단 현황(질병, 해외출국 제외) | | | | | | | | | | | (단위: 명) |

합계	자퇴									퇴학			제적
	소계	가사	학교부적응						기타	소계	학교폭력	학칙위반	
			소계	학업관련	대인관계	학교규칙	기타부적응						
17,850	16,852	503	7,963	4,047	222	225	3,469		8,386	790	98	692	208

출처: 교육부(2016a).

47%를 차지하고 있는데 자퇴 중에서 기타라고 되어 있는 사유도 상당수는 학교부적응의 경우에 해당한다고 할 수 있다. 또한 퇴학으로 되어 있는 790명과 제적 208명도 상당수는 학교부적응을 경험한 것으로 볼 여지가 많기 때문에 고등학생 학업중단은 대부분 학교부적응에 기인한 것으로 추정해 볼 수 있다.

학업중단 중에서 문제가 되는 주요 사유가 학교부적응인 것을 고려할 때, 학교에 재학하고 있는 학생 중 비행행동을 하거나 위기상황에 노출된 학생의 비율을 고려해 보는 것이 중요하다. 윤철경 등(2013b)의 연구에 의하면 전체 학생 가운데 위기학생은 전체 재학생 중 23.9%로서, 이 중에서 고위기학생은 4.5%(335,122명)이었으며, 잠재위기학생으로서 준위기학생은 전체 학생의 19.4%(1,444,749명)인 것으로 나타났다. 집단 유형별로 살펴보았을 때, 고위기학생은 남학생(5.1%)이 여학생(3.6%)에 비해 많고, 초등학교(2.3%)에서 중학교(6.4%)로 넘어가는 시기에 급격하게 많아지며, 일반계열(4.8%)보다는 직업계열(9.5%) 학생이 가장 많은 것으로 나타났다. 지역적 특성을 보았을 때 읍면지역(5.2%)이 대도시(4.2%)와 중소도시(4.5%)에 비해 많고, 가정의 특성과 관련하여서는 한부모 가정(9.6%)과 재혼가정(11.6%)의 학생이 친부모가정(3.8%)의 학생보다 더욱 많은 것으로 조사되었다. 본드 및 가스 흡입, 성병 및 임신, 성매매, 성폭력과 같은 고위험행동을 할 가능성이 다른 학생들에 비해 현저하게 높게 나타난 위기학생의 위험행동을 제어하는 보호요인 중 가장 큰 영향력을 미치는 것이 '학교의 긍정적 경험'으로 나타난 것을 고려할 때, 학교 차원에서 이들을 대상으로 적극적인 개입과 보호를 하는 것이 중요한 요인으로 볼 수 있다.

윤철경, 류방란, 김선아(2010)는 전문가협의회 및 워크숍, NEIS 시스템을 통한 학업중단 사유 조사, 설문조사, 전문가조사 등을 통하여 학업중단 현황에 대한 심층분석을 초등학생 12,280명, 중학생 14,572명, 고등학생 34,305명의 학업중단자를 대상으로 실시하였다. 이 연구에서 밝히고 있는 초·중·고등학교 학교급별 학업중단 세부 사유는 다음과 같다. 초등학교의 경우 미인정유학이 66.5%로 가장 많고 다음으로는 대안교육(8.2%) 등으로 나타났다. 그 외로는, 정서장애·신체장애 등 질병(2%), 주거불안정(0.8%), 행방불명(0.7%), 사고(0.4%), 학습부진(0.7%), 가정불화(0.3%), 종교(0.2%), 가출(0.1%) 등의 순으로 나타났다. 특히 1학년에 질병과 부적응에 의한 유예가 집중적으로 나타난다. 즉, 정서장애 및 신체장애 등을 보이는 경우가 매우 흔하였다. 또한 저학년 시기에 학교부적응 현상이 심함을 알 수 있는데, 학습부진과 학업기피 등으로 인한 부적응은 1학년, 6학년, 4학년 순으로 많이 나타났다. 기타 사유 중 미인정유학(해외 어학연수 등) 사유는 학년이 올라갈수록 많아지며 이는 고학년이 될수록 어학연수를 목적으로 한 장기결석이 많아짐을 의미한다. 중학교에서는, 미인정유학이 39.6%로 가장 많았으며 다음으로는 학습부진(18.2%), 대안교육(5.5%), 정서장애·신체장애 등 질병(4.2%), 검정고시 준비(2.2%), 가출(2.1%), 엄격한 교칙(1.8%), 가정불화(1.4%), 사고(0.9%), 행방불명(0.8%), 인간관계(친구, 교사) 악화(0.7%) 등의 순이었다. 학년별 특징으로는 학습부진 및 학업기피 등 학업 관련 부적응으로 인한 학업중단 비율이 학년이 올라갈수록 뚜렷하게 증가(1학년 473명, 2학년 986명, 3학년 1,188명)한다는 점이었다. 고등학교의 경우, 학습부진·학업기피 등이 34.8%로 가장 많고 다음으로 검정고시 준비(8.8%), 해외 어학연수(8.1%), 경제사정, 정서장애·신체장애 등 질병(4.2%), 가정불화(3.2%), 엄격한 교칙(2.5%), 주거불안정(2.4%), 가출(1.5%), 대안교육(1.3%), 인간관계(친구, 교사) 악화(0.7%) 등의 순으로 나타났다. 학년별 특징은 부적응 사유로 인한 학업중단 대부분이 1학년에 집중되어 있고, 특히 학습부진 및 학업기피 부적응으로 인한 학업중단은 그러한 추세(1학년 7,301명, 2학년 3,697명, 3학년 957명)가 뚜렷하다는 점이다. 다시 말하여, 고등학교에서는 1학년에 대한 학업중단 관련 대책이 상당히 중요하다는 것을 알 수 있다.

MetLife(2002)는 2002년 미국의 고등학생을 대상으로 실시된 설문조사에서 한 번이라도 학업중단을 고려해 본 적이 있는 학생들에게 왜 그러한 생각을 하게 되었는지에 대한 질문에, 응답자의 76%가 "학교가 지루하기 때문"이라고 답하였다. 또 응답자의 42%는 "학교에서 충분히 배우고 있지 않다"고 답하였다. 이와 같은 설문조사의 결과로 미루어 보아, 학교와 관련된 요인들이 한 개인의 학업중단 여부를 결

표 8-5	학업중단 학생들이 학교를 떠나게 된 다섯 가지 결정적 이유	

1980 High School and Beyond 10학년 코호트 (Ekstrom et al., 1986)	1998 National Education Longitudinal Study 8학년 코호트 (Jordan et al., 1999)	2005 Nonrepresentative Sample of Dropouts (Bridgeland et al., 2006)
• 학교가 싫어서(33%) • 성적이 나빠서(33%) • 취업을 해서(19%) • 결혼을 해서(18%) • 교사와 잘 지낼 수 없어서(15%)	• 학교가 싫어서(51%) • 낙제점수를 받아서(44%) • 교사와 잘 지낼 수 없어서(34%) • 학교수업을 따라갈 수가 없어서 (31%) • 학교에 속하지 않은 느낌 때문에 (25%)	• 수업이 흥미가 없어서(47%) • 결석을 많이 하여 학교수업을 따라갈 수가 없어서(43%) • 학교에 관심이 없는 사람과 시간을 많이 보내서(42%) • 너무 많은 자유를 가졌고 삶에 있어 충분한 규정이 없어서(38%) • 낙제점수를 받아서(35%)

출처: Hammond, Linton, & Drew(2007), p. 38.

정하는 데 있어 큰 비중을 차지함을 알 수 있다. 〈표 8-5〉는 1980년대, 1990년대, 2000년대 국가 수준 설문조사에서 반영된 학업중단 학생들이 학교를 떠나게 된 다섯 가지 결정적 이유를 제시한 것이다.

정제영 등(2013)의 학교 밖 청소년 현황 및 생활실태 조사에 따르면, 청소년들이 정규학교를 떠나게 되는 원인은 청소년복지센터에 있는 아이들과 비인가 대안교육시설에 있는 아이들에게서 서로 다르게 나타났다. 두 집단 모두 '나 자신이 원해서' 학업을 중단하였다고 응답하는 비율이 가장 높았지만 좀 더 심층적으로 들여다보면 매우 대조적인 경향을 보였다. 전자의 경우 본인이 학업중단을 원한 세부적인 이유로 '지나친 학업 부담에서 벗어나고 싶어서'라든가 '놀고 싶어서'라고 응답하는 경우가 많았는데 이는 달리 말하여 '학교 및 학업에 대한 부적응'이 학교 밖 청소년이 되는 주된 이유임을 의미한다. 후자의 경우 '내 특기나 소질을 살리려고'라고 응답한 경우가 많아 대조를 이루었다. 학업중단의 주된 이유 중 하나로서 '가정문제나 가정의 요구'가 의미하는 바 역시 두 집단에서 다른 것으로 나타났는데, 전자에서는 '집안 경제사정의 어려움' '가정불화' '가정에서의 방임·학대·폭력' '가족들의 의견/바람' 등이 고루 나타난 반면에, 후자에서는 주로 '가족들의 의견/바람'을 의미하는 것으로 나타났다. '학교문제' 역시 전자에서는 '학교/선생님이 싫고 가야 할 필요성을 못 느껴서'가 다수에 의해 선택되었지만, 후자에서는 '학교에서 해 주지 않는 새로운 교육을 받고 싶어서'라고 응답한 경우가 많았다. 이를 통하여 청소년 지원시설에 있는 청소년과 대안교육시설을 다니는 청소년들은 학업중단 이유가 명확히 다름을 알 수 있다.

3. 학업중단의 원인

학업중단은 어느 한 요인에 의해 발생하는 것이 아니라 상당히 다차원적인 요인들이 복합적으로 작용하여 발생하는 것으로 볼 수 있다(Franklin, 1992; Levine, 1984). 연구들에도 학업중단의 원인은 학생을 둘러싼 개인요인, 가정요인, 학교요인, 지역사회 요인 등 다양한 원인에 의해 발생하는 것으로 보고하고 있다(김지혜, 안치민, 2006; 배영태, 2003; 성윤숙, 2005; 정제영 외, 2015b; Dupper, 1993; Hammond et al., 2007; Brush et al., 2011; Jerald, 2006; Rumberger, 2004). 이 절에서는 기존 연구들을 토대로 학업중단의 원인을 크게 개인요인, 가정요인, 학교요인, 지역사회 요인으로 나누어 살펴보고자 한다.

1) 개인요인

(1) 개인 배경

미국의 많은 선행연구는 학생 개인의 인구학적인 특성이 학업중단에 결정적인 요인으로 작용하고 있음을 밝히고 있다. 구체적으로, 여학생에 비해 남학생이, 백인에 비해 소수 인종이, 그리고 같은 학년 또래 친구들보다 나이가 많을 경우에 학업중단을 할 확률이 높아지는 경향이 있다(Astone & McLanahan, 1991; Farmer et al., 2003; Rumberger & Larson, 1998; Swanson & Schneider, 1999). 또한 고등학교 재학 중 결혼을 하여 아이를 가지게 되거나, 혹은 일을 하게 되면서 성인으로서의 책임을 떠안게 된 청소년의 경우, 학업을 다 마치지 못하고 중도 포기할 가능성이 높은 것으로 나타났다(McNeal, 1997; Rumberger, 2004).

미국에서 수행된 많은 연구는 인종(Battin-Pearson et al., 2000; Ekstrom, Goertz, Pollack, & Rock, 1986; Rumberger, 2004; Teachman et al., 1996), 성별(Battin-Pearson et al., 2000; Goldschmidt & Wang, 1999; Rumberger, 2004), 이민여부(Rumberger, 1995), 제한된 영어능력, 인지, 신체, 행동장애 등의 장애 여부(Lehr et al., 2004; Lloyd, 1978; Wagner, Blackorby, Cameto, Hebbeler, & Newman, 1993) 등이 학업중단 경험과 밀접한 관계가 있음을 밝히고 있다.

(2) 정서적 · 행동적 특성

학업중단과 관련한 정서적 특성을 분석한 연구들을 살펴보면 학업중단 청소년은 그렇지 않은 청소년에 비하여 자아통제 및 자기조절 기능이 부족한 경향이 있었으며(김혜영, 2002), 높은 공격성과 낮은 자아개념 또 대인관계 기술 수준이 낮고, 미래 기대 수준이 낮으며, 의사소통 기술이 부족하고, 자아존중감이 낮으며, 권위에 대한 반사회적 성격이 나타나는 특성이 있다(배영태, 2003; 신현숙, 구본용, 2002; 양미진, 지승희, 이자영, 김태성, 2007; 이숙영, 남상인, 이재규, 1997; 이자영, 강석영, 김한주, 이유영, 양은주, 2010).

이소희, 노경선, 김창기, 고복자(2000)의 연구에 따르면 등교 거부의 경향이 높은 청소년들은 대조군의 청소년들에 비하여 우울한 정도가 유의미하게 높은 것으로 나타났으며, 이러한 불안과 우울은 청소년의 일탈과 관련이 높다(박영신, 김의철, 2003). 이러한 연구 결과들은 우울과 불안이 학교생활 적응을 어렵게 하고, 부적응의 한 형태로 등교 거부를 나타낼 수 있다는 것을 의미한다.

미국의 연구는 학업중단 가능성을 높이는 학생들의 일반적 특성과 행동도 분석하였다. 이들 연구에 따르면, 폭력, 약물 사용, 범법행위 등과 같은 반사회적 행동은 학업중단 가능성을 크게 높이는 것으로 나타났다(Battin-Pearson et al., 2000; Ekstrom et al., 1986). 또한 반사회적 행동을 일삼는 또래 친구들과 가까이 지낼 경우 학업중단의 가능성이 높아진다(Battin-Pearson et al., 2000; Cairns, Cairns, & Neckerman, 1989; Catalano & Hawkins, 1995; Elliott & Voss, 1974). 한편, 이른 성경험 역시 학업중단의 가능성을 증가시키며(Battin-Pearson et al., 2000), 직업포부가 낮거나(Rumberger, 2004), 자존감이 낮을 경우에도(Rosenthal, 1998) 학업중단의 가능성이 높은 것으로 나타났다.

(3) 학업성취도와 출결

학업중단과 관련한 미국의 연구들은 학교성적, 시험성적 등으로 측정된 학업성취가 학업중단에 결정적인 영향을 미치고 있음을 밝히고 있다(Alexander, Entwisle, & Kabbani, 2001; Battin-Pearson et al., 2000; Ensminger & Slusarcick, 1992; Rumberger, 2004; Wagner et al., 1993). 학업성취는 저학년 때부터(Alexander et al., 2001), 초등학교(Lloyd, 1978), 중학교(Battin-Pearson et al., 2000; Cairns et al., 1989; Gleason & Dynarski, 2002; Ingels et al., 2002), 고등학교(Alexander et al., 2001; Ekstrom et al., 1986; Elliott & Voss, 1974; Gleason & Dynarski, 2002)에 이르기까지 전 학년에 걸쳐 학업중단 여부를 예측하는 데 있어 매우 중요한 변수로 작용한다. 학업성취는 또한 유급(retention)과 같은 학업중단의 가능성을 높이는 다른 요인들과도 밀접한 관련성을 가지고 있다(Alexander et al., 2001; Cairns et al., 1989; Janosz et al., 1997; Rumberger, 2004; Wagner et al., 1993).

Obondo와 Dadphale(1990)의 연구에 의하면 여러 가지 요인이 등교거부에 영향을 미치며, 그중에서 개인의 학업성취도가 등교거부에 가장 큰 영향을 준다고 보고하고 있다. 국내의 연구에서도 개인의 학업성취도가 등교거부성에 영향을 주는 주요인으로 보고 있는데 수업의 내용을 전혀 이해하지 못하는 학생들은 멍하게 앉아서 머릿속으로 여러 가지 공상하기, 만화 그리기, 듣기지 않고 만화책 보기 등의 행동을 하며, 이러한 행동을 하다가도 지루한 시간을 견딜 수 없으면 결국 엎드려서 잠을 잔다(류방란, 신희경, 2011). 내용을 이해할 수 없는 수업시간을 들으며 계속 버티고 견디는 것이 힘든 학생들은 그렇게 버티기 위해서라도 가끔씩 조퇴, 무단결과, 결석 등의 방법으로 쉬어 줘야 한다는 이유로 등교거부 성향을 나타낸다(류방란, 신희경, 2011). 이러한 등교거부 성향을 가진 학생들은 이른바 졸업장을 따기 위하여 최소한의 출결관리를 통해 학교생활을 버티고 있는 것이라고 볼 수 있다.

학업중단 청소년은 공부가 싫거나 학업에 흥미가 없어진 경우가 많았다(신현숙, 구본용, 2002; 조아미, 2002; 금명자 외, 2004). 학습에 대한 흥미가 떨어지면서 학업을 따라갈 수 있는 능력이 부족하게 되고 이것은 낮은 학업성취도로 이어져 학업중단에 영향을 미치는 것으로 나타났다(구자경, 2003). 우리나라 특유의 입시 위주의 교육환경에서 지속되는 학업에 관한 스트레스는 무기력, 우울, 불안과 같은 심리적 부적응을 유도하고 이는 등교거부, 학습부진, 교칙위반, 신체적 공격, 비행행동이나 가출, 무단 장기결석 등을 유발하여 학업적응에 좋지 않은 영향을 미친다. 즉, 학업에 관한 스트레스가 오랫동안 지속될 경우 학업부적응을 겪을 것이며, 이러한 학업부적응은 청소년들의 학업중단 의지에도 영향을 미치게 될 것이라고 가정할 수 있다.

더불어 학업중단과 관련한 선행연구를 살펴보았을 때 학업중단 사유로 학업과 관련한 부적응 사유가 많았다. 안현의, 이소영, 권해수(2002)의 연구에서는 학업중단을 결정하는 주요한 요인으로 수업에 대한 이해가 어려워지면서 학교를 왜 다녀야 하는지 회의감을 느끼거나 엄격한 출결 단속 등의 학교 규칙에 대한 준수의 어려움을 호소하는 등 학업 및 학교와 관련한 이유를 들고 있다. 신현숙과 구본용(2002)은 학업중단과 관련하여 잠재적 학업중단 학생과 실제 학업중단 학생 간의 변인 차이를 연구한 결과, 무엇보다 학업과 관련한 이유로 학업중단의 충동을 느낀다고 보고하였다.

2) 가정요인

학업중단에 영향을 미치는 가정요인은 가정의 낮은 소득, 부모의 낮은 교육 수준, 편부모 가족·조손 가족 등의 구조적 결손, 가족의 학업중단 경험, 가족 구성원의 폭력 및 약물 사용, 자녀에 대한 낮은 성취기대, 부적절한 양육태도, 가족의 낮은 화목도, 가족 간의 대화 단절의 특성 등이 선행연구에서 보고되고 있다. 손충기, 배은자, 김영태(2012)는 청소년 학업중단의 가정 환경적 요인 분석을 위하여 상담센터에 접수된 120여 명의 위기 청소년을 대상으로 관련 변인을 측정 후 자료를 분석한 연구 결과, 첫째, 가족 구조적 변인으로서 가정 경제 수준과 결손가정 유무는 학업중단 행동에 영향을 미치고, 둘째, 가족 심리적 변인으로서 가족 유대감은 일탈친구, 무단결석 요인과 결합되어 학업중단 행동에 영향을 미친다고 논의하였다. 즉, 가족의 유대감, 경제 수준, 구성형태 등이 학생의 무단결석 요인 등과 결합하여 결국에는 학업중단으로 이어질 수 있다는 것이다. 학업중단에 영향을 미치는 가정요인을 가정 배경, 가족 관계 및 교육적 환경으로 나누어 살펴보고자 한다.

(1) 가정 배경

　　학업중단에 영향을 미치는 주요한 요인으로 학생이 속한 가정의 SES(Socio Economic Status)를 들 수 있다. 특별히 보호자의 교육 수준과 소득이 자녀교육에 미치는 영향은 주로 인적 자본론(human capital theory)에 의해 설명되기도 한다. 인적 자본론에 따르면 학생의 보호자는 자신이 가지고 있는 자원 및 목표, 제약 조건에 따라서 아이들에게 어느 정도의 시간과 자원을 투자할 것인지를 결정한다. 예를 들어, 부모가 소득이 높을수록 자녀를 비교적 양질의 학교에 보내고 아울러 다양한 사교육 등에 참여시키도록 하며, 자녀의 가정 안에서의 교육을 위해서도 더 많은 지원을 할 수 있고(Haveman & Wolfe 1994), 그 결과, 부모의 소득이 높은 그룹에서 상대적으로 낮은 학업중단이 나타난다. 또는 학업에서 중도 탈락하는 학생들은 가정으로부터 받는 경제적 지원이 비교적 낮은 것으로 나타났다(Ekstrom et al,. 1986). 즉, 사회경제적으로 불우한 가정 출신의 학생들이 부유한 가정 출신의 학생들에 비해 일반적으로 학습기술이 능숙하지 못하고 그것은 낮은 학업성취도로 이어지며, 장기적으로 경제적으로 불우한 가정 출신의 학생들의 학업중단 비율이 일반 학생의 3배에 달한다(Hahn, 1987). 이러한 결과는 가정의 사회경제적 요인이 학업중단의 주요 원인 중의 하나가 되는 것을 반영한다. 송복 등(1996)의 연구에 의하면 청소년들의 생활방식은 서로 비슷하고, 평소에 입는 의복으로 자신의 신분적 위치를 드러낸다고 한다. 그러므로 이러한 유행에 따라가지 못하면 집단에 소속되기 어렵고 따돌림을 당하기 쉬우며, 이것은 학업중단으로 연결되어 가정의 경제적인 배경이 학업중단에 영향을 미친다고 보고하고 있다.

　　가족 구성도 학업중단에 영향을 미치는데, 부모의 사망, 이혼, 별거, 재혼, 학업중단을 경험한 가정, 결손가족이 학업중단에 부정적인 영향을 미치게 된다(Ekstrom et al., 1986). 또한 가족형태도 편부모 또는 계부, 계모와 함께 사는 청소년들이 양친이 있는 경우보다 학업중단 비율이 높게 나타났다(Astone & McLanahan, 1991). 윤명숙, 이묘숙, 민수영(2012)의 연구에서는 동거가족 형태에 따라 학교 부적응의 원인이 되는 학교폭력 가해경험에 유의미한 차이가 나타났다. 부모님과 함께 살거나, 어머니와 함께 살거나 조부모와 함께 사는 집단에 비하여 친척이나 아버지와 함께 사는 청소년 집단이 학교폭력 가해행동이 더 많은 것으로 나타났다.

(2) 가족 관계 및 교육적 환경

가정의 높은 스트레스도 학업중단에 영향을 미칠 수 있다(Rosenthal, 1998). 가정의 스트레스는 약물 사용(Rosenthal, 1998), 가정불화(Catalano & Hawkins, 1995; Rosenthal, 1998), 가정의 경제적 또는 건강 문제(Rosenthal, 1998) 등으로 초래될 수 있다. 또한 잦은 이사도 학업중단에 영향을 미칠 수 있다(Ensminger et al., 1996; Lehr et al., 2004). 이 밖에 가족 구성원의 죽음, 부모의 이혼 혹은 재혼 등과 같은 가정의 여러 변화도 학업중단에 영향력을 미친다(Alexander et al., 2001).

Kearney와 Wendy(1995)는 학업중단 청소년들의 가족 간의 관계가 등교거부의 주요한 요인이라고 보았는데, 등교를 거부하는 청소년의 경우 부모와 자녀 간의 관계에 있어서 매우 불안정하고 갈등이 심한 관계가 형성되어 있다고 하였다. 부부갈등, 가정폭력에의 지속적인 노출로 인해 나타나는 학생들의 대표적인 심리적 문제는 우울감이다. 학생은 우울감을 매개로 무단결석, 조퇴 등의 학교부적응 행동을 보일 수 있다. 선행연구들에 의하면 비합리적이고 부정적인 부모 사이의 갈등에 대한 스트레스는 아동의 우울, 불안 등과 같은 정서적 문제에 유의미한 영향을 주는 것으로 나타났다(이민식, 오경자, 2000; 윤명숙, 조혜정, 2008). 남영옥(2008)의 연구에서는 가정에서 신체적 폭력 및 정서적 폭력을 경험한 청소년들이 폭력을 경험하지 않은 청소년들에 비하여 우울감과 불안감, 적대감 등의 증상을 더 심하게 경험하는 것으로 나타났다.

윤명숙과 이재경(2010)의 초기청소년을 대상으로 한 종단연구에 따르면 부모와의 애착정도가 높고 안정적인 관계를 형성할수록 우울함을 느끼는 정도가 낮아지는 발달 상태를 보이는 것으로 나타났다. 자녀의 어린 시절 양육 방식이나 어머니와 자녀 사이의 친밀성은 학업중단에 유의미한 영향을 미치는 것으로 나타났다(Jimerson et al., 2000). 자녀의 일상생활에 대해 야간 통금시간과 같은 방식으로 감시·감독을 전혀 하지 않거나(Ensminger et al., 1996; Ensminger & Slusarcick, 1992), 이와는 반대로 지나치게 자녀의 일상생활에 간섭할 경우(Janosz et al., 1997) 자녀의 학업중단은 높은 것으로 나타났다. 뿐만 아니라, 지나치게 관대한 양육 스타일도 자녀의 학업중단 가능성을 높이는 것으로 나타났다(Lehr et al., 2004; Rosenthal, 1998).

또한 가정에서 폭력을 당한 학생들은 학교에서도 학교폭력의 가해학생이 될 확률이 높아 학교부적응의 원인이 될 수 있다. 가정폭력 노출경험이 높은 청소년들의 경우 가정폭력을 경험하지 않은 청소년들에 비하여 과잉행동이 늘어나며, 공격성이 높아져 타인이나 또래 친구에게 가해행동을 행사하는 가능성이 높은 것으로 보고되었다(아영아, 정원철, 2007).

부모가 교육에 대해 가지고 있는 태도, 가치, 믿음은 자녀의 교육에 대한 기대에 영향을 미치며, 이는 그 자녀가 학업중단을 결정하는 데에 영향을 미친다. 구체적으로 부모의 낮은 교육 기대 수준은 자녀의 학업중단 가능성을 높이게 된다(Alexander et al., 2001; Ensminger & Slusarcick, 1992; Kaufman et al., 1992; Rumberger, 1995). 또한 부모가 학업을 중도 포기한 경험이 있는 경우 그들의 자녀 또한 학업을 포기할 가능성이 높다(Catalano & Hawkins, 1995; Elliott & Voss, 1974). 그리고 가족 구성원 가운데 누군가 학업을 포기하게 되면, 그들의 형제자매 역시 학업을 중단할 가능성이 높다(Gleason & Dynarski, 2002; Kaufman et al., 1992).

자녀의 학업중단을 예방하는 것에 있어 중요한 역할을 하는 것은 부모의 기대뿐만 아니라 교육과 관련된 부모의 실제적 행동이다. 구체적으로 자녀가 학업중단을 한 부모들의 특성을 보면, 자녀의 학업성취도나 학교생활과 관련하여 학교와 거의 소통을 하지 않으며(Jimerson et al., 2000; Rumberger, 1995), 자녀와도 그에 대해 거의 대화를 하지 않는 경향이 있다(Gleason & Dynarski, 2002; Teachman et al., 1996). 또 이들 부모가 학교에서 주최하는 학부모 모임 등에 참여 하는 빈도도 매우 낮은 것으로 나타났다(Kaufman et al., 1992). 몇몇 연구는 부모가 집에서 자녀의 공부를 도와주지 않거나(Ekstrom et al., 1986), 숙제에 대해 무관심한 태도를 보이는 행위(Goldschmidt & Wang, 1999)도 학업중단과 연관이 있음을 밝혔다.

3) 학교요인

학업중단을 유발하는 학교요인으로는 학교 자체에 대한 부정적 인식, 교사나 교우와의 부정적 관계, 학교폭력, 학습흥미 상실 등(류방란, 신희경, 2011; 박지현, 2009; 한영희, 2008; Kearney & Wendy, 1995)을 들 수 있다. 미국의 연구들은 학생 차원의 학업중단 위험요소가 동일하다고 가정할 경우, 전교생의 숫자가 적고, 학생-교사(혹은 학교 내 다른 성인)의 관계가 원만하며, 학생들을 물심양면으로 도와주는 교사의 비율이 높은 학교, 그리고 엄격한 교육과정을 시행하는 학교일수록 학업중단율이 낮음을 보여 주고 있다(Hammond et al., 2007).

학업중단에 미치는 학교요인의 영향은 학업성취도가 낮은 학생들, 그리고 저소득층 학생들에게 특히 더 크게 나타난다. Croninger와 Lee(2001)는 학생들을 전폭적으로 지원해 주는 교사의 비율이 높은 고등학교는 재학생의 학업중단 가능성을 절반 가까이 줄인다고 보고하고 있다. 이와 같이 학교의 특성은 학생들의 학업중단 비율을 높이는 위협요인으로 작용할 수도 있지만, 학업중단 비율을 낮추고 예방할 수 있는 매우 중요한 보호요인으로 작용할 수 있음을 의미한다.

(1) 교사 및 교우와의 관계

많은 연구에서 학교생활 중 교사나 교우들과의 관계를 등교거부에 영향을 미치는 요인으로 꼽고 있다(박지현, 2009; 한영희, 2008; Kearney &Wendy, 1995). 박지현(2009)은 교사와의 관계에서 학생이 교사에게 관심을 받지 못할 때, 허탈하고 울적하다고 느끼고, 무시를 당한다는 생각과 함께 허무감을 느껴 이러한 감정들이 결국학교를 가기 싫어하게 되는 원인이 된다고 보았다. 한영희(2008)의 연구에서는 교사와의 관계보다 교우관계에 대한 문제가 등교거부 경향에 더 큰 영향을 미치는 것으로 나타났다. 이경호(2012)는 위계적 회귀분석을 통하여 부모관계, 교사관계, 교우관계가 9.4% 정도 등교거부를 설명할 수 있다고 하였다. 또한 등교거부 경향의 예측에 통계적으로 유의미한 영향을 주는 요인들의 상대적 영향력을 살펴보았을때, 교우관계가 등교거부성에 가장 큰 영향력을 보이는 것으로 나타났다. 이러한 결과는 교우관계가 등교거부성에 가장 큰 영향을 준다는 한영희(2008)의 선행연구와결과가 같다.

꾸준히 발생하고 있는 학교에서의 또래 괴롭힘 역시 피해학생에게 불안 증가, 외로움, 통제감 상실 등의 정서적 문제를 통해 학교에 대한 강한 거부감으로 등교거부와 같은 학교적응에 심각한 어려움을 발생시키는 것으로 나타났다(Egan & Perry, 1998). 특별히 학교폭력 피해학생의 경우, 폭력 발생장소인 학교에 대해 두려움과불안, 공포 등의 감정을 느끼게 되어 등교를 거부하거나 학교에서의 활동을 회피하고 학교적응에 부정적 영향을 받을 가능성이 크다(이상균, 1999). 학업중단 청소년의 또래 특성은 비행또래와 접촉이 높은 특성과 또래와의 관계에서 어려움을 겪는 다는 것이다. 비행또래와의 접촉이 높고, 재학생에 비해 중퇴한 친구들이 많고, 비행또래 또는 중퇴한 또래와 어울리거나, 재학 중에도 학교를 중퇴한 친구들과 어울리면서 학교밖 활동에 많은 시간을 보내는 청소년들이 학업중단율이 높다(배영태, 2003; 서우석 외, 2007; 신현숙, 구본용, 2002; 이숙영 외, 1997; 조아미, 2002). 불량친구가 아니더라도 또래와의 관계에서 스트레스를 받거나 또래들로부터 따돌림을 당하여 소외감을 느끼거나 폭행을 당한 경험이 청소년들의 학업중단 원인이 된다(서우석 외, 2007; 이숙영 외, 1997; 이자영 외, 2010; 조아미, 2002).

(2) 출결 등 학교생활

출결은 학업중단을 예측하는 주요 변수 중 하나이다. 등교거부 행동이 반복될 경우, 학교에서 멀어지면서 학업중단으로 진행되기 쉽다. 우리나라의 중등학교 학업중단 학생들의 평균비율은 다른 나라에 비해 비교적 낮은 수준이지만 학교에 적을 두고 있으나 출석을 하지 않거나 잦은 지각, 조퇴로 인하여 등교거부 의사 표시를 하는 학생들은 훨씬 많다(조아미, 2002). 구본용, 신현숙, 유제민(2002)의 연구에서는 결석이나 지각과 같은 수업결손이 학업중단에 영향을 미친다고 하였다.

미국의 연구 결과에서는 출결은 학업성취도와 밀접한 관련이 있는데 학교에서 소외되거나 학교교육에 흥미를 느끼지 못하는 학생들은 학업을 중단할 가능성이 높다(Alexander et al., 2001; Rumberger, 2004). 이러한 학교에 대한 흥미가 떨어지는 이탈 현상은 다음과 같이 학업, 행동적, 심리적, 사회적 이탈 행위로 표출된다. 학업 이탈(academic disengagement)은 학생들이 학교에 잘 적응하지 못하고 있다는 것으로, 이와 관련한 주요 지표 중 하나는 결석률이다. 학업 이탈을 보여 주는 다른 지표는 수업을 빼먹는 행위, 무단결석, 숙제를 해 오지 않는 행위, 수업 준비를 해 오지 않는 행위 등이다. 행동적 이탈(behavioral disengagement)을 보여 주는 대표적인 지표는 청소년비행이다. 일탈행동을 하거나 범법행위를 하는 경우가 이에 해당한다. 심리적 이탈(psychological disengagement)은 학교생활에서 심리적으로 이탈하는 것으로 교육포부 수준이 낮고, 학교를 싫어하게 되는 등의 형태로 나타난다. 사회적 이탈(social disengagement)은 또래 친구들과 잘 어울리지 못하거나, 사교기술이 부족할 경우 발생되며, 이는 학업중단으로도 이어지는 요인이 된다(Jimerson et al., 2000). 반면에 학업중단이 학생들이 사회적으로 고립되어 있는 것 자체보다는, 학업중단 가능성이 큰 친구들과 주로 어울리기 때문이라고 밝힌 연구도 있다(Cairns et al., 1989).

(3) 학교의 특성

학교 규모가 학업중단에 미치는 영향에 대한 연구는 현재 많지 않고, 그 의견 또한 갈리고 있다. 학교의 규모의 효과성에 관한 일부 연구에서는 대규모의 학교들이 중간 및 소규모의 학교들보다 학업성취도가 낮고 학업중단율이 높은 것으로 나타났다(서우석 외, 2007; Lee & Burkam, 2003). 하지만 다른 연구에서는 학교 규모가 학업중단에 유의미한 영향을 미치지 않는 것으로 보고되고 있다(McNeal, 1997; Phillips, 1997). 또한 학교의 규모와 더불어 학교의 구조적 특성 중 하나인 지역적 특성에 관련한 연구에서는 학교가 도심의 빈민가에 있거나 도심에서 거리가 떨어진 시골에 위치한 경우, 학업중단율이 그렇지 않은 지역의 학교에 비하여 높다고 보고하고 있다(서우석 외, 2007).

Rumberger(2004)는 학교를 구성하는 학생들의 배경적 특성이 학업중단에 영향을 미치는 것으로 제시하였다. 구체적으로 저소득 계층 혹은 소수인종 학생들이 밀집된 학교의 경우 개인 수준의 배경적 특성과 학업성취를 통제한 후에도 여전히 높은 학업중단율을 보였다(Goldschmidt & Wang, 1999; Kaufman et al., 1992; Rumberger, 1995). 개인 차원의 학업성취뿐만 아니라, 학교 수준의 학업성취 역시 학업중단에 영향을 미침을 밝혀내었다. 구체적으로 유급을 당한 학생이나 수학 성취가 낮은 학생들이 많이 모여 있는 학교일수록 학업중단율이 높은 것으로 나타났다(Goldschmidt & Wang, 1999; Kaufman et al., 1992). 학교 차원의 결석률이나 비행률이 높은 학교의 경우 학생들의 학업중단 가능성은 커지게 된다(Goldschmidt & Wang, 1999).

학교가 안전하지 않다고 느끼는 것 역시 학업중단 가능성을 높이는 위험요인이다(Kaufman et al., 1992). 또한 학교가 훈육에 있어 문제가 있다고 생각하거나 교사들의 지원이 낮다고 인식하는 학생들의 비율이 높은 학교일수록 학업중단율이 높은 것으로 나타났다(Rumberger, 1995). 뿐만 아니라, 강제적인 정학이나 퇴학, 전학 등이 빈번하게 일어나는 학교의 경우에는 전반적으로 학업중단에 있어서 부정적인 작용을 할 수 있으며, 이러한 부정적 환경으로 인해 학생들의 학업중단 가능성은 커질 수 있다.

4) 지역사회 요인

미국에서는 학업중단에 영향을 미치는 지역사회 요인에 대해서도 다양한 연구가 진행되어 왔다. 교외(suburban)나 시골 학교보다 도심 내의 학교에서 학업중단율이 높은 것으로 나타난다(Lehr et al., 2004). 또한 서부나 남부 주(state)에서 상대적으로 학업중단율이 높은 것으로 나타난다(Ekstrom et al., 1986; Lehr et al., 2004; Rosenthal, 1998). 학업중단율은 가난한 계층이 밀집되어 있는 지역(Rosenthal, 1998; Rumberger, 2004)이나, 소수인종 혹은 이민자 비율이 높은 지역(Rosenthal, 1998)에서 높게 나타나는 경향이 있다. 또한 한부모 가정의 비율이 높거나 학업중단 경험이 있는 어른들이 모여 사는 지역(Rosenthal, 1998), 교육 수준이 낮은 어른들이 밀집되어 있는 지역일수록 학업중단율은 높게 나타난다(Goldschmidt & Wang, 1999).

지역 환경 또한 학생들의 학업중단에 영향을 미친다. 우선, 높은 학업중단율은 불안정하거나 이사가 잦은 지역에서 주로 나타나는 경향이 있다. 도심의 빈곤 지역은 높은 수준의 폭력이나 마약 관련 범죄 등과 관련되어 있으며 이는 학교 참여나 학업성취, 나아가 학업중단에 영향을 미치게 된다(Catalano & Hawkins, 1995; Rosenthal, 1998).

4. 학업중단 예방을 위한 방안

청소년들이 학업중단 이후 상당한 정서적·사회적 어려움을 경험하며 위험한 상황에 쉽게 노출되기 때문에, 애초에 학업중단이 일어나지 않도록 예방하고 학교 밖 청소년들의 생활에 적극적으로 개입해야 한다는 주장들이 강조되고 있다(오혜영 외, 2011; 오은경, 2014; 오정아, 김영희, 김정운, 2014 등). 학생들의 학업중단 문제는 세계 각국이 하나의 사회적 문제로 인식하여 대처하고 있는 중요한 정책적 관심사라

할 수 있으며, 우리나라의 경우 1997년 '학교 학업중단자 예방 종합 대책'이 수립된 이후 학업중단을 예방하기 위한 다양한 방안이 시도되고 있다(양수경, 차성현, 남진현, 2011). 특히 2013년에는 교육부와 여성가족부가 공동으로 '학업중단 예방 및 학교 밖 청소년 지원 방안'을 발표하였는데 부처 간 협업을 통해 학업중단을 적극적으로 예방하기 위한 중요한 변화라고 할 수 있다.

2015년 정부에서 발표된 '학업중단 예방 및 학교 밖 청소년의 자립역량 강화' 방안에 의하면 학업중단을 사전에 예방하기 위한 방안으로 '학업중단 숙려제 내실화' '다양한 대안교육 프로그램 강화' '가족 및 또래 등을 통한 심리·정서적 치유 지원' '의무교육 단계의 공적 보호 강화' 등 4개 추진과제를 제시하고 있다. 학교 수준에서 참고해야 할 다양한 학업중단 예방을 위한 정책과 방안에 대해 구체적으로 살펴보고자 한다.

1) 학업중단 위기학생의 조기 발굴

학업중단의 문제는 사후에 학교 밖 청소년을 대상으로 지원하는 것도 매우 중요한 과제라고 할 수 있지만 사전에 학업중단의 위기를 파악하여 조기에 대응하여 학업중단을 하지 않도록 하는 것이 더 중요하다고 할 수 있다. 사전에 학업중단의 징후나 위기 가능성을 예측할 수 있는 진단도구를 개발하는 등 위기학생을 조기에 진단할 수 있는 체계적인 시스템을 갖출 필요가 있다고 강조되고 있다(정제영 외, 2015a). 해외에서는 이미 학업중단의 징후나 위기 가능성을 사전에 예측하여 학업중단 위기학생을 체계적으로 지원하기 위한 시스템을 개발하여 운영하고 있다. 학업중단 문제를 해결하기 위해서 조기 개입을 통해 위기학생들을 지원하는 것이 중요하다는 인식이 당연시되어 받아들여지고 있으며, 특히 호주와 미국의 사례가 대표적이라 할 수 있다.

호주 빅토리아주의 교육부에서는 위기학생을 진단하기 위해 Student Mapping Tool(SMT) 시스템 운영을 통해 가정 배경 자료, 출석 자료, 정부 자료, 교사의 관찰 자료 등을 근거자료로 학교현장에서 교사와 학교가 개별 학생의 위기 여부를 판단할 수 있도록 하고 있다. 미국에서는 학업중단 위기학생에 대한 조기 예측의 중요성을 강조하며, Early Warning System(EWS)을 활용하여 학업중단을 예방하기 위해 노력하고 있다. 미국의 Early Warning System은 지역적 특성이나 시스템을 개발하기 위해 주, 혹은 학교구가 협력한 기관에 따라 시스템의 형태는 다를 수 있으나 핵심 기능은 쉽게 활용 가능한 몇몇의 핵심 자료를 활용하여 학교구나 학교가 학업중단 가능성이 높은 학생을 분별할 수 있도록 해 주는 것이다(정제영 외, 2015a).

정제영, 강태훈, 박주형, 변수용(2016)의 학업중단 위기학생 및 잠재위기 학생을 진단하기 위한 '학업중단 예측모형' 연구에서는 중학생과 고등학생의 NEIS(National Education Information System) 데이터를 활용하여 학생의 학적사항, 학생 생활, 학업성적 등 다양한 자료를 추출하여 분석하였다. 학업중단 예측모형을 개발하기 위하여 학업중단 학생의 학교생활 관련 자료를 바탕으로 학업중단에 영향을 미치는 요인을 분석하고, 요인의 회귀계수를 활용하여 우리나라 교육환경에 적합한 학업중단 예측모형을 설계하였다. 분석 결과, 학생 수준 변수 가운데 중학교의 경우 성별, 학업성취도, 출결사항, 체험활동 이수시간 등이 학업중단에 유의미한 영향을 미치는 것으로 나타났으며, 고등학교에서는 학업성취도, 출결사항, 체험활동 이수시간이 학업중단에 영향을 미치는 요인으로 밝혀졌다. 학교 수준 변수로는 학교의 총 학생 수가 학업중단에 영향을 미치는 것으로 나타났다. 학업중단에 영향을 미치는 요인으로 밝혀진 출결사항, 학업성취도, 체험활동 이수시간 등을 학업중단 예측 지표로 투입하고, 정서·행동특성검사 결과 및 교사의 주관적인 관찰의견을 종합적으로 고려하여

표 8-6 국내외 학업중단 예측모형 비교

구분	SMT (호주)	EWS (미국)	학업중단 예측모형 (한국)
위기 예측 지표(indicator)			
출결사항	○	○	○
학기 초 출결사항	×	○	○
학업성취도	○	○	○
체험(특별)활동	○	×	×
가정 배경 자료(부모 직업)	○	×	×
건강 및 복지 지원 상황	○	△	○
학생 정서·행동특성검사(한국) 교사의 관찰 의견	○	○	○

출처: 정제영(2016), p. 12.

학업중단 위기를 사전에 진단할 수 있는 시스템을 개발하였다. 학업중단 위기를 예측하기 위해서는 출결 및 학업성취도뿐만 아니라 학생의 행동특성, 학교생활 등 교사의 주관적인 관찰 의견이 유의미할 수 있으며, 우리나라의 경우 정서행동특성검사 결과를 유의미한 예측 지표로 활용할 수 있을 것으로 제안하였다(정제영 외, 2015a).

해외에서 활용되고 있는 학업중단 예측 시스템과 비교해 보면 학업중단 예측모형의 타당성을 확인할 수 있다. 호주에서 활용되고 있는 SMT와 미국에서 개발된 EWS의 지표와 비교해 보면 상당한 유사점을 보이고 있다. 학업중단 예측 시스템의 공통된 위기 예측 지표는 출결 사항, 학업성취도, 건강 및 복지 지원 상황 등이 모두 포함되어 있다는 것을 확인할 수 있다. 국가 간 차이점을 살펴보면 호주의 SMT는 학기 초 출결사항을 사용하지 않으며, 미국의 EWS에서는 체험활동, 가정 배경 자료를 활용하지 않고 있다. 우리나라의 경우 학교에서 실시하는 학생정서 · 행동특성 검사 결과를 종합적으로 검토한다면 더 정확도가 높은 위기학생 판단이 가능할 것이다(정제영 외, 2016).

2) 맞춤형 상담 및 대안교육 프로그램 강화

교사의 입장에서 학업중단 위기의 수준을 정도에 따라 단계를 구분하고, 학업중단의 위기 수준에 맞추어 적절한 조치가 이루어져야 위기학생의 문제를 해결할 수 있다. 학업중단 위기 원인 및 위기 정도에 따라 단계적으로 효과적인 개입 전략이 필요하다. 학급 수준(1단계), 학교 수준(2단계), 지역사회 수준(3단계)의 개입(intervention) 전략으로 맞춤형 학생 지도 체계를 구축할 필요가 있다.

학업중단 위기는 다양한 원인에 의해 유발되고 있다. 위기 원인이 학생 개인의 심리 · 정신적인 요인에 의한 것이라면 심리상담과 치료가 필요하며 이를 지원해 줄 수 있는 기관에 연계하는 것이 중요하다. 가정 · 경제적 원인, 학업 · 진로 문제, 학교부적응 문제 등에 따라 관련 문제를 해결할 수 있는 전문적 기관에 대해 파악하고 지원하는 것이 필요하다.

학교부적응 학생들의 대다수는 다양한 맞춤형 프로그램을 지원함으로써 문제를 해소할 수 있다. 가장 효과적인 방법은 학교 안에서 대안적인 프로그램을 다양하게 제공하는 방법이다. 현재의 학교교육은 공급자 중심의 획일적이고 경직적인 교육

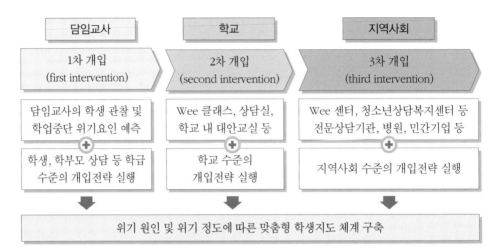

[그림 8-2] 학업중단 위기 정도에 따른 맞춤형 학생지도 방안

출처: 정제영(2016), p. 228.

과정을 운영함으로써 상당수의 학생들이 학교생활에 적응하지 못하는 문제가 발생하는 것이다. 학교 안 대안교실은 학생들의 다양하고 특별한 교육적 수요를 충족시킬 수 있도록 일반 학급과 구분하여 대안교육 프로그램을 편성·운영하는 학급을 말한다. 학교 내에서 문제를 일으킨 학생을 다른 학교로 전학시킨다든가 위기학생

표 8-7 학업중단 위기 원인별 맞춤형 학생지도 방안

학업중단 위기 원인	개입 프로그램 종류	프로그램 운영 기관
심리·정신	심리상담·치료	학교/병원/전문상담기관(Wee 센터, 청소년상담복지센터 등)
가정·경제	복지 지원	학교/청소년상담복지센터/청소년 쉼터, 지역아동센터 등
학업·진로	기초학력증진	학교/학습종합클리닉센터 등
	진로상담	학교/전문상담기관 등
	진로·직업체험	학교/대학교, 기업, 개인영업점 등
학교부적응	대안교육	학교 내 대안교실/대안교육 위탁교육기관 등
기타	문화·예체능활동 등 기타	학교/문화·체육시설, 영화관 등/전문상담기관, 종교기관 등

출처: 정제영(2016), p. 229.

들을 학교 밖으로 내모는 것은 그 학생들의 문제를 해결할 수 있는 근본적인 방법이 아니다. 교과서를 가르치기에 앞서 사람을 가르치는 공간이 필요하다. 학교마다 대안교실이 필요하다.

미국의 경우에 '학교 안 학교(school within-a-school)' 프로그램이 운영되고 있다. 학교 안에 특별한 필요를 가진 학생들을 위하여 다소 독립적인 행정체제, 인력 및 시설을 배치하고 독특한 학업 및 사회성 프로그램을 운영하는 경우이다. 대안교실 (alternative classroom)과 같이 독립된 학교가 아니라 교실 단위로 운영되는 경우도 학교 안의 프로그램으로 볼 수도 있다. 그러나 자칫 이 공간에 배치되는 학생이 학교 내에서 '영웅' 취급을 받거나 '문제아'로 취급받는 일이 발생하지 않도록 유의해야 할 것이다. 또한 위기학생들이 많이 모인 경우 분쟁이 일어날 때 큰 사고로 이어질 수 있기 때문에 생활지도에 유의해야 할 것이다.

학교 내에서 운영하는 프로그램으로 문제가 해결되지 않는 경우에 대비하여 공립 대안학교를 운영하는 것도 중요한 정책이라고 할 수 있다. 현재 지역별로 서울다솜학교, 인천해밀학교, 인천한누리학교, 경기새울학교, 충남여해학교 등 공립 대안학교가 운영되고 있다. 대안교육의 특성상 소규모 학교로 운영되므로 학생 정원은 전교생 120명 내외이다. 일반 학교에 비해 상대적으로 비용이 많이 드는 것이 사실이다. 따라서 재정 여건과 성과를 모두 고려하여 적정한 수준에서 설립을 추진할 필요가 있다. 설립은 시·도교육청에서 하고 운영은 대학, 대안교육기관 등 민간에 맡기는 민관협업형 대안학교를 운영하는 것도 좋은 방법이 될 수 있다.

학업중단 위기학생이 학업을 중단하지 않고 다시 학교에 적응할 수 있도록 대안적인 교육기회를 제공한다는 취지에서 현재 위탁교육이 시행되고 있다. 위탁교육은 정규학교와 달리 다양한 기관이나 시설들이 그 역할을 맡을 수 있다는 점에서 '사회적 학습시스템'으로서의 '민·관 협력형 대안학교 모델'을 제공한다는 의의도 있다. 예컨대, 대학과 전문대학, 직업훈련기관, 청소년시설, 평생교육시설, 극단, 연구소, 인간문화재, 종교시설, 도제식 훈련과정의 다양한 민간단체도 이러한 위탁교육기관에 포함될 수 있다. 예를 들어, 바둑을 두는 한국기원, 방송사 교육 기관, 국립국악원, 한국야구위원회(KBO) 등 분야별 전문 기관도 다양한 대안교육 기회를 제공할 수 있다. 이러한 시설들, 그리고 그곳에서 위탁생들을 지도하는 사람들은 학생의 수준과 특성에 맞는 대안교육을 전개할 수 있다. 위탁교육 프로그램 유형을 인성교육형, 예술체육형, 진로교육형, 직업훈련형, 교육복지형 등으로 체계적으로 분류하여 학생들의 소질과 적성, 흥미에 맞게 대안교육 프로그램을 맞춤형으로 제공할 수 있도록 기반을 갖추어야 한다.

3) 학업중단 숙려제 활성화

학업중단 숙려제는 '학업중단 징후 또는 의사를 밝힌 학생 및 학부모에게 2주 이상의 적정 기간 동안 숙려의 기회를 부여하고 상담, 진로체험, 예체능 등 프로그램을 지원하여 신중한 고민 없이 이루어지는 학업중단을 예방하는 제도'를 의미한다. 학업중단 숙려제를 도입한 목적은, 첫째, 학업중단으로 발생할 수 있는 다양한 문제에 대한 숙려를 통해 성급한 학업중단을 예방하고, 둘째, 학업중단 위기학생에 대한 상담 등 적극적인 개입으로 학교 적응력 증진을 도모하며, 셋째, 학교·교육청·지역사회가 연계한 체계적인 진로지도로 인적자원 유실을 최소화하기 위함이다.

교육부에서는 「초·중등교육법 시행령」 제54조 제5항과 제6항에 학업중단 숙려제의 법적 근거를 마련하여 2014년 1월 1일부터 시행하고 있다. 법령의 내용은 학교별 학업중단 숙려제 운영에 관한 세부사항을 결정하고, 학업중단 숙려제가 법령의 취지에 맞게 운영될 수 있도록 하는 것이다. 시·도교육청마다 별도의 기준을 수립하여 숙려 대상 판단기준, 숙려 기간, 숙려 기간 동안의 출석일수 인정 범위, 전문상담기관의 범위와 프로그램의 내용, 그 밖에 학업중단 숙려에 필요한 사항에 대해서 정하도록 하고 있다.

학업중단을 고려하는 학생 중에서 학업중단 숙려제에 참여하기로 한 학생은 일정기간 동안 학교, 교육지원청(Wee 센터), 교육청 지정 숙려제 운영기관 등에서 운영하는 맞춤형 프로그램을 제공받으며, 해당 프로그램을 성실히 이수한 후에는 시·도교육청 숙려제 운영지침에 따라 출석을 인정받게 된다. 맞춤형 프로그램은 학습 멘토링, 또래상담, 심리검사, 미술치료, 직업체험, 예체능 활동 등이 제공된다. 교육부에서는 2017학년부터 적용될 학업중단 숙려제 공통 운영기준을 2016년에 발표하였는데, 기존 숙려제 대상 학생 판단기준에 무단결석 연속 7일 이상, 누적 30일 이상인 학생과 검정고시 응시를 희망하는 초·중학생을 신설하여 학교현장에서 적극적으로 위기학생 조기발견에 개입하도록 강화하였다. 숙려 기간의 경우에도 학

| 표 8-8 | 학업중단 위기 원인별 맞춤형 학생지도 방안 |

프로그램 유형	담임교사	학교	지역사회
학생 관찰	학생 행동관찰(수업태도, 교우관계 등)	학업중단 숙려제를 통해서도 지원 가능	
상담	개인 상담	상담교사·생활지도 교사의 개인 및 집단 상담	Wee 센터, 청소년상담복지센터, 병원
	또래 상담	솔리언또래상담	
	학부모 상담	학부모 상담	Wee 센터, 건강가정지원센터
심리검사		상담교사 주관	Wee 센터, 청소년상담복지센터, 병원
멘토링	학급 동료 학생	꿈키움멘토단, 선배 학생	꿈키움멘토단
학습 클리닉	보조교사	학습부진학생 전담강사	Wee 센터, 학습종합클리닉 센터
프로그램 시행 및 연계		개인별 특성에 맞는 맞춤형 프로그램 시행(진로탐색 및 체험, 직업훈련, 여행, 야외활동, 예체능활동 등)	지역사회 프로그램 연계 (청소년상담복지센터, 학교밖청소년지원센터, 청소년 수련시설, 직업훈련기관, 대학교, 회사, 개인사업장, 종교기관 등)
대안 프로그램		대안교실	대안교육 위탁교육기관, Wee 스쿨

출처: 정제영(2016), p. 229.

생 개인 특성에 맞게 탄력적으로 운영될 수 있도록 최소 1주~최대 7주로 설정하였다. 아울러 학교에서 숙려제 참여 학생의 소재와 안전을 주기적으로 파악하도록 안전관리 기준을 신설하고, 학교 밖 청소년 지원센터 연계 시 학생·학부모 면담 절차를 강화하였다(교육부, 2016b).

2013년 시범운영 이후 2015년까지의 운영된 학업중단 숙려제 성과를 살펴보면, 참여학생 수 및 참여학생의 학업지속률이 증가 추세를 보이고 있다. 특히 2015년 학업중단 숙려제 참여학생 43,854명 중 37,935명(86.5%)의 학생들이 학업을 지속하는 높은 성과를 거둔 것으로 나타났다. 특히 교육부 자체 모니터링 결과, 설문대상 교원(2,459명)의 52%가 학업중단 위기학생에게 숙려제가 도움이 된다고 응답하였다(교육부, 2016b). 학업중단 숙려제가 향후 지속적으로 추진될 것으로 보인다.

Chapter 요약 ✎

　　이 장에서는 학업중단에 대한 정확한 이해를 위해 유사 개념과의 비교를 통해 학업중단을 구체적으로 살펴보았다. 학업중단으로 인해 학교 밖 청소년이 된 경우에 나타나는 현상을 살펴봄으로써 학업중단 위기학생에 대한 예방의 중요성을 강조하였다.

　　학업중단의 원인을 개인요인, 가정요인, 학교요인, 지역사회 요인으로 나누어 살펴보았다. 학업중단 위기학생을 조기에 발견하여 대응하는 것이 중요하다는 점을 강조하였다. 또한 학업중단의 원인과 수준에 따른 대응 방안을 이해하여 맞춤형 지원을 하는 것이 필요하다는 점을 제시하였다. 마지막으로 학업중단 숙려제에 대한 이해를 통해 경계선에 있는 위기학생들에 대한 지원이 중요함을 강조하였다.

⌛ 생각해 볼 문제

1. 학업중단의 개념과 유사한 개념들에 대해서 구분하여 설명해 보세요.
2. 학업중단의 문제에 대해 학교 밖 청소년들의 실태를 중심으로 설명해 보세요.
3. 학업중단의 원인에 대해 개인요인, 가정요인, 학교요인, 지역사회 요인으로 나누어 설명해 보세요.
4. 학업중단 위기학생을 조기에 발견할 수 있는 방법에 대해 각자의 생각을 발표해 보세요.
5. 학업중단 예방을 위해 추진하는 정책들에 대해 살펴보고, 학업중단 예방을 더욱 강화하기 위한 방안에 대해 생각해 보세요.

참고문헌

관계부처합동(2015). 학교 밖 청소년 지원대책 발표. 교육부 보도자료(2015. 5. 13.).

교육과학기술부, 여성가족부(2012). 학교 밖 청소년을 줄이기 위한 '학업중단 숙려제' 도입. 교육과학기술부 · 여성가족부 보도자료(2012. 5. 25.).

교육부(2013). 2012학년도 초중고 학업중단 현황 조사결과 발표. 교육부 보도자료(2013. 9. 4.).

교육부(2015). 2014년도 학업중단학생, 전년대비 8,662명 (14.3%) 감소. 교육부 보도자료 (2015. 9. 8.).

교육부(2016a). 2015학년도 학업중단 현황. 교육부 보도자료(2016. 9. 29.).

교육부(2016b). 학업중단 숙려제 공통 운영기준 마련. 교육부 보도자료(2016. 12. 14.).

교육부, 여성가족부(2013). '학업중단 예방 및 학교 밖 청소년 지원 방안' 수립. 교육부·여성가족부 보도자료(2013. 11. 28.).

교육부, 한국교육개발원(2017). 교육통계연보.

구본용, 금명자, 김동일, 김동민, 남상인, 안현의, 주영아, 한동우(2005). 위기 (가능) 청소년 지원모델 개발연구. 청소년위원회.

구본용, 신현숙, 유제민(2002). 데이터마이닝을 이용한 중퇴 모형에 관한 연구. 청소년상담연구, 10(2), 35-57.

구자경(2003). 청소년의 심리사회적 특성이 학교자퇴생각에 미치는 영향. 청소년학연구, 10(3), 309-330.

권해수, 서정아, 정찬석(2007). 대안학교와 소년보호교육기관 청소년의 학교밖 경험 비교: 개념도 방법론을 통하여. 상담학연구, 8(2), 657-674.

금명자(2008). 우리나라 학업중단청소년에 대한 이해. 한국심리학회지: 사회문제, 14(1), 299-317.

금명자, 권해수, 이문희, 이자영, 이수림(2004). 학교밖 청소년 욕구 조사 결과. 한국청소년상담원(편). 학교밖청소년 길찾기. 청소년상담문제 연구보고서(50).

김기태, 류기형, 최송식, 최인욱, 홍봉선, 남미애(1996). 부산지역 중·고등학교 중퇴생의 생활과 욕구에 관한 조사연구. 사회복지연구, 6(1), 165-198.

김민(2001). 자발적 학업중도탈락 현상 발생요인에 대한 분석 연구. 서울: 한국청소년개발원.

김상현, 양정호(2013). 학업중단 경험이 있는 고등학생의 학업중단 배경과 복교 후 학교생활에 대한 연구. 한국교육문제연구, 31(1), 81-113.

김영희, 최보영, 이인회(2013). 학교밖 청소년의 생활실태 및 욕구분석. 청소년복지연구, 15(4), 14-29.

김지혜, 안치민(2006). 가출청소년의 학업중단 영향 요인과 대책. 한국청소년연구, 17(2), 133-157.

김혜영(2002). 학교중도탈락의 사회적 맥락에 관한 연구. 청소년학연구, 9(3), 213-242.

남미애(2006). 학교밖 청소년의 욕구와 사회적 지원 방안. 사회과학논문집, 24(2), 147-196.

남영옥(2008). 청소년이 가정폭력경험이 정신건강에 미치는 영향에 대한 보호요인에 대한 중재효과. 미래청소년학회지, 5(3), 199-218.

류방란, 신희경(2011). 학교 부적응 학생의 학교다니기: 전문계 여자고등학교 학생을 중심으로. 교육학연구, 49(2), 41-72.

박영신, 김의철(2003). 부모-자녀 관계 변화가 청소년에게 미치는 영향. 교육학연구, 38(2),

109-147.

박지현(2009). 교사관계 및 또래관계가 청소년의 학업중단에 미치는 영향: 학업중단생과 재학생 비교를 통하여. 경상대학교 일반대학원, 석사학위논문.

배영태(2003). 학교 중도탈락의 선행요인과 판별. 청소년상담연구, 11(2), 23-35.

서우석, 정철영, 이광호, 채영병, 허영준, 김재호(2007). 실업계 고등학교 학생의 중도탈락 개선을 위한 진로지도 및 상담 활성화 방안. 직업교육연구, 26(1), 106-133.

성윤숙(2005). 학교중도탈락 청소년의 중퇴과정과 적응에 관한 탐색. 한국청소년연구, 16(2), 295-343.

손충기, 배은자, 김영태(2012). 청소년 학업중단의 가족 및 사회환경적 요인 분석 연구. 한국산학기술연구, 13(6), 2504-2513.

송광성, 구정화, 김소희, 이명아(1992). 정학·퇴학 청소년 선도방안 연구. 서울: 한국청소년개발원.

송복, 손승영, 조혜정, 황창순, 김병관, 정경희(1996). 학업중퇴자 연구-실태와 대책. 연세대학교 사회발전연구소.

신현숙, 구본용(2002). 중퇴생, 중퇴 고위험 및 저위험 재학생의 비교: 개인 및 사회·환경 변인들을 중심으로. 청소년학연구, 16(3), 121-145.

아영아, 정원철(2007). 부모위험요인이 학교폭력 가해행위에 이르는 발달경로. 청소년학연구, 14(3), 29-52.

안현의, 이소영, 권해수(2002). 학교 중도탈락 청소년의 욕구와 심리적 경험 조사. 한국청소년상담원(편). 학교를 떠나는 아이들. 청소년상담문제 연구보고서(46).

양미진, 지승희, 이자영, 김태성(2007). 아동, 청소년상담: 학업중단청소년의 사회적응력향상을 위한 캠프프로그램 개발연구. 상담학연구, 8(4), 1657-1675.

양수경, 차성현, 남진현(2011). 의사결정나무분석 방법을 이용한 학업중단 변별 요인 탐색. 한국교육, 38(4), 65-91.

오은경(2014). 학교밖 청소년 유형별 사회적지지, 진로준비행동, 사회적 배제 및 우울 간의 차이. 청소년시설환경, 12(2), 65-80.

오정아, 김영희, 김정운(2014). 청소년의 학업중도포기과정. 청소년학연구, 21(5), 141-168.

오혜영, 지승희, 박현진(2011). 학업중단에서 학업복귀까지의 경험에 관한 연구. 청소년상담연구, 19(2), 125-154.

유진이(2009). 학교중도탈락 청소년의 심리적 지도방안. 청소년학연구, 16(11), 229-257.

윤명숙, 이묘숙, 민수영(2012). 청소년이 지각한 부모의 부부갈등이 학교폭력 가해경험에 미치는 영향: 우울의 매개효과 검증. 청소년복지연구, 14(4), 237-259.

윤명숙, 이재경(2010). 부모애착이 초기 청소년 우울에 미치는 종단적 영향 분석. 사회과학연구, 26(2), 69-92.

윤명숙, 조혜정(2008). 청소년의 폭력경험이 우울 및 음주행위에 미치는 영향: 가정폭력, 학교폭력, 중복폭력 피해경험 중심으로. 정신보건과 사회사업, 29, 295-329.

윤여각, 박창남, 전병유, 진미석(2002). 학업중단청소년 및 대안교육 실태조사. 충북: 한국교육개발원.

윤철경, 김영지, 유성렬, 강명숙(2013a). 학업중단 학생 종단정책 연구. 한국청소년정책연구원.

윤철경, 류방란, 김선아(2010). 학업중단현황 심층분석 및 맞춤형 대책 연구. 한국청소년정책연구원.

윤철경, 서정아, 유성렬, 조아미(2014). 학업중단 청소년의 특성과 중단 후 경로 : 학업중단 청소년 패널조사 I 데이터 분석 보고서. 한국청소년정책연구원.

윤철경, 유성렬, 김신영, 임지연(2013b). 학업중단 청소년 패널조사 및 지원방안 연구 I. 한국청소년정책연구원.

이경상(2004). 국가발전과 청소년대안교육: 학업중단 청소년들의 진로설정 실태 및 지원방안-대안교육 확대보안의 필요성. 한국청소년개발원.

이경상, 조혜영(2005). 학업중단 청소년들의 진로설정 및 준비실태에 관한 연구. 진로교육연구, 18(2), 41-64.

이경호(2012). 고등학생 등교거부성에 정서·행동 문제 및 관련 변인이 미치는 영향. 정서·행동장애연구, 28(1), 45-72.

이민식, 오경자(2000). 부부갈등이 아동의 내면화 및 외현화 문제에 미치는 영향: 아동의 지각된 부부 갈등과 양육태도의 매개효과. 한국심리학회지:임상, 19(4), 727-745.

이상균(1999). 학교에서의 또래폭력에 영향을 미치는 요인. 서울대학교 일반대학원. 박사학위논문.

이상준, 이수경(2013). 2013년 비진학 청소년 근로환경 실태조사. 한국직업능력개발원 보고서.

이선희(2014). 노동경험이 있는 학업중단청소년의 학업복귀 경험: 근거이론에 의한 접근. 미래청소년학회지, 11(2), 157-181.

이소희, 노경선, 김창기, 고복자(2000). 등교거부 청소년의 환경 및 심리상태. 신경정신의학, 39(6), 1036-1044.

이숙영, 남상인, 이재규(1997). 중도탈락학생의 사회적응 상담정책 개발연구. 부산: 한국청소년상담복지개발원.

이자영, 강석영, 김한주, 이유영, 양은주(2010). 학업중단 위기청소년이 지각한 학업중단의 위험 및 보호요인 탐색. 개념도 연구법의 활용. 청소년상담연구, 18(2), 225-241.

이주연, 정제영(2015). 학업중단에 영향을 미치는 보호요인과 위험요인 간의 '힘겨루기'에 대한 질적 연구. 교육학연구, 53(3), 89-118.

이현주, 김용남(2012). 고등학교 학업중단율 변화의 지역별, 학교유형별 현황 및 학교 관련 요인 탐색. 아시아교육연구, 13(1), 149-185.

정연순, 이민경(2008). 교사들이 지각한 잠재적 학업중단의 유형과 특성. 한국교육, 35(1), 79-102.

정제영(2016). 지능정보사회에 대비한 학교교육 시스템 재설계 연구. 교육행정학연구, 34(4), 49-71.

정제영, 강태훈, 김성기, 류성창, 이덕난, 이주연, 황준성(2013). 정규학교 학업중단학생 지원 사업 정책 연구. 전남: 전라남도교육청.

정제영, 강태훈, 류성창, 박주형, 변수용(2015a). 학업중단 위기학생 진단도구 개발 연구. 한국청소년정책연구원.

정제영, 강태훈, 박주형, 변수용(2016). 학업중단 예측모형 시범운영 및 보급사업. 교육부·울산광역시교육청.

정제영, 정예화, 장선희, 김수정, 이민숙, 이승아(2015b). 고등학생의 학업중단에 영향을 미치는 학교요인 탐색. 2015년 한국교육학회 학술대회 발표자료집.

조아미(2002). 청소년의 학교중퇴 의도 결정요인. 청소년학연구, 9(2), 1-22.

조혜정(1997). 학교를 거부하는 아이, 아이를 거부하는 사회. 서울: 또 하나의 문화.

차명호, 한상철, 김인규, 양종국, 정경용(2009). 위기학생 실태조사 및 지원방안 연구. 교육과학기술부.

최상근, 양수경, 남기곤(2010). 학업중단위기 학생의 실태와 지원방안 연구. 충북: 한국교육개발원.

한영희(2008). 청소년의 정신건강이 등교거부 경향성에 미치는 영향. 명지대학교 일반대학원, 박사학위논문.

한유경, 오인수, 정제영, 박효정, 윤철경, 정찬호(2012). 위기학생 진단 및 교육적 지원에 관한 연구. 세종: 교육과학기술부.

허철수(2004). 학교밖청소년을 위한 서비스 자원개발 및 적용. 한국청소년상담원(편). 학교밖청소년 길찾기. 청소년상담문제 연구보고서(50).

Alexander, K. L., Entwisle, D. R., & Kabbani, N. S. (2001). The Dropout rocess in life course perspective: Early risk factors at home and school. *Teachers College Record, 103*(5), 760-822.

Astone, N. M., & McLanahan, S. S. (1991). Family structure, parental practices and high school completion. *American Sociological Review, 56*(3), 309-320.

Battin-Pearson, S., Newoomb, M. D., Abbott, R. D., Hill, K. G., Gatalano, R. F., & Hawkins, J. D. (2000). Predictors of early high school dropout: a test of five theories. *Journal of Educational Psychology, 92*(3), 568-582.

Brush, L., Shin, J., Shrestha, R., & Tietjen, K. (2011). *Review of the Literature-School Dropout Prevention.* Creative Associates International Washington, DC. USAID.

Cairns, R. B., Cairns, B. D., & Neckerman, H. J. (1989). Early school dropout: Configuratioins and determinants. *Child Development, 60,* 1437-1452.

Catalano, R. F. and Hawkins, J. D. (1995). *Risk focused prevention: Using social development strategy.* Seattle, WA: Developmental Research Programs, Inc.

Croninger. R. G., & Lee, V. E. (2001, August). Social capital and dropping out of high school: Benefits to at-risk students of teachers' support and guidance. *Teachers College Record, 103*(4), 548-581.

Dupper, D. R. (1993). Preventing school dropouts; Guideline for school work in practice. *Social Work in Education, 12.*

Egan, S. K. & Perry, D. G. (1998). Does low self-regard invite victimization?. *Developmental Psychology, 34,* 299-309.

Ekstrom, R., Goertz, M. E., Pollack, J. M., & Rock, D. A. (1986). Who drops out of high school and Why? Findings from a national study. *Teachers College Record, 87,* 356-373.

Elliott, D. S., & Voss, H. L. (1974). *Delinquency and dropout.* Lexington, MA: Lexington Books, D. C. Heath and Company.

Ensminger, M. E., Lamkin, R. P., & Jacobson, N. (1996). School leaving: A longitudinal perspective including neighborhood effects. Child Development, 67, 2400-2416.

Ensminger, M. E., & Slusarcick, A. L. (1992). Paths to high school graduation or dropout: A longitudinal study of a first grade cohort. *Sociology of Education, 65,* 95-113.

Farmer, E. M. Z., Burns, B. J., Phillips, S. D., Angold, A., & Costello, E. J. (2003). Pathways Into and Through Mental Health Services for Childen and Adolescnets. *Psychiatric Services, 54*(1), 60-66.

Franklin, C. (1992). Family and Individual Patterns in a Group of middle-class dropout youths. *Social Work in Education, 37*(4), 338-344.

Gleason, P., & Dynarski M. (2002). Do we know whom to serve? Issues in using risk factors to identify dropouts. *Journal of Education for Students Placed at Risk, 7*(1), 25–41.

Goldschmidt, P., & Wang, J. (1999). When can schools affect dropout behavior? A longitudinal multilevel analysis. *American Educational Research Journal, 36*(4), 715–738.

Hahn, A. (1987). Reaching out to america's dropouts: What to do? *Phi Delta Kappan, 69,* 256–263.

Hammond, C. D., Linton, J. S., & Drew, S. (2007). *Dropout Risk Factors and Exemplary Program.* A Technical Report. National Network: Communities In Schools Inc.

Haveman, R. & Wolfe, B. (1994). *Succeeding Generations: On the effects of investments in children.* New York: Russell Sage Foundation.

Ingels, S. J., Curtin, T. R., Kaufman, P., Alt, M. N., & Chen, X. (2002). *Coming of age in the 1990s: The eighth-grade class of 1988 12 years later.* (NCES 2002–321). Washington, DC: National Center.

Janosz, M., Le Blanc, M., Boulerice, B., & Tremblay, R. E. (1997). Disentangling the weight of school dropout predictors: A test on two longitudinal samples. *Journal of Youth and Adolescence, 26,* 733–762.

Jimerson, S., Egeland, B., Sroufe, L. A., & Carlson, B. (2000). A prospective longitudinal study of high school dropouts examining multiple predictors across development. *Journal of School Psychology, 38*(6), 525–549.

Jerald, C. D. (2006). *Identifying potential dropouts: Key lessons for building an early warning data system.* Washington, DC: Achieve, Inc.

Kaufman, P., Bradbury, D., & Owings, J. (1992, August). *Characteristics of at-risk students in the NELS:88.* Washington, DC: National Center for Education Statistics, Office of Educational Research and Improvement, U.S. Department of Education.

Kearney, C. A., & Wendy K. S. (1995). Family environment of youngsters with school refusal behavior : A synopsis with Implications for assessment and treatment. *The American Journal of Family Therapy, 23*(1), 59–72.

Lee, V. E., & Burkam, D. T. (2003). Dropping Out of High School: The Role of School Organization and Structure. *American Educational Research Journal, 40*(2), 353–393.

Lehr, C. A., Johnson, D. R., Bremer, C. D., Cosio, S., & Thompson, M. (2004). *Essential tools. Increasing rates of school completion: Moving from policy and research to practice.* Minneaplis, MN: National Center on Secondary Education and Transition, College of Education and Human Development, University of Minnesota.

Levine, R. (1984). An Assessment tool for early intervention in case of truancy. *Social Work in Education, 6*, 133-150.

Lloyd, D. N. (1978). Prediction of school failure from third-grade data. *Educational and Psychological Measurement, 38*(4), 1193-1200.

McNeal, R. B., Jr. (1997). High school dropouts: A closer exmination of school effects. *Social Science Quarterly, 78*, 209-222.

MetLife. (2002). The MetLife Survey of the American Teacher 2002. Student Life: School, Home and Community. A Survey of Teachers and Students. New York, NY: MetLife, Inc.

Obondo, A., & Dadphale, M. (1990). Family study of Kenyan children with school refusal. *The East African Medical Journal, 62*(7), 100-108.

Phillips, M. (1997). What Makes Schools Effective? A Comparison of the Relationships of Communitarian Climate and Academic Climate to Mathematics Achievement and Attendance During Middle School. *American Educational Research Journal, 34*, 633-662.

Rosenthal, B. S. (1998). Nonschool correlates of dropout: An integrative review of the literature. *Children and Youth Services Review, 20*(5), 413-433.

Rumberger, R. W. (1995). Dropping out of middle school: A multilevel analysis of students and schools. *American Educational Research Journal, 32*(3), 583-625.

Rumberger, R. W. (2004). *Why students drop out of school.* In G. Orfield (Ed.), *Dropouts in America: Confronting the graduation rate crisis* (pp.131-155). Cambridge, MA: Harvard Education Press.

Rumberger, R. W., & Larson, K. A. (1998). Student mobility and the increased risk of high school dropout. *America Journal of Education, 107*, 1-35.

Swanson, C. B., & Schneider, B. (1999). Students on the move: Residential and educational mobility in Ameirca's schools. *Sociology of Education, 72*, 54-67.

Sweeten, G. (2006). Who will graduate? Disruption of high school education by arrest and court involvement. *Justice Quartely, 23*(4), 462-480.

Teachman, J. D., Paasch, K., & Carver, K. (1996). Social capital and dropping out of school early. *Journal of Marriage and the Family, 58*, 773-783.

Wagner, M., Blackorby, J., Cameto, R., Hebbeler, K., & Newman, L. (1993). *The transition experiences of young people with disabilities.* A summary of findings from the National Longitudinal Transition Study of Special Education Students. Menlo Park, CA: SRI International for the Office of Special Education Programs, U.S. Department of Education.

제 9 장

학생 정서 · 행동특성검사의
이해와 정신건강

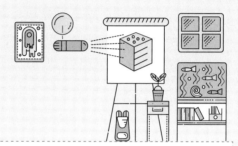

학습개요 및 학습목표

　이 장에서는 아동 · 청소년의 주요 정신건강 문제의 조기 발견, 건강한 정서 및 행동발달의 지원을 위해 학교에서 실시하는 '학생 정서 · 행동특성검사'에 대해 알아보고자 한다. 이를 위해 초등과 중 · 고등학생용 정서 · 행동특성검사의 구체적 내용과 결과를 제시하였다. 또한 정서 · 행동특성검사와 관련된 주요 정신건강 문제(ADHD, 우울 및 자살, 적대적 반항장애 및 품행장애)의 특징에 대해 기술하고, 상담과 지도를 위한 구체적인 전략들을 설명하였다.

　이 장의 구체적인 학습목표는 다음과 같다.

1. 학생 정서 · 행동특성검사의 대상, 목표, 내용에 대해 이해할 수 있다.
2. 학생 정서 · 행동특성검사의 결과를 정확히 이해하고 활용할 수 있다.
3. 아동 · 청소년의 주요 정신건강 문제를 이해하고 설명할 수 있다.
4. 정신건강 문제를 가진 아동 · 청소년을 상담하고 적절히 도울 수 있다.

1. 학생 정서 · 행동특성검사에 대한 이해[1]

1) 학생 정서 · 행동특성검사 개요

2006년 1월, 정신건강 관련 내용을 강조하는 방향으로 「학교보건법」이 개정되면서 2007년부터 학교에서 학생의 정신건강을 검진하는 사업을 개시하게 되었다. 2008년에서 2011년까지 그 대상을 확대하면서 학생 정신건강의 검진체계를 발전시켰고, 2013년부터 현재까지 전국의 초등학교 1학년, 4학년, 중학교 1학년, 고등학교 1학년 전체를 대상으로 학생들의 정서 · 행동발달의 정도를 평가하고 성장과정에서 흔히 경험하게 되는 인지 · 정서 · 사회성 발달과정의 어려움을 조기에 평가하여 신속한 도움을 제공하기 위해 학생 정서 · 행동특성검사를 연 1회 실시하고 있다.

정서 · 행동특성검사 결과를 바탕으로 전문기관 의뢰 및 치료 등의 후속 조치로 연계하여 정신건강상 어려움을 겪고 있는 학생이 적절한 평가를 통해 도움을 받을 수 있는 체계를 구축하는 것이 그 목적이라고 할 수 있다. 이 검사는 진단이 아닌, 문제유형을 알아보기 위한 선별(screening)검사이며 진단은 전문기관 심층평가 등 2차 조치 후 전문 병 · 의원을 통해 받게 된다.

학교에서는 보통 1학기 초인 4월 즈음에 초등학교 1, 4학년과 중학교 1학년, 고

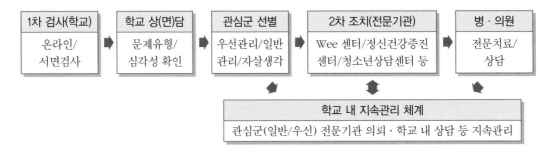

[그림 9-1] 학생 정서 · 행동특성검사 절차

출처: 교육부(2018).

---

1) 이 장은 교육부(2018)의 「2018 학생정서 · 행동특성검사 및 관리 매뉴얼」을 주로 참고하여 작성하였다.

등학교 1학년을 대상으로 온라인(http://mom.eduro.go.kr) 검사를 실시하며 검사 및 후속절차는 [그림 9-1]과 같다.

2017년부터는 기존 검사도구의 문제점 등을 개선하고 검사 신뢰도 및 효과성 증대를 위해 수정 및 보완된 버전의 검사를 실시하였다. 초등학생의 경우 학부모가 65문항 CPSQ-II(Child Personality and Mental Health Problems Screening Questionnaire, Second Version)를 실시하고, 중·고등학생의 경우 학생 스스로 63문항 AMPQ-III(Adolescent Personality and Mental Health Problems Screening Questionnaire, Third Version) 질문지를 실시하게 된다. 검사도구별로 기준 점수 이상인 경우 관심군으로 분류하여 학교 내 상담을 진행하고, 문제 수준에 따라 심층평가를 위해 전문기관에 연계, 학교 내 상담 등 지속적인 관리를 하게 된다.

학생 정서·행동특성검사가 정신건강에 대한 인식을 확대하고, 가정의 관심을 촉진하여 정신건강 문제의 조기 선별 및 개입이 이루어지는 데 기여하기를 기대한다.

2) 학생 정서 · 행동특성검사 내용

(1) 성격특성 관련 문항(초등 및 중 · 고등 공통)

2017년 개정된 검사에서는 학생들의 성격특성을 긍정적 방향에서 이해할 수 있도록 성격특성 관련 문항이 추가되었다. 기존 검사의 경우 검사 결과로 관심군인지의 여부만 확인이 가능하여 병리적인 부분에 과도하게 초점이 맞추어져 있다는 비판이 있어 왔다. 개정된 검사에는 아동 및 청소년의 긍정적 성격특성에 대한 24개 문항을 포함시켜 학교 및 가정에서 결과를 교육적으로 활용할 수 있게 되었다. 성격특성을 측정하는 문항은 관심군 판정에 포함되지 않는다.

개인의 성격특성은 개인 내적 특성 및 개인 외적 특성으로 구분되며 다음과 같이 각 세 가지 핵심 성격특성으로 구성되어 있다.

표 9-1 성격특성 영역과 의미

구분	핵심 성격특성	의미
개인 내적 성격 특성	성실성	맡은 일을 책임감을 가지고 신중하게 처리하는 태도
	자존감	자기 자신에 대해 가치 있고 긍정적으로 생각하는 태도
	개방성	일이나 사물에 대해 다양한 관점에서 생각할 수 있고, 나와 다른 생각을 기꺼이 받아들이는 태도
개인 외적 성격 특성	타인이해	타인의 입장을 공감하고 각 개인의 다양성과 차이를 존중하는 태도
	공동체 의식	자신이 속한 집단에 대한 소속감과 긍정적 관계를 유지하려는 태도
	사회적 주도성	대인관계나 학교생활에서 주도적으로 행동하거나 적극적으로 참여하는 태도

(2) 초등학생용 CPSQ-Ⅱ

초등학교 1, 4학년의 학부모(또는 주양육자)가 실시하게 되는 검사지는 다음 〈표 9-2〉와 같다. 평가요인은 성격특성, 위험문항(학교폭력 피해), 부모자녀관계, 정서·행동특성으로 구성되며 정서·행동특성(집중력 부진, 불안/우울, 학습/사회성 부진, 과민/반항성)에 해당되는 점수만 합산하여 관심군 선별에 사용한다.

학교폭력 관련 문항에 응답(39, 56번)한 경우, 개인면담 등을 통해 폭력의 진위와 정도를 확인하고 생활지도 담당 교사에게 인계하는 등 추가조치가 필요한 경우 절차에 따라 조치한다.

| 표 9-2 | 아동 정서 · 행동특성검사지(CPSQ-Ⅱ) |

학생	이름						
	학교			학교	학년		학년
	반			반	번호		번
	연령		만 세		성별		□ 남 □ 여
작성자	*설문에 응답한 학생과의 관계를 표시해 주세요. □ 부 □ 모 □ 조부 □ 조모 □ 기타						
Ⅰ	다음은 초등학생 학부모 또는 주 양육자 여러분께 자녀의 성격 및 정서 · 행동특성을 묻는 설문입니다. 이 검사에는 옳거나 그른 답이 없으므로 자신의 의견을 있는 그대로 솔직하게 대답하시면 됩니다. 다음 각 문항을 읽고, 최근 자녀의 모습에 해당된다고 생각하는 곳에 ○표해 주십시오.						

지난 3개월간 우리 아이는…

	문항	전혀 아니다	조금 그렇다	그렇다	매우 그렇다
1.	스스로를 좋은 점이 많은 사람이라고 생각한다.	0	1	2	3
2.	친구들과 세운 계획을 실행에 옮기기 위해 노력한다.	0	1	2	3
3.	기발한 생각을 자주 떠올린다.	0	1	2	3
4.	다른 사람의 의견을 귀 기울여 듣는다.	0	1	2	3
5.	한번 하겠다고 마음먹은 일은 끝까지 한다.	0	1	2	3
6.	공동의 문제를 해결하기 위해 친구들과 함께 적극적으로 나선다.	0	1	2	3
7.	어떤 일을 할 때 상대방의 감정을 고려하여 행동한다.	0	1	2	3
8.	상상력이 풍부하다는 말을 듣는다.	0	1	2	3
9.	해야 할 일에 끝까지 집중한다.	0	1	2	3
10.	자신이 속한 학급을 좋아한다.	0	1	2	3
11.	다른 사람들과 친하게 지내는 것이 중요하다는 것을 안다.	0	1	2	3
12.	신중히 생각한 뒤에 말하고 행동한다.	0	1	2	3
13.	스스로를 소중한 존재라고 느낀다.	0	1	2	3
14.	새로운 것을 배우고 경험하는 것을 좋아한다.	0	1	2	3
15.	지금의 자기 자신에 대해 만족한다.	0	1	2	3
16.	스스로를 자랑스럽게 생각한다.	0	1	2	3
17.	어떤 일을 할 때 미리 계획을 세운다.	0	1	2	3
18.	친구들과 어떤 일을 함께 하는 것을 좋아한다.	0	1	2	3
19.	자기 반에 자신의 마음을 알아주는 친구가 있다.	0	1	2	3
20.	친구들 사이에서 리더 역할을 한다.	0	1	2	3

지난 3개월간 우리 아이는…					
	문항	전혀 아니다	조금 그렇다	그렇다	매우 그렇다
21.	친구들의 감정과 기분에 공감을 잘한다.	0	1	2	3
22.	다른 사람의 기분을 잘 알아차린다.	0	1	2	3
23.	학교행사와 활동에 적극적으로 참여한다.	0	1	2	3
24.	호기심이 많고, 탐구하는 것을 좋아한다.	0	1	2	3
25.	울거나 짜증 내는 경우가 많다.	0	1	2	3
26.	어른(부모, 교사 등)에게 반항적이거나 대든다.	0	1	2	3
27.	또래보다 농담, 비유, 속담 등을 잘 이해하지 못하고 글자 그대로 받아들인다.	0	1	2	3
28.	집을 나서거나 부모(주 양육자)와 떨어지는 것을 매우 불안해한다.	0	1	2	3
29.	이전에 겪었던 힘든 일들(사건 · 사고, 가까운 사람과의 이별 또는 사망 등)을 잊지 못하고 힘들어한다.	0	1	2	3
30.	매사에 의욕이 없고 피곤해 보인다.	0	1	2	3
31.	예민하고 신경질적이다.	0	1	2	3
32.	뚜렷한 이유 없이 여기저기 자주 아파한다. (예: 두통, 복통, 구토, 메스꺼움, 어지러움 등)	0	1	2	3
33.	또래에 비해 읽기, 쓰기, 셈하기를 잘하지 못한다.	0	1	2	3
34.	자신만의 관심 분야에 지나치게 몰두한다.	0	1	2	3
35.	수업시간, 공부, 오랜 책 읽기 등에 잘 집중하지 못한다.	0	1	2	3
36.	거짓말을 자주 한다.	0	1	2	3
37.	가만히 앉아 있지 못하거나 손발을 계속 움직인다.	0	1	2	3
38.	인터넷, 게임, 스마트폰 과다 사용으로 일상생활에 어려움이 있다. (예: 부모와의 갈등, 학교생활에 지장 등)	0	1	2	3
지난 한 달간 우리 아이는…					
39.	다른 아이로부터 따돌림이나 무시를 당하여 힘들어한다.	0	1	2	3
지난 3개월간 우리 아이는…					
40.	특정 행동을 반복하며 힘들어한다. (예: 손 씻기, 확인하기, 숫자 세기 등)	0	1	2	3
41.	눈 맞춤이나 얼굴 표정이 자연스럽지 못하다.	0	1	2	3
42.	적응력이나 대처 능력이 또래에 비해 부족하다.	0	1	2	3
43.	언어능력과 계산능력이 또래에 비해 우수하다.	0	1	2	3
44.	기다리지 못하고 생각보다 행동이 앞선다.	0	1	2	3
45.	원치 않는 생각이나 장면이 자꾸 떠오른다며 괴로워한다.	0	1	2	3

지난 3개월간 우리 아이는…					
	문항	전혀 아니다	조금 그렇다	그렇다	매우 그렇다
46.	이유 없이 갑작스럽게 눈 깜박임, 콩콩거림, 어깨 으쓱거림 등을 반복한다.	0	1	2	3
47.	다른 아이들과 자주 다툰다. (예: 말싸움 혹은 주먹 다툼)	0	1	2	3
48.	다른 사람의 시선을 많이 의식하고 쉽게 상처받는다.	0	1	2	3
49.	한 번도 거짓말을 한 적이 없다.	0	1	2	3
50.	다른 사람의 입장을 이해하거나 배려하길 어려워한다.	0	1	2	3
51.	자신감이 부족하다.	0	1	2	3
52.	친구를 사귀거나 친밀한 관계를 유지하는 것을 어려워한다.	0	1	2	3
53.	상황에 맞지 않는 부적절한 말이나 질문을 한다.	0	1	2	3
54.	사소한 일에도 불안해하거나 겁을 낸다.	0	1	2	3
55.	흥분해서 부모에게 말대꾸를 하거나 과격하게 반항한다.	0	1	2	3
지난 한 달간 우리 아이는…					
56.	다른 아이로부터 놀림이나 괴롭힘(언어폭력, 사이버폭력, 신체적 폭력)을 당하여 힘들어한다.	0	1	2	3
지난 3개월간 우리 아이는…					
57.	전반적으로 신체적 건강은 좋은 편이다.	□ 예		□ 아니요	
58.	전반적으로 정서적 건강은 좋은 편이다.	□ 예		□ 아니요	

II	다음은 아이와 관련된 것이 아닌 학부모 또는 주 양육자이신 자신과 관련된 설문 조사입니다. 다음 각 문항을 읽고, 최근 부모님(주 양육자)의 모습에 가장 해당된다고 생각하는 곳에 ○표해 주십시오.

	문항	전혀 아니다	조금 그렇다	그렇다	매우 그렇다
지난 3개월간 나는…					
59.	아이한테 욕하거나 마음에 상처 주는 말을 하게 된다.	0	1	2	3
60.	아이를 양육할 때 스트레스가 많다.	0	1	2	3
61.	아이가 말을 듣지 않아서 자꾸 매를 들게 된다.	0	1	2	3
62.	내 아이의 행동으로 인해 화가 난다.	0	1	2	3
지금까지 나는…					
63.	자녀 문제로 전문가에게 상담을 받아 본 경험이 있다.	□ 예		□ 아니요	
지금 나는…					
64.	이 검사에 있는 그대로 성실히 응답하고 있다.	0	1	2	3
65.	본 설문 결과에 따라 전문 상담 등의 지원을 받아 볼 의향이 있다.	□ 예		□ 아니요	

앞 검사지의 요인별 문항 및 절단점은 〈표 9-3〉과 같다.

표 9-3 아동 정서·행동특성검사(CPSQ-II)의 요인별 문항 및 절단점

구분			점수범위	문항	절단점
성격특성	내적	성실성	0~12	5, 9, 12, 17	–
		자존감	0~12	1, 13, 15, 16	
		개방성	0~12	3, 8, 14, 24	
	외적	타인이해	0~12	4, 7, 21, 22	
		공동체의식	0~12	2, 6, 20, 23	
		사회적 주도성	0~12	10, 11, 18, 19	
위험문항		학교폭력 피해	0~6	39, 56	1점
외부요인		부모자녀 관계	0~12	59, 60, 61, 62	초 1 남학생 6점 / 여학생 5점 초 4 남학생 6점 / 여학생 5점
요인	정서행동특성	집중력 부진	0~21	34, 35, 36, 37, 44, 47, 53	초 1 남학생 7점 / 여학생 5점 초 4 남학생 8점 / 여학생 6점
		불안/우울	0~30	28, 29, 30, 31, 32, 45, 48, 51, 52, 54	초 1 남학생 7점 / 여학생 8점 초 4 남학생 8점 / 여학생 8점
		학습/사회성 부진	0~24	27, 33, 40, 41, 42, 51, 52, 53	초 1 남학생 5점 / 여학생 5점 초 4 남학생 6점 / 여학생 5점
		과민/반항성	0~12	25, 26, 31, 55	초 1 남학생 4점 / 여학생 4점 초 4 남학생 5점 / 여학생 5점
기타			–	57, 58, 63, 65	–
정서·행동문제 총점			0~84	25~38, 40~42, 44~48, 50~55	초 1 남학생 20점 / 여학생 17점 초 4 남학생 21점 / 여학생 19점

※ 위 개별요인 항목으로 구분되지 않은 문항 38, 46, 50도 정서·행동문제 총점 산정에 포함
※ 성격특성, 학교폭력 피해, 부모자녀 관계, 기타에 해당하는 문항은 정서·행동문제 총점 산정에 포함되지 않음
※ 신뢰도 문항은 총 3개 문항(43, 49, 64번)이며, 총점 산정에는 포함되지 않음

정서·행동특성요인의 하위 척도와 그 세부내용은 〈표 9-4〉와 같다.

표 9-4 아동 정서 · 행동특성검사(CPSQ-Ⅱ)의 정서 · 행동특성요인 하위척도

정서 · 행동특성요인	내용
집중력 부진	집중력 부족, 부주의함, 충동성, 행동문제 등으로 구성되며, 다양한 상황에서 관련 행동 조절의 어려움과 관련된 항목 포함
불안/우울	분리불안장애 등의 불안장애, 우울증, 심리적 외상반응, 신체화성향, 강박성향 등에서 흔한 정서 · 행동문제로 구성
학습/사회성 부진	• 판단력과 적응 능력, 학습 능력, 대인관계 및 의사소통 능력과 관련된 항목이 포함 • 언어장애 및 사회적 의사소통장애, 학습장애, 지적장애, 자폐스펙트럼장애, 강박성향 등 흔히 학습과 사회성 부진을 초래하는 정서 · 행동문제의 경향성을 파악
과민/반항성	• 우울증 및 기분조절장애, 적대적 반항장애, 품행장애에서 흔한 정서 · 행동문제로 구성 • 불안정한 정동, 자극 과민성, 반항적 행동, 자존감 저하 포함

정서 · 행동문제 총점에 따라 관심군과 정상군으로 판정하게 된다. 점수가 높을수록 해당요인의 성향이 높을 가능성을 의미한다. 관심군은 정서 · 행동문제 총점이 평균에서 1.5SD(표준편차)를 벗어나는 경우에 해당하고, 우선관리군은 평균에서 2SD(표준편차)를 벗어나는 경우에 해당한다.

표 9-5 아동 정서 · 행동특성검사(CPSQ-Ⅱ)의 결과 판정 기준

판정 기준	결과 판정			점수 범위
정서 · 행동문제 총점	일반관리	초1	남	20~22점
			여	17~19점
		초4	남	21~24점
			여	19~21점
	우선관리	초1	남	23점 이상
			여	20점 이상
		초4	남	25점 이상
			여	22점 이상
문항 39, 56 점수 총점	학교폭력 피해			1점 이상

(3) 중·고등학생용 AMPQ-Ⅲ

중학교 1학년과 고등학교 1학년이 실시하게 되는 검사지는 AMPQ-Ⅲ로 성격특성, 위험문항(학교폭력 피해, 자살), 정서·행동특성으로 구성되며 정서·행동특성(심리적 부담, 기분문제, 불안문제, 자기통제 부진)에 해당되는 점수만 합산하여 관심군 선별에 사용한다. 자살 위기 관련 문항(53, 57번 문항)점수 합이 2점 이상일 경우에는 개인상담을 실시하여 확인하고, 60번 문항 '한 번이라도 심각하게 자살을 시도한 적이 있다'에 '예'라고 응답하고 신뢰도 문항(49, 62번)의 합이 '5' 이상인 경우 학부모에게 연락을 취하고 병의원 등 전문기관 연계와 치료 지원이 가능한 한 빨리 이루어져야 한다.

학교폭력 관련 문항에 응답(53, 57번)한 경우 생활지도 담당(학교폭력 담당) 교사에게 인계하여 개인면담 등을 통해 폭력의 진위와 정도를 확인하고 추가조치를 하도록 한다.

표 9-6   청소년 정서 · 행동특성검사지(AMPQ-Ⅲ)

학생	이름			
	학교	학교	학년	학년
	반	반	번호	번
	연령	만 세	성별	□ 남 □ 여

다음은 청소년 여러분의 성격 및 정서 · 행동을 묻는 설문입니다. 이 검사에는 옳거나 그른 답이 없으므로 자신의 의견을 있는 그대로 솔직하게 대답하시면 됩니다. 다음 각 문항을 읽고, 최근 자신의 모습에 해당된다고 생각하는 곳에 ○표해 주십시오.

지난 3개월간 나는…

	문항	전혀 아니다	조금 그렇다	그렇다	매우 그렇다
1.	좋은 점이 많은 사람이다.	0	1	2	3
2.	기발한 생각이 자주 떠오른다.	0	1	2	3
3.	한번 하겠다고 마음먹은 일은 끝까지 한다.	0	1	2	3
4.	공동의 문제를 해결하기 위해 친구들과 함께 적극적으로 나선다.	0	1	2	3
5.	어떤 일을 할 때 상대방의 감정을 고려하여 행동한다.	0	1	2	3
6.	상상력이 풍부하다는 말을 듣는다.	0	1	2	3
7.	해야 할 일에 끝까지 집중한다.	0	1	2	3
8.	우리 반이 좋다.	0	1	2	3
9.	다른 사람들과 친하게 지내는 것이 중요하다.	0	1	2	3
10.	신중히 생각한 후에 말하고 행동한다.	0	1	2	3
11.	소중한 존재다.	0	1	2	3
12.	새로운 것을 배우고 경험하는 것을 좋아한다.	0	1	2	3
13.	다른 사람의 의견을 귀 기울여 듣는다.	0	1	2	3
14.	지금의 나 자신에 대해 만족한다.	0	1	2	3
15.	내 자신이 자랑스럽다.	0	1	2	3
16.	친구들과의 모임을 잘 만든다.	0	1	2	3
17.	어떤 일을 할 때 미리 계획을 세운다.	0	1	2	3
18.	친구들과 어떤 일을 함께 하는 것을 좋아한다.	0	1	2	3
19.	우리 반에는 나의 마음을 알아주는 친구가 있다.	0	1	2	3
20.	친구들 사이에서 리더 역할을 한다.	0	1	2	3

지난 3개월간 나는…					
	문항	전혀 아니다	조금 그렇다	그렇다	매우 그렇다
21.	친구들의 감정과 기분에 공감을 잘한다.	0	1	2	3
22.	다른 사람의 기분을 잘 알아차린다.	0	1	2	3
23.	학교행사나 활동에 적극적으로 참여한다.	0	1	2	3
24.	호기심이 많고, 탐구하는 것을 좋아한다.	0	1	2	3
25.	이유 없이 기분이 며칠간 들뜬 적이 있다.	0	1	2	3
26.	뚜렷한 이유 없이 여기저기 자주 아프다. (예: 두통, 복통, 구토, 메스꺼움, 어지러움 등)	0	1	2	3
지난 한 달간 나는…					
27.	다른 아이로부터 따돌림이나 무시를 당한 적이 있어 힘들다.	0	1	2	3
지난 3개월간 나는…					
28.	인터넷, 게임, 스마트폰 과다 사용으로 일상생활에 어려움이 있다. (예: 부모와의 갈등, 학교생활에 지장 등)	0	1	2	3
29.	이유 없이 감정기복이 심하다.	0	1	2	3
30.	가만히 앉아 있지 못하거나 손발을 계속 움직인다.	0	1	2	3
31.	단시간에 폭식을 하고 토한 적이 있다.	0	1	2	3
32.	모든 것이 귀찮고 재미가 없다.	0	1	2	3
33.	수업시간, 공부, 오랜 책 읽기 등에 잘 집중하지 못한다.	0	1	2	3
34.	심각한 규칙 위반을 하게 된다. (예: 무단결석, 약물사용, 가출, 유흥업소 출입 등)	0	1	2	3
35.	괜한 걱정을 미리 한다.	0	1	2	3
36.	긴장을 많이 해서 일을 망친다.	0	1	2	3
37.	잠들기 어렵거나 자주 깨서 힘들다.	0	1	2	3
38.	원치 않는 생각이나 장면이 자꾸 떠올라 괴롭다.	0	1	2	3
39.	남들이 듣지 못하는 말이나 소리가 들린 적이 있다.	0	1	2	3
40.	수업시간에 배우는 내용을 전반적으로 이해하기 어렵다.	0	1	2	3
41.	이전에 겪었던 힘든 일들(사건 · 사고, 가까운 사람과의 이별 또는 사망 등)을 잊지 못하여 힘들다.	0	1	2	3
지금 나는…					
42.	이 검사에 나는 솔직하게 답변하고 있지 않다.	0	1	2	3

지난 3개월간 나는…		전혀 아니다	조금 그렇다	그렇다	매우 그렇다
	문항				
43.	사람들과 있을 때 긴장을 많이 한다.	0	1	2	3
44.	기다리지 못하고 생각보다 행동이 앞선다.	0	1	2	3
45.	남들이 내 생각을 다 알고 있는 것 같다.	0	1	2	3
46.	특정 행동을 반복하게 되어 힘들다. (예: 손 씻기, 확인하기, 숫자 세기 등)	0	1	2	3
47.	자해를 한 적이 있다.	0	1	2	3
48.	어른들이 이래라저래라 하면 짜증이 난다.	0	1	2	3
지금 나는…					
49.	한 번도 거짓말을 한 적이 없다.	0	1	2	3
지난 3개월간 나는…					
50.	화를 참지 못해 문제를 일으킨 적이 있다.	0	1	2	3
지난 한 달간 나는…					
51.	다른 아이로부터 놀림이나 괴롭힘(언어폭력, 사이버 폭력, 신체적 폭력)을 당하여 힘들다.	0	1	2	3
지난 3개월간 나는…					
52.	남들이 나에 대해 수군거리는 것 같다.	0	1	2	3
53.	죽고 싶다는 생각이 든다.	0	1	2	3
54.	이유 없이 우울하거나 짜증이 난다.	0	1	2	3
55.	부모님이나 선생님의 지시에 반항적이거나 대든다.	0	1	2	3
56.	남들이 나를 감시하거나 해칠 것 같다.	0	1	2	3
57.	구체적으로 자살계획을 세운 적이 있다.	0	1	2	3
58.	전반적으로 신체적 건강은 좋은 편이다.	☐ 예		☐ 아니요	
59.	전반적으로 정서적 건강은 좋은 편이다.	☐ 예		☐ 아니요	
지금까지 나는…					
60.	한 번이라도 심각하게 자살을 시도한 적이 있다.	☐ 예		☐ 아니요	
61.	전문가에게 상담을 받아 본 경험이 있다.	☐ 예		☐ 아니요	
지금 나는…					
62.	이 검사에 있는 그대로 성실히 응답하고 있다.	0	1	2	3
63.	본 설문 결과에 따라 전문 상담 등의 지원을 받아 볼 의향이 있다.	☐ 예		☐ 아니요	

앞 검사지의 요인별 문항 및 절단점은 〈표 9-7〉과 같다.

표 9-7 청소년 정서·행동특성검사(AMPQ-Ⅲ)의 요인별 문항 및 절단점

구분			점수범위	문항	절단점
성격 특성	내석	성실성	0~12	3, 7, 10, 17	―
		자존감	0~12	1, 11, 14, 15	
		개방성	0~12	2, 6, 12, 24	
	외적	타인이해	0~12	5, 13, 21, 22	
		공동체의식	0~12	8, 9, 18, 19	
		사회적 주도성	0~12	4, 16, 20, 23	
위험문항		학교폭력 피해	0~6	27, 51	2점
		자살	0~6	53, 57	2점
			0~6	60	60번 문항에 '예'라고 응답하고 49번과 62번의 합이 '5점' 이상
요인	정서 행동 특성	심리적 부담	0~30	27, 31, 34, 47, 51, 52, 53, 55, 56, 57	중 1 남학생 6점 / 여학생 7점 고 1 남학생 7점 / 여학생 7점
		기분문제	0~21	26, 29, 32, 35, 48, 53, 54	중 1 남학생 10점 / 여학생 11점 고 1 남학생 10점 / 여학생 11점
		불안문제	0~27	35, 36, 37, 38, 39, 41, 43, 44, 45	중 1 남학생 13점 / 여학생 11점 고 1 남학생 13점 / 여학생 11점
		자기통제 부진	0~24	28, 30, 32, 33, 34, 40, 48, 55	중 1 남학생 10점 / 여학생 10점 고 1 남학생 11점 / 여학생 10점
기타			―	58, 59, 61, 63	―
정서·행동문제 총점			0~93	25~41, 43~48, 50~57	중 1 남학생 31점 / 여학생 33점 고 1 남학생 33점 / 여학생 31점

※ 위 개별요인 항목으로 구분되지 않은 문항(25, 46, 50번)도 정서·행동문제 총점 산정에 포함
※ 성격특성, 기타에 해당하는 문항은 정서·행동특성문제 총점 산정에 포함되지 않음
※ 신뢰도 문항은 총 3개 문항(42, 49, 62번)이며, 총점 산정에는 포함되지 않음
※ 자살시도문항(60번)에 '예'로 응답한 학생 중에서 신뢰도 문항(49, 62번)의 합이 '5점' 이상인 학생은 관심군(자살위기)으로 선별, 개인면담(자살관련 면담지 활용) 조치

정서·행동특성요인의 하위 척도와 세부내용은 〈표 9-8〉과 같다.

표 9-8 청소년 정서 · 행동특성검사(AMPQ-Ⅲ)의 정서 · 행동특성요인 하위척도

정서 · 행동특성요인	내용
심리적 부담	자해, 자살, 학교폭력 피해, 피해의식, 관계사고, 반항성향, 폭식, 스트레스 등과 관련된 항목 포함
기분문제	우울증, 기분조절장애, 조울증 등의 기분장애, 신체화 성향, 강박성향 등에서 흔한 정서 · 행동문제와 관련된 항목 포함
불안문제	시험 · 사회적 상황 등에 대한 공포증 또는 불안장애, 강박성향, 심리적 외상반응, 환청 · 관계사고 등과 관련된 항목 포함
자기통제 부진	학습부진, 주의력결핍-과잉행동장애, 품행장애, 인터넷 또는 스마트폰 중독 등에서 흔한 정서 · 행동문제와 관련된 항목 포함

정서 · 행동문제 총점에 따라 관심군과 정상군으로 판정하게 된다. 점수가 높을 수록 해당 요인의 성향이 높을 가능성을 의미한다. 관심군은 정서 · 행동문제 총점이 평균에서 1.5SD(표준편차)를 벗어나는 경우에 해당하고, 우선관리군은 평균에서 2SD(표준편차)를 벗어나는 경우에 해당한다.

표 9-9 청소년 정서 · 행동특성검사(AMPQ-Ⅲ)의 결과 판정 기준

판정 기준	결과 판정			점수범위
정서 · 행동문제 총점	일반관리	중 1	남	31~36점
			여	33~38점
		고 1	남	33~38점
			여	31~36점
	우선관리	중 1	남	37점 이상
			여	39점 이상
		고 1	남	39점 이상
			여	37점 이상
문항 53, 57 점수 총점	우선관리(자살위기)			2점 이상
문항 60				자살시도 문항에 '예'로 응답하고 신뢰도 문항(49, 62번)의 합이 '5점' 이상인 경우
문항 27, 51 점수 총점	학교폭력 피해			2점 이상

관심군으로 분류가 된다면, 심리적 부담이나 스트레스, 우울한 생각이나 자살에 대한 생각 및 계획, 불안문제, 학습 · 주의력 · 품행 · 인터넷 사용의 문제 등과 같은 문제들에 대해서 세심한 관심과 심층평가가 필요하다는 의미이다. 특히 우선관리군에 속할 경우에는 정서 · 행동문제를 가질 가능성이 보다 높기 때문에 우선적인 개입이 필요할 수 있다.

학생을 대상으로 하는 검사 외에 9문항 교사용 정서 · 행동특성검사(AMPQ-Ⅲ-T)도 개발되었는데 이 검사는 관련 교사가 추가적 판단이 필요할 때 실시하는 보조도구로 활용될 수 있다.

3) 학생 정서 · 행동특성검사 결과 이해 및 관리

앞에서도 언급하였지만 정서 · 행동특성검사는 정서 · 행동발달상의 문제를 조기 발견하여 상담 및 치료 등 필요한 지원을 하기 위한 것이다. 진단을 위한 검사가 아님을 인지하고, 이 검사로 인해 학생에 대한 부정적인 편견이 생기거나 낙인찍는 부작용이 나타나지 않고 긍정적인 방향으로 활용될 수 있도록 해야 할 것이다. 검사 및 관리현황 등 관련 정보는 관련교사만 공유하고 재학 중 교육 자료로 활용한 후 폐기하며 학생부 및 건강기록부 등에 기록을 남기지 않는다.

심층평가 및 지속관리가 필요한 학생에 대한 정보는 학부모에게 통보하고 가정에서 관심과 관리가 이루어질 수 있도록 조치한다. 관심군으로 파악된 것을 통보받는 학부모 중에서는 결과에 대해 놀라거나 당황하여 화를 내는 경우가 있을 수 있다. 학부모가 나타내는 여러 반응에 대해 이해하고 공감하는 자세로 임해야 한다. 초등학생 학부모의 경우, "부모님이 체크하신 항목 중에서 일정 점수가 높으면 혹시 아이의 정서 · 행동에 어려움이 있을 가능성이 높을 수도 있다는 것인데, 이 중에는 가볍고 일시적인 것들도 많습니다. 혹시 최근 아이가 스트레스를 받거나 힘들어하는 것이 있을까요?"라고 물으면서 상담을 진행할 수 있고, 중 · 고등학교 학부모의 경우 "아이들이 부모님이나 주변 어른들에게 고민을 털어놓지 못하는 경우도 많이 있습니다. 스스로 체크하는 설문지에는 비교적 솔직하게 표현하기도 합니다. 아이가 스트레스나 고민이 있을 수 있으니 정말 어려움이 있는지 관심을 가지고 아이와 대화하는 시간이 필요합니다." "부모님께는 걱정을 끼칠까 봐 미처 말하지 못하는 경우도 있으니 다른 전문가와 만나 아이의 최근 상황이나 고민을 들어보는 것이 도움이 될 수 있습니다."라고 상담의 문을 열어 갈 수 있다.

검사 결과 등은 개별적으로 통보되어야 하며 교실 등의 공개적인 장소에서 "검사 결과에 이상이 있다, 문제가 있는 학생이다"라는 식으로 표현하지 않도록 주의해야 한다. 또한 우울증, ADHD 등 진단명으로 언급하지 않도록 한다. 관심군으로 판정되었다고 해서 정신장애가 있다는 것을 의미하는 것은 아니며 정상군으로 분류되었지만 도움이 필요한 학생도 있을 수 있다.

검사 결과, 관심군으로 나타난 학생들은 학교 내에서 상담을 진행하고, 자살위기 (자살 시도, 적극적인 자살 계획, 뚜렷한 자살 의도) 및 심한 자해행동이 있는 경우 즉각 조치(병원에 즉시 연계 등)가 필요하다. 즉각조치를 요하지 않는 관심군의 경우 심층 평가를 위한 전문기관(Wee 센터나 정신건강증진센터, 청소년상담복지센터, 지역의 병의원, 상담기관 등) 연계를 지원하고 학교 내에서 주기적으로 상담을 진행하는 등 지속적인 관리가 이루어져야 한다.

2. 학생 정서·행동특성검사 관련 주요 정신건강 문제에 대한 이해와 개입

정서·행동특성검사 결과에서 높은 점수를 나타냈다고 해서 해당 정신장애가 있다고 진단할 수는 없다. 하지만 관심군으로 나타난 학생들 중에서는 전문적 치료를 요하는 정도의 심각한 장애를 가진 경우도 발견된다. 특히 여러 가지 급격한 변화와 혼란을 겪는 청소년기를 잘 통과하면 성장을 위한 발판이 되기도 하지만 적응적 어려움에 대한 적절한 개입이 이루어지지 않을 경우 성인기 정신병리로 이어지는 경우도 있다. 아동 및 청소년 시기에 정신건강 문제에 대해 조기에 개입한다면 학업, 학교 적응 등의 면에서도 향상을 가져올 수 있고 성인에 비해 빨리 회복될 수 있는 가능성이 크다.

이 절에서는 정서·행동특성검사의 문항과 관련이 있고, 아동 및 청소년시기에 어려움을 겪기 쉬운 주요 정신 장애에 대하여 알아보고, 이러한 경향이 있는 학생들을 어떻게 지도하고 상담할 것인지 알아보고자 한다.

1) 주의력결핍-과잉행동장애에 대한 이해와 개입

(1) 주의력결핍-과잉행동장애(ADHD)에 대한 이해

주의력결핍-과잉행동장애(Attention Deficit-Hyperactivity Disorder: ADHD)는 부주의성, 충동성, 과잉행동을 주된 특징으로 하며 아동기 정신과 장애 중 가장 흔한 장애의 하나이다. 미국의 경우 학령기 아동의 3~5%로 추정되고 있고, 우리나라의 경우 연구대상과 방법에 따라 2%에서 20%까지 나타난다(임경희, 조봉환, 2004; American Psychiatric Association, 2013). 여아보다 남아가 ADHD로 진단되는 비율이 2배 정도 된다고 보고되고 있다(American Psychiatric Association, 2013).

보통 어린 아동들은 주의집중시간이 짧고 산만하고 부산스러운 경향이 있지만 ADHD 아동은 같은 연령의 또래 아이들이 보이는 모습보다 그 강도, 빈도, 지속시간의 측면에서 산만함과 과잉행동이 훨씬 심하다.

ADHD는 전두엽의 실행기능이 저하된 상태이기 때문에 정보를 적절하게 처리하기, 행동의 결과를 예측하기, 필요 없는 반응을 억제하거나 필요한 것에만 집중하기, 목표 세우기나 계획 세우기에 어려움을 겪는다. 교실장면에서 주로 나타나는 특

표 9-10 학습 상황에서 주로 발견되는 ADHD

부주의 행동	과잉행동-충동성
• 학습할 내용에 주의를 기울이는 대신 창밖을 보거나 낙서를 하거나 딴생각에 쉽게 빠진다. • 학용품이나 물건을 잘 정리, 정돈하지 못하고 책상 주변이 지저분하다. • 자기 물건이나 기억해야 할 사항을 잘 잊어버린다. • 시작을 하지만 끝을 내지 못하는 과제가 많다. • 교사의 지시와 다른 엉뚱한 과제나 행동을 자주 한다.	• 한자리에 가만히 앉아 있지 못하고 불필요한 몸동작을 많이 한다. • 수업시간에 떠들썩하게 구는 등 상황에 알맞은 행동을 하지 못한다. • 아무데나 올라타고 뛰어넘고 기어오르는 등 위험하게 행동한다. • 지나치게 질문하거나 끼어들고 시끄럽다. • 질문이 끝나기도 전에 큰 소리로 답을 외친다. • 순서나 규칙을 잘 지키지 못하고 자기 마음대로 하려고 한다. • 한 과제를 끝마치기 전에 다른 과제에 덤벼든다. • 쉽게 화를 내거나 흥분을 잘한다.

출처: 김동일 외(2016).

징들을 살펴보면, 가만히 자리에 앉아 있지 못하고 과제를 끝까지 마치기 어려워한다. 생각보다 행동이 앞서고, 친구들과 순서를 지키면서 놀이하거나 협동하는 데 어려움을 겪는다. 화를 잘 참지 못하고 정서를 조절하는 데 어려움이 있어 대인관계에 문제가 생기는 경우가 많다. 부주의성이 두드러지는 아이들의 경우, 크게 드러나는 문제행동은 없으나 수업시간에 집중을 못하고 멍한 모습으로 딴생각을 하는 모습 등을 보인다. ADHD 진단을 위해 일반인이 진단기준만 보고 평가해서는 안 되며 정신과 의사와 면담, 심리검사 등을 통해 정확한 평가를 해야 한다. 〈표 9-10〉은 교실에서 나타나기 쉬운 ADHD 학생의 징후들이다.

ADHD에 대한 연구가 많이 이루어져 왔지만 정확한 원인을 파악하기는 매우 어렵다. 주로 생물학적 요인인 유전자 이상, 미세한 뇌손상, 뇌의 화학물질 이상과 부모의 양육방식 등의 환경적 요인이 상호작용한다고 보고 있다. 쌍둥이 연구 등을 통해 유전적인 요인이 작용하고 있다는 점이 보고되고 있고, 출생과정이나 출생 후의 고열, 감염, 외상 등으로 인한 미세한 뇌손상 문제도 원인으로 제시되고 있다. 뇌신경전달물질인 도파민과 노어에피네프린의 복합적 작용도 ADHD와 관련이 있다고 보고 있다(Zametkin & Rapaport, 1987). 부모의 성격, 양육방식, 부모의 스트레스 수준, 결혼생활의 문제, 갈등적 부모-자녀관계도 ADHD와 관련이 있다. ADHD 아동에 대한 부모의 반응은 병의 진행을 악화시키거나 호전되도록 영향을 미친다.

ADHD는 유전적 또는 신경학적으로 일찍 시작되는 장애이지만 교육 프로그램, 주변의 지지, 개인이 가진 강점, 순한 기질, 호감이 가는 성격, 운동 능력, 지능, 가족의 정서적·사회적·재정적 자원 등을 포함한 삶의 경험과 발달과정에 따라 결과가 달라질 수 있다(Dulcan & Lake, 2011).

ADHD의 치료는 약물치료와 심리상담 및 가족상담으로 나누어 볼 수 있다. 약물치료는 ADHD의 생물학적 원인론에 근거하여 중추신경자극제를 통해 활동성을 억제하는 것이다. 약물치료는 교실에서 소리를 지르는 등의 행동을 개선시키고 주의력, 충동성, 단기기억 등에서 긍정적인 변화를 이끌어 낸다. 약물은 탁월한 효과를 가지고 있어서 문제행동 감소에 도움이 되지만, 바람직한 행동을 학습하고 대인관계를 개선시키기 위해서는 교육과 상담이 병행되어야 한다.

인지행동치료적 접근은 약물치료와 병행하면 효과를 높일 수 있는 심리치료적 접근 중 하나이다. 아동의 충동적인 행동을 수정하기 위해서 게임이나 놀이의 방식을 활용하여 자신의 행동을 미리 생각해 보게 하고 어떤 행동을 하면 가장 좋을지 선택하도록 하여 충동적인 행동을 감소시키는 것이다. 문제해결훈련, 자기지시훈 련 등은 문제해결과정에서 사용하는 생각과 행동에 대해 구체적인 언어로 표현하 는 것을 훈련하여 적절하게 문제를 해결하도록 한다. 자기의 행동을 자신의 언어로 조절할 수 있는 능력을 기르는 것이다(Meichenbaum, 1977; Shure, 1992).

ADHD 학생들은 아동기 때부터 주의력 결핍, 과잉행동에 수반되는 많은 문제로 인해 부모나 교사로부터 지속적 꾸지람과 처벌을 받았을 가능성이 높고 이로 인해 낮은 자존감, 우울, 불안 등의 정서로 어려움을 겪기 쉽다. 이러한 어려움을 잘 극복 하지 못한 경우 우울장애, 불안장애, 품행장애 등으로 악화될 수 있다. 이와 같은 경 우 개인상담 등을 통해 자신의 정서를 편안하게 인식하고 바람직하게 표현할 수 있 도록 도울 수 있다. 또한 심리상담은 낮은 자존감, 부정적 자아개념, 우울과 좌절감 을 극복하는 데에도 도움이 된다. 공감적이고 반응적인 상담자와의 관계를 통해 자 신의 감정과 행동을 조절하는 능력을 학습하게 되는 것이다(Jones, 2002).

부모가 아동을 잘 이해하고 아동의 환경을 관리하며, 부정적 양육방식을 적응적 방식으로 대체하여 ADHD 아동이 가족 안에서 긍정적 정서를 경험하도록 부모교 육을 실시하는 것은 매우 중요하다. 가족상담은 아이의 생애 초기 안전한 애착관계 를 맺지 못하고 갈등적 부모-자녀관계로 어려움을 겪는 가족이 이를 개선하는 계 기가 될 수 있다.

(2) 상담 및 지도전략

ADHD 학생들은 부산스럽고 충동적인 경향으로 인해 성장과정에서 자주 지적을 받고 고치라는 명령을 듣게 된다. 이런 지속적인 피드백은 부정적인 자아개념을 갖 게 하고 자신의 능력에 대해 과소평가하는 등 낮은 자존감의 문제를 나타내게 된다. 부정적인 자아상을 가진 경우 자기 이야기에 대해 예민하게 반응하기도 한다. 교사 는 이를 유념하고, ADHD 학생들이 일부러 행동을 고치지 않고 교사를 힘들게 하고 있는 것이 아님을 기억해야 한다. 체벌이나 모욕적인 야단은 효과가 없고 수치심과 반항심을 심어 주는 부작용이 크다. 공감적인 이해와 반응적인 상담관계를 통해 아 이가 자신의 감정을 편안하게 인식하고, 사회적으로 바람직한 방식으로 표현할 수 있도록 돕는 과정이 필요하다.

ADHD 학생은 한 과제에 집중할 수 있는 시간이 길지 않기 때문에 긴 과제를 나누어 제시하고 상기시켜 주는 말을 사용하는 것이 좋다. "○○야, 네가 지금 해야 할 일이 뭐지?"라고 물어 아동이 과제 수행을 시작하도록 인지적인 자극을 주고, 무엇을 하라고 직접 지시하는 것보다 아동 스스로 생각하고 행동하도록 만들어야 한다. 이 단계가 잘 이루어지면 무엇을(what) 해야 하는지, 어떻게(how) 해야 하는지를 스스로에게 이야기하는 혼잣말(self-talk) 기법을 사용하도록 가르친다.

다음 내용은 ADHD 학생들의 행동을 개선시키고, 교실 환경을 구조화하여 교육활동을 진행할 것인지에 대한 정보와 전략을 제공해 준다.

특정 문제행동별 행동개선 전략

1) 과도한 몸 움직임

  - 산만한 아동은 주의집중의 수준이 낮기 때문에 그들 나름대로 더 잘 집중하기 위한 시도로서 몸을 과도하게 움직이는 것으로 해석하는 시각도 있다. 몸을 움직이지 않으면 쉽게 졸리고, 실제로 수업시간에 자는 학생들도 많다. 과도한 움직임은 부정적 평가를 받기 쉽고, 이렇게 되면 아동은 어렵거나 지루한 과제를 더욱 피하려 하게 된다. 어느 정도의 몸 움직임은 교사의 어떤 지적에도 불구하고 아동의 의지와 상관없이 지속될 것이므로, 교사가 이 문제에 관해서는 유연하게 대처할 필요가 있다. 약간의 개선을 가져올 수 있는 방법들을 살펴보면 다음과 같다.

  (1) 교실에서 허용되는 행동의 범위와 규칙을 확립하라. (과잉행동이 병적 현상임을 감안하면서)
  (2) 아동에게 조용해야 할 때, 말해도 되는 때를 알려 주는 신호를 만들어라(예: 손가락을 입에 갖다 대기).
  (3) 규칙을 어겼을 때 생기는 결과를 정하라(예: 휴식시간 반납, 점수나 토큰 회수).
  (4) 떠들거나 자리를 이탈하는 학생에게 "지금은 네가 무엇을 해야 하지?"라고 물어 인지적인 중재를 한다.
  (5) 떠들거나 이탈할 때의 부정적 반응보다는, 조용할 때의 긍정적 반응을 늘려라.

(6) 일정 시간 동안 떠들지 않고 움직이지 않았을 때, 그에 대한 보상으로 정해진 장소에서 약간의 움직임이나 말하는 것을 허용한다.

(7) 스트레칭이나 간단한 체조, 이완운동을 시킨다.

(8) 일어나게 해서 책을 읽히거나, 칠판 앞으로 나와 구구단을 완성하게 하는 등 신체적 활동을 허용하면서도 주의력을 유지시키도록 한다.

2) 질문에 충동적으로 대답하기

– 손을 들지 않고 불쑥 말해 버리는 것은 ADHD의 주요 증상 중 하나인 충동성에 기인하는 행동으로, 어느 정도의 개선은 기대할 수 있다.

(1) 질문에 대답하거나 도움을 요청할 때, 화장실에 가기 원할 때는 먼저 손을 들고 교사의 허락을 얻어 이야기하도록 하는 규칙을 알려 주고, 또 써서 붙여 둔다. 필요 시 아동의 책상에 글이나 그림으로 된 규칙카드를 붙여 준다.

(2) 불쑥 대답해 버리거나 손을 들지 않는 아동의 행동을 무시한다.

(3) 손을 들고 허락을 기다리는 아동을 칭찬하여 모델로 삼는다. 이때도 비교는 하면 안 된다. "철수야, 손을 들고 대답하라는 규칙을 잘 치켰구나, 참 잘했어. 그래, 답이 뭐지?"라는 식으로 구체적인 칭찬의 이유를 언급한다.

(4) 이전에 규칙을 지키지 못했던 아동이 손을 들면 즉각 반응해 준다.

(5) ADHD 아동이 손을 들고 대답한 횟수를 그림카드에 날마다 기록하고, 매주 향상이 있는지 점검하여, 목표치에 도달하면 보상을 한다.

3) 과제로부터 이탈(산만함)

– 여기에는 여러 가지 원인이 있다. ADHD 아동은 새로운 자극(사이렌 소리 등)에 주의를 뺏기기 쉽고, 지루한 과제는 이들로부터 다른 자극(흥미로운 것)을 찾게 만든다. ADHD 아동은 학습장애를 동반하기 쉽고, 이 경우 과제 수행이 어렵고 반복적으로 좌절감을 느껴 맡은 과제를 끝마치려는 동기를 잃기 쉽다.

(1) 교사가 쉽게 관찰할 수 있고 피드백을 쉽게 줄 수 있는 좌석에 아동을 앉힌다.

(2) 과제에 집중하고 있을 때 어깨를 가볍게 두드려 행동을 강화한다.

(3) 과제를 완성했을 때 칭찬한다.

(4) 긴 과제를 짧게 나누어 제시한다. 한 과제에 집중할 수 있는 시간이 길지 않기 때문이다.

(5) 이해가 안 될 때 어려움을 표현하고 도움을 구하는 것을 허용한다. 많은 경우, 아동은 어렵다고 느끼거나 충분히 이해하지 못할 때 과제를 이탈하기 때문이다. 난관이 있을 때 교사와 소통할 수 있고, 그것을 통해 과제를 계속할 수 있다는 것을 깨닫게 하는 것이 중요하다.

(6) 주의를 흩트리는 과도한 소음을 차단한다.

출처: 교육부(2018).

ADHD 아동 지도에 성공적인 교실환경의 조건

1) ADHD 학생에 대한 기대를 전환하고, 가장 효과적인 대응방법에 대한 인식을 높인다.
   • 아동의 문제행동이 신체적 질병으로 인한 것임을 인식해야 한다.
   • 문제행동의 대부분은 아동의 고의가 아니다.
   • 행동수정 전략으로 개선되는 행동도 있지만, 아무리 노력해도 반응하지 않는 행동도 있음을 받아들여야 한다.
   • 실수를 이해하고 인내하며 학습의 기회로 이용한다.

2) 교실환경을 구조화하고 예측 가능하도록 한다.
   • 학급규칙, 시간표, 과제를 분명히 적어 놓는다.
   • 하루일과표를 적어서 잘 보이는 곳에 붙이고, 학생들이 그것을 따라 읽도록 한다.
   • 일과표 순서는 가급적 일관되게 한다(예: 인사−출석 부르기−수학−휴식−국어−점심시간−음악). 교사의 창조성에는 지장이 갈지 몰라도 ADHD 아동의 수행에는 효과적이다.
   • 수업의 진행순서가 어떻게 될지 미리 이야기해 주고, 다음에 일어날 활동에 대해 준비하도록 한다.

3) 좌석 배치를 효율적으로 한다.
   • 교사 가까이 앉도록 하여 자주 피드백을 준다.

- 모범이 될 수 있는 아동을 가까이 배석하여 생활태도나 학습 수행에 도움을 준다.
- 모둠별 좌석배치보다는 전통적인 일렬식 배치가 과제 수행에 더 효과적이다.

4) 적당한 학생 수를 배정한다.

- 교사가 전체 학생의 행동을 충분히 관찰하고 적절한 피드백을 제공할 수 있는 정도의 학생 수가 이상적이나, 현실적으로 어려운 부분이다.

5) 프리맥의 원리(Premack principle)를 적용한다.

- 하기 싫고 어려운 것을 먼저 하고, 재미있고 쉬운 것을 나중에 하게 한다.
- 나중에 할 재미있는 활동이 어려운 과제 수행을 강화하고, 덜 어렵게 느끼게 한다.

6) 효과적인 과제부여 기법을 사용한다.

- 과제물을 몇 가지 제시하고 그중 선택하도록 한다.
- 목표 세우기를 가르친다. 목표를 이루기 위한 현실적인 단계를 세우고 점검한다.
- 과제를 마치는 데 여분의 시간을 허용한다. 혹은 과제의 길이를 줄여 주거나 세분해서 결국은 학생이 성공적으로 마칠 수 있게 한다.
- 단계적인 지시와 주기적인 피드백을 준다. 적절하게 수행한 것에 대해 칭찬한다.
- 신체적으로 활동적인 휴식이 있는 일정을 자주 마련한다.

7) 짧고 분명하게 반복해서 지시한다.

- 말로만 하지 말고 가능하면 쓰도록 한다. 그리고 그 지시를 아동이 따라 말하게 한다.

8) 교수 및 설명 시 다중감각방식을 취한다.

- 그러나 지나친 자극은 피한다(아동이 한꺼번에 집중할 수 있는 자극의 종류와 기간은 제한적이다).

9) 학부모를 정기적으로 만나 협력하고, 서로의 역할을 명확하게 한다.

출처: 교육부(2018).

2) 우울 및 자살에 대한 이해와 개입

(1) 청소년기 우울, 자살에 대한 이해

우울증의 전형적인 증상은 우울한 기분, 죄책감, 무기력감, 자신감의 상실, 흥미나 즐거움 및 활동 수준 저하, 주의집중 곤란, 피로감, 식욕 감소, 자살 생각, 수면장애 등이다. 하지만 아동기 우울증에서는 슬픈 모습, 신체화 증상, 분리불안과 공포감이 더 흔하게 나타나고 청소년들의 경우에는 여러 가지 문제행동을 보이는 것이 특징이다. 우울하고 슬픈 정서보다는 짜증을 많이 내고 기분 변동이 심하며 부모에 대한 반항, 공격적인 행동, 무단결석, 가출, 인터넷 과다 사용, 성적 저하, 주의집중 곤란 등을 보이는 경우가 많다. 성인과 다른 청소년기 우울을 가면성 우울증(Davis, 2005)이라고 부르는 이유가 여기 있다. 이전에는 비교적 모범적이었던 학생이 상실, 좌절들을 경험한 뒤 비행을 보이는 경우가 종종 있는데, 이러한 행동은 내면의 우울 증상이 문제행동으로 외현화된 것이라고 볼 수 있다. 사람들은 종종 우울한 기분을 느낄 때가 있지만 우울증이 이와 다른 점은 이 증상이 장기간 지속된다는 것이다.

우울증의 유병률은 진단기준과 평가방법 등에 따라 차이가 있으나 사춘기 이전의 어린 아동의 경우 1~3%, 청소년의 경우 3~9%로 보고되고 있다. 사춘기 이전에는 남아와 여아에게 동일하게 나타나지만 청소년기가 되면 성인기와 마찬가지로 여자 청소년의 우울증 가능성이 훨씬 높았다(Hankin et al. 1998). 국내 자료(서울시 학교보건진흥원, 서울대병원 소아정신과, 서울시 소아청소년 광역정신보건센터, 2005)를 살펴보면 부모가 자녀를 평가했을 때에는 약 2%가 우울 관련 질환이 있는 것으로 조사되었으나 아이들이 스스로 보고하게 하였을 때에는 7.37%가 우울증이 있는 것으로 나타났다.

우울증의 원인을 살펴보면, 우선 유전적 요인을 들 수 있다. 유전적 요인에 대해서는 논란이 있지만 일반적으로 우울증을 겪은 부모의 자녀는 청소년기에 우울증에 걸릴 가능성이 3~5배 높아진다. 가계연구, 쌍생아 연구도 우울증에 유전적 요인이 영향을 주고 있음을 지지하고 있다. 부모의 우울은 유전적 요인뿐 아니라 모델링, 정서적인 돌봄의 부재 및 양육능력 부족, 학대와 방임 등을 통해 자녀의 우울에 영향을 미친다. 환경적 요인 또한 매우 중요한데 가족, 학업, 친구관계 등의 다양한 스트레스가 우울증을 야기할 수 있다. 호르몬 조절기능의 이상, 뇌의 신경전달물질인 세로토닌이나 노르에피네프린의 수준이 정상에 비해 낮은 것 등 여러 가지 생물학적 요인도 우울증 발병의 위험인자로 알려져 있다. 신경전달물질에 영향을 미치는 약물들이 우울증 치료에 효과적이라는 연구 결과들은 생물학적 입장을 지지해 주고 있다.

심리학적 이론인 인지이론(Beck, 1976)에서는 자기 자신이나 세상을 어떻게 보느냐 하는 인지적 요인의 역할을 중요시하여 자신과 세상, 미래에 대한 부정적이고 자기패배적인 사고방식이 우울증을 일으킨다고 설명하고 있다.

우울증에서 중요하게 생각해야 할 부분은 자살의 위험성이다. 청소년의 현재 상태가 고위험이라고 판단될 때에는 부모에게 이 사실을 알리고 안전을 확보하는 것이 가장 중요하다. 자살은 일회적이고 순간적인 병리가 아니라 만성적으로 진행되는 병리일 수 있고 청소년의 자살행동은 유전적, 생물학적, 인지행동적, 정서적, 환경적인 요소들이 복잡하게 연관되어 있는 문제이다. 하지만 청소년의 자살 사고 및 자살 시도는 치료 가능하며 특히 우울증과 같은 자살의 주요 위험인자는 효과적인 치료로 좋은 결과를 기대할 수 있다.

다음은 청소년들이 자살에 대해 생각할 때 나타내는 징후들이다. 만약 이러한 징후들을 발견했다면 학생과 직접적으로 이야기를 나누는 것이 중요하다(한국청소년상담원, 2011).

- 자살이나 자해 협박
- 자살할 방법 탐색: 약, 무기류나 다른 수단에 대한 접근 방법 찾기
- 죽음, 죽는 것이나 자살에 관해 말하거나 쓰기
- 절망 표현
- 격노, 화, 복수방법 찾기
- 무모한 행동이나 아무런 생각 없이 위험한 활동에 참석하기
- 빠져나갈 길이 없는 것과 같은 꼼짝없이 잡힌 기분
- 술이나 마약 사용의 증가
- 친구, 가족, 사회로부터 외면
- 불안, 동요, 불면, 하루 종일 취침

• 마음의 극단적인 변화
• 살아갈 이유가 없거나, 삶의 목적 · 의욕이 없음

우울증의 정확한 진단을 위해서는 신체 및 정신적 평가를 받아야 하고 치료를 위해서는 약물치료뿐 아니라 심리치료가 병행되어야 효과적이다. 자신 혹은 남을 해칠 위험이 클 경우에는 집중적인 입원치료가 권고된다.

(2) 상담 및 지도전략

우울한 아이와 상담을 할 때에도 상담자가 가장 기본적인 상담의 기본 태도와 기술들을 잘 숙지하고 활용하여 상담관계를 형성하는 것이 상담의 진전에 매우 중요하다. 우울한 아이들은 대화 상황을 회피하려 하거나 자신의 이야기에 상대방이 관심이 없을 것이라 여겨 말하지 않으려 하는 경우가 많기 때문이다. 또는 자신이 무언가 잘못하고 있고, 부적절하고 무가치하다는 생각에 빠져 있기 때문에 타인이 자신을 어떻게 보는가에 예민할 수 있다.

가장 중요한 것은 선입견 없이, 비판 없이 아이의 말을 잘 들어 주고 자신의 마음을 표현할 수 있도록 돕는 것이다. 우울한 생각을 하는 것이 도덕적으로 옳지 않다는 등의 비난을 하게 되면 아이는 마음을 닫게 된다. 죽고 싶다는 생각이 옳다는 공감이 아니라 아이가 나타내는 긍정적, 부정적 감정을 충분히 표현하게 하면서 공감해 줄 때 아이는 마음을 열고 변화할 수 있는 문으로 나아갈 수 있다.

새로운 것을 시도하는 것은 우울한 아이에게 매우 어려운 일인데 아이에게 적극적으로 활동해 보라고 하는 것은 또 다른 좌절감은 불러일으킬 수 있다. 하고 싶은 일 중 작은 것부터, 잘할 수 있는 것부터 시작하도록 돕고 작은 성취라도 나타냈을 때 격려하고 구체적으로 칭찬해 주어야 한다.

아이가 호소하는 우울이 일상생활의 일을 유지하기 힘든 정도이고, 일시적인 것이 아니라 수 주 동안 지속될 때에는 전문가의 상담을 통해 정확한 진단을 받아 보는 것이 필요하다. 우울증이라고 진단될 정도의 우울증상이 있을 경우에는, 이미 뇌의 기능상에도 어느 정도 변화가 생긴 것이기 때문에 본인의 의지나 주변의 격려만으로 기분을 전환시키는 것은 쉽지 않다. 학령기 아이들의 경우 무엇보다 조기치료가 중요하므로 그냥 좋아지겠지 넘어가지 않고 반드시 전문적인 도움을 받도록 도와야 한다.

청소년의 우울증에 대한 개입이 중요한 또 다른 이유는 자살로 이어질 가능성이 높기 때문이다. 아이가 '죽고 싶다, 살 의미가 없다' 등 자살에 대한 이야기를 할 때에는 자살에 대해 돌려 말하지 말고 담담하고 직접적으로 묻는 것이 좋다. 아이들이 자신의 어려움을 교사나 부모에게 이야기하지 않도록 막는 장애물 중 하나는 자기의 생각이나 기분을 말하면 혼나거나 훈계를 듣거나, 이해받지 못할 것이라 생각하기 때문이다. 앞에서 우울한 아이와 상담하는 것에 대해 언급했던 것처럼 아이의 말에 공감하고 도움을 주고 싶다는 의사를 분명하게 표현하도록 한다. 여러 가지 노력을 해 보았지만 교사나 부모에게 이야기하기를 거부하고 있다면 전문가에게 도움을 요청해야 한다. 직접적으로 자살 의도가 있는 경우, 약물(술 포함)을 자주 사용하는 경우, 자살 시도 경험이 있는 등의 경우에는 위험성이 더 높아지기 때문에 더 적극적 치료가 필요하다.

다음은 우울증에 대한 응급처치 5단계의 내용이다(한국청소년상담원, 2011). 단계적 접근으로 이해하고 기억하면 보다 효과적으로 도움을 제공할 수 있을 것이다.

- 1단계: 자살이나 자해의 위험을 평가하라.
- 2단계: 무비판적으로 경청하라.
- 3단계: 확신과 정보를 제공하라.
- 4단계: 적절한 전문적인 도움을 받을 수 있도록 격려하라.
- 5단계: 자조 전략과 함께 다른 지지 전략을 권하라.

우울증이 의심되고, 도움을 필요로 하는 청소년과 상담할 때에는 편안하게 이야기를 나눌 공간과 시간을 선택하고 첫 번째 단계로 자살이나 자해 위험을 평가한다. "자살할 생각을 가지고 있니?" 또는 "자살에 대해 생각하고 있니?"라고 직접적으로 묻는 것이 바람직하다. 자살에 대해 질문하는 것이 오히려 더 자살에 대해 생각하게 부추기는 것이 아닌가 오해하기도 하는데 자살에 대한 많은 연구는 그렇지 않다고 말하고 있다. 청소년의 상태가 위험성이 높다고 판단되면 부모에게 알리고 안전을 확보하고, 상담 및 전문적 진단을 받을 수 있도록 안내한다. 두 번째는 부정적 판단을 갖지 않고 수용적으로 온정과 존중의 방식으로 공감하면서 아이의 말을 경청하는 단계이다. 어른의 입장이 아니라 아이의 입장에서 듣고 반응하는 것이며, 언어적, 비언어적 의사소통 기술을 활용하여 대화하는 것이다. 세 번째 단계는 극복할 수 있다는 희망을 가지고 우울증에 대한 정보를 제공하는 것이다. 네 번째 단계는 전문적 도움을 받을 수 있도록 격려하고 연계하는 단계이다. 거주 지역, 가정 형편, 청소년의 욕구 등을 고려하여 정신건강의학과 병원뿐 아니라 시 · 군 · 구의 청소년 상담지원센터, 시 · 군 · 구 교육청의 Wee 센터, 보건소, 정신건강증진센터, 건강가정지원센터 등을 이용할 수 있도록 안내할 수 있다. 긴급구조가 필요한 경우 112(경찰), 119(응급), 129(복지콜), 1388(청소년상담전화), 1588-9191(생명의 전화) 등을 이용할 수 있다. 마지막 5단계는 가족, 친구, 종교단체, 각종 지원단체 등을 통해 지지와 지원을 받을 수 있도록 돕는 것이다.

우울증을 앓는 청소년이 문제아로 인식되거나 사춘기 현상으로 치부되지 않도록 주변 사람들이 세심히 살피고, 필요한 경우 빨리 치료를 받을 수 있도록 돕는 것이 핵심이다.

3) 적대적 반항장애, 품행장애에 대한 이해와 개입

(1) 적대적 반항장애, 품행장애에 대한 이해

적대적 반항장애(Oppositional Defiant Disorder: ODD)와 품행장애(Conduct Disorder: CD)는 아동 및 청소년기 파괴적 행동장애의 범주에 속한다. 적대적 반항장애는 부모 등 권위적인 어른들에게 화를 내고 짜증을 내는 등 적대적이고 반항적인 행동을 지속적이고 반복적으로 나타내는 것이 특징이다. 장애를 가지고 있지 않는 아동들도 때로 적대적이고 공격적인 행동을 어느 정도 나타낼 수 있으나 분노/과민한 기분, 논쟁적/반항적 행동, 보복적인 양상이 6개월 이상 지속되고 또래에 비해 자주, 지속적으로 나타나서 가정이나 학교생활에 많은 문제가 있을 때 적대적 반항장애로 진단된다(김동일 외, 2016). 품행장애는 반복적으로 타인의 권리를 침해하고 나이에 맞는 사회적 규범 및 규칙을 위반하는 행동을 나타내는 것이 특징이다. 사람이나 동물을 거칠고 잔인하게 대하며, 폭력, 방화, 도둑질, 거짓말, 가출, 무단결석 등 난폭하거나 무책임한 행동을 한다(권석만, 2013). 정신장애 분류체계인 DSM 진단기준에 따르면, 적대적 반항장애보다 더 심하게 진행된 경우 품행장애로 진단된다(강제욱 외, 2012). 적대적 반항장애는 전형적으로 8세경에 두드러지게 나타나고 품행장애는 7~15세 사이에 시작되어 심각한 수준의 경우 반사회적 성격장애나 다른 심리문제로 진전될 수 있다(Comer, 2013). 다시 말해, 적대적 반항장애는 대개 학령전기에 나타나고 유아기와 아동기의 문제적 기질과 관련이 있는 반면, 품행장애는 발달적으로 더 진보한 형태의 적대적 반항장애라고 볼 수 있다.

적대적 반항장애나 품행장애 아이들이 학교에 들어가면, 교사, 또래, 어른과 관계의 문제를 겪게 된다. 어른들뿐 아니라 또래도 이 아이들을 잘 수용하지 못하게 되며, 이는 자존감을 떨어뜨리고 타인과 대립적 관계를 갖게 만든다. 이 장애를 가진 아이들은 교사나 부모와 타협하기 어려워하고, 지속적으로 한계를 시험하고 정해진 범위를 벗어나려 하기 때문에, 다루기 힘든 나쁜 아이라고 인식되기 쉽다.

적대적 반항장애, 품행장애의 원인으로는 다양한 생물학적, 환경적인 요인이 복합적으로 작용한다고 본다. 생물학적 요인으로는 기질, 충동성, 신경생리학적 결함 등이 있고 환경적 요인으로는 강압적이고 폭력적인 양육태도, 부부갈등, 물질 남용이나 반사회적 성격장애와 같은 부모의 정신장애 등이 해당된다. 사회경제적 수준이 낮은 가정에서 더 흔히 발병되고 결손, 빈곤, 신체학대, 부모 불화, 가정폭력 등과 관련성이 높다.

적대적 반항장애와 품행장애 치료에도 다양한 방법이 존재한다. 이들을 위한 특정 약물이 있는 것은 아니지만, 분노, 우울, 충동성을 줄이는 약물들이 있다. 기타 치료방법으로 부모훈련 또는 가족상담, 인지적 행동기술 훈련 등이 있다. 다양한 치료가 함께 실시될 때 더 효과적인 결과를 볼 수 있다(Marshak, Dandeneau, Prezant, & L'Amoreaux, 2010).

(2) 상담 및 지도전략

적대적 반항장애, 품행장애 아이들은 어른에게 반항적이고 복종하지 않고 문제행동을 많이 나타낸다. 이러한 잘못된 행동에 대해 죄책감을 느끼지 않는 것처럼 보이고 남 탓으로 돌리는 경향이 있다. 이 아이들 대부분은 비행을 일삼는 문제아로 여겨진다. 따라서 교사나 부모들은 분노와 함께 처벌적 행동을 가하기가 쉽다. 하지만 이러한 처벌은 반항심을 더 부추기고 분노를 증가시키기 때문에 문제행동을 더 악화시킬 수 있다. 자신의 반사회적인 행동이 자신과 타인에게 어떤 부정적 영향을 주고 있는지 일관성 있게 제시해 주어 자신의 잘못을 다른 사람의 탓으로 돌리지 않고 책임감 있게 인식하고 조절할 수 있도록 돕는다.

이 아이들은 그렇게까지 화를 내야 할 상황이 아님에도 분노 폭발과 공격행동으로 이어지는 경우가 많으므로 화가 촉발되는 상황이 무엇인지 인식하고, 이를 적대적으로 귀인하는 것이 아니라 다른 방식으로 해석하도록 연습하고 이를 통해 자신의 분노를 조절하는 방식을 훈련하는 것도 효과적이다. 분노 폭발과 공격행동이 아닌 다른 방식으로 해석하고 행동하였을 때 뒤따르는 긍정적인 결과들을 인식하는 것은 분노조절 행동을 강화한다.

이 아이들은 화가 나거나 슬프거나 좌절했을 때, 침착하게 정서를 안정시키기가 어렵다. 정서적 지원을 받을 수 있는 공간(예: 상담실), 타임아웃을 위한 공간 등이 있는 것이 도움이 되며 자신을 화나게 한 사람과 활동으로부터 잠시 떨어져서 시간을 가진 후 활동이나 수업에 돌아오게 하는 것이 필요하다.

또한 이 장애를 가진 아이들은 긍정적 칭찬에 매우 잘 반응한다. 긍정적인 행동을 했을 때, 크건 작건 겉으로 드러나는 칭찬을 해 주고 그에 대해 언급해 주는 것이 효과적이다.

자폐성향이 있는 아이들에게 사회적 기술이 부족한 것처럼 적대적 반항장애나 품행장애를 가진 아이들도 다른 사람이 보내는 사회적 신호를 오해하는 경향이 있어서 자기가 한 행동에 대해 다른 사람의 감정과 반응을 이해하는 데 어려움이 있다. 자기가 한 행동의 영향을 이해하도록 돕는 기본적인 사회적 기술훈련, 공감훈련이 도움이 된다. 자기반성을 촉진하는 글쓰기, 다양한 경험을 이해하는 데 도움이 되는 집단에 참여하기 등의 기법이 활용된다(Breggin, Breggin, & Bemak, 2002). 자신의 행동과 타인의 감정 사이의 상호작용을 이해하도록 돕는 것이 초점이다.

Chapter 요약 ✏️

이 장에서는 학생 정서·행동특성검사의 목적, 대상, 절차를 알아보았고 초등학생용, 중·고등학생용 검사의 구체적인 내용에 대해서 알아보았다. 검사 결과를 어떻게 이해하고 관리할 것인지 알아보고, 2018년에 개정된 정서·행동특성검사의 방향에 대해 설명하였다.

정서·행동특성검사와 관련된 주요 정신건강 문제에 대한 이해를 돕기 위해 ADHD(주의력결핍-과잉행동장애), 우울 및 자살, 적대적 반항장애 및 품행장애로 나누어 각 장애의 특성과 원인, 치료에 대해 알아보았다. 또한 장애별로 교사 및 상담자를 위한 전략을 제시하였다.

⧗ 생각해 볼 문제

1. 학교에서 단체로 실시하는 정서·행동특성검사의 장점과 단점에 대해 생각해 보고, 부작용을 최소화할 수 있는 방법들에 대해 정리해 보세요.
2. 성인이 보이는 정신건강 문제와 아동 및 청소년의 정신건강 문제를 어떻게 다르게 바라보고 개입해야 할지 생각해 보세요.
3. 교사 또는 상담자가 아동 및 청소년의 정신병리에 대해 잘 이해해야 하는 이유에 대해 구체적으로 생각해 보고, 병리적 관점(치료적 관점)과 교육적 관점의 차이를 비교해 보세요.
4. 정신병리가 의심되는 학생의 부모를 만날 때 어떻게 이를 설명하고 진단 및 치료를 받도록 도와야 할지 생각해 보세요.

참고문헌

강제욱, 박은진, 김성찬, 신의진, 신윤미, 정재석, 천근아, 육기환(2012). 주의력 결핍 과잉행동장애에서의 파탄적 행동장애의 공존과 약물치료. 소아청소년정신의학, 23, s55-s65.
교육부(2018). 2018 학생정서·행동특성검사 및 관리 매뉴얼.
권석만(2013). 현대이상심리학. 서울: 학지사.
김동일, 고은영, 고혜정, 김병석, 김은향, 김혜숙, 박춘성, 이명경, 이은아, 이제경, 정여주, 최수미, 최종근, 홍성두(2016). 특수아 상담. 서울: 학지사.
서울시 학교보건진흥원, 서울대병원 소아정신과, 서울시 소아청소년 광역정신보건센터(2005). 2005년도 역학사업보고서: 서울시 소아청소년 정신장애 유병율 조사. 서울시 학교보건진흥원.

임경희, 조붕환(2004). 성, 학년, 지역에 따른 초등학생의 ADHD 출현율 조사 연구. 초등교육연구, 17, 235-260.

한국청소년상담원(2011). 우울청소년을 위한 First Aid.

American Psychiatric Association(2013). *Diagnostic and statistical manual of mental disorders* (5th ed.). Arlington, VA: APA.

Beck, A. T.(1976). *Cognitive therapy and the emotional disorders*. New York: International Universities Press.

Breggin, P R., Breggin, G., & Bemak, F. (Eds.).(2002). *Dimensions of empathic therapy*. New York: Springer.

Comer, R. J.(2013). *Fundamentals of Abnormal Psychology*. 오경자, 정경미, 송현주, 양윤란, 송원영, 김현수 역(2014). 이상심리학. 서울: 시그마프레스.

Davis, N. M. (2005). Depression in children and adolescents. *Journal of School Nursing, 21*(6), 311-317.

Dulcan, M. K. & Lake, M.(2011). *Concise Guide to Child and Adolescent Psychiatry*. 김정민 역(2013). 아동과 청소년을 위한 정신건강. 서울: 학지사.

Hankin, B. L., Abramson, L. Y., Moffitt, T. E., Silva, P. A., McGee, R., & Angell, K. E. (1998). Development of depression from preadolescence to young adulthood: Emerging gender differences in a 10-year longitudinal study. *Journal of Abnormal Psychology, 107*, 128-140.

Jones, J. D.(2002). Plea for a measure of understanding: The importance of intensive psychotherapy in the treatment of children with ADHD. *Psychotherapy: Theory, Research, Practice, Training, 39*, 12-22.

Marshak, L. E., Dandeneau, C. J., Prezant, F. P. & L'Amoreaux, N. A.(2010). *The School Counselor's Guide to Helping Students with Disabilities*. 이효정, 오인수, 이영선, 최하영 역(2012). 특수아상담. 서울: 학지사.

Meichenbaum, D. (1977). *Cognitive-behavior modification: An integrative approach*. New York: Plenum.

Shure, D. R. (1992). *I can problem solve(ICPS): An interpersonal cognitive problem solving program*. Champaign, IL: Research Press.

Zametkin, A. J. & Rapaport, J. L. (1987). Neurobiology of attention deficit disorder with hyperactivity. Journal of American Child Adolescent Psychiatry, 36, 676-686.

다문화교육의 이해

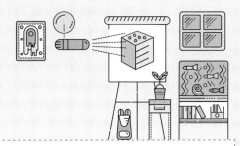

학습개요 및 학습목표

　우리 사회는 언어·문화가 다른 다양한 배경을 가진 구성원들이 증가함으로써 학교현장에서의 다문화학생에 대한 이해와 지도 및 지원이 필요하다. 따라서 이 장에서는 다문화사회 현황과 다문화주의에 대해 알아보고, 다문화교육의 개념 및 이론 접근방법에 대해 알아보고자 한다. 또한 다문화교육의 대상자인 다문화학생의 문제점과 원인에 대해 살펴봄으로써, 그들을 담당해야 할 교사의 다문화역량과 역할에 대해 알아보고자 한다. 마지막으로 다문화학생에 대한 교육적 지원 정책과 관련 법령 등 전반적인 내용을 살펴보기로 한다.

　이장의 구체적인 학습목표는 다음과 같다.

1. 다문화사회 현황을 살펴보고 다문화주의 개념과 유형에 대해 설명할 수 있다.
2. 다문화교육의 개념과 이론 및 접근방법에 대해 이해할 수 있다.
3. 다문화학생의 현황에 대해 살펴보고 문제점과 원인에 대해 설명할 수 있다.
4. 교사의 다문화역량과 역할에 대해 설명할 수 있다.
5. 다문화교육을 위한 정부의 정책적 지원을 이해하고, 관련 법령의 주요 내용에 대해 설명할 수 있다.

1. 다문화사회와 다문화주의

1) 다문화사회

우리 사회는 2016년도 말 기준 국내 체류 외국인이 204만 9천 명으로 최초로 200만 명을 돌파했다. 국내 체류 외국인의 수는 2016년 우리나라 총 인구수 5,143만 명의 3.7%의 비중을 보이고 있다. 매년 국내 체류 외국인의 수가 꾸준히 증가하고 있고 10년 만에 1.9배가 증가한 것으로 나타났다(행정안전부, 2017).

국내 체류 외국인의 수가 증가하면서 새로운 사회구성원으로 결혼이민자, 외국인 근로자, 다문화가족 등이 증가하였다. 학교현장은 다문화가족이 증가함에 따라 다문화학생의 증가로 이어졌다.

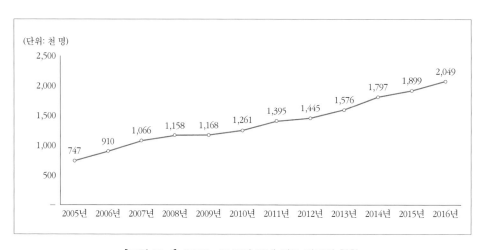

[그림 10-1] 2005~2016년 국내 체류 외국인 현황

출처: 국가통계포털(2017).

2013년부터 2017년까지 최근 5년간 다문화학생 수는 꾸준히 증가하고 있고 2013년도에는 전체 학생 수 대비 다문화가정 학생의 비율이 0.8%에서, 2017년에는 전체 학생 수 대비 1.9%로 5년 사이 1% 이상 증가한 것으로 나타났다. 다문화가정 학생의 지속적인 증가로 인해 이들의 언어능력 및 학교적응과 사회적 차별 및 소외감 등이 교육적 과제로 부각되고 있다.

구분	다문화가정 학생 수				전체 학생 수	비율
	초등학교	중학교	고등학교	계		
2013	39,360	11,280	4,858	55,498	6,481,492	0.8%
2014	48,225	12,506	6,734	67,465	6,285,792	1.0%
2015	60,162	13,827	8,146	82,135	6,088,827	1.3%
2016	73,972	15,080	9,816	98,868	5,882,790	1.6%
2017	82,733	15,945	10,334	109,012	5,725,260	1.9%

표 10-1 연도별·학교급별 다문화학생 현황

출처: 교육부, 한국교육개발원(2017a).

2) 다문화주의

(1) 동화주의

미국사회에서 WASP(White Anglo-Saxon Protestant) 문화와 기타 소수민족 집단 간의 갈등을 해결하기 위해서는 소수민족이 기존의 미국식 가치와 민주주의 제도, 생활방식 등을 습득해야 한다고 보았다(김종석, 1984). 이러한 주장은 동화주의를 가리킨다. 사회는 단일하고 동질적인 문화로 구성되어야 안정적으로 발전할 수 있다고 전제하고, 주류문화를 중심으로 사회를 통합해야 한다고 제시하였다. 동화주의는 용광로(melting pot) 이론으로 표현되고 역사적으로 동화주의 정책은 성공하지 못했다는 평가가 많다. 소수집단의 문화를 강제적으로 주류집단의 문화에 편입시키려는 시도는 소수집단과의 갈등을 유발함으로써 문화적 충돌을 불러올 수 있다는 문제가 있다(김용신, 2009).

(2) 다문화주의의 정의와 유형

다문화주의는 1970년대 캐나다에서 서로 다른 인종 및 민족 간에 발생하는 차별과 갈등을 해결하기 위한 개념으로 사용되다가 호주, 미국, 유럽 등으로 확산되었다. 다문화주의는 사회적 상황이나 이론적 관점, 개인에 따라 달라질 수 있다. 다문화주의의 유형은 다문화주의의 다양성에 대한 자유주의적 해석에 근거한 자유주의적 다원주의나 세계주의의 연장 측면이면서 동시에 인종, 성별, 성적 취향에 따르는 급진적 분리주의의 한 형태로 나타나기도 한다(홍기원, 2007).

다문화주의의 복잡성 때문에 다문화주의는 여러 가지 이념적 유형으로 분류되고 있는데, 상징적 다문화주의, 자유주의적 다문화주의, 조합주의적 다문화주의, 연방제 다문화주의, 분단적 다문화주의, 급진적 다문화주의로 나눌 수 있다(이광석 외, 2014).

첫째, 상징적 다문화주의(symbolic multiculturalism)는 민족 고유의 전통예술을 인정하지만 그 이상의 문화와 언어의 다양성은 인정하려 하지 않는다. 이는 동화주의와 유사하다.

둘째, 자유주의적 다문화주의(liberal multiculturalism)는 문화적 다양성과 민족을 인정하지만 주류사회의 언어 사용과 사회적 관습을 따라야 한다. 소수집단에 대한 차별을 금지하고 기회의 평등을 보장한다(홍기원, 2007). 자유주의적 다문화주의는 사적 영역에서의 다양성을 인정하지만 공적 영역에서는 인정하지 않는다. 이 또한 동화주의와 다르지 않다는 비판을 받고 있다.

셋째, 조합주의적 다문화주의(corporate multiculturalism)는 자유주의적 다문화주의와 급진적 다문화주의의 절충 형태이다. 차별을 금지하고 경쟁상 불리한 점을 인정하고, 재정적 법적 원조를 인정한다(이순태, 2007). 언어와 교육을 지원하고, 취업 및 선거권 등 법적 제도를 만들며 주류사회에 대한 이해교육을 실시한다.

넷째, 연방제 다문화주의(ethnic federalism multiculturalism)는 언어와 문화 등을 독자적으로 유지하면서 정치적·법적 권리를 공유하는 형태이다(이순태, 2007).

다섯째, 분단적 다문화주의(divisive multiculturalism)는 급진적 다문화주의(radical multiculturalism)라고도 하는데 소수집단의 문화 및 언어 등 독자적인 생활을 추구하고 주류사회의 문화 및 규범과 언어 등을 부정하는 형태이다. 다양한 다문화주의 중 자유주의적 다문화주의와 조합주의적 다문화주의 그리고 연방제 다문화주의가 직접적으로 연결되어 있다고 볼 수 있다.

(3) 다문화주의의 비판 및 과제

다문화주의는 주류집단이 소수집단에게 문화에 대한 동화주의나 차별정책에 대한 반론으로 제시되었기에 많은 학자의 지지를 받고 있으나 비판도 존재한다(곽준혁, 2007). 다문화주의에 대해 개인성, 사회적 갈등, 분배, 이데올로기, 소수자 중심의 사회 문제들이 제기되고 있다(이순태, 2007; 윤진 역, 2002; 황정미, 김이선, 이명진, 최현, 이동주, 2007).

첫째, 다문화주의는 개인의 문화적 정체성에 혼란을 가져오게 되어 고립을 발생시키게 된다. 하나의 문화적 집단에 귀속시키며, 한 가지 정체성을 강제로 부과하고, 집단 안에서의 개인의 정체성 변화를 고려하지 않는다(이광석 외, 2014). 또한 문화의 특수성을 인정받으면서 소수집단 내 개인의 인권과 기본적인 자유가 위협될 수도 있다. 특정 소수집단의 이익을 위해 개인성이 파괴될 수 있다고 비판하고 있다.

둘째, 다문화주의가 사회적 갈등과 분열을 조장할 우려가 있다고 비판하고 있다. 유럽의 경우 다문화정책을 채택하고 있는 국가에서 나타나듯이 소수집단에게 언어와 제도를 허용하고 집단 내의 병렬적 구조를 만들어 다른 집단들과의 상호교류가 없어지는 결과가 나타날 수 있다고 주장하고 있다. 이는 사회적 갈등을 야기하고 국론을 분열시켜 국가의 결집력을 방해할 수 있다.

셋째, 다문화주의는 사회경제적 불평등을 야기할 수 있다. 다양성이라는 추상적인 문화에 집중함으로써 사회·경제적 불평등을 은폐하고 있다고 주장하고 있다. 다문화주의 사회를 건설하기 위해서 사회경제적 부조리와 차별을 없애도록 노력하여 한다. 이러한 부조리와 차별로 인해 소수집단이 사회경제적 약자로 존재하고 빈곤화가 지속되고 있는 상황에 대하여 비판이 제기되고 있다.

넷째, 소수집단에 대한 적극적인 보호가 역차별을 불러와 사회적 분열을 가져올 수 있다. 소수자의 권리가 개인의 권리가 되어 개인에게 소수문화를 강요하는 현상이 발생할 수 있다(이광석 외, 2014).

다섯째, 문화상대주의에 의해 동일한 가치를 부여해야 하는가에 대한 문제가 발생한다.

다문화주의에 대해 소수집단에 대한 배타와 편협이 아닌 상호 인정과 관용을 통해 점진적으로 공동의 문화를 창출해야 하는 과제가 대두되고 있다. 다문화주의에 대한 이론적 접근을 사회제도에 반영하는 것은 현실적으로 매우 어려운 일이다. Gutmann(2004)은 다양한 소수집단의 문화가 유지되면서도 주류문화에 참여할 수 있게 되면 주류문화가 풍성해지고, 소수집단이 보다 평등한 사회구성원이 될 수 있다고 하였다. 다문화의 정체성과 다양성에 치중하다 보면 소수집단이 정치적이나 경제적으로 불리한 입장에 놓이는 경우가 있다. 따라서 소속된 공동체의 문화나 정체성이 정치적 권력이나 경제적 자원의 배분과 관련된 문제와는 별개라고 봐야 한다. 모든 문화를 존중한다고 해서 모든 문화를 무조건적으로 수용해야 한다는 것은 아니다. 사회가 포용할 수 있는 다양성을 장려하면서 소수집단과 주류집단이 함께 지향할 수 있는 공통의 규범과 가치를 설정하는 노력이 필요하다.

한국 사회에서의 다문화주의에 대한 담론은 국제결혼 여성 및 외국인 근로자, 북한이탈주민들의 증가로 인해서 본격적으로 전개되었다. 한국의 다문화주의는 현재 상황에 맞는 이념적 틀을 정립하는 일과 다문화사회에 맞는 구체적인 비전을 제시하는 일이 필요하다. 다양한 소수집단과 주류집단이 다문화사회를 구현하기 위해 함께 동참해야 함은 물론이고, 모든 구성원의 사회적인 논의를 통해 이상적인 방향을 설정하고 이를 제도화하는 일이 변화하는 미래사회를 준비하는 일이다.

2. 다문화교육의 이해와 접근

1) 다문화교육의 개념

한국에 다문화교육이라는 용어가 부각되기 시작한 것은 2006년 Hines Ward의 방문 이후이다. 단일민족과 혈통을 강조했던 사회에서 다문화사회로 변화하면서 이에 대한 적절한 대응의 하나로 대두된 것이 다문화교육이다. 다문화교육이 다민족교육보다 포괄적인 개념이고 다민족교육은 다민족 국가에서 그 주류집단이 여타 다른 소수민족 문화의 공존을 관용하고 배려하는 측면이 강한 반면, 다문화교육은 문화적 다양성을 가치 있는 자원으로 지원하고 확장하는 교육이라고 주장하고 있다(정두용, 신은숙, 정득진, 2003). 또한 다문화교육을 통해 각기 다른 인종과 성, 언어, 계층 등을 이해하고 존중하도록 유도하면서, 다양한 문화의 세계에서 학습자들이 공동의 목표를 향해 생활하고 의사소통하는 지식, 태도, 기술을 가질 수 있도록 준비시킬 수 있다고 보았다(김영옥, 2002).

홍원표(2008)는 한국 다문화교육이 세 가지 방향으로 이루어져 있다고 분석하고 있다. 첫째, 외국인 노동자 및 다문화가정의 자녀교육에 대한 지원이다. 이들은 인종적·문화적 어려움과 차별 그리고 구조적인 불평등으로 인해 어려움을 겪고 있기 때문에 이를 해소하기 위해 사회와 학교를 다문화 상황에 맞게 개선해야 한다는 것이다. 둘째, 다문화적 관점을 통해 사회와 학교 그리고 교육과정을 비판적으로 분석하고 개선해야 한다는 것이다. 셋째, 다문화교육의 실천과 적용에 대한 것이다.

박상철(2008)은 다문화교육은 민족과 인종 및 종교, 언어 등의 차이에도 불구하고 교육기회에 대하여 평등해야 하며, 문화적인 차이에도 불구하고 문화적 정체성을 형성할 수 있도록 도와야 한다고 정의하고 있다. 차윤경(2008)은 더 나아가 다문화교육은 세계화 속에서 더 이상 피할 수 없는 대안적인 교육모델이라고 정의하고 있다. 한국의 다문화교육 역시 다문화가정에 대한 지원에서 그치는 것이 아니라 외국인 및 이주민 자녀들이 정체성을 가지고 구성원으로 살아갈 수 있도록 해야 한다는 의미로 확장되는 것을 볼 수 있다. 다문화교육이 무엇인가에 대한 정의는 학자마다 다르다. 그러나 다문화교육의 가장 중요한 목표인 학습자가 그들이 소속되어 있는 집단 내에서 평등한 교육을 받도록 하는 것이라는 점에는 의견을 같이한다(Banks, 2010; Ladson-Billings, Gillborn, 2004).

2) 다문화교육 관련 이론

다문화교육과 관련하여 일반적으로 세 가지 이론이 알려져 있다. 용광로 이론과 샐러드 볼 이론, 모자이크 이론에 대해 알아보고자 한다.

(1) 용광로 이론

용광로 이론(theory of melting pot)은 18~19세기부터 정립되기 시작하여 미국이 다양한 인종과 문화를 흡수하기 위해 하나의 사회라는 개념으로 사용되었다. 이 이론은 19세기 말 미국 사회에 이민자가 급증하면서 생겨났고, 미국 사회를 하나의 커다란 용광로로 보고 이민자들이 미국 사회에 정착하는 과정에서 주류문화에 용해되어 새로운 미국인이 된다는 것이다. 즉, 문화일원주의인 동화교육을 의미한다. 그러나 동화는 더 이상 미국의 인종적·민족적 현실에 영향을 미치지 못한다. 개인과 집단의 차이가 존재하고 그 차이를 인정하며 존중해야 한다는 주장과 대치되고 있다. 동화는 더 이상 설득력을 갖지 못하고 현실 또한 문화적 다원주의와 다문화주의로 변화해 가고 있다. 한국 사회도 초기에는 용광로 이론을 기반으로 국내 외국인 통합을 위한 기본 이념으로 생각하였으나 다문화사회가 심화되면서 변화되고 있다.

(2) 샐러드 볼 이론

샐러드 볼 이론(theory of salad bowl)은 주류사회 문화와 소수집단의 문화가 서로 상호공존하며 조화로운 통합을 이루어 내는 샐러드 볼을 의미하는 것이라고 하였다(Vertovec, 1996). 샐러드 볼 이론은 모자이크 이론과 유사한 점이 있다. 이 이론은 20세기 후반 세계화로 인해 국가와 민족의 경계가 무의미해지고, 이민자들의 정체성을 갖게 하고, 이민자가 스스로 자신의 고유문화의 특성을 가진 채 문화를 선택할 수 있는 문화다원주의에서 비롯되었다. 즉, 샐러드 볼 안에 담긴 각각의 재료들의 개성을 존중함으로써 사회통합을 이루려는 것이다. 그러나 샐러드는 각각의 재료들의 정체성을 살리기보다는 어우러지는 경향이 더 강해서 정체성을 인정하고 서로 배려하는 사회를 대변하는 데는 한계가 있다고 본다(서종남, 2010).

(3) 모자이크 이론

모자이크 이론(theory of mosaic)은 1938년 John Murray Gibbon[1]이 처음으로 사용한 데서 유래되었다. 캐나다는 이민자들의 문화특성을 인정하고 함께 살아가는 다문화사회의 모습을 모자이크 이론으로 제시하였다. 1960년대 용광로 이론에 대한 비판에서 시작되었으나 모자이크 이론 역시 서구문화를 근간으로 한다는 한계가 있다.

---

1) 스코틀랜드 출신의 캐나다 작가이자 문화기획자이다.

3) 다문화교육의 구성요소

다문화교육의 구성요소를 Banks(2008)는 다섯 가지 차원으로 설명하였다. 첫째, 내용 통합(content integration)이다. 내용 통합이란 교사들이 교과나 학문영역에 등장하는 주요개념, 원칙, 일반화, 이론을 설명하기 위해서 다양한 문화 및 집단으로부터 사례와 내용을 활용하는 것을 의미한다. 교사들은 국어와 사회과목뿐 아니라 수학과 과학 과목의 수업에서도 다문화적 내용을 활용할 수 있다.

둘째, 지식구성과정(knowledge construction process)이다. 지식구성과정이란 특정 학문영역에 내재하는 문화적 가정 및 준거 틀, 관점, 편견 등이 해당 학문영역에서 지식이 형성되는 과정에 어떠한 영향을 미치는지를 학생들이 이해하고, 조사하며 판단할 수 있도록 교사가 돕는 것이다. 교사는 학생들에게 지식이 어떻게 만들어지는지와 지식이 개인과 집단의 인종과 민족 그리고 성(gender)과 사회계층 등의 지위에 의해 어떠한 영향을 받는지 이해할 수 있도록 돕는 역할을 한다.

셋째, 공평한 교수법(equity pedagogy)이다. 공평한 교수법이란 교사가 다양한 인종, 민족, 사회계층 집단에서 온 학생들의 학업성취도를 향상시키기 위하여 수업을 수정하는 것을 말한다. 여러 문화 · 인종적 집단의 독특한 학습양식에 부합하는 다양한 교수법을 사용하는 것을 포함한다.

넷째, 편견 감소(prejudice reduction)이다. 편견 감소는 학생들의 인종적 태도와 특징 및 그것이 교수법이나 교재에 의해서 어떻게 변화될 수 있는지에 중점을 둔다. 1960년대부터 미국의 사회과학자들은 학생들의 인종적 태도가 어떻게 형성되는지 또한 교사들이 타 인종에 대한 긍정적인 감정을 지니도록 하는 교육적 방법에 대해 연구해 왔다. 연구에 따르면 다른 민족 또는 인종 집단에 대한 내용이 교재에 지속적이고 자연스럽게 통합되면서 학생들이 긍정적인 인종적 태도를 형성하게 된다. 또한 다른 문화 집단 학생들과의 협동학습 및 다른 문화 체험으로 인해 긍정적인 인종적 태도와 행동을 형성할 수 있다는 것이 밝혀졌다.

다섯째, 학생의 역량을 강화하는 학교문화(empowering school culture)이다. 집단의 구분과 낙인의 관행, 스포츠 참여, 성취의 불균형, 인종과 민족 경계를 넘나드는 교직원과 학생의 상호작용 등은 학교문화를 구성하는 요소이다. 다양한 인종, 민족, 문화 집단 출신 학생들의 역량을 강화하는 학교문화 창조를 위해서는 내용 통합, 지식구성과정, 공평한 교수법, 편견 감소의 네 가지 요소들을 면밀히 검토해야 한다.

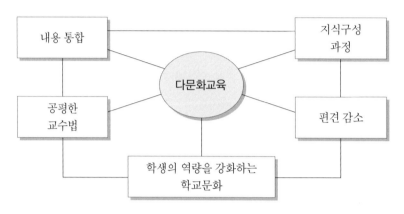

[그림 10-2] 다문화교육의 구성요소

출처: Banks(2008), p. 45.

4) 다문화교육 접근방법

(1) 다문화교육 접근방법

Banks(2006)는 다문화교육의 접근방법 4가지를 제시하고 있다.

첫째, 기여적 접근(contribution approach)이다. 이 접근은 학교에서 주류교육과정에 인종적이고 다문화적인 내용을 포함시키고자 할 때 가장 먼저 시도되고 자주 사용되는 방법으로 소수집단의 위인이나 기념일, 음식·춤·음악·공예품 등 구체적인 문화요소들을 교육과정에 포함시키는 것이다.

둘째, 부가적 접근(additive approach)이다. 이 접근은 교육과정의 근본적인 변화없이 인종 관련 내용, 개념, 주제, 관점 등을 단원, 강좌 또는 책에 첨가하는 것이다.

셋째, 변혁적 접근(transformational approach)이다. 이 접근은 교육과정의 근본적인 목적, 구조, 관점의 변화를 통해 주류중심의 문화를 탈피하여 학생들이 다양한 인종과 문화집단의 관점에서 개념, 쟁점, 사건, 주제 등을 생각해 볼 수 있도록 교육과정의 구조를 바꾸는 데 있다. 이는 학생들로 하여금 미국 사회의 특성, 발달, 복합성 등에 대한 이해를 확장시킬 수 있도록 다양한 관점과 다양한 집단에 관한 내용 등을 융합하는 것이다.

넷째, 사회 행위적 접근(social action approach)이다. 이 접근은 변혁적 접근에서 한발 더 나아가 모든 요소를 포함하면서도, 학생들이 의사결정을 내리고 행위를 하도록 요구하여 교육과정의 변화가 실제 삶의 태도에 변화를 일으키는 방안을 모색하고자 한다. 학생들에게 타당한 의사결정을 하도록 교육하는 데 중점을 두어 사회비판과 사회변혁을 도모한다. Banks는 궁극적으로 교육과정을 개혁하고 변혁적 접근과 사회 행위적 접근으로 나아가야 한다고 주장하고 있다(서범석, 2010).

(2) 상호문화교육의 접근방법

상호문화적 접근방법은 타인과 원만한 관계를 맺기 위한 역동적인 과정(processus dynamique)이다. 이 접근 방식의 핵심은 원만한 관계의 출발점을 타인이 아니라 자기 자신에서 찾는 데 있다(장한업, 2014). Maga(2007)는 상호문화교육적 접근방식을 여섯 가지로 나누었다. 첫째, 자신의 고유한 해석체계를 인식하는 것이다. 타인의 문화를 접하기 전에 자신의 문화에 대한 특징을 찾아내고 자신의 가치를 비판적인 시각으로 바라보게 함으로써 자민족중심주의를 극복하게 해 준다. 또한 주류집단의 태도와 행동을 비교해 봄으로써 자신의 문화적 정체성이 복합적이라는 사실도 깨닫게 된다. 둘째, 타인의 문화를 발견하는 것이다. 자신의 문화와 거리를 두고 다른 관점이 존재한다는 것을 알려 주는 것이다. 셋째, 문화적 행동을 관찰하고 분석하는 것이다. 학습자가 의사소통 속에서 문화적 사실을 찾아내고 다른 행동에 대한 이유와 가정을 통해 원칙을 찾아내는 것이다. 학생 스스로 거리를 두고 명백히 보이는 것에 대해 의심을 갖고 다른 시각으로 볼 수 있게 한다. 넷째, 고정관념에 대해서 활동하는 것이다. 고정관념을 왜 갖게 되었는지 생각해 보게 하고 표상, 범주화, 부여의 과정에 대한 분석을 거쳐 선입견이나 고정관념을 강화하지 않도록 하는 것이다. 다섯째, 자신의 문화와 타인의 문화 간에 관계를 설정하는 것이다. 서로 다른 문화 간의 요소들을 식별하게 한 후 공통점과 가치에 대해 이해시키는 것이다. 문화에 대한 다양한 관점을 통해 복수성과 상대성을 인식하게 하는 것이다. 여섯째, 타인의 문화를 내면화하는 것이다. 다른 문화에 대해 관용 또는 수용하도록 하는 것인데 상호문화능력을 습득하는 마지막 단계이다(장한업, 2014).

상호문화교육의 접근방식을 종합해 보면 모든 사람은 자기 문화를 기준으로 타인의 문화를 바라보게 되므로 자기 문화에 대한 냉철한 성찰이 필요하다. 객관적으로 자기 문화를 바라보게 되었을 때 타인의 문화에 대해 바라보게 되면 서로 다른 문화의 비교를 통해 유사점과 차이점을 발견하게 된다. 문화를 비교하게 되면 관용과 수용하는 태도를 갖게 된다. 다른 문화에 대한 관용과 수용은 인정과 존중을 의미하는 것이기에 매우 중요하다고 볼 것이다.

(3) 한국의 다문화교육 접근방법 및 과제

미국이나 유럽의 경우 효과적인 다문화 환경을 조성하기 위해서는 정책과 정치, 지역사회 및 학교 교육과정 등 모든 요소가 모두 변화해야 한다는 것을 배경으로 다문화교육에 대한 접근이 이루어지고 있다. 우리나라의 다문화교육에 대한 접근은 다른 나라의 다문화주의적 틀만을 가지고 접근할 수 없다. 우리 교육에서는 단일 민족주의를 다문화주의로 대체하기보다는 혈연중심의 폐쇄적인 민족주의를 지양하고 다양한 문화적 소수자들을 포용할 수 있는 개방적인 열린 민족주의로 진화해 나갈 필요가 있다.

우리나라 다문화교육의 경우, 가장 보편적으로 이루어지는 동화주의 관점에 기초한 주류사회에 초점을 맞추고 있다. 양영자(2008)는 한국의 다문화교육을 소수집단이 주류 사회에 적응해야 하는 주류사회 중심 모델이 지배적이기 때문에 소수집단의 적응과 정체성 함양으로 보았다. 또한 소수집단의 적응과 정체성 그리고 공동체 교육과 소수집단에 대한 이해교육으로 구분하기도 했다(양영자, 2008). 한국의 다문화교육의 가장 지배적인 유형인 소수자 적응교육은 기초학습 능력과 한국문화 정체성 함양, 한글 능력 향상, 한국문화 이해의 심화가 주된 내용이다. 소수자 정체성 교육은 자신들의 문화적 정체성과 개인적 태도를 명확히 하며 자신들이 속한 문화와 집단에 대해 긍정적인 태도를 가지거나 자부심을 갖게 하는 것이다. 소수자 공동체 교육은 소수 인종·문화·집단 간 이해를 도모하고 긴장과 갈등을 경감시키고 사고의 지평을 확장해 주는 교육이다. 다수자 대상의 소수자 이해 교육은 다수자를 대상으로 소수자에 대한 차별과 편견의식을 극복하는 것이다. 다문화교육의 접근을 소수자의 적응을 위한 한국어와 문화에 대한 교육, 다문화에 대한 이해로 보기도 한다.

결국 다문화교육의 내용은 여러 가지로 나눌 수 있는데 중요한 것은 하나의 영역에 치우치지 말고 여러 영역에 알맞게 분배하여 교육할 수 있어야 한다. 또한 다문화교육의 내용은 문화에 대한 개념과 태도의 발달을 고려하여야 한다. 즉, 다른 문화에 대한 편견과 고정관념을 가지지 않게 하고 다양성을 인정하고 존중할 수 있는 태도를 길러 주어야 하며, 소수집단이 더불어 살아가는 공동체의 구성원임을 알려 주는 것이 중요하다.

우리 사회 및 학교에 다양성의 증가로 인해 새로운 사회 통합의 원리를 모색함에 있어 다양한 문화를 가진 소수집단과 공존할 수 있는 교육적 역할과 책임이 필요하다.

다문화교육의 과제를 세 가지로 살펴보면, 첫째, 다양성에 대한 대응은 보수적 관점과 진보적 관점으로 나누어 볼 수 있다. 보수적 관점에서의 문화적 다양성은 세계화가 진행 중인 국제환경에 적응하는 데 유용한 자원이 되며, 시민들에게 풍부한 문화적 경험을 제공해 주고, 공적 의사결정 시 고려할 수 있는 대안의 수를 늘려 준다(Banks, 2008). 따라서 교육영역에서도 각 문화의 가치를 존중하고 보존하면서도 상이한 문화들 간에 공존 방안을 모색해야 하는 필요성이 제기되고 있다(최충옥 외 2009).

진보적 관점에서의 문화적 다양성은 긍정적인 가치를 부여하는 것이다. 다양한 집단이 자유, 정의, 평등의 실현을 위해 노력함으로써 민주적인 국가로 더욱 발전한다는 것이다. 이 관점을 지닌 학자들은 다양성이 사회의 잠재력을 향상시켜 주며, 문화적 다양성에 대처하는 자세야말로 중요한 시민의 자질이라고 주장한다(Banks, 2004; Nieto & Bode, 2008; Sleeter & Grant, 2003). 이들은 인종, 계급, 언어, 경제, 문화의 다양성은 선택의 문제가 아니라 현대사회가 존속을 위해 필요한 조건이라고 파악한다. 따라서 다양한 문화가 가진 가치를 인정하고 자문화 전통의 비판을 통해 통합을 이루어 내자는 것이다(최충옥 외, 2009).

둘째, 교육에서 소외되는 소수집단의 문제를 해결하는 것이다. 소수집단이 한국에 적응하는 데 어려움을 겪고 있으며 대다수가 경제적인 어려움을 겪고 있다. 다문화가정의 자녀들 역시 한국사회에 적응하는 데 언어능력의 부족, 기초학습능력 부진 등 내적 요인과 불안정한 학습 환경 그리고 교사와 학생들의 인식 부족 등 환경적인 요인으로 인해 다수의 학업성취가 낮은 편이다(조영달, 윤희원, 박상철, 2006). 따라서 언어, 차별 등 소외감을 해소하고 교사와 학생들의 다문화 수용성 강화가 필요하다.

셋째, 다문화사회의 구성원으로서 주체적이고 능동적으로 살아갈 수 있도록 시민교육(citizenship education)이 필요하다. 시민교육은 소수집단뿐만 아니라 주류사회의 구성원과 자녀들에게 더욱 필요하다. 주류사회의 구성원들이 소수집단의 문화를 이해하고 공존함으로써 소수집단이 자신들의 정체성을 확립하게 돕는 것이 다문화교육의 중요한 과제라고 할 수 있다.

3. 다문화학생의 현황 및 문제점

1) 다문화학생의 유형

다문화학생은 국제결혼가정과 외국인가정의 자녀로 구성되며, 국제결혼가정의 자녀는 부모 중 한 명만 외국 국적인 경우이고, 외국인가정 자녀는 부모 둘 다 외국 국적인 경우를 의미한다. 국제결혼가정 자녀를 좀 더 자세히 살펴보면, 국내 출생과

표 10-2 다문화학생 유형

국제 결혼 가정	국내 출생 자녀	• 한국인과 결혼이민자 사이에서 태어나 한국에서 성장한 경우 • 한국어 구사에 어려움은 없으나, 학습에 필요한 문장이나 어휘를 이해하는 데 곤란을 겪는 경우가 존재 • 사춘기에 진입하면서 다문화에 대한 고정관념에 불편함을 느끼며, 심리적 지원 요구
	중도 입국 자녀	• 결혼이민자가 한국인과 재혼한 이후에 본국에서 데려온 경우, 한국인과 결혼이민자 사이에서 태어났으나 결혼이민자 본국에서 성장하다가 입국한 경우 등 • 새로운 가족과 한국문화에 적응하기 위한 스트레스가 발생하며, 정체성 혼란이나 무기력 등을 경험하는 경우가 존재 • 한국어능력이 부족하여 공교육 진입과 적응에 어려움 발생
외국인 가정	외국인 가정 자녀	• 외국인 사이에서 태어난 경우(조선족, 중앙아시아 고려인, 시리아 난민 등 포함) • 정주여건이 불안정하여 학업을 지속하기 어려운 경우가 존재 ※유엔아동권리협약에 따라 미등록 이주아동의 교육권 보장

출처: 교육부(2015).

표 10-3	유형별 · 학교급별 다문화가정 학생 현황(2017년)				(단위: 명)	
유형	초등학교	중학교	고등학교	각종학교	계	비율
국내 출생	68,610	12,265	8,335	104	89,314	82%
중도입국	4,843	1,722	1,063	164	7,792	7%
외국인가정	9,280	1,958	936	107	12,281	11%
계	73,453	13,987	9,398	268	97,106	100%

주 1) 다문화가정 학생 수 = 국제결혼가정 자녀(국내 출생 자녀 + 중도입국 자녀) + 외국인가정 자녀
　2) 국내 출생 자녀: 한국인과 결혼한 외국인 배우자 사이에서 출생한 자녀
　3) 중도입국 자녀: 국제결혼가정자녀 중 외국인 부모의 본국에서 성장하다가 청소년기에 입국한 자녀
　4) 외국인가정 자녀: 외국인 사이에서 출생한 자녀
출처: 교육부, 한국교육개발원(2017a).

중도입국 자녀로 구분된다. 또한 북한이탈주민이 외국인은 아니지만 다문화구성원으로서의 존재를 간과할 수 없다.

2017년 다문화가정 학생 수는 총 97,106명이고 유형별로 국내 출생 학생이 89,314명(82%)으로 가장 많고, 외국인가정 학생이 12,281명(11%), 중도입국 자녀 7,792명(7%) 순으로 나타났다.

(1) 국제결혼가정 자녀

국제결혼가정 자녀 중 국내에서 출생한 자녀는 한국인과 결혼한 외국인 배우자 사이에서 출생한 자녀로서 「국적법」 제2조 제1항에 따라 국내 출생과 동시에 국민이 되므로 헌법 제31조에 따른 교육권을 보장받는다.

국제결혼가정 자녀 중 중도에 입국한 자녀는 결혼이민자가 한국인과 재혼한 이후에 본국에서 데려온 자녀 또는 국제결혼가정 자녀 중 외국인 부모의 본국에서 성장하다가 청소년기에 입국한 자녀이다. 국내 입국 시에는 외국 국적이나 특별귀화를 통해 대한민국 국적으로 전환이 가능하다. 대부분이 중국인 또는 조선족으로 90% 이상을 차지한다. 비교적 연령대가 높은 10대 중 · 후반, 즉 중 · 고등학생이 입국하는 경우가 많다.

(2) 외국인가정 자녀

외국인 사이에서 출생한 자녀로서 헌법 제6조 제2항 및 「UN 아동의 권리에 관한
협약」(1991, 비준)에 따라 한국 아동과 동일하게 교육권을 가진다. 미등록 외국인 자
녀의 경우에도 「초·중등교육법 시행령」 제19조 및 제75조에 따라 거주 사실 확인
만으로 초·중학교 입학이 가능하다.

표 10-4 다문화학생 부모 국적별 현황 (단위: 명, %)

구분	초등학교	중학교	고등학교	각종학교	계	
					계	비율
계	82,733	15,945	10,334	375	109,387	100.0
일본	4,744	3,093	3,645	20	11,502	10.5
중국	18,951	3,228	2,024	135	24,338	22.2
중국(한국계)	8,979	2,165	1,141	82	12,367	11.3
대만	452	146	122	2	722	0.7
몽골	1,815	324	103	7	2,249	2.1
필리핀	8,257	2,978	1,850	38	13,123	12.0
베트남	27,272	1,299	419	29	29,019	26.5
태국	1,240	553	214	11	2,018	1.8
인도네시아	373	132	54	1	560	0.5
남부아시아	2,616	212	106	3	2,937	2.7
중앙아시아	2,430	616	193	10	3,249	3.0
미국	787	168	64	13	1,032	0.9
러시아	1,415	439	126	5	1,985	1.8
유럽	476	108	47	2	633	0.6
아프리카	264	63	29	5	361	0.3
오세아니아	147	12	6	1	166	0.2
기타	2,515	409	191	11	3,126	2.9

출처: 교육부, 한국교육개발원(2017b).

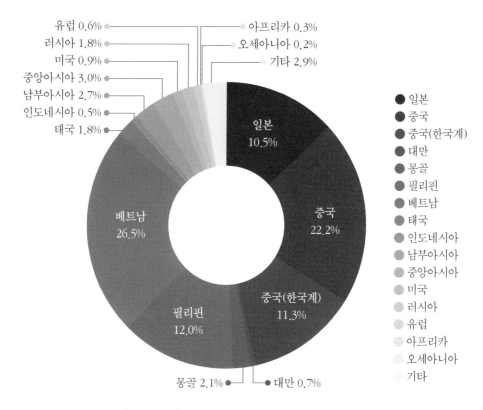

[그림 10-3] 다문화학생 부모 국적별 분포(2017년)

* 부모가 모두 외국인인 경우 아버지 국적에 따름
출처: 교육부, 한국교육개발원(2017b).

(3) 탈북자(새터민) 자녀

　탈북청소년은 좁은 의미로 보면 북한에서 출생하여 현재 한국에 살고 있는 만 6세 이상 24세 이하의 북한이탈주민을 지칭하지만 넓은 의미에서 볼 때 탈북청소년은 부모 중에 한 사람 이상이 북한이탈주민이고 중국 등 제3국에서 출생한 아동·청소년이 포함된다. 원칙적으로 이들은 법률이 정하는 북한이탈이주민의 범주에 있지 않지만 탈북가정의 자녀로서 교육적 지원의 대상에 포함된다.

　탈북청소년들은 2005년 이후로 꾸준히 증가 추세에 있고 학교에 재학하는 학생들도 꾸준히 증가하고 있는 것으로 나타났다. 2014년 4월 기준으로 한국의 초·중등학교에 재학 중인 탈북청소년은 2,183명이며, 학령 초과, 가정사정 등의 이유로 정규 초·중등학교가 아닌 대안교육시설에서 학업을 계속하고 있는 학생들도 283명이 있

표 10-5	2005~2010년 탈북청소년 입국자 수 및 재학생 수 변화 추이						(단위: 명)
구분	'05년	'06년	'07년	'08년	'09년	'10년	'11년
탈북청소년 수 (6~20세)	724	841	1,050	1,319	1,478	1,711	1,867
학교재학생 수 (6~20세)	421	474	602	966	1,143	1,417	1,681

출처: 통일부(2011).

표 10-6	학교 유형별 탈북학생 현황(2014. 4. 1. 기준)						(단위: 명)	
구분	학교 급						대안교육시설 (전일제)*	계
	초		중		고			
	남	여	남	여	남	여		
학생 수	575	553	325	359	189	182	283	2,466
	1,128		684		371			
	2,183							

* 대안교육시설은 통일부 자료임
출처: 교육부, 한국교육개발원(2015).

다. 2008년부터 탈북학생이 전반적으로 증가하고 있다(교육부, 2015). 따라서 탈북청
소년들의 교육적 요구가 늘고 있으며 이들에 대한 지원도 확대될 필요가 있다.

2) 다문화학생의 문제점 및 원인

다문화학생들이 주류사회에서 살아가기 위해 겪어야 하는 어려움은 유형에 따라
조금씩 다르다. 그러나 동일한 문제로는 학교부적응으로 인한 학업중단율이 높은
것으로 나타났다. 다문화학생의 부적응과 중도탈락의 원인을 언어의 문제, 정체성
의 문제, 법제도의 문제 세 가지로 구분하였다.

(1) 다문화학생의 학업중단

전국 다문화학생의 학업중단은 2013년 461명, 2014년 572명이다. 다문화학생의

표 10-7 전국 다문화학생 학업중단자 수(2013~2014년)　　(단위: 명)

연도	구분	초	중	고	계
2013년 ('12. 3~'13. 2)	재학생 수	33,792	9,647	3,515	46,954
	학업중단자 수	278	110	73	461
	학업중단율	0.8	1.2	2.1	1.0
	일반 학생 학업중단율	0.6	0.8	1.6	0.9
2014년 ('13. 3~'14. 2)	재학생 수	39,430	11,294	5,056	55,780
	학업중단자 수	328	140	104	572
	학업중단율	0.8	1.2	2.1	1.0
	일반 학생 학업중단율	0.6	0.7	1.4	0.8

주 1) 재학생 수는 4월 1일 기준, 학업중단자 수는 해당 기간 동안 학업을 중단한 학생 수
　2) 전체학생 학업중단율(2014년 기준 초등학생: 0.6%, 중학생: 0.8%, 고등학생: 1.6%)
출처: 교육부(2015).

학업중단율은 전체 다문화학생 수 대비 2013년과 2014년에는 평균 1.36%로 나타났다. 일반 학생의 학업중단율은 1%로 다문화학생 학업중단율이 더 높았다. 또한 학교급이 올라갈수록 학업을 중단하는 비율이 일반 학생의 경우는 감소하는 데 비해 다문화학생의 경우 높아지는 것으로 나타났다.

　서울시 관내 고등학교 다문화학생의 학업중단 사유로는 13명 중 해외출국이 7명이며, 실질적인 학업중단으로 볼 수 있는 질병, 가사 등에 의한 사유는 전국과 비교해 보았을 때 크지 않았다. 전국의 고등학교 다문화학생의 학업중단 사유는 전체 4,707명 중 부적응이 1,599명으로 가장 많았다.

표 10-8 전국 및 서울시 고등학교 다문화학생 학업중단 사유(2014년)　　(단위: 명)

구분	자퇴						퇴학	유예/ 면제	제적	합계
	질병	가사	부적응	해외출국	기타	소계				
전국	225	97	1,599	1,133	1,533	4,567	72	10	58	4,707
서울	0	3	0	7	0	10	0	0	3	13

※ 학업중단자는 2014. 3. 1.~2015. 2. 28. 사이에 중단한 학생
출처: 서울시교육청(2015).

(2) 다문화학생의 학업중단 사유

다문화학생의 학교부적응과 중도탈락의 원인 중 첫째는 언어능력의 문제이다. 다문화학생들이 어린 시기에 체계적인 문장이해력과 작문교육을 받지 못하면서 나타나는 언어능력의 저하로 기초학력이 미달되고 학교부적응을 경험하는 비율이 늘고 있다. 의사소통의 불명확성은 자녀들의 공교육 미취학 또는 중도탈락률 등 2차적인 문제를 갖게 한다. 언어의 문제는 아동기에서 청소년기가 될수록 더욱 심각해진다. 한국어 능력이 부족한 부모가 자녀의 학업을 도와주지 못하는 문제에 부딪히면서 학업성취의 문제로 이어지고 있다. 이는 결국 학력 격차로 인해 직업 선택에도 차이를 가져올 것이며 사회적 지위에도 영향을 미칠 수 있다.

둘째는 정체성의 문제이다. 사회적 차별과 다른 외모로 인해 다문화학생은 정체성의 혼란을 겪는다. 국제결혼 자녀 중에서 자신을 한국인이라고 인식하기보다는 외국인이라고 인식하는 비율이 높게 나타나고 있는데 이는 사회적 차별과 편견이 다문화학생의 정체성 형성에 혼란을 주고 있는 것으로 볼 수 있다. 탈북학생의 경우 역시 남한의 체제 및 문화에 익숙하지 않아 적응에 어려움을 겪으며 자신에 대한 부정적 감정 등으로 정체성에 대한 혼란에 빠질 수 있다.

셋째는 법제도적인 문제이다. 이주노동자 자녀와 관련한 법적인 가장 큰 문제점은 가족동반 불허의 원칙이다. 가족동반이 불법이기 때문에 자녀의 경우 의료나 교육의 사각지대에 놓이게 된다. 1989년 「유엔아동권리협약」에서는 다문화가정 자녀에 대한 어떠한 차별도 있어서는 안 된다고 명시하였으나 한국에서는 비준하지 않은 상태이므로 국내법과 같은 효력을 발휘하지 못하고 있다. 「초·중등교육법 시행령」을 2010년에 개정하면서 이주노동자의 자녀가 초등학교 입학 등 의무교육을 받을 수 있게 되었으나 고등학교의 입학 등에는 유효하지 않다.

4. 교사의 다문화역량과 역할

1) 교사의 다문화역량

(1) 다문화역량의 개념

다문화교육을 위한 교사의 역량은 교사가 학생을 잘 지도하기 위하여 요구되는 자질과 능력을 의미한다. 또한 다문화교육과 관련된 교사의 지식이나 태도 등을 포함한다고 할 수 있다. 다문화교육에 있어서 교사의 다문화역량과 역할은 매우 중요하다 할 것이다. 다문화역량은 다문화사회 속에서 우리에게 꼭 필요한 역량이며, 다양한 문화를 받아들이고 이해하려고 노력함으로써 다문화사회에서 일어날 수 있는 사회적 문제들을 해결할 수 있는 능력이라고 할 수 있다. 따라서 다문화교육을 실행해야 하는 교사에게 필요한 역량이라고 하겠다. 박명희(2013)는 다문화교육에 있어서 교사의 실천적인 면을 강조하였다. 교사가 다문화학생을 이해하고 효율적인 교육활동을 수행함으로써 더불어 살아가는 능력을 의미한다. 교사의 다문화역량은 인종적, 민족적 배경이 다양한 다문화학생들의 요구를 파악하고 모든 학생의 성공적인 학습경험을 증진시키는 기술 능력이라고 하였다.

다문화역량은 다문화학생뿐 아니라 가정 그리고 외국 동료 교사들과의 상호작용 및 소통을 잘 할 수 있는 능력을 뜻하며, 민족 정체성 발달 및 편견을 감소시키는 것이 주요 특징이다. 이를 통하여 다양한 문화적 배경을 지닌 사람들과 공감하고 이해하며 그들과 상호작용하기 위해 태도와 다문화 지식·기술 등을 포함하는 능력이라고 정의할 수 있다(이정례, 2015). 모경환(2009)은 교사가 갖추어야 하는 다문화역량으로 다문화 인식과 태도를 강조하였다. 또한 교사는 사회의 다양한 학습자 특성에 대한 이해와 다문화교육 자료들을 개발하고 활용할 수 있는 능력 및 교수능력, 자신의 신념, 다문화학생에 대한 관용과 배려, 다문화적 갈등을 해결해 나갈 수 있는 위기관리능력을 갖추어야 한다고 하였다.

(2) 다문화역량의 구성요소

다문화역량은 일반적으로 세 가지 요소로 구분하는데 학자마다 설명은 각각 상이한 경우가 많다. 다문화역량의 구성요소 세 가지는 다문화인식과 다문화지식 그리고 다문화 스킬로 구분하였다.

첫 번째 구성요소인 다문화인식에 대해 Pope와 Reynolds(1997)는 자신과 다른 문화를 가지고 있는 사람들에 대해 적절한 서비스를 제공할 수 있는 자기인식이나 태도, 가치 등을 가지고 있는 것으로 정의하였다. 두 번째 구성요소인 다문화지식에 대해 박명희(2013)는 다문화특수성에서 나타나는 인구학적 특성이나 다문화사회에 따른 배경지식이라고 하였다. 또한 Sue, Arredondo와 McDavis(1992)는 다문화지식이란 서로 다른 문화에 대해 배우고 이해함으로써 다양한 문화에 대한 이해를 의미한다고 하였다. Banks(2008)는 교사에게 필요한 다문화지식으로 네 가지를 언급하였다. 첫째, 출신지역과 이주, 공유되는 문화, 가치, 상징, 민족 정체성, 민족적 동질감, 관점, 세계관, 판단의 준거, 민족단체와 민족자결, 인구통계학적 · 사회적 · 정치적 · 경제적 지위, 편견과 차별 그리고 인종차별주의, 민족 내부의 다양성, 동화와 문화접변 등과 같은 지식(박명희, 2013)이 필요하다. 둘째, 다양한 문화와 관련된 지식이 필요하다. 또한 이에 따르는 문화 집단의 행동양식과 규범 그리고 비언어적인 의사소통, 세계관 등을 이해하는 능력을 갖추어야 한다고 하였다. 셋째, 다문화교육의 패러다임에 대한 지식이 필요하다. 넷째, 다양한 문화와 민족적 배경을 가진 다문화학생들의 요구에 적절한 교수지식이 필요하다. 세 번째 구성 요소인 다문화 스킬에 대해서 최현정(2011)은 다향한 문화를 가진 학생들에게 보다 효과적인 수업방법의 적용과 다양한 의사소통의 기법 등으로 사회에 잘 적응할 수 있도록 하는 과정이라고 하였다.

2) 다문화교육을 위한 교사의 역할

(1) 교사의 자질 및 역할

교사는 학교 및 교실에서 다문화교육을 구현하는 실질적이고 최종적인 의사결정자이다. 따라서 다문화교육의 실천자인 교사 역할의 중요성을 강조하는 것은 지극히 당연하다 할 것이다. 김천기, 노상우, 박휴용, 이정애, 임은미(2013)는 다문화교육에 있어서 교사의 역할을 다섯 가지로 구분하였다. 첫째, 교사는 다문화교육에 대한 전반적인 이해가 필요하며, 다양한 문화의 차이를 이해하고 다양성, 편견, 신념에 대한 교사 자신의 확고한 생각이 있어야 한다. 둘째, 교사는 학생들의 연령과 발달에 적합한 다문화적 태도와 기술, 지식을 가지고 모든 교육과정 안에 통합시켜야 한다. 셋째, 교사는 학생들이 다양한 시야를 가지고 긍정적인 태도를 형상할 수 있도록 다양한 경험을 제공하고 인적 물적 자원을 활용해야 한다. 넷째, 교사는 학생들에게 다양한 문화를 반영한 환경을 제공하며 다문화 관련 자료들을 활용하여 다문화에 대한 지식과 이해를 높이도록 해야 한다. 다섯째, 교사는 학생들에게 언어와 사회적 상호작용을 통하여 사회적 지식, 기술, 태도가 긍정적으로 형성되도록 지도해야 한다.

Melendez과 Beck(2007)은 유아교육을 담당하는 교사들에게 요구되는 교사의 역할 및 자질을 다음과 같이 제시하였다. 첫째, 다른 문화를 올바르게 인식하기 위해 교사 자신이 가진 믿음, 가치, 습관 등 문화적 관점을 발견하고 자신과 유아들의 다양성을 인식하고, 다양성, 편견, 신념에 관한 자신의 생각을 명확히 한다. 둘째, 유아 발달에 기초하여 모든 유아들에게 평등한 기대를 가지고 그들의 잠재력을 최대한 발달시켜 줄 수 있도록 돕는다. 또한 유아들이 사회의 다양성을 이해할 수 있도록 도울 수 있어야 한다. 셋째, 관용, 존중, 관대함을 배울 수 있고, 다른 사람을 이해하는 교실 환경을 만들고 교실 내에 다른 집단에 대한 고정관념에 대해 살펴보고 목록을 작성한다. 넷째, 다양한 문화에 관심을 가지고 다른 문화에 대한 지식을 넓힌다. 다섯째, 자신과 다른 사람들에게 긍정적이고 개방적인 태도를 갖고 다문화교육을 발전시키기 위해 지속적으로 새로운 접근방법을 모색하며 유아들의 요구에 적절한 새로운 방법과 요소들을 시도한다. 여섯째, 유아의 전반적인 발달에 있어서 가족의 영향을 인정하고 올바르게 인식하며 가족들과 협력자로서 존중하며 상호 교류한다(구정화, 박윤경, 설규주, 2018).

다문화교육과 관련하여 교사의 기대가 소수집단 학생들의 학업성취도 향상에 도움을 준다고 하였다(Bennett, 2007). 교사의 기대가 학생의 학업성취에 변화를 가져오는 것은 학생에 대한 교사의 기대 수준에 따라 학생들이 상호작용하는 방식이 달

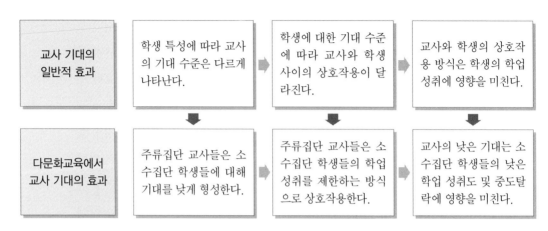

[그림 10-4] 교사기대와 소수집단 학생들의 학업성취도의 관계

출처: 구정화 외(2018), p. 207.

라지기 때문이다. 소수집단의 다문화학생들에 대한 교사의 기대가 주류집단의 학생들보다 낮다는 연구 결과가 있다. 백인 교사들이 유색인 학생들에 대한 낮은 기대가 학업실패와 중도탈락에 영향을 미친다는 연구들도 보고되고 있다(구정화 외, 2018). 백인 교사들의 소수인종 집단 학생들에 대한 낮은 기대는 인종에 대한 편견과 소수집단 문화에 대한 이해의 부족에서 비롯된 것이며, 이러한 교사들의 부정적인 편견이 소수인종 집단 학생에 대한 낮은 기대로 연결되는 것이다. 따라서 교사들은 다문화학생에 대한 이해의 폭을 넓히고 부정적인 편견에 대한 자기성찰과 다문화학생들에 대한 교사들의 기대와 상호작용에 대해 진단과 변화가 필요하다.

　　다문화교육의 목표는 서로 다른 문화를 인정하고 편견 없이 함께 더불어 살아가는 사회를 만들기 위한 것이다. 따라서 다문화교육에 있어서의 교사들의 역할은 다문화학생들에게 동등한 학습기회를 부여하고 다양한 문화에 대한 긍정적인 태도를 형성하도록 하는 것이다. 이를 위해 교수학습 자료의 선정 및 전략 등 교사들의 모든 역할은 다문화교육의 목표를 향해 수렴된다고 할 수 있다.

(2) 교사의 다문화학생 상담

① 다문화 상담의 원리
다문화가정 학부모 및 학생이 학교와 소통 시 1차적 접점이 되는 사람이 담임교사가 될 것이다. 따라서 교사가 상담자로서의 역할을 수행하게 된다. 다문화학생에 대한 상담이 일반 학생과의 상담과 다른 원리를 적용하지 않는다. 교사가 다문화학생과 상담 시에 주의할 것은 그들이 가지고 있는 어려움에 대해 관심을 갖는 것일 것이다.

상담의 원리 중 가장 중요한 요소는 촉진적 관계 형성의 원리이다. 교사는 학부모 및 학생과의 상담에서 관계를 통해 변화를 촉진하고, 변화에 도움이 되는 관계를 형성하는 것이 중요하다. 교사는 촉진적인 관계를 형성하기 위해 공감적 이해와 무조건적 수용, 진정성의 세 가지를 실천해야 한다.

첫째, 공감적 이해란 자신이 직접 경험하지 않아도 다른 사람의 감정을 같은 수준으로 이해하는 것이다. 학생을 공감적으로 이해하기 위해서는 학생의 말속에 깔려 있는 감정, 신념, 가치, 태도 등을 포착하는 감수성이 필요하고, 학생의 내적 또는 외적인 측면까지 알고 이해한다는 것을 전달하는 의사소통 능력이 필요하다. 이를 위해서는 경청이 제일 중요하다. 학생의 말이나 표현, 몸짓, 목소리, 감정까지 포함해서 여러 가지 의미를 모두 귀담아듣는 것을 의미한다(장인실 외, 2018).

둘째, 무조건적인 수용이란 학생에 대한 긍정적인 태도와 입장을 의미한다. 아무런 조건 없이 존재 자체의 존엄성을 인정하는 것이다. 학생만이 가지고 있는 개성과 자질을 이해함으로써 그를 존중하는 마음이 생기게 된다. 학생의 능력에 대한 믿음이 효과적인 관심을 기울이는 행동이 된다. 학생을 위해 지원하기보다는 학생 스스로의 노력을 격려해 줌으로써 존중하고 있다는 마음을 보여 주는 것이 가장 중요하다.

셋째, 진정성이란 모든 것에 대해 진실함을 의미한다. 교사는 학생에게 개방적이고 정직하고 신뢰 있는 사람임을 의미한다. 공감적 이해와 무조건적인 수용을 한다고 해도 진정성이 없으면 관계 형성이 불가능하다. 촉진적 관계성의 원리에서 가장 기본적이고 중요한 것이 진정성이다. 교사는 자신의 내면적 경험과 의식적 자각, 표현이 일치하도록 해야 한다(장인실 외, 2018).

② 다문화학생 상담의 특성

다문화학생 상담 시 토로하는 어려움 중 가장 큰 학습부진과 대인관계, 정체성 상담의 특성에 대해 알아보고자 한다. 다문화학생이 겪는 가장 흔한 어려움이 학습부진이다. 다문화학생들은 한국어 능력 부족으로 인해 기초학력이 부족하게 된다. 따라서 교사는 기초학력 증진을 위해 학습동기를 높여 주고 객관적인 평가를 통해 학생의 현재 위치를 정확하게 파악해야 한다. 다음으로 기초학력 부진 지도를 위한 다양한 프로그램과 교재를 활용하여 기초학습능력을 보완해 주어야 한다. 교사는 학생이 학습준비가 부족한 것에 대해 이해하고 계속 점검하며 칭찬하는 과정을 통해 학습준비의 수준 및 수업시간의 집중도가 올라가 학력이 향상되는 결과를 가져올 수 있다. 교사가 다문화학생의 학습동기를 높여 주기 위해서는 한두 번의 상담을 통해 이루어 내기 어렵다. 따라서 교사는 학생이 현재 상태에서 이룰 수 있는 목표를 설정하게 하고, 성공에 대한 경험을 바탕으로 개인의 특성에 맞는 공부 방법을 제시함으로써 학생 스스로 변화에 대해 내면화할 수 있도록 해야 한다.

대인관계 부적응이란 또래 학생 및 교사, 가족구성원과의 사이에서 일어나는 갈등이다. 또래관계의 문제는 사회적 편견과 차별을 통해서 느끼는 어려움이고 다문화학생들의 부적절한 행동 및 반응에서 오는 것이다. 친구들로부터 놀림과 따돌림이 심각하고 불공평한 대우를 받는다는 조사 결과가 있다(설동훈, 이혜경, 조성남, 2006; 오성배, 2006; 전경숙, 2008). 다문화학생이 친구들로부터 부정적인 반응을 경험하게 되면 갈등이 발생할 뿐만 아니라 자아개념의 형성에도 문제가 발생한다. 따라서 교사는 차별과 편견으로 인해 갈등관계를 형성하게 된 일반 학생들과 상담을 통해 인식의 변화를 유도하여야 한다. 또한 다문화학생의 입장에서 문제를 파악해야 한다. 그러나 일방적으로 피해학생을 감싸거나 비난하는 것은 삼가야 한다. 각자의 입장을 충분히 들어주고 향후 어떻게 행동해야 하는지에 대해 노력하고 탐색하는 과정이 필요하다.

다문화학생은 자신이 어떤 사람이고 어떻게 살 것인지에 대해 혼란스러워하고 막막해하는 경우가 많다. 청소년기에 자아정체감 형성은 중요한 발달사항이기에 다문화학생이 정체성 혼란의 문제를 해결하기 위해서는 자신의 모습을 있는 그대로 받아들이도록 해야 한다. 서로 다른 문화를 접촉하면서 이해하고 수용하는 것이 자아정체성 발달에 있어서 매우 중요한 측면이다. 따라서 다문화학생에 대한 교사의 꾸준한 개입이 정체성 혼란을 해결하고 예방할 수 있다.

5. 다문화교육정책 및 법령 주요 내용

1) 다문화교육정책

(1) 한국의 다문화교육정책

한국의 다문화교육정책은 다문화주의를 둘러싼 이론적 논쟁이나 사회적 논의를 거치지 않고 도출되었으며, 급속한 다문화사회로의 변화의 필요에 따른 정책적 대응 의해 수립되었다. 정부는 다문화가족정책 5개년 계획을 수립하여 부처 간 다문화가족 지원 추진기반을 수립하고 다문화가족 맞춤형 교육을 실시하는 등 다문화가정이 한국 사회에 안정적으로 정착하도록 지원하고 있다. 또한 다문화 이해교육 및 인식개선을 통해 다문화 수용성을 제고하고자 한다. 2008년 제1차 다문화가족정책 기본계획 수립 후 2018년 제3차 다문화가족정책 기본계획(2018~2022년)이 수립되었다.

교육부는 다문화가정 및 학생 그리고 학교 구성원을 대상으로 2006년부터 2018년 현재까지 다문화교육 지원계획을 수립하여 추진해 오고 있다. 교육부의 다문화가정 및 학생 관련 지원계획 중 2006년부터 2018년 다문화교육 지원계획까지 살펴보고자 한다. 2006년 다문화가정 학생 교육지원방안의 추진배경은 다문화 구성원의 증가로 인해 그들의 문화와 역사를 존중하고 이해하는 사회 환경을 조성하고 인권보호 및 사회통합의 필요성이 제기되었기 때문이다. 이 방안의 목적은 다문화학생

표 10-9 다문화가족정책 기본계획 중 다문화교육 관련 정책(2018년)

과제명	소관부처
학점은행제 및 독학 학위제를 통한 고등교육 기회 안내	교육부
다문화가족 자녀의 안정적 성장지원과 역량 강화	여성가족부, 교육부, 외교부, 법무부 등
다문화 이해교육 활성화	여성가족부, 교육부, 보건복지부 등
지역 다문화교육지원센터 활성화 및 유관과의 연계 강화	교육부, 여성가족부

출처: 여성가족부(2018).

들의 교육 소외를 방지하고 글로벌 인재를 육성하기 위함이다. 따라서 다문화학생을 위한 방과후 학교를 개설하고, 학부모와의 소통창구를 만들고, 교사 연수를 통해 역량을 강화하였다. 또한 교육과정을 개정하여 다문화요소를 반영하고 대학생 멘토링 사업을 실시하였다.

2007년 다문화가정 교육지원정책은 언어와 문화의 장벽을 해소하여 사회통합에 기여하고자 하였다. 사회적 귀속감과 다문화 감수성을 증대하는 것을 목표로 하였고, 학교 중심의 다문화교육과 다문화 이해교육이 강화되었다. 또한 서울대학교 내에 중앙다문화교육센터를 설립하고 전국적인 인력과 프로그램의 연계체제를 확립하였다. 2008년 다문화가정 교육지원정책은 각 시·도교육청별 세부 실행계획을 세워 중앙과 지방이 함께 대책을 마련하고자 하였다. 지원 대상에 유치원생까지 포함하였으며 초등학생의 경우 기초학력이 부족한 경우 방과후 수준별 보충교육을 받게 하였다.

2009년 다문화가정 교육지원정책은 다문화학생을 위해 42개 거점학교가 지정되고 전담교사가 배치되었으며 대학생 및 퇴직교원을 활용하여 1:1 맞춤 멘토링을 지원하도록 하였다. 또한 다문화가정 학부모의 수업 참여로 다문화 이해교육이 강화되도록 하였다.

2010~2011년 다문화가정 교육지원정책은 다문화학생의 교육격차 해소와 다문화가정 학부모의 역량 강화, 다문화교육 기반 강화 및 다문화 이해 확산이라는 목표를 가지고 수립되었다. 다문화학생의 학력증진을 위해 예비초등교사와 교육청이 연계하여 멘토링 사업을 통해 맞춤형 교육을 지원하고 집중캠프도 운영하여 정서적 안정을 지원하였다. 교사의 다문화 전문성을 제고하기 위해 연수를 실시하고 다문화가정 학부모의 역량 강화를 위해 한글 및 정보화 교육을 실시하는 등 가족 단위 교육을 지원하였다.

2012~2013년 다문화학생 교육 선진화 방안은 다문화예비학교 26개교 및 한국어 교육과정(KSL)을 신설하고 이중 언어 강사 확대 및 글로벌 선도학교를 육성하였다. 2014년 다문화교육 활성화 계획의 특징은 다문화학생의 편입학 절차를 체계화하고 다문화지원센터의 역할을 강화한 점이다. 2015~2017년 다문화학생 교육지원 계획은 다문화유치원을 시범운영 후 확대하고, 예비학교 확대 및 학력심의위원회를 활성화하였다.

2018년 다문화교육 지원계획의 특징은 교과수업에 다문화교육을 반영하는 등 학교 구성원의 다문화교육에 참여를 확대하고, 중도입국 · 외국인 학생이 공교육에 진입하여 교육기회를 누릴 수 있도록 보장하고, 언어장벽으로 학습 · 교우관계에 어려움을 겪지 않도록 한국어 교육을 제공한 점이다. 더불어 지역맞춤형 다문화교육을 실시할 수 있도록 교육청 자율성을 확대하고, 중앙에서 법령 정비 및 관계부처 연계 · 협업을 추진하고자 한다.

교육부는 2006~2017년까지 다문화학생 지원계획에 의거 다문화유치원을 확대하고 청소년에 대한 전문상담 시범사업을 운영하였다. 또한 다문화학생의 강점을 개발하기 위하여 '글로벌브릿지'를 확대운영하고 예비학교 확대 및 한국어(KSL) 교육과정을 개정하였다. 한국외국어대학교 대학생들과의 '모국어 멘토링'을 도입하여 한국어가 서툰 다문화학생이 학교생활에 적응할 수 있도록 지원하였다.

학교 구성원 모두에게 다문화 이해교육을 실시하기 위해 '다문화 중점학교'를 확대하고, 예비교원 단계부터 체계적인 다문화역량을 함양할 수 있도록 교원자격검정 및 교원양성기관 평가에 다문화교육을 반영하였다. 다문화교육 우수사례 공모 및 성과보고회를 통해 다문화교육의 성과를 확산하고 중도입국 자녀의 취학 지원 등 범부처 간 협업을 강화하기 위해 지역 맞춤형 다문화교육을 추진하도록 시 · 도

표 10-10 다문화교육 지원계획(2018)

추진과제	세부내용
학교구성원의 다문화교육 참여 확대	• 교과수업에 다문화교육 반영 • 학생의 다문화교육 프로그램 참여 확대 • 교원의 다문화역량 강화
다문화학생 맞춤형 교육지원 내실화	• 다문화유아 맞춤형 발달체계 마련 • 다문화아동의 기초학력보장을 위한 학습 지원 • 다문화 청소년이 우리사회 인재로 성장할 수 있도록 성장 지원
중도입국 · 외국인학생 교육 사각지대 해소	• 중도입국 · 외국인학생의 공교육 진입 지원 • 맞춤형 한국어 교육 제공 • 이주민 밀집지역 지원
다문화교육 추진체계 확립	• 중앙-지역 역할정비 및 범부처 협력 • 다문화교육 근거법령 제정 추진

출처: 교육부(2018).

교육청의 책무성을 높이고 있다. 다문화학생에 대한 교육부의 그간의 성과와 향후 지원계획으로 인해 다양한 문화가 공존하는 성숙한 교육환경이 구축되고 다문화학생들의 교육기회가 보장됨과 동시에 교육격차가 해소될 것이다.

(2) 외국의 다문화교육정책

① 미국의 다문화교육정책

미국은 최근 통계에 따르면 2005년 기준 3,520만 명이 합법적 또는 비합법적으로 외국에서 출생한 이주민이 미국에 거주하고 있고, 미국 전체 인구의 11.5%를 차지한다(Camarota, 2005). 미국 역시 이주민에게 가장 큰 문제는 자녀의 교육문제이다.

미국에서 다문화주의는 1960년 인종적 소수자의 민권운동을 시작으로 발전하기 시작하였다. 이러한 영향으로 다문화교육은 영역이 확대되어 사회계급, 인종, 젠더 등의 복잡한 영역과 밀접한 관련을 맺게 되었다. 미국의 다문화교육정책은 이주민 자녀의 학교적응을 가장 중요하게 여긴다. 미국은 이민공동체와 학교가 연계체제를 가지고 있다. 특정 인종에 기반을 둔 이민자 공동체가 있다. 이 공동체는 기본적인 사회적, 문화적 지원을 받기 위해 모여서 거주하기 때문에 학교상담자나 교사가 공동체 지원체제에 쉽게 접근할 수 있다. 이민자 공동체는 공적으로 지원을 받는 조직과 시설을 통해서 주류사회에 들어가기 전에 완충 역할을 한다. 미국은 한국과 달리 학교에 상담교사가 제도적으로 배치되어 있다. 외국이민자가 많을 경우 이민자의 언어를 구사할 수 있는 다문화 상담교사가 존재한다. 상담교사는 이민자 가족과 학생이 사회에 적응하도록 촉진하며 이주민이 가지고 있는 교육적 문제를 해결하는 데 도움을 주고 있다.

② 유럽의 다문화교육정책

유럽은 미국과 달리 동화주의 성격을 가지고 있으며 상호문화적 접근방법(inter-culture approach)이 중요하게 다루어지고 있다. 영국은 최근 이민을 다소 제한하고 있으며 이민자를 받아들이면 영국 사회에 동화될 수 있도록 각종 다문화교육정책을 펴고 있다. 영국은 역사적으로 속지주의 정책을 추구해 왔다. 영국이나 프랑스는 식민지를 개척하면서 이주민을 포용하여 왔고 문화도 영토와 주권국가의 개념과 맞물려 발전해 왔다고 볼 수 있다. 독일의 경우 속인주의 원칙을 추구해 왔고 이주민을 지원하기 위해 이주민 자녀에 대한 법적인 명칭을 변경하고 학교 취학 전 독일어 능력평가 및 예비코스를 실시하고 있다. 또한 이주민 자녀를 위한 특별수업을 지원하고 교육상담과 특별 프로그램을 실시하고 있다.

2) 다문화교육 관련 법령 주요 내용

(1) 헌법 및 국제법

우리 헌법은 기본권의 주체를 국민으로 한정하고 있다. 국민의 권리와 인간의 권리 또는 만인의 권리를 구분하지 않고 있다. 헌법 제6조 제1항과 제2항을 통하여 조약과 국제법규에 대하여 우리의 국내법과 동일한 효력을 인정하고 외국인의 지위를 보장할 수 있는 근거가 있다. 헌법 전문에는 "정치·경제·사회·문화 모든 영역에서 각인의 기회를 균등히 하고……"라는 규정이 있다. 이 규정을 통해 정치, 경제, 사회 영역과 마찬가지로 문화영역도 헌법 규범이 적용되는 곳임이 명확히 제시하고 있다. 국가는 기본적으로 각 개인을 문화영역에서 차별할 수 없다는 차별금지가 규정되어 있는 것으로 보아야 한다(최유, 2007). 즉, 우리 헌법상 국가는 문화적 동질성을 보장하기 위해 적응과 육성을 지원하는 한편, 그것이 다양성을 저해하고 강제적 동화를 유도하는 것은 지양하도록 규정되어 있다는 것이다(장인실 외, 2018).

다문화가족 구성원의 권리와 관련이 있는 것으로 「이주노동자와 그 가족의 권리보호에 관한 국제협약」이 있다. 2003년 7월 발효한 국제법규로서 이주노동자와 가족의 자유권, 사회권, 참정권까지 보장하고 있으며 불법체류노동자 2세들의 교육을 받을 권리까지도 보장하고 있다. 이 조약은 실정법으로서의 역할을 하지는 못하지만 보편적 법원칙 차원에서 수용되어야 한다는 의견이 제기되고 있다. 또한 다문화자녀들에 직접적 영향을 주는 국제법규로서 「아동의 권리에 관한 협약」이 있다. 이 조약 제2조에는 협약에 규정된 권리를 존중하고 모든 아동들에게 교육기회를 제공하도록 규정하고 있다. 또한 제28조에는 18세 이하의 모든 아동들에게 교육의 기회를 제공하도록 규정하고 있다.

그 외에도 「교육상의 차별금지 협약」이 있다. 이 협약은 1960년 12월 유네스코 총회에서 채택되었으나 우리나라는 가입하지 않았다. 그러나 헌법 제6조 제1항의 규정에 의거 국내법화할 가능성은 열려 있다고 볼 수 있다.

(2) 국적법 및 출입국 관리법

「국적법」은 헌법 제2조 제1항에 따라 대한민국의 '국민'이 되는 요건을 규정하는 법률이다. 우리나라 「국적법」은 국적부여에 있어서 예외적인 경우를 제외하고 속인주의를 원칙으로 하고 있다. 국적을 부여하는 방식은 나라별로 역사적ㆍ문화적 배경과 밀접한 관련이 있다. 외국인이 우리나라의 국적을 취득하려면 헌법과 「국적법」에 따라 귀화 절차를 거쳐야 한다. 1997년 「국적법」을 개정하여 부계혈통주의에서 부모양계혈통주의로 개정하여 혈통주의를 완화하였다. 또한 2004년 「국적법」 제6조 제2항에 제3호와 제4호를 신설하여 혼인에 의한 간이귀하를 완화하였다. 혈통주의와 귀하요건을 완화하고 있으나 앞으로 더 많은 노력이 필요하다.

「출입국 관리법 시행령」 제31조에는 외국인의 체류기준을 90일로 기준하고 있다. 이런 단기 체류기준이 다문화가정과 관련이 있다고 본다. 2002년 「출입국관리법 시행령」 제23조 제4항 영주권제도를 신설하여 국가의 구성원을 다양화함으로써 다문화가정을 통합하는 방법이 될 수 있다. 또한 2005년 「출입국관리법 시행령」을 개정하여 결혼이민자와 미성년 자녀에 대한 기준 체류기간을 단축하여 간이귀하 요건을 완화하는 등 다문화구성원의 증가에 대응하고 있다. 현재 외국인 근로자 및 다문화가정은 체류기간이 짧게 규정되어 있어 영주권 취득이 불가능하다. 따라서 보다 체계적이고 합리적인 시스템을 갖기 위해 사회적 논의가 필요하다.

(3) 다문화교육과 교육 관련법

다문화가정에 있어서 가장 큰 문제가 자녀의 교육일 것이다. 교육문제와 관련한 법으로는 「교육기본법」을 들 수 있는데 「교육기본법」 제4조에는 기본적인 국민에 대한 규정이며 외국인에 대한 규정은 아니다. 2006년 6월 「초ㆍ중등교육법 시행령」 제19조 제1항을 개정하여 외국인 노동자 자녀의 초등학교 입학 절차를 간소화하였다. 2006년 9월 「아동복지법」이 「유엔아동권리협약」에 따라 개정되었는데 「아동복

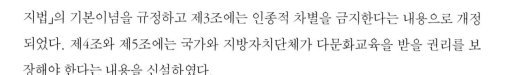

지법」의 기본이념을 규정하고 제3조에는 인종적 차별을 금지한다는 내용으로 개정되었다. 제4조와 제5조에는 국가와 지방자치단체가 다문화교육을 받을 권리를 보장해야 한다는 내용을 신설하였다.

(4) 노동 및 사회보장 관련법

사회보장 관련법으로 2004년 제정된 「건강가정기본법」은 다문화가정의 건강과 복리에 관련된 법률이라고 볼 수 있다. 그러나 다문화가정이 이 법의 적용대상이 되는 것은 분명하지만 국적을 취득한 사람, 즉 국민의 권리와 의무만을 규정하고 있고 외국인에 대한 규정은 아니다. 「사회보장기본법」 제8조는 "국내에 거주하는 외국인에 대한 사회보장제도의 적용은 상호주의의 원칙에 의하되, 구체적 내용은 관련 법령이 정하는 바"에 따르도록 되어 있다(장인실 외, 2018).

노동과 관련해서는 2003년 「외국인근로자의 고용 등에 관한 법률」은 고용허가제로 전환하며 3년의 취업기간을 보장하였다. 또한 동법 시행령 제22조와 「근로기준법」 제5조에 의하여 외국인 노동자에 대해서도 노동 3권을 부여하였다. 다문화가정의 안정적인 정착을 위해서는 기본적인 생활여건이 확보되도록 노동과 복지에 대한 더 많은 개선이 필요하다.

Chapter 요약

다문화사회의 도래로 다문화학생이 급증하고 있으며 이로 인해 다문화주의에 대한 담론이 제기되고 있다. 따라서 다문화주의와 다문화교육의 개념, 이론 및 과제에 대해 알아보고, 다문화교육의 대상인 학생의 현황을 파악하여 그들이 가진 문제점과 원인에 대해서 살펴봄으로써 교사가 다문화학생을 이해하고 지도 및 지원하는 데 도움이 될 것이다. 더불어 교사의 다문화적 역량을 스스로 체크하고 강화하는 것이 필요하며 다문화학생에 대한 교사의 역할과 상담에 이르는 전반적인 내용을 살펴보았다.

한국의 다문화교육정책의 흐름과 현재 실행되고 있는 정책에 대해 파악하고 외국의 다문화교육정책에 대해 알아봄으로써 교사가 다문화교육정책수립 및 다문화교육 관련 법령 제·개정에도 참여할 수 있는 기반을 마련하고자 하였다.

⌛ 생각해 볼 문제

1. 다문화주의가 지배적인 지금 다문화주의에 대한 비판이 대두되고 있다. 함께 존중하며 어울려 살아가는 사회를 만들기 위해 다문화주의가 해결해야 할 과제는 무엇인지 생각해 보세요.
2. 다문화학생을 이해하는 학급문화풍토를 만들기 위해 다문화교육의 구성요소 중 어떤 요소가 더 강화되어야 교육효과가 있을지에 대해 생각해 보세요.
3. 다문화학생의 어려운 점에 대해 생각해 보고 가장 큰 어려움이 무엇일지 생각해 보세요.
4. 다문화학생에 대한 교육정책 중 학생들의 정체성 확립을 위해 가장 필요한 정책과 법령이 무엇인지, 왜 그렇게 생각하는지 이유에 대해 생각해 보세요.

참고문헌

곽준혁(2007). 현대의 민족문제와 다문화주의; 미국: 미국에서의 다문화주의. 민족연구, 30, 126-144.

교육부(2008). 다문화가정 학생 교육지원 방안.

교육부(2009). 다문화가정 학생 교육지원 방안.

교육부(2010). 다문화가정 학생 교육지원 방안.

교육부(2011). 다문화가정 학생 교육지원 방안.

교육부(2012). 2012년 다문화학생 교육 선진화 방안.

교육부(2013a). 2013년 다문화학생교육 지원 방안.

교육부(2013b). 간추린 교육통계. 다문화가정 학생 현황.

교육부(2014). 2014년 다문화학생 교육지원계획.

교육부(2015). 2015년 다문화학생 교육지원계획.

교육부(2016). 2016년 다문화학생 교육지원계획.

교육부(2017). 2017년 다문화학생 교육지원계획.

교육부(2018). 2018년 다문화학생 교육지원계획.

교육부, 한국교육개발원(2015). 2015. 교육통계분석자료집, 유초 · 중등교육통계편. 충북: 한국교육개발원.

교육부, 한국교육개발원(2016). 2016 교육통계연보. 충북: 한국교육개발원.

교육부, 한국교육개발원(2017a). 2017 교육통계연보. 충북: 한국교육개발원.

교육부, 한국교육개발원(2017b). 2017. 교육통계분석자료집, 유초 · 중등교육통계편. 충북:

한국교육개발원.

구정화, 박윤경, 설규주(2018). 다문화교육의 이해와 실천. 경기: 정민사.

김영옥(2002). 유아를 위한 다문화교육. 서울: 정민사.

김용신(2009). 다문화교육론 서설. 경기: 한국학술정보(주).

김종석(1984). 미국 다문화교육의 이론적 고찰. 미국학 논문집, 5, 35-60.

김천기, 노상우, 박휴용, 이정애, 임은미(2013). 다문화교육의 이해와 실천. 경기: 교육과학사.

박명희(2013). 예비교사의 다문화역량 척도 개발. 경북대학교 대학원 박사학위논문.

박상철(2008). 다문화 사회에서의 학교 교육과정 정책. 초등교육연구, 21(2), 1-19.

모경환(2009). 다문화교육의 현황과 과제. 한국교원교육연구, 26(4), 245-270.

서범석(2010). 다문화교육정책의 현황과 발전방향 탐색. 한양대학교 대학원 박사학위논문.

서울시교육청(2015). 2015서울교육통계로 살펴보기.

서종남(2010). 다문화교육 이론과 실제. 서울: 학지사.

설동훈, 이혜경, 조성남(2006). 결혼이민자 가족 실태조사 및 중장기 지원정책방안 연구. 여성가족부.

양영자(2008). 한국 다문화교육의 개념 정립과 교육과정 개발 방향 탐색. 이화여자대학교 대학원 박사학위논문.

여성가족부(2010). 제1차 다문화가족정책 기본계획(2010~2012).

여성가족부(2012). 제2차 다문화가족정책 기본계획(2013~2017).

여성가족부(2018). 제3차 다문화가족정책 기본계획(2018~2022).

오성배(2006). 우리사회의 소수민족, 코시안 아동의 사례를 통한 다문화교육방향. 교육양극화 진단과 대책. 한국교육행정학회 · 한국교육사회학회 공동세미나 자료집, 157-181.

오성배(2008). 다문화가정 학생 교육 지원 중장기계획 수립을 위한 연구. 교육부.

이광석, 지종화, 장임숙, 남다윤, 강광수, Fuhriman, Troy, 정혜실, 안채리, 이혜진, 이미향, 정주영(2014). 다문화행정론. 서울: 조명문화사.

이순태(2007). 다문화사회의 도래에 따른 외국인의 출입국 및 거주에 관한 법제연구. 한국법제연구원.

이정례(2015). 유아교사의 다문화민감성과 다문화역량 간의 관계. 한국육아지원학회 학술대회지, 10, 133-134.

장인실, 김경근, 모경환, 민병곤, 박성혁, 박철희, 성상환, 오은순, 이윤정, 정문성, 차경희, 차윤경, 최일선, 함승환, 허창수, 황매향(2018). 다문화교육의 이해와 실천. 서울: 학지사.

장한업(2014). 이제는 상호문화교육이다: 다문화 사회의 교육적 대안. 경기: 교육과학사.

전경숙(2008). 경기도 지역의 다문화가정과 일반가정 청소년의 생활실태 조사. 청소년상담 연구, 16(1), 167–185.

정두용, 신은숙, 정득진(2003). **국제이해교육**. 서울: 정민사.

조영달, 윤희원, 박상철(2006). 다문화가정의 자녀 교육 실태 조사. 교육인적자원부.

차윤경(2008). 세계화 시대의 대안적 교육모델로서의 다문화교육. **다문화교육연구**, 1(1), 1–23.

최유(2007). "헌법과 다문화주의에 관한 몇 가지 생각", 외국인 정책 및 다문화에 관한 법제의 동향과 과제. 한국법제연구원 전문가회의 자료집, 9–23.

최충옥, 모경환, 김연권, 박성혁, 조난심, 오은순, 설규주, 차조일, 한용택, 우희숙, 서종남 (2009). **다문화교육의 이론과 실제**. 경기도다문화교육센터(편). 경기: 양서원.

최현정(2011). 유아교사를 위한 다문화교육 연수프로그램 구성 및 적용 효과. 중앙대학교 박사학위논문.

통일부(2011). 주요사업 통계자료.

통일부(2014). 주요사업 통계자료.

홍기원(2006). 다문화정책의 방향과 문화적 지원방안 연구, 한국문화관광정책연구원.

홍기원(2007). 다문화사회의 정책과제와 방향. **한국행정학회 학술발표논문집**, 12, 909–928.

홍원표(2008). 한국적 다문화교육의 발전 방안 탐색: 미국 논의의 수용을 넘어서. **교육 원리 연구**, 13(2), 89–113.

황정미, 김이선, 이명진, 최현, 이동주(2007). 한국사회의 다민족 · 다문화 지향성에 대한 조사연구. 한국여성정책연구원, 경제 · 인문사회연구회 협동연구총서, 07–19–02.

행정안전부(2017). 2017 행정자치통계연보.

Banks, J. A. (2004). Multiultural education: Historycal development, dimensions, and practice. In J. A. Banks & C. A. M. Banks (Eds.), *Handbook of research in multicultural education* (2nd ed.) (pp. 2–29). San Francisco: Jossey Bass.

Banks, J. A. (2006). Multiultural education: Characteristics and goals. In J. A. Banks & C. A. M. Banks (Eds.), *Multicaltural education: Issues and perspectives* (pp. 195–214). Boston: Allynand Bacon; 차윤경, 부향숙, 윤용경 공역(2011). **다문화교육 현안과 전망**. 서울: 박학사.

Banks, J. A. (2008). *An introduction to multicultural education* (4th ed.). Pearson Edu, Inc.; 모경환, 최충옥, 김명정, 공역(2009). **다문화교육입문**. 경기: 아카데미 프레스.

Banks, J. A. (2010). Multicultural education: Characteristics and goal. In J.A. Banks & C. A. Banks (Eds.), *Multicultural education: Isssues and perspective* (7th ed.) (pp. 3–26).

Hoboken, NJ: John Willy & Sons.

Bennett, C. I. (2007). *Comprehensive multicultural education: Theory and practice sixth edition. Pearson Education, Inc.*

Camarota, S. A.(2005). Immigrants at mid-decade: A snapshot of America's foreign-born population. Retrieved December ww, 2008, from http://www.cis.org /atticles/2005/badk1405.html.

Gutmann, A. (2004). Unity and diversity in democratic mulricultural education: Creative and destructive tensions. In J. A. Banks (Ed.), *Diversity and citizenship education: Global perspectives* (pp. 71-96). San Francisco, CA: Jossey-Bass.

Ladson-Billings, G., & Gillborn, D. (Eds.). (2004). *The RoutledgeFalmer reader in multicultural education.* London & New York: RoutledgeFalmer.

Maga, H. (2007). Former les apprenants de FLE à l'interculturel, Francparler, AIF.

Martinielo, M. (1977). *Sortir des Ghettos Culturels.* Paris: Presses de Sciencespo.; 윤진 역 (2002). 현대사회와 다문화주의: 다르게, 평등하게 살기. 서울: 한울.

Melendez, W. R., & Beck, W.(2007). *Teaching young children in multicultural classrooms: issues, concepts, and strategies* (2nd ed.). Thomson Learning Inc.

Nieto, S. & Bode, P. (2008). *Affirirming diversity: The sociopolitical context of multicultural education* (5th ed.). Boston: Allyn and Bacon.

Pope, R. L., & Reynolds, A. L. (1997). Student affairs core competencies: Integrating muticultural awareness, knowledge, and skills. *Journal of College Student Development, 38*, 266-277.

Sleeter, C. E. & Grant, C. A. (2003). Making choices for multicultural education: *Five approaches to race, class, and gender* (4th ed.). Willy & Sons.

Sue, D. W., Arredondo, P., & McDavis, R. J. (1992). Multicultural counseling competencies and standards: A call to the profession. *Journal of Multicultural Counseling and Development, 20*(2), 64-89.

Vertovec, S. (1996). Multiculturalism. Culturalism and PublicIncorporation. *Ethnicand Racial Studies, 19*(1), 49-69.

학생활동의 이해

학습개요 및 학습목표

　학생들은 학교에서 단순히 교과교육만을 받는 것이 아니다. 학교와 교실은 학생들이 생활하는 공간이다. 학생들은 그곳에서 교과교육 외의 다양한 활동에 참여한다. 여기서는 학생활동의 개념을 이해하고 학생자치활동과 동아리활동이 어떻게 이루어지고 있으며 학교에서는 어떤 도움을 주어야 할지에 대해 살펴본다.

　이 장의 구체적인 학습목표는 다음과 같다.

1. 학생활동의 개념을 정의할 수 있다.
2. 학생자치활동과 동아리활동의 개념과 사례를 설명할 수 있다.
3. 학교에서의 학생활동 지원계획을 제시할 수 있다.

1. 학생활동의 개념

2000년대 이전에 우리나라의 학교문화는 사실상 수요자인 학생보다는 공급자인 교원 중심의 문화였다. 암기 위주의 교과교육활동이 중심을 이루는 학교문화였다. 마치 학생보다는 교과서가 주인공인 것과 같은 모습이었다. 그 속에서 학생들은 소외되어 왔다. 교육은 궁극적으로 학생의 바람직한 변화를 꾀하는 것인데 살아 움직이는 학생이 오히려 죽어 있는 교과서에 종속되는 듯한 모습을 띠고 있었다.

이러한 학교문화 속에서 학생문화도 역시 자율적인 모습보다는 타율적인 모습을 많이 보여 왔다. 규칙에 순응해야만 모범생으로 불렸고, 스스로 만든 규칙이 아니라 기성세대가 만들어 놓은 규칙에 잘 따르는 학생만이 우대받고 그렇지 않을 경우 문제아로 낙인찍히는 문화였다. 이러한 문화 속에서 학생들은 스스로 생각하고 창조하고 활동할 필요가 없었다. 삶의 주체가 아닌 학교교육에 종속된 인간이 되어 왔다.

이 같은 문화 속에서 길러진 사람이 사회에 나아간다면 어떻게 사회를 이끌어 갈 수 있겠는가? 이러한 문제의식 속에서 많은 비판이 이루어져 왔다. 이미 「교육기본법」과 「초·중등교육법」에서는 학생의 자치활동을 법적으로 보장하고 있다. 더 나아가 최근에는 학생회의 법제화 논의도 이루어지며 학생문화를 스스로 만들어 가는 노력들이 전개되어 왔다.

2002년에 교육부(당시 '교육인적자원부')가 학교생활규정 예시안을 공고하여 기존의 억압적이고 타율적인 학교생활규정에 변화를 주고자 했다. 2003년에는 생활지도의 방향으로 '학생의 인권·자율·책임 중시'를 천명하면서 학교공동체 구성원들이 민주적인 합의절차를 거쳐 자율적으로 학교생활규정을 만들도록 하였다.

이러한 노력은 교육과정으로도 반영되었다. 2009 개정 교육과정은 창의적 체험활동을 신설하면서 자율활동, 동아리활동, 봉사활동, 진로활동을 정규 교육과정에 편성하였다. 드디어 교과교육 외에 비교과 영역인 '학생활동'이 부각되기 시작했다. 즉, 학생활동이란 '교과교육활동 외에 학생들이 주체가 되어 활동하는 것'을 의미한다. 물론 넓게 보면 교과교육활동도 학생활동이라 할 수 있겠지만 일반적으로 학생활동이라 하면 '자치활동'과 같이 학생이 주체가 되어 직접 활동하는 것을 의미한다.

여기서는 이러한 학생활동 중에서도 학생자치활동과 동아리활동에 대해서 좀 더 구체적으로 살펴본다.

2. 학생자치활동

1) 개념

학생자치활동이란 학교구성원의 한 주체인 학생들이 자율적으로 의견을 모아 학교 운영에 반영될 수 있도록 하는 행위를 의미한다. 그런 의미에서 학생자치활동은 교육자치의 중요한 구성요소이다(송기창 외, 2014, p. 439). 학생자치활동과 같이 학

「교육기본법」

제5조(교육의 자주성 등) ② 학교운영의 자율성은 존중되며, 교직원·학생·학부모 및 지역주민 등은 법령으로 정하는 바에 따라 학교운영에 참여할 수 있다.

제12조(학습자) ① 학생을 포함한 학습자의 기본적 인권은 학교교육 또는 사회교육의 과정에서 존중되고 보호된다.

② 교육내용·교육방법·교재 및 교육시설은 학습자의 인격을 존중하고 개성을 중시하여 학습자의 능력이 최대한으로 발휘될 수 있도록 마련되어야 한다.

③ 학생은 학습자로서의 윤리의식을 확립하고, 학교의 규칙을 준수하여야 하며, 교원의 교육·연구활동을 방해하거나 학내의 질서를 문란하게 하여서는 아니 된다.

「초·중등교육법」

제17조(학생자치활동) 학생의 자치활동은 권장·보호되며, 그 조직과 운영에 관한 기본적인 사항은 학칙으로 정한다.

제18조의 4(학생의 인권보장) 학교의 설립자·경영자와 학교의 장은 「헌법」과 국제인권조약에 명시된 학생의 인권을 보장하여야 한다.

생들이 학교운영에 참여할 수 있는 권리는 「교육기본법」과 「초·중등교육법」에서 보장하고 있다. 이는 학생의 기본적 인권이 학교교육의 과정에서 존중되어야 할 중요한 부분이라는 것을 의미한다.

그럼에도 불구하고 학생자치활동은 그 여건이 매우 열악하다. 한유경, 정제영, 김성기, 정성수(2012a)의 연구에 의하면 아직은 학생들을 미성숙자로만 인식하여 학교운영에 실질적으로 참여할 수 있는 사회적 풍토가 충분히 조성되어 있지 않다. 또한 학교 내 학생자치활동을 위한 지원이 매우 미비하여 실질적으로 학생들이 자치회를 홍보하거나 활용할 공간이 제한적일 수밖에 없다.

학생자치활동은 학생들이 사회에 나가기 전에 미리 자신들과 관련된 사항에 대해 의사결정을 내려 보는 중요한 과정이다. 그 과정에서 조직을 운영하고 자치권을 행사하면서 리더십과 민주의식을 함양해 나가는 것이다. 따라서 학생들의 자치활동이 좀 더 활성화될 수 있도록 학교와 사회의 많은 관심과 지원이 필요하다.

2) 운영원리

학생자치활동은 사실상 학생회를 중심으로 이루어진다. 학생회는 학생자치회라고도 하는데 학교에 재학 중인 모든 학생을 그 대상으로 하며, 자율적이고 적극적인 학생회활동을 위하여 학교마다 학생총회, 학급자치회, 학생자치운영위 등 다양한 명칭으로 운영되는 총체적인 조직을 말한다.

이와 같이 조직된 학생회는 학생들의 인권신장을 위한 다양한 활동을 전개하고

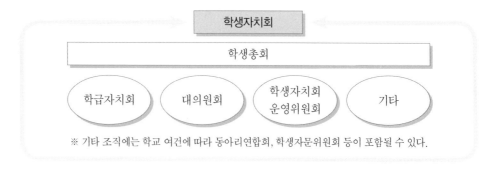

[그림 11-1] 교내 학생자치회 예시

출처: 경기도교육청(2014), p. 12.

2. 학생자치활동

학생들과 관련된 교내 행사를 기획하거나 추진하는 등 교사나 학교와 소통하여 학생들이 자주적이고 민주적으로 교내 행사를 진행할 수 있도록 돕는다. 또한 이러한 의사결정에 있어 학생들의 의견을 수렴하여 학교에 전달하고 실현하고자 노력하는 중요한 통로가 되기도 한다.

3) 학생자치회 조직 유형 및 역할

학생자치회는 학교마다 다양한 유형의 조직을 형성하며 학생자치활동에 필요한 역할을 수행한다. 학생자치 역량을 키우기 위해서는 다음과 같은 학생자치회의 역할과 기능이 강화될 필요가 있다. 왜냐하면 학생자치회는 학생들의 학교생활과 밀접하게 관련된 사항들의 의사결정에 학생들이 직접적으로 참여할 수 있기 때문이다. 따라

종류	역할
학생총회	−재학 중인 전체 학생을 대상으로 하고 학생총회의 의장은 학생자치회장이 맡으며, 정·부회장 선거와 기타 학생활동에 관한 중대한 사항을 토의·의결
학생자치회 운영위원회	−학생총회의 선거에 의해 선출된 회장과 부회장, 부장으로 구성되고 학생자치회 운영, 대의원회의에서 위임된 사항과 심의·의결한 사항 추진, 학생자치활동 예산안 편성·집행 등의 업무를 수행
학생대의원회	−대의원회는 학생자치회 운영위원회 임원, 학급의 대표 등으로 구성되고 학생 자치회장이 의장직을 수행 −학생총회 소집, 학생자치회 운영 계획, 학생자치활동 예산운영(안), 대의원 및 학급자치회에서 건의한 사항, 운영위원회에서 부의한 안건과 학생생활인권규정 제·개정을 위한 학생들의 의견을 심의하고 의결
학급자치회	−각 학급의 모든 재학생으로 구성되고 학생자치활동과 관련되는 사항, 건의사항, 기타 학급의 특색 사안 등을 협의·의결
학생 자문위원회	−학생자치활동을 지원하기 위해 학교 교원으로 구성하고 학생들이 자치활동에 대한 자문이나 조언을 요청하는 경우에 이에 대한 전문적인 정보를 제공

[그림 11-2] 학생자치회 조직 유형 및 역할

출처: 경기도교육청(2014), p. 13.

서 학생자치회의 조직이 확대될 수 있는 민주적인 교내 문화를 권장할 필요가 있다.

4) 학생자치회 연간 활동 내용

학생자치회는 법정 기구는 아니지만 학생들의 공식적인 학생대표기구임을 인정할 필요가 있다. 따라서 학교운영위원회나 학칙 등으로 학생 참여를 보장함으로써 학생자치회의 모든 활동이 이루어진다. 〈표 11-1〉은 학생자치회에서 주로 할 수 있는 연간 활동 내용의 예시이다.

표 11-1   학생자치회 연간 주요 활동 내용

월	주요 활동 내용	운영 시간
연중	• 월 2~3회 학생자치회 운영위원회 회의 실시 　－학생 건의 내용 정리 및 기획 회의 • 월 2회 대의원회의 개최 　－학생들의 의견을 수렴하여 학교에 전달 • 각종 봉사 활동 및 캠페인 활동 실시 　－에너지 및 전기 절약, 국경일 의미 알리기 　　화장실 사용 에티켓, 교통안전 자원 봉사 　　위안부 할머니 돕기, 교복 물려주기, 학교폭력 예방 　　급식실 질서 도우미, 바르고 고운 말 쓰기	창체시간, 점심시간, 방과 후 시간, 자기주도학습시간 학급자치회의: 매월 1, 3주 학생자치회 운영위원회 회의: 매월 넷째 주
2	• 학생이 졸업식 기획 및 운영 • 교복 물려주기 및 판매 행사 • 새학기 후배맞이 입학식 기획 및 운영	창체시간(5, 6교시), 점심, 방과 후 시간
3	• 학생자치회 선거 • 1학기 학급자치회 · 학생자치회 운영위원회 · 대의원회 조직 • 교장선생님과의 간담회	창체시간(5, 6교시), 방과 후 시간
4	• 학생자치회 임원 리더십 캠프 • 학교폭력 예방을 위한 친구사랑의 날 행사	창체시간(5, 6교시), 점심시간
5	• 스승의 날 · 어버이날 행사 • 체육대회 프로그램 준비, 진행, 질서 지도, 뒷정리	자기주도학습시간, 점심시간
7~8	• 학생자치회 임원 리더십 캠프	
9	• 2학기 학급자치회 · 학생자치회 운영위원회 · 대의원회 조직 • 교장선생님과의 간담회 • 친구사랑의 날 행사	자기주도학습시간, 창체시간(5, 6교시)

10	• 학교축제 기획 및 운영 • 학생 인권의 날 행사	자기주도학습시간, 점심시간
11	• 학생독립운동기념의 날 행사 개최 −사진전 개최, 동영상 제작 및 상영, 프리허그 행사 실시	점심시간, 방과 후 시간
12	• 차년도 학생자치회 예산 편성 협의회 • 학생생활인권규정 개정 및 학생자치회 운영에 관한 교장선 생님과의 간담회	창체시간(5, 6교시), 자기주도학습시간

출처: 경기도교육청(2014), p. 14.

5) 학생자치회 운영 사례

학생자치활동은 초 · 중 · 고등학교를 가리지 않고 각 학교 내에서 다양한 형태로 이루어지고 있으며, 이러한 학생들의 자치활동 함양은 미래의 다원화된 사회에 필수적인 요소가 될 것이다. 따라서 학생자치활동이 성공적으로 이루어지고 있는 여러 학교의 다양한 사례를 살펴보면 중요한 시사점을 얻을 수 있다(교육과학기술부, 2011).

(1) 전라북도교육청의 이성초등학교

이성초등학교는 '함께 나누며 더불어 행복한 희망 움(Um) 틔우기 학교문화'라는 사업 명으로 6가지 움(Um) 프로그램이라는 자치활동을 통해 소규모 농촌지역의 폐교위기 학교를 학생들이 찾아오는 행복한 학교로 변화시켰다.

• **움(Um) 프로그램:** 틔움(나다움을 틔우는 작은 지도자교육), 키움(끼와 꿈을 키우는 감성형 문화예술교육), 섬김(즐거움을 섬기는 활동형 체험교육), 나눔(행복함을 나누는 실천형 인성교육), 돌봄(함께함을 돌보는 공동형 평생교육), 채움(희망움을 채우는 감동형 학교축제) 프로젝트

(2) 인천광역시교육청의 인천정각중학교

인천정각중학교는 '자발적 학생중심 교육활동으로 소통하는 학교문화 만들기, 사제동행 지리산 종주, 효체험 가족 등반대회, 반별 학급 특색 프로그램(칭찬릴레이, 1인 1화분 키우기, 모둠별 음식 경연대회 등)'의 자치활동을 만들어 운영하고 있다. 또한 교사 동호회 활동, 학부모의 학교행사 참여 등을 통해 학생, 학부모, 교사가 함께하는 교육 공동체를 형성하고, 학생 중심의 학교행사 운영, 전교학생회의 리더십 활동 등 성공적인 학생자치활동을 선보이고 있다.

(3) 경기도교육청의 도당고등학교

도당고등학교는 '다 함께 가꾸는 소·나·무 이야기'라는 주제로, 소통, 나눔, 무지개 학생자치활동을 통해 경제적으로 어려운 맞벌이 가정 자녀 위주의 학생들에게 자존감과 성취동기를 부여하고 학교를 희망과 즐거움을 주는 학교공동체로 변화시키고자 노력하였다.

- 소통: 학생중심 축제기획단을 운영하고 참여와 소통을 통한 축제 운영, 효과적인 부모역할 프로그램(P·E·T) 운영
- 나눔: 도당 토론 동아리(도토리) 운영, 주제탐구 형식의 프로젝트 학습, CC(Connecting Classrooms) 국제수업교류
- 무지개 학생자치활동: 도당자치법정 운영, 대화와 자율 중심의 긍정적 생활지도, 다양한 학생회 활동(환경정화, 우산대여, 봉사활동 등)

3. 동아리활동

1) 개념

동아리란 '비슷한 것끼리 작게 뭉친 것'이란 어감을 가진 'circle'이란 외래어를 대

신해서 쓰는 말로, 서로 같은 취미나 적성을 가진 학생들이 모여 자신의 소질과 창의성을 개발하여 사회성과 협동심을 기르는 것을 의미한다. 동아리활동이란 이런 학생들이 서로 공동의 목표를 가지고 행하는 집단 활동을 뜻한다.

　동아리활동의 목표는 비슷한 흥미, 소질, 적성을 가진 학생들로 구성된 활동부서에 학생들이 자발적으로 참여하여 자신의 잠재능력을 배양하고 자아실현을 추구하는 데 있다. 이러한 동아리활동은 학생들이 학교 공부에서 벗어나 자신의 여가시간을 활용하는 데 필요한 생활습관을 형성하기 때문에 중요한 의미를 갖는다.

2) 동아리활동의 내용

　동아리활동은 교과 이외의 다양한 영역에서 이루어질 수 있다. 하지만 교과와 상호 보완적 관계에 있으면, 자신이 배운 것을 적극적으로 실천하고 나눔으로써 창의성과 인성을 겸비한 인재를 양성할 수 있으므로 학교 교육과정에서도 중요하다. 교

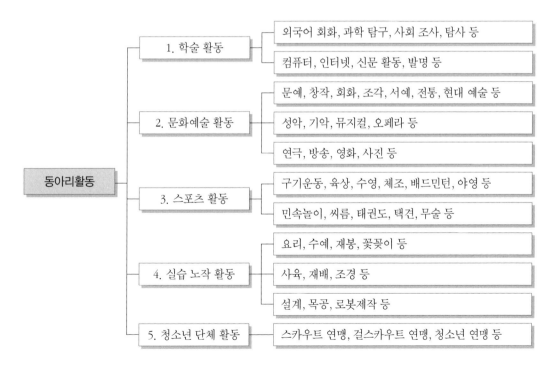

[그림 11-3] 동아리활동의 내용 체계

출처: 경기도교육청(2011).

과과정은 학교마다 큰 차이를 가지기 어렵지만 동아리활동은 학교마다 창의적이고 탄력적으로 운영할 수 있다는 장점이 있다. 이와 같이 다양한 동아리활동 내용은 대체로 다음과 같은 내용 체계를 갖는다.

학술활동은 외국어, 과학, 사회, 컴퓨터, 발명 등 교과과정과 연계된 범위의 학습 동아리 활동으로 학습동기를 높여 자기주도적 학습에 도움이 되며 탐구하는 즐거움을 찾을 수 있다. 문화예술 활동은 회화, 음악, 방송, 사진 등 다양한 문화예술 영역으로 학생들의 예술적 표현을 기르고 창작의 기쁨을 맛볼 수 있다. 스포츠 활동은 구기, 육상, 씨름 등으로 도전하는 즐거움과 건강을 지키고 단체경기를 통하여 협력과 양보를 하는 스포츠 정신을 기를 수 있다는 장점이 있다.

실습 노작 활동은 요리, 재배, 조경, 설계 등의 체험실습 위주의 활동으로 취미와 특기교육이 가능하여 직업 교육의 탐색 기능이 있다. 청소년 단체 활동은 각종 청소년 연맹과 관련된 활동으로 단체 활동을 통하여 국가와 사회, 개인의 발전을 함께 도모한다는 진취적인 기상을 배울 수 있다.

이 외에도 기능, 취미 등 다양한 내용의 동아리활동이 이루어져야 하지만 지도교사의 업무 과중이나 학교의 예산 지원 문제가 동아리활동의 내용과 범위를 제한하기도 한다.

3) 동아리활동의 유형

동아리활동은 그 활동내용, 활동장소, 공공기관과의 관계, 동아리를 결성하는 주체에 따라 유형을 분류한다. 먼저 활동내용은 동아리 참가 학생들이 공유하는 활동 내용에 따른 분류로 앞에서 언급한 동아리활동 내용과 그 맥락이 같다고 볼 수 있다. 활동장소는 동아리활동이 이루어지는 장소가 교내인지 지역사회인지 사이버 공간인지 등에 따라 그 특성이 달라질 수 있다. 다음으로 공식성은 공공기관에서 인정을 받은 공식동아리인지 또는 비인준 동아리인지에 따라 유형을 나누는 것이고, 조직화 방식은 동아리활동을 학생이 주도하는 것인지 지도교사가 주도하는 것인지 아니면 관련 기관이 주도하는 것인지에 따라 분류 방식을 달리하는 것을 의미한다(모상현, 2012, p. 15).

표 11-2	동아리의 유형 분류			
구분	활동내용별	활동장소	공식성	조직화 방식
분류 기준	공유하는 활동의 내용	동아리 결성의 근거지	공공기관과의 관계에서 인정 여부	동아리를 결성하는 주체
유형	-문화동아리 -스포츠동아리 -학습동아리 -취미동아리 -과학동아리 -컴퓨터동아리 -봉사동아리	-학교동아리 -지역사회동아리 -사이버동아리 -자생동아리	-공식동아리 비공식 동아리 -인준동아리 비인준동아리	-청소년주도동아리 -지도자주도동아리 -기관주도동아리

출처: 모상현(2012), p. 15.

4) 동아리활동 운영 시 지도교사의 역할

동아리활동 운영에 있어 지도교사의 역할은 매우 중요하다. 지도교사가 동아리활동 지도에 얼마나 학생들과 수평적인 관계를 유지하느냐에 따라 동아리활동 내용의 질이 달라질 수 있기 때문이다. 그러므로 동아리활동 운영 시 지도교사의 역할을 크게 두 가지 관점에서 살펴볼 수 있다.

첫째, 지도교사는 학생들의 인권을 존중해야 한다. 학생들의 있는 그대로의 모습을 인정하고 동아리 구성원들의 의견을 과소평가하거나 권위적인 태도를 보여서는 안 된다. 즉, 동아리활동에 있어서 학생들과 지도교사는 동등한 파트너십을 유지하는 것이 중요하다. 그래야만 학생들은 자신 있게 자신의 의견을 개진하고 스스로의 활동에 책임감 있게 임할 수 있기 때문이다.

둘째, 지도교사는 동아리활동에 있어 전문적이고 다양한 정보를 제공하는 조력자여야 한다. 동아리활동도 교육과정의 일부이므로 이 과정을 통해 새로운 지식과 기술의 발전을 도모해야 한다. 이때 지도교사는 동아리활동에 다양하게 참여할 수 있는 방법과 아이디어를 제공하고 학생들이 성취감을 느낄 수 있도록 조력해야 하는 것이다.

이 외에도 지도교사는 동아리활동 내에서 일어나는 구성원들의 갈등을 해소하는 방법이나 결과를 평가하는 방법, 그에 따른 피드백을 전달하는 기술 등 다양한 지도

교사로서의 면모를 생각하고 연마하는 것이 필요하다.

5) 동아리활동 운영 사례

(1) 광주광역시 금호여자고등학교 J.S-STAR 동아리

금호여자고등학교의 J.S-STAR(Jung-ang Science Study Try & Research)는 생물과 화학에 흥미와 관심이 많은 1학년과 2학년 자연계열 학생들이 모여 조별 주제탐구활동, 기본실험활동, 체험활동 및 동아리 활동집 · 동아리 소식지 발간 등의 자료제작활동까지 그 영역을 넓혀 열심히 활동하고 있다.

교과서 내용과 관련된 다양한 실험, 자유 주제탐구활동, 전문가 강연, 현장학습 및 동아리신문 발간 등의 활동을 통해 '여학생들은 대체로 과학을 싫어하고 못한다'는 편견을 없애고 미래의 여성과학자로서 과학자적 자질을 갖출 수 있는 기회를 제공한다. 또한 학생들이 스스로 탐구 주제를 선정하여 실험을 하고 결론을 도출하는 주제탐구활동을 하며 즐거움과 흥미를 느끼고 과학자적 소양을 기르는 것을 동아리활동의 목표로 삼고 있다(금호여자고등학교, 2015).

(2) 서울우면초등학교의 학부모 동아리와 함께하는 '톡톡! 학습'

평생교육의 일환으로 학생과 학부모가 함께하는 교육기부 재능 나눔의 성격을 가지고 있는 동아리활동이다. 이 학교의 특색교육인 감성교육('톡톡! 학습')에 대한 이해와 체험의 기회를 심화할 수 있도록 구성되어 있다.

프로그램 운영은 2013년 9월부터 12월까지 진행되었으며 3~5학년 학생을 대상으로 총 72시간에 233명의 학생들이 참여하는 성과를 내었다. 또한 학교 중점 교육활동에 대한 교육 철학적 배경 및 구체적 교육활동에 대하여 가정과 공유할 수 있는 계기를 마련하여 학교 교육 참여도를 높였다(서울우면초등학교, 2013).

(3) 김해외동초등학교의 책(book)·꿈(dream)·길(road) 원정대

김해외동초등학교에서는 책 읽기의 생활화를 통해 학생들의 꿈과 끼를 계발하고자 동아리 부서를 결성하였으며 이 활동으로 학생들은 자신의 관심 분야의 책을 스스로 찾아 읽는 습관을 형성하기 시작하였다. 또한 '따로 또 함께' 읽는 독서 프로그램을 통해 건전한 또래 문화 형성 및 창의적 표현력을 기르는 데 도움이 되었다. 책 읽기 동아리는 주중 방과후뿐만 아니라 토요휴업일 및 방학캠프 활동과 연계 운영함으로써 독서의 생활화를 통해 진로개발 역량을 기르는 성과도 가져왔다(김해외동초등학교, 2016).

4. 학교에서의 학생활동 지원방향

첫째, 학생활동은 자발성과 자율성에 기초를 두고 이루어져야 한다. 과거에는 학생이 교육의 대상으로 인식되어 왔기 때문에 학생활동을 활성화하려 했던 초기에도 학교 측에서 주도하는 모습을 보이기도 했다. 그러나 학생회활동이나 동아리활동 등이 활발해지면서 점차 학생들이 주체적으로, 능동적으로 움직이기 시작했다. 이러한 자발성과 자율성을 띤 학생활동이 아니면 다시 수동적인 교육활동으로 머무르게 될 수 있다. 이러한 자발적, 자율적 학생활동은 그들이 사회에 진입했을 때 민주시민으로 살아갈 밑거름이 될 것이다.

둘째, 학생활동을 정규교육과정으로 인정할 필요가 있다. 학생활동은 교과서 내용과 관련되기도 하지만 교과서에서 배울 수 없는 중요한 교육적 체험이기도 하다. 따라서 학생활동을 마지못해 추진하는 비교과활동이 아니라 교육적 의미를 갖는 교육과정활동으로 이해해야 한다. 따라서 학생회 운영 시간 등을 정규교육과정 시간으로 확보하고 인정할 필요가 있다. 이러한 시간들이 안정적이고 지속적으로 이루어질 수 있도록 보장해야 한다.

셋째, 전교생이 참여하는 학생활동이 되어야 한다. 과거처럼 임원 중심의 학생회활동이 이루어진다면 학생활동 활성화의 근본 취지에 어긋난다. 학교에서의 학생회 활동은 사회의 축소판이라 할 수 있는 학교에서 직접민주주의를 실제로 경험할 수 있는 중요한 기회이다. 민주시민으로서의 자질과 태도를 형성하는 데 중요한 교육적 의미가 있다.

넷째, 학생들의 활동 참여 영역을 넓힐 필요가 있다. 단순히 학생회활동이나 자치법정, 동아리활동 등에 머무르지 않고 생활협동조합을 운영하는 등 학교를 마치 자신들의 사회로 만들고 그 사회의 주체로 활동할 수 있게 함으로써 사회활동으로서의 학생활동이 되게 하는 것도 교육적으로 의미가 있다. 스스로 활동을 기획하고 책임을 지는 과정을 통해 책임성 있는 시민으로 형성되어 간다.

다섯째, 학생회실과 학생활동예산 등 물적 인프라를 구축해야 한다. 학생들이 학생활동을 적극적으로 할 수 있도록 보장하기 위해서는 공간적, 재정적 뒷받침이 있어야 한다. 현재 법적으로도 학생들의 권익과 관련된 사안을 심의할 때는 학생들이 학교운영위원회의 심의과정에 참여할 수 있도록 되어 있다. 학교 측에서는 적극적으로 학생들에게 학생활동과 관련된 심의사항을 알린 후 학교운영위원회에 참석케 하여 학생들의 의견을 개진할 수 있는 기회를 주어야 할 것이다.

학생들을 학교운영에 참여시키는 것은 궁극적으로 학생들이 학교운영에 관심을 갖고 학교를 사랑하게 만들며 스스로 만든 규칙을 준수하게 만드는 동인이 된다. 아울러 민주시민으로서의 태도와 역량을 키우는 인성교육적 의미도 있음을 생각하여 학생활동을 적극적으로 지원할 필요가 있다.

Chapter 요약 🖉

이 장에서는 학생활동에 대해 학습하였다. 학생활동은 교과교육 외의 비교과활동으로서 이루어지는 학생 중심의 활동이다. 학생활동은 민주시민으로서의 태도와 역량을 키우는 데 도움이 된다. 학생자치활동은 학생총회, 운영위원회, 대의원회, 학급자치회, 자문위원회 등의 조직을 기반으로 이루어진다. 학생회가 법제화되어 있지는 않지만 법적으로 학생의 자치적 활동은 권리로서 보장된다. 동아리활동은 학술, 문화예술, 스포츠, 실습 노작, 청소년단체 등의 다양한 영역에서 이루어진다.

⧗ 생각해 볼 문제

1. 학생자치활동을 방해하는 장애요인으로서 권위주의적 문화, 입시 위주의 교육체제, 학생을 시민으로 인정하지 않는 풍토, 학교 교육과정에 대한 강한 통제, 비민주적 학교문화와 시스템, 낮은 인권의식과 자치의식, 안정적 시간과 공간 확보의 미흡, 대규모 학교의 문제 등이 지적되고 있다(이영상 외, 2015). 이러한 장애요인을 해결하지 않고는 학생활동이 적극적으로 이루어지기 어렵다. 이러한 장애요인을 해결하기 위해서는 어떠한 노력들이 이루어져야 할 것인지 생각해 보세요.

2. 학교규칙이나 학생생활 규정을 만드는 데 교원들의 생각과 학생들의 생각이 불일치한다면 이러한 상황을 어떻게 해결할 것인지 생각해 보세요.

참고문헌

경기도교육청(2011). 씨줄 날줄 엮어가는 창의적 체험활동 길라잡이.

경기도교육청(2014). 학생이 주체가 되어 만들어 가는 학생자치활동 이야기.

교육과학기술부(2011). 100대 학교문화 우수사례집.

금호여자고등학교(2015). 광주광역시 과학동아리 발표대회.

김해외동초등학교(2016). 학생 독서 · 책쓰기 동아리 우수 사례 보고서.

모상현 외(2012). 청소년수련시설 청소년동아리 활성화를 위한 운영모델 및 매뉴얼 개발연구. 세종: 한국청소년정책연구원.

서울시교육청(2014). 학생자치활동 우수 사례.

서울우면초등학교(2013). 교육기부 활동 교육활동 우수사례.

송기창 외(2014). 중등교직실무. 서울: 학지사.

이병환(2012). 학생자치활동 활성화 방안. 충북: 한국교육개발원.

이영상 외(2015). 학생자치활동 활성화 방안. 전북: 전북교육정책연구소.

한유경, 정제영, 김성기, 정성수(2012a). '학교규칙 운영 내실화' 정책사례 분석 및 지원방안 연구. 세종: 한국청소년정책연구원.

한유경, 정제영, 김성기, 정성수, 윤신덕(2012b). 인성교육 강화를 위한 학교문화 선진화 방안 연구. 충북: 한국교육개발원.

황행자(2013). 창의 · 인성을 기르는 동아리 활동 활성화 방안 연구.

제**12**장

인성교육의 이해

학습개요 및 학습목표

　인성교육은 최근 우리 교육계의 가장 큰 화두이다. 이는 최근에 일어나는 끔찍한 사회적 사건이 일시적 현상이나 우연한 사고가 아니라 어쩌면 우리 사회가 성장이라는 이름 아래 간과해 왔던 윤리의식이나 양심의 부재라는 장기적으로 지속된 도덕적 실패에 의해 나타난 인과적 사건으로 이해하려는 시도들과 연결된다. 이러한 도덕적 부재의 상황 속에서 우리 교육이 과연 어떤 역할을 담당해야 할 것인가? 인성교육은 최근 교육계의 이러한 질문에 대한 답이 되어 줄 수 있을 것이다.

　이 장에서는 먼저 인성의 개념과 특성에 대한 기존의 논의들을 종합 분석하여 인성교육의 개념에 대해 파악한다. 다음으로 인성교육을 이해하는 대표적인 네 가지 접근법에 대해 살펴봄으로써 인성교육의 이론적인 틀을 알아보고자 한다. 마지막으로 인성교육의 현황에 대해 살펴보고 특히 정부의 정책적 개입에 대해서 구체적으로 살펴보도록 한다.

　이 장의 구체적인 학습목표는 다음과 같다.

1. 인성(교육)의 개념과 구성요소에 대해 설명할 수 있다.
2. 인성교육의 접근법에 대해 이해하고 각 유형의 특징을 설명할 수 있다.
3. 인성교육의 현황에 대해 살펴보고 문제점을 설명할 수 있다.
4. 인성교육의 최신 접근 방향과 모형에 대해 이해할 수 있다.
5. 인성교육을 위한 정부의 정책적 지원을 이해하고 그 시사점을 설명할 수 있다.

1. 인성교육의 기초

1) 인성의 개념 및 특성

(1) 인성의 개념

인성이 무엇인지 한마디로 정리 내리는 것은 쉽지 않다. 인성은 지금까지 인격, 성품, 품성, 도덕성 등과 같은 단어들과 상호호완적으로 사용되어 왔으며, 사회적, 시대적 요구에 따라 그 개념이 확장되기도 하며 변화해 왔다. 다음 〈표 12-1〉과 같이 인성의 개념은 여러 학자에 의해 시대에 따라 조금씩 다른 방식으로 정의되어 왔다.

이러한 정의를 종합적으로 살펴보면 다음과 같은 특성들이 나타난다. 첫째, 대부분의 개념적 정의에서 인성을 인격, 품성, 성격, 정서 등과 같은 개인의 내면적 특성을 강조한 측면과 사회적 요구를 반영한 시민성, 사회성이라는 사회구성원으로서

표 12-1 인성의 개념

학자	인성의 개념
이근철(1996)	좁게는 도덕성, 사회성, 정서(감정) 등을 의미하며, 넓게는 지·덕·체 혹은 지·정·의를 모두 골고루 갖춘 전인성
한국교육학회(1998)	사람의 바탕이 어떠하며 사람된 모습이 어떠한지를 말하는 개념으로, 사람의 마음과 사람됨으로 구성
미 교육부(2007, 2008)	존중, 공정성, 보살핌 등의 도덕적, 윤리적 가치와 책임감, 신뢰, 시민성 등을 망라하는 개념으로, 개인 또는 집단의 정서적, 지적, 도덕적 자질은 물론 이러한 자질들이 친사회적 행동으로 발현되는 것을 포함함
조연순(2007)	자신의 내면적 요구와 사회환경적 필요를 지혜롭게 잘 조화시킴으로써 세상에 유익함을 미치는 인간의 특성
교육기술과학부(2012)	더불어 살아갈 수 있는 품성과 역량으로 도덕성, 사회성, 감성의 세 가지 차원이 존재함
현주 외(2014)	긍정적이고 건강한 개인의 삶과 사회구성원으로서의 삶을 살아가기 위해 갖추어야 할 바람직한 특질과 역량

출처: 지은림 외(2013), 정창우(2015)를 바탕으로 재구성.

의 특성을 강조한 측면을 함께 고려하고 있음을 알 수 있다. 개인의 내면적 특성을 강조한 인성은 심리학자들에 의해 강조되었다. 이들은 인성을 성격(personality)으로 정의 내리고 "개인의 독특하고 고유한 심리적 특성으로 인해 드러나는 특정한 지속적인 반응양식"으로 본다. 반면, 도덕적, 사회적 특성으로 인성을 정의하는 학자들의 경우, 인성을 인격(character)으로 이해하여 "개인의 가치관이 내재된 도덕적이고 실천적인 선택과 행동과 관련된 인격적 특성"으로 보며 이러한 실천적 측면은 그 당시 사회가 지향하는 행동양식과 연결된다.

둘째, 인성의 개념적 정의는 선천적이고 생득적인 측면보다는 교육이나 학습에 의해서 변화 가능한 측면을 강조한다. 즉, 인성은 사람의 타고난 성품으로 남에게 인상을 주는 신체적, 정신적, 사회적 특질의 동일체로 인간의 본성으로 보기도 하지만, 환경적 요인에 영향을 받아 개인의 후천적인 노력으로 인해 형성된 결과로 본다(정창우, 2015). 이는 인성교육의 이론적 전제로서 이때의 인성은 인간이 가진 고유한 성격적 특성보다는 교육이 지향해야 할 바람직한 인간성이라는 가치지향적인 특성을 지닌다(고미숙, 2005).

셋째, 최근 인성의 개념에는 도덕적 덕목을 실천해 나갈 수 있는 역량(competency)의 개념이 포함되고 있다. 인성역량은 바람직하고 합리적인 행동 실천을 위한 동기부여 및 기술을 제공하여 성공적인 윤리적 수행 가능성을 높이고 행위의 일관성 및 안정성을 제공하기 위해 필요한 능력의 개념으로 이해된다(정창우, 2015).

이러한 인성의 개념을 종합해 볼 때, 우리는 인성을 삶의 모든 영역에 관여되어 있는 전인적이며 총체적인 특성이자, 현대사회의 학교폭력 문제 등 오늘날 청소년들이 부딪치는 문제를 현명하게 극복해 낼 수 있는 인간다운 품성과 역량, 그리고 미래사회에서 바람직한 삶을 영위해 나가기 위해 요구되는 역량이라는 관점에서 이해해야 할 것이다.

(2) 인성의 핵심 구성요소

인성을 갖추기 위해서는 인성의 덕목이 무엇인지를 파악하고 이를 갖추기 위한 노력이 필요하다. 인성교육이 효과적으로 이루어지기 위해서도 인성교육을 통해 기르고자 하는 것이 무엇인가가 구체적이고 명확해야 한다. 인성의 개념을 이야기할 때 항상 함께 논의되는 것이 인성의 구성요소이다. 인성의 정의만큼이나 핵심 구성요소들 역시 여러 학자에 의해 다양하게 제시되었다. 연구자들은 인류의 역사에서 보편적으로 중요하다고 주장되어 왔던 덕과 교육을 통해 기르고자 하는 덕, 그리고 해당 시대의 사회적인 요구가 반영된 덕과 역량을 고려하여 인성의 구성요소들을 설정하였다(현주, 임소현, 한미영, 임현정, 손경원, 2014).

정창우, 손경원, 김남준, 신호재, 한혜민(2014)의 연구에서는 지금까지 연구들에서 제시되어 왔던 핵심 덕목들을 분석·분류하였다. 이에 따르면 지혜, 용기, 성실, 절제, 효도, 예절, 존중, 배려, 책임, 협동, 준법, 정의의 12개의 핵심 덕목은 학생들이 삶 속에서 윤리적 판단이나 의사결정을 할 때 중요한 영향을 미치기에 학생들이 함양해야 하는 필수 요소라 보았다.

교육부(2013)는 인성교육에서 필요한 핵심 덕목을 3가지 차원을 '나, 우리, 사회'로 구분하고 총 7가지 핵심 덕목 '정직, 책임, 존중, 배려, 공감, 소통, 협동'을 발표하

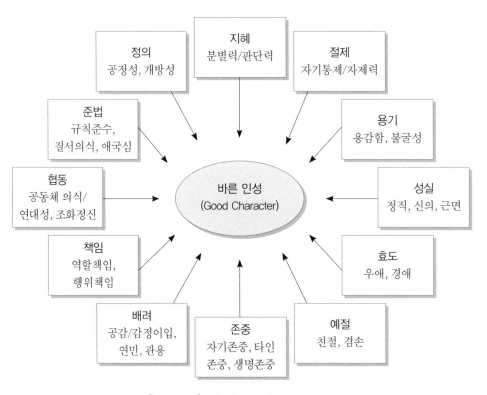

[그림 12-1] 인성을 구성하는 핵심 덕목

출처: 정창우 외(2014).

였다. 개인생활 차원(나)에서 정직과 책임은 대표적인 도덕적 덕목이며, 친밀하고 깊이 있는 인간관계의 기반이다. '우리'라는 차원에서 존중, 배려, 공감은 전통적으로 한국인이 타인과의 관계 속에서 중요시 여겨 온 핵심 덕목으로, 바람직한 대인관계를 형성함에 있어서 중요한 정서적 토대이다. 마지막으로, 공동체 차원(사회)에서의 소통과 협력은 한 사회를 유지함에 있어서 공동의 문제를 민주적으로 해결하기 위해서 필요한 덕목이다. 이들 덕목들은「인성교육진흥법」제2조 제2항에서도 '인성교육의 핵심 가치·덕목'으로 소개된다.

앞서 인성의 개념에서 언급한 것처럼, 최근 인성교육은 인성과 관련한 가치 덕목을 주입식으로 지도하기보다는 미래 사회를 성공적으로 살아나가는 데 필요한 능력, 즉 역량의 개념과 연계하여 학생들을 지도하고자 하는 경향을 보인다.「인성교육진흥법」에서도 인성교육 핵심 가치 덕목과 함께 인성 핵심 역량을 인성교육의 목표로 제시하고 있다(제2조).「인성교육진흥법」에서 말하는 '핵심 역량'이란 핵심 가

표 12-2 인성교육의 핵심 가치 덕목의 의미

「인성교육진흥법」에서 규정한 인성교육 핵심 가치 덕목	의미	차원
정직	마음이나 행동에 거짓이나 꾸밈이 없이 바르고 정성을 다함. 성실	나
책임	공동선(common good)의 실현을 위해 사회적 규약에 따라 행동해야 하며, 이러한 사회적 약속을 이행하지 않은 데 대한 불이익을 기꺼이 받아들여야 한다는 것에 대한 지각	
예(禮)	사람이 만든 모든 절차 및 질서에 따라 나와 남을 구분하고 구분에 따라 알맞게 표현하려는 태도	우리
효(孝)	부모님을 공경하고 은혜에 감사하며, 형제간에 사랑으로 지내려는 마음가짐과 태도	
존중	자신에 대한 자긍심을 가지고, 타인의 개성과 다양성을 인정하며 그 가치에 대하여 소중히 여기는 것	
배려	타인의 입장을 고려하여 도와주거나 보살펴 주려고 마음을 씀	
소통	뜻이 서로 통하여 오해가 없음. 개방성, 공유성, 피드백, 경청, 대화를 통한 문제의 해결	사회
협동	공동선을 창출하기 위하여 힘을 합하여 서로 도움. 공동체 의식	

출처: 조난심(2016)과 정창우(2015)를 바탕으로 재구성.

표 12-3 인성교육의 핵심 역량 요소와 의미

인성교육 핵심 역량	의미
자기관리역량	자신의 생활과 삶에 대하여 자기 스스로 계획을 세우고, 그 계획이 이루어질 수 있도록 올바른 방향으로 나아가기 위해 바람직한 방법을 찾아내어 꾸준히 실천하는 역량
심미적 · 감성역량	자연 속의 질서 및 인간의 삶과 문화 속에 존재하는 내면적 아름다움을 살펴서 찾아내고, 그것이 인성에 바람직한 방향으로 기여하는 방향을 찾아내어 풍부하게 누리는 역량 및 자신과 타인의 감정을 이해하고 공감하며, 자신의 삶을 아름답게 가꾸어 가려는 역량
의사소통역량	각자가 가지고 있는 생각이나 뜻이 막히지 않고 원만하게 통하도록 서로에 대한 존중을 바탕으로 다른 사람의 의견을 귀 기울여 들으며 자신의 상황과 입장을 적극적이고 논리적으로 설명하는 역량
갈등관리역량	개인 혹은 집단 간의 의견이나 목표의 차이로 인한 대립 상황을 올바로 이해하고, 대화와 타협을 통해 조화를 이루도록 하여 능동적이고 평화적인 방법으로 갈등 상황을 완화하는 역량
공동체역량	자신이 속한 공동체(가정, 학교, 지역사회, 국가 등) 속에서 자신이 지니고 있는 삶의 의미와 변하지 않는 존재로서의 도덕적 본질을 깨닫고 사람들과 협력하며 더불어 살아가는 데 필요한 역량

출처: 조난심(2016).

치 · 덕목을 적극적이고 능동적으로 실천 또는 실행하는 데 필요한 지식과 공감 · 소통하는 의사소통능력이나 갈등해결능력 등이 통합된 능력을 의미한다. 이러한 역량교육의 중요성을 반영하여 2015 개정 교육과정에서는 전 교과를 통해 학생들이 함양하기를 기대하는 핵심 역량을 〈표 12-3〉과 같이 제시한 바 있다.

2) 인성교육의 필요성

지금까지 살펴본 인성의 핵심 가치 및 덕목과 핵심 역량을 종합하여 인성교육의 개념을 도출한다면 '자신의 내면을 바르게 가꾸고 타인 · 공동체 · 자연과 더불어 살아가는 데 필요한 인간다운 성품과 역량을 길러 주는 교육'이라고 정의 내릴 수 있을 것이다(정창우 외, 2014). 즉, 인성교육의 목표는 한 개인이 각자가 지니고 있는 인간적인 본연의 품성과 가치를 깨우치고 자신의 인간성을 지킬 수 있게 도우며, 타인의 권리를 존중할 수 있는 훌륭한 시민성을 갖춘 사람이 되기 위해 미래지향적인 핵심 인성역량을 획득할 수 있게 돕는 것이 되어야 한다. 보다 많은 덕과 인성역량을 풍부하게 소유할수록, 우리의 인성은 보다 강력한 힘을 발휘하게 될 것이다.

이러한 인성교육을 위해서 비단 학교만이 책임 있는 주체로 활동해야 하는 것은 아니다. 인성교육을 위해서는 학교, 가정, 공동체, 대중매체 등 전사회적인 영역에서 적극적인 노력을 기울여야 한다. 일차적으로 아동과 청소년은 학교와 가정으로부터 인간다운 성품과 더불어 살아감에 필요한 역량들을 배우게 된다. 이때 교사, 학부모, 학교 행정가들이 바람직한 인성의 모델 역할을 담당해 준다면, 사회 전반에서 인성의 핵심 덕목들이 지지되고 강화될 수 있을 것이다(정창우 외, 2014). 또한 공동체의 문화적 관습이나 풍토, 대중매체 등 거시적 사회문화적 환경 역시 청소년들의 인성 함양에 간접적으로 영향을 줄 수 있다.

21세기 현대사회는 인성교육의 당위성과 중요성을 그 어느 때보다 강조하고 있다. 최근 한국 사회에는 비윤리적 사회문제나 정치인들의 윤리문제와 관련한 일련

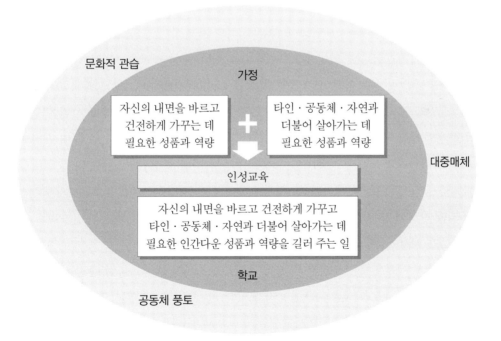

[그림 12-2] 인성교육의 개념적 정의

출처: 정창우 외(2014)를 바탕으로 수정.

의 사건들이 끊이지 않고 신문과 뉴스에 오르내린다. 학교현장에서도 학생들의 심각한 욕설문화, 교사 폭행이나 지도 불응 등 학생들의 인성 부재로 인한 사안이 증가하고 있으며, 학교폭력은 집단화나 흉폭화된 양상을 보이며 일회성의 단순 폭력에서 지속적인 가해 형태의 심각한 범죄 수준에 이르고 있다. 이러한 사건들은 우리 사회에서 인성교육이 갖는 필요성과 중요성을 단적으로 보여 주고 있다.

시대적 요구와는 반대로 지금까지의 인성교육은 효과적으로 이루어졌다고 보기는 힘들 것이다. 한국교육개발원이 성인 2,000여 명을 대상으로 실시한 2013 교육여론조사에서 우리 국민 10명 중 5명(48.0%) 정도는 정부가 시급히 해결해야 할 교육문제로 '학생의 인성·도덕성 약화'를 가장 심각하게 인식하였고, 두 번째로 심각한 문제로 '학교폭력'(21.9%)이 보고되었다(이강주, 양은실, 차성현, 2013). 국제적으로는 2009 국제학업성취도평가(PISA)에서 우리나라 청소년들이 지적능력은 최상위권이지만, 타인을 배려하고 함께 일할 수 있는 능력 등의 '사회적 상호작용능력'은 OECD 22개국 중 21위로 최하위 수준으로 나타났다(김기헌, 장근영, 조광수, 박현준, 2010).

신재한(2016)은 지금까지 인성교육이 경시될 수밖에 없었던 근본적인 원인을 다음에서 찾고 있다. 첫째, 산업화에 따른 지식의 폭발적인 증가로 학교현장 속에서 지식전달 교육만이 강조되어 왔기 때문이다. 지식 중심의 교육과정과 입시 위주의 교육제도들은 인성교육의 구체적인 실현을 어렵게 만들었다. 학교에서 교사들은 자연스럽게 교과교육에 밀려 기본적인 생활습관이나 예의범절 그리고 시민성 교육들을 등한시할 수밖에 없었다. 둘째, 대학 입시 등의 경쟁적 교육풍토 속에서 청소년들에게는 자연스럽게 성공제일주의가 주입될 수밖에 없었다. 이는 타인에 대한 배려와 공감 등 더불어 살아가는 데 필요한 인성을 함양하는 것이 강조되기보다는 '공부만 잘하면 된다' '최고만 되면 된다'라는 나 자신만을 강조하는 개인주의로 청소년들을 이끌게 된 것이 우리 사회의 현실이다.

오늘날의 사회문제를 극복하기 위해서 학교교육에서 인성교육적 측면을 더욱 강화해야 한다는 목소리는 갈수록 높아지고 있다. 정부에서도 이러한 요구를 국가 차원의 인성교육 관련 정책 수립 및 시행에 적극적으로 반영해 오고 있다. '학교폭력 근절 종합대책'(2012. 2. 6.)을 통해 교육 전반에 걸쳐 인성교육이 강조되었고, 2015년에는 「인성교육진흥법」이 제정되어 실행되고 있다. 정부는 인간의 전인적 발달을 고려하

발달단계별	「인성교육진흥법」 시행규칙안의 인성교육 내용
유아 인성교육	주요가치: 배려 · 존중 · 협력 · 나눔 · 질서 · 효 • 유아의 도덕성 · 사회성 · 정체성(감정) 증진 필요 • 생활주제별 활동과 연계한 인성덕목 습득 및 실천 • 놀이(신체활동), 독서, 예술, 효, 예절(전통체험) 등 활동 • 유치원과 가정이 연계한 가치 체험 및 실천
초등학생 인성교육	주요가치: 정직 · 책임 · 존중 · 배려 · 공감 · 소통 · 협동 • 초등학생의 도덕성 · 사회성 · 정체성(감정) 증진 필요 • 학교교육 활동 전반에 걸친 인성함양 학습 주제 • 체육, 예술, 독서, 진로, 상담활동, 학생자치활동 등
중 · 고등학생 인성교육	주요가치: 정직 · 책임 · 존중 · 배려 · 공감 · 소통 · 협동 • 중 · 고등학생의 도덕성 · 사회성 · 정체성(감정) 증진 필요 • 자아 형성의 핵심 시기인 사춘기에 적합한 심신안정활동 • 예비 사회인 양성에 필요한 공동체적 가치 습득
대학생 인성교육	주요가치: 자율 · 봉사 · 사회공헌 • 대학생의 도덕성 · 사회성 · 정체성(감정) 증진 필요 • 인문학 · 문화 중심의 인성가치 함양 교양 교육 필요 • 기업과 사회가 요구하는 인성을 갖춘 인재 육성

표 12-4 발달단계별 「인성교육진흥법」 시행규칙안의 인성교육 내용

여 인성교육이 장기적으로 계획되고 시행될 수 있게 노력 중이기는 하나(〈표 12-4〉
참조), 여전히 인성교육이 체계화되기 위해서는 많은 사회적 관심이 필요해 보인다.

2. 인성교육 이해의 이론적 틀

지금까지의 인성교육은 다양한 접근법에 따라 개별 프로그램으로 진행되어 왔
다. 인성을 무엇으로 보고 인성교육을 어떻게 정의하는지 따라 인성교육의 접근법
이 달라지고 그에 따른 실천방법이나 활용 프로그램이 달라진다. 인성교육에 대한
많은 이론적 접근법이 있지만 여기서는 대표적인 접근법으로 활용되어 왔던 네 가
지 관점을 소개하고자 한다(김민성, 2014; 신재한, 2016).

1) 전통적 접근

가장 전통적인 방식이자 현재까지 광범위하게 활용되어 온 접근법은 덕목 중심의 전통적 접근법(traditional perspectives)이다. 전통적 접근법에서 인성은 일련의 사건이나 상황에서 어떻게 행동할지를 결정하는 습관양식(profile of habits)의 모음이다(Williams & Schaps, 1999: 신재한, 2016에서 재인용). 이때 좋은 인성은 좋은 습관, 바람직한 덕(virtue)의 함양이며, 좋은 습관이 형성되면 특정한 상황에서 옳은 행동을 할 수 있다고 가정한다. 따라서 전통적 관점에서 인성교육은 계발되어야 할 인성의 덕목들을 가르치고 행동으로 옮길 수 있도록 연습시키는 일련의 과정이며(김민성, 2014), 학교는 학생들이 좋은 인성을 형성하는 데 길러야 할 덕목들을 구체화하여 그것들을 습관적으로 사고하고 행동할 수 있도록 이에 대한 습관을 발달시키는 역할을 담당해야 한다(Nucci & Narvaze, 2008).

전통적 접근법의 특징은 바람직한 덕목을 습관화시키기 위해 '직접' 가르치는 것이 가능하다고 가정했다는 점이다. 따라서 전통적 접근법을 기반한 인성교육 프로그램에서는 교사에게 학교에서 집중적으로 다루어야 할 인성 덕목을 월별로 제시할 수 있는 포스터, 단계별로 인성교육을 실시할 수 있는 안내 책자, 안내통신문 등을 제공하여 교사들이 자신의 학급에 적합한 주제나 방법을 선택하여 손쉽게 자료를 활용할 수 있도록 도와준다. 교사들은 이러한 자료를 바탕으로 계발해야 할 인성목록을 선정하고 해당 덕목이 왜 중요한지 그리고 어떤 행동과 연결되어 있는지를 명시적으로 가르치며, 학생들의 행동에 대해 다양한 유형의 보상을 제공함으로써 학생들이 이러한 인성을 습관화할 수 있도록 도울 수 있다. 이러한 점에서 전통적 접근법은 기본적인 인성을 중심으로 그와 관련된 자료나 활동을 유기적으로 조직하여 인성교육을 체계적으로 실시할 수 있다는 장점을 지니고 있다(김민성, 2014).

2) 인지발달학적 접근

인지발달학적 접근법은 인성 발달을 인지적 능력의 발달로서 이해하며, 인성 함양이 단순히 다른 사람의 가치를 내면화하는 것이 아니라 스스로 인지적으로 구성해 나가는 과정임을 강조한다. Piaget(1932)는 인간의 도덕성은 기본적으로 '타율적 도덕성(heteronomous morality)', 다시 말해 외부의 강제력이나 권위에 의해 만들어진 규칙을 준수하는 것에서 '자율적 도덕성(autonomous morality)'으로 자신이 가진 확신에 의해 설정되어진 도덕성으로 발전해 나간다고 보았다. 이에 따라 인지발달학적 접근법에서의 인성교육은 무엇이 옳고 그른 행동인지 또는 어떤 덕목이 가치가 있는지 직접적으로 아동에게 학습시키고 내면화시키는 것이 아니라 대신 학생들이 도덕적이고 윤리적인 판단을 필요로 하는 상황에서 비판적으로 사고하고 의사결정을 할 수 있도록 가르치는 것이다(김민성, 2014).

인지발달학적 접근법에서 바라본 인성교육과 교사의 역할은 전통적 접근법과는 차이가 있다. 인지발달학적 접근법은 지금까지 활용되어 왔던 인성교육이 외부의 권위에 의해 설정된 이상적인 덕목을 수동적으로 따르는 타율적 도덕성의 측면에서 실시되었다는 점을 비판한다. 대신 외부의 불필요한 통제를 최소화하고 상호 존중하는 협력적인 관계 속에서 학생들은 자연스럽게 옳은 것이 무엇인지를 자율적으로 판단할 줄 아는 자기 통제력을 기르게 된다고 본다. 인지발달학적 인성교육 프로그램에서는 도덕적 딜레마에 대한 토의, 역할극, 협력적인 또래 상호작용 등을 적극 활용함으로써 이러한 도덕적 문제 상황 속에서 토의나 문제해결활동에 능동적으로 참여할 수 있는 기회를 강조한다. 이러한 활동에 적극적으로 참여함으로써 학생들은 자연스럽게 그와 관련한 가치를 익히게 된다.

교사의 역할 또한 전통적 접근법에서의 역할과는 차이가 있다. 교사는 학생들에게 특정한 덕목들을 주입하거나 설명하는 강의자의 역할이 아니라 학생들과 동등한 권리와 책임을 바탕으로 학생들의 사고와 판단을 안내하는 촉진자로서의 역할을 담당한다(김민성, 2014; DeVries, Hildebrandt, & Zan, 2000). 학생들이 올바른 의사결정을 할 수 있도록 해당 이슈가 왜 문제가 되는지, 그것이 왜 허용되지 않는지에 대해서 학생들이 생각해 볼 수 있도록 안내하고 지도하는 것을 교사의 중요한 역할로 바라보고 있다(Higgins, 1989). 예를 들어, 학급 규칙의 경우에도 인지발달학자들의 경우 학생들이 스스로 규칙을 습득해야만 그들이 교실에서 무엇을 하고 하지 말아야 하는지 스스로 확신을 가질 수 있다고 보기에, 교사의 역할은 학생들에게 직접적으로 규칙으로 가르치는 것이 아니라 학급 회의에서의 안건으로 제시하고 학생들이 해당 문제에 대한 규칙을 만들도록 하는 것이 올바른 교육의 방향이라고 믿는다.

3) 배려관계적 접근

현대사회에서 공동체적 가치가 약화되고 개인주의적 가치가 지나치게 팽배함에 따라 사회적 문제들이 대두되기 시작하면서 이를 극복해 줄 수 있는 대안으로서 '배려와 관계'라는 측면이 관심을 받기 시작하였다(박병춘, 2005). 학교현장 역시 지나치게 경쟁과 성취를 강조한 나머지 교사나 교우과의 관계와 공동체로서의 학교의 역할을 경시했다는 점 역시 교육에서도 배려관계적 접근법을 주목받게 만들었다. Noddings로 대표되는 배려중심적 접근을 강조하는 학자들은 도덕적 삶을 관계적인 것으로 이해한다(Noddings, 2003: 신재한, 2016에서 재인용). 즉, 하나의 자아는 개별적이면서도 동시에 다양한 타인과 물리적 및 사회문화적 환경과의 접촉 속에서 형성되어 가는 '관계적인 것'이라는 점을 가정한다.

인성교육에 대한 배려관계적 접근은 무엇보다 학생들에게 배려의 능력을 길러 주는 것을 가장 핵심으로 삼는다. 배려는 일방적이고 희생적인 관계가 아니라 배려하는 사람과 배려받는 사람의 상호의존적인 관계 속에서 나타나며, 바람직한 배려관계 속에서 학생들은 자연스럽게 바람직한 인성적인 측면을 익힐 수 있게 된다 (Howard, Berkowitz & Schaeffer, 2004). 이러한 점에서 도덕적 덕목을 가르치거나 도덕적 판단을 할 수 있는 인지적 능력을 발달시키는 것에 초점을 둔 전통적 접근이나 인지적 접근과는 달리 배려윤리적 접근법은 인성교육에 있어 정의적인 측면을 강조한다. 인성발달에 있어서는 배려, 동정심, 유대감, 관계 등의 가치가 중요하며 이는 근본적으로 도덕적인 행위의 바탕에는 정서와 감정이 중요한 역할을 담당함을 보여 준다(박병춘, 2005; Howard et al., 2004). 즉, 인간은 도덕적이기 때문에 도덕적인 행동을 하는 것이 아니라, 다른 사람과의 관계 속에서 배려하고 배려받고자 하는 바람과 그 관계를 지속하고자 하는 책임감이 타인에 대한 존중으로 이어진다는 것이다(김민성, 2014).

배려윤리적 접근에서 주장하는 인성교육의 원리는 크게 네 가지이다(Noddings, 2003: 김수진, 2015에서 재인용). 첫째, 교사는 학생과의 관계 속에서 자신이 의미하는 인성적 가치가 무엇인지를 몸소 보여 주어야 한다. 둘째, 대화가 강조되어야 한다. 대화를 통해 상호 간의 이해와 신뢰를 형성하고 의사를 교환함으로써 상대방에 대한 지식을 가지게 하며 그러한 관계 속에서 어떻게 배려를 이어 나가야 하는지에 대해 이해하고 받아들여 나갈 수 있기 때문이다. 셋째, 학생들이 배려를 직접 실천해 볼 수 있는 기회가 강조되어야 한다. 예를 들어, 학생들은 서로 배우고 가르치는 동료멘토링, 봉사활동, 협동학습 등을 통해서 인간의 상호의존성과 나눔의 가치를 체험하고 서로를 이겨야 하는 경쟁 대상자가 아닌 더불어 살아가는 동반자로 인식하게 된다. 마지막으로, 교사는 학생들의 실제 모습 그대로를 받아들이는 동시에 학생들이 잠재적으로 가지고 있는 '더 훌륭한 자아(the best self)'를 찾아서 그 자아의 발달을 격려해 주어야 한다.

4) 사회정서학습 관점

배려윤리적 접근과 더불어 최근에 인성교육에 있어서 주목 받고 있는 접근법은 사회정서학습(social and emotional learning)이다. 사회정서학습은 "학습자들이 감정을 이해하고 관리하며, 긍정적인 목적을 수립하고 성취하며, 타인에 대한 공감을 느끼고 보이며 긍정적인 관계를 구축하고 유지하며, 책임 있는 의사결정을 하는 데 필요한 지식, 태도, 기술을 효과적으로 습득하고 적용하는 과정"을 의미한다(신재한, 2016, p. 117).

사회정서학습을 인성교육에 적용하면서, 인성의 개념은 기존의 도덕성 차원에 국한되어 논의되던 것에서 벗어나 사회성과 정서를 포함한 다차원적인 측면으로 확장되었다. 사회정서학습 관점의 핵심 구성요인은 크게 다섯 가지로 구분되는데(〈표 12-5〉 참조), 이 모든 것이 인성교육에서 추구해야 할 필수적인 것으로 아동이나 성인 모두가 갖추어야 할 기본적인 인격적 특성인 것이다(CASEL, 2015). 즉, 바람직한 인성을 갖춘 사람은 도덕적이고 윤리적인 것에 국한된 것이 아니라 자기 자신에 대한 이해가 깊고 자신의 행위를 잘 조절할 줄 아는 것, 타인의 관점, 감정에 대한 이해가 높고 이를 바탕으로 관계 맺음을 잘할 줄 아는 것, 다양한 문제 상황에서 여러 요인들을 고려하여 책임 있는 의사결정을 할 줄 아는 것의 특성들을 고루 가지고 있어야 한다. 따라서 사회정서학습 접근에서는 인성교육에 있어서 개인들이 가진 여러 차원의 인성이 조화롭게 발달되도록 하는 것을 강조한다(김수진, 2015). 교사와 학교 차원에서도 다섯 가지 요인들을 균형 있게 발달시키기 위한 인성교육의 모습이 무엇인지에 대해서 지속적인 고민을 해야 한다.

표 12-5 사회정서학습 핵심요인의 개념 및 특징

	개념	특징
자기인식 (self-awareness)	자신의 감정과 생각을 정확하게 인식하고 행동에 미치는 영향에 대해 인식하는 능력	• 기본 감정 이해하기 • 분노와 분노의 강도 이해하기 • 자아효능감
자기관리 (self-management)	여러 상황에서 자신의 감정, 생각이나 행동을 효과적으로 조절하고 관리하는 능력	• 감정 조절 및 관리 • 감정 숨기기와 바꾸기 • 분노 통제 • 스트레스 인식과 조절
사회적 인식 (social awareness)	다양한 배경을 지닌 타인들의 관점을 받아들일 수 있고, 행동에 대한 사회적·윤리적 규범을 이해하는 능력	• 타인의 감정인식과 사회정서적 단서에 민감하기 • 공감
대인관계 기술 (relationship skills)	다양한 개인과 집단과 건강한 관계를 구축하고 유지할 수 있는 능력	• 관계 맺기 • 주장성(거절, 도움 요청, 표현하기) • 의사소통 • 협상
책임 있는 의사결정 (responsible decision-making)	윤리적 기준, 안전, 사회적 규범, 다양한 행위의 결과에 대한 현실적인 평가를 토대로 자신과 타인의 행복을 고려하여 개인적인 행동과 사회적 상호작용에 대해 건설적인 선택을 하는 능력	• 문제 및 감정 인식 • 목표 설정하기 • 해결책 도출 및 결과 고려하기 • 최선을 선택하고 시도해 보기 • 결과를 평가하고 다시 시도하기

출처: CASEL 홈페이지(http://www.casel.org): 신재한(2016)에서 재인용.

3. 인성교육의 실제

1) 인성교육에 대한 인식

교육부(2012)의 인성교육 실태조사에 따르면 '앞으로 인성을 갖추는 것이 사회생활에 지금보다 더 중요해질 것이라고 생각하는가'에 대한 질문에 대부분 긍정적인 응답을 보였다(〈표 12-6〉 참조). 이는 학생, 학부모, 교사 모두 같은 응답 패턴을 보이는 것으로 나타났다(천세영, 김왕준, 성기옥, 정일화, 김수아, 2012).

표 12-6	대상별 인성이 앞으로 더 중요해질 것인가에 대한 인식				(단위: 명, %)
구분	전혀 아니다	아니다	그렇다	매우 그렇다	전체
학생	512(1.6)	1,486(4.7)	17,555(56.0)	11,811(37.7)	31,364(100)
학부모	119(0.8)	309(2.0)	6,537(42.8)	8,293(54.4)	15,258(100)
교사	48(0.4)	204(1.8)	3,023(26.8)	8,005(71.0)	11,280(100)
전체	679(1.2)	1,999(3.5)	27,115(46.8)	28,109(48.5)	57,902(100)

하지만 현재 인성 수준에 관한 수준을 묻는 '다른 선진국과 비교했을 때 우리나라 학생들의 신뢰와 협력, 참여 등 더불어 사는 능력이 어느 정도라고 생각하십니까?'라는 질문에 대하여 학생은 46.3%, 학부모 35.8%, 교사 19.6%만이 높다고 응답하였다. 학생에 비하여 학부모와 교사가 더 낮게 인식을 하고 있었으며, 학교급별 학생들의 응답에 큰 차이가 있었다. 초등학생 70.9%, 중학생 43.2%, 고등학생 30.5%가 더불어 사는 능력이 높다고 응답하여 학교급이 올라갈수록 학생들이 더불어 사는 능력을 낮게 인식하고 있음을 보여 주었다. 전문가의 의견을 수렴한 연구 결과에서도 마찬가지로, 우리나라 청소년들의 인성 수준은 평균 이하의 기대 수준을 보이고 있다(천세영 외, 2012). 청소년의 핵심 인성 덕목과 관련하여 '정직'에 대한 문항을 제외하고 모두 평균 이하로 나타났으며, '학생들은 자율적으로 사고하고 행동한다'와 '학생들은 타인을 잘 배려한다'라는 문항에서 낮은 점수를 보였다([그림 12-3] 참조).

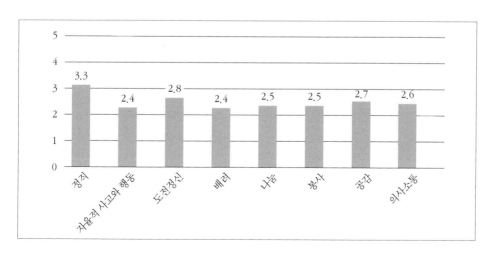

[그림 12-3] 우리나라 청소년의 인성에 관한 인식 정도

출처: 천세영 외(2012).

종합해 볼 때, 앞으로의 사회생활에서 인성교육의 중요성이 높아질 것이라는 사회적 인식과 공감대가 형성되고 있으나, 여전히 많은 사람은 우리사회가 가진 인성 수준이 높지 않다고 생각한다. 이는 현재까지 학교에서 이루어진 인성교육이 제대로 역할을 다하지 않았다는 점을 시사한다. 실제로 '현재 학교에서의 인성교육 수준에 대해 만족하십니까?'라는 질문에 대하여 만족한다는 응답률이 학생 60.8%, 학부모 53.7%, 교사 31.9%로 나타나 학생 및 학부모에 비해 교사가 전반적으로 학교의 인성교육 수준에 대해 만족하지 않는 것으로 나타났다([그림 12-4] 참조). 또한 인성교육에 대한 학생들의 만족도는 전체적으로 과반수가 만족하는 것으로 나타났으

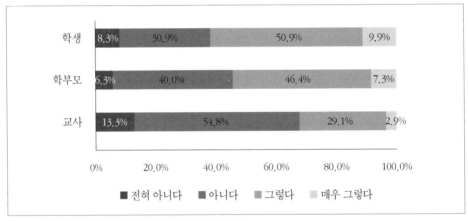

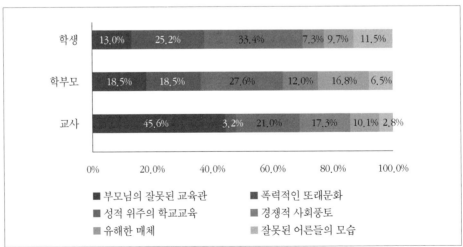

[그림 12-4] 대상별 인성교육 만족도 수준 및 인성형성에 부정적인 요소 인식

출처: 천세영 외(2012).

나, 학교급별로 살펴보면 부정적인 응답이 초등학교 13.0%, 중학교 40.4%, 고등학교 58.2%로 나타나 학교급이 올라갈수록 불만족이 크게 높아지고 있다. 교사의 응답에서도 역시 초등학교보다 중·고등학교 교사의 불만족 수준이 높은 것으로 나타났다(교육부, 2012).

학교의 인성교육 수준에 대한 만족 수준의 차이는 학생들의 인성에 대한 인식의 차이라고 할 수 있는데, 학생들의 인성 형성에 부정적인 영향을 끼치는 요소 역시 설문 응답자에 따라 큰 차이가 나타났다([그림 12-4] 참조). 먼저, 학생의 경우 성적 위주의 학교교육 33.4%, 폭력적인 또래문화 25.2%, 부모님의 잘못된 교육관 13.0%, 잘못된 어른들의 모습 11.5%로 나타난 반면, 교사는 부모님의 잘못된 교육관 45.6%, 성적 위주의 학교교육 21.0%, 경쟁적 사회풍토 17.3%로 인식의 차이를 보여 주고 있으며, 학부모는 성적 위주의 학교교육 27%, 부모님의 잘못된 교육관 18.5%, 폭력적인 또래문화 18.5%를 나타내고 있다.

2) 인성교육의 최근 접근 방향 및 모형

앞에서 살펴본 바와 같이 인성교육 수준에 대한 만족 수준이 높지 않은 반면, 인성교육 강화에 대한 사회적 필요성은 갈수록 높아지고 있다. 최근의 우리 교육현장에서 공공연하게 나타나는 청소년 폭력성과 공격성에 대해 인간성 회복이라는 관점에서 인성교육의 필요성이 더욱 강조되고 있으며, 미래 사회의 창의인재 양성에 있어서도 인성교육의 역할도 강조되고 있다(강선보 외, 2008). 따라서 앞으로의 인성교육을 위해서 기존의 방식을 넘어서 보다 포괄적이고 장기적인 관점으로 인성교육에 접근할 필요성이 있다.

효과적인 학교 인성교육을 위해서는 교육적 실천을 잘 안내해 줄 수 있는 몇 가지 기본 원칙들을 충실히 적용할 필요가 있다. 이러한 원칙들은 학교에서 인성교육 실행 계획을 설계하거나 인성교육 실행의 효과를 검증 혹은 평가하기 위한 준거로 활용될 수 있다. 신재한(2016)은 다각적인 인성교육을 위한 원리를 〈표 12-7〉과 같이 6가지로 제시한 바 있다.

최근 인성교육에서는 앞에서 제시한 다양한 교육적 원리를 고려한 포괄적인 인성교육 모형을 개발하여 활용한다. 예를 들어, 정창우(2014)는 포괄적 접근 모형

표 12-7 인성교육의 원리

요소	내용
교과통합의 원리	인성교육의 내용은 도덕과를 비롯한 정규교과 전체에서 통합적으로 교육이 이루어져야 한다.
가치통합의 원리	인성교육은 학교뿐 아니라 모든 삶의 터전인 가정, 사회에서도 일관성 있게 연계해서 이루어져야 한다.
지속성의 원리	모든 시간에 걸쳐 인성교육은 끊임없이 이루어져야 하며, 학교에서는 학년이 바뀌어도 지속적이고 유기적인 인성교육이 이루어져야 한다.
관계성의 원리	인성 교육은 학생과 학생뿐 아니라 교사와 학생, 교사와 학부모, 교사와 교사 간의 바람직한 관계 형성이 전제되어야 성공적으로 이루어질 수 있다.
자율성의 원리	학생의 인성이 바르게 형성되기 위해서는 무엇보다 학생의 자율성에 바탕을 두어야 하기에, 학교현장에서는 학생들이 본인의 자율성을 바탕으로 도덕적 문제를 해결해 가는 경험을 제공해야 한다.
체험의 원리	지식 위주의 도덕 교육이 아니라, 아는 것을 바탕으로 실천이 이루어지는 인성교육이 이루어져야 한다.

출처: 신재한(2016).

을 제공하였는데([그림 12-5]), 이에 따르면 교육적 실천에 앞서 인성교육의 요소들을—인성교육이 필요한 교육 영역(field), 교육 방법, 학습 주제, 인성교육에 이루어지는 물리적·사회문화적 영역—통합한 포괄적인 틀(framework)을 반드시 기획하고 설계한 후 지속적으로 실천해야 가장 긍정적 효과를 거둘 수 있다고 보았다.

정창우(2014)가 제시한 포괄적인 접근모형의 내용을 살펴보면 다음과 같은 특징들을 찾아볼 수 있다. 첫째, 인성교육은 교과활동과 교과 외 교육활동을 포함하여 학교교육 전반을 통해 이루어져야 한다는 점이다. 교과활동의 경우, 인성의 가장 핵심적인 특성인 도덕성을 다루는 도덕과를 중심으로 국어과, 사회과, 예체능 교과 등과 협력적 관계를 형성하고 각 교과의 특성과 목표에 부합하는 방식으로 인성교육을 추진함으로써 인성교육의 효과가 체계화되고 통합될 수 있어야 한다(〈표 12-8〉 참조). 이를 통해, 교과 지식 내용과 자신의 삶을 연결해 보고 성찰할 수 있는 기회를 가질 수 있으며 인간과 사회, 자연을 통합적으로 바라볼 수 있는 안목을 기를 수도 있다. 교과 외 교육활동으로, 체험활동(자율활동, 동아리활동, 봉사활동, 진로활동)은 학생들에게 자율적인 생활 자세를 기르며, 타인에 대한 이해를 바탕으로 나눔과 배

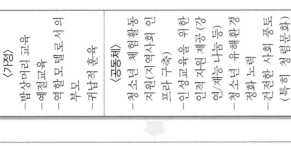

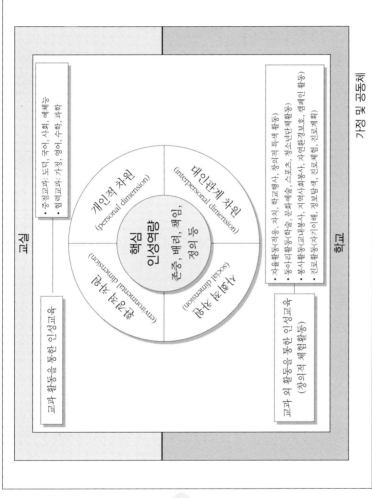

[그림 12-5] 인성교육의 포괄적 접근법

출처: 정창우(2014).

려를 실천함으로써 공동체 의식과 건전한 시민으로서 갖추어야 할 다양한 인성적 자질을 배울 수 있게 해준다.

둘째, 인성교육은 가정과 지역사회와의 협력 관계를 통해 이루어져야 한다. 인성교육이 효율적으로 이루어지기 위해서는 부모, 시민 단체, 그리고 지역사회의 모든 기관들의 적극적인 참여가 필수적이다. 다양한 인성교육의 주체가 인성교육의 필요성과 목적을 공유하고 인성교육의 협력자 역할에 충실할 때 청소년들의 바람직한 인성 형성의 가능성은 그만큼 더욱 커지게 되는 것이다.

셋째, 다양한 교육 방법 혹은 평가방식을 폭넓게 적용해야 한다. 토의 및 의사결정 학습, 프로젝트 학습, 협동학습과 같은 방법을 인성교육에 적극적으로 반영하여

표 12-8 인성교육을 위한 교과별 접근

	내용
도덕	• 핵심 덕목 및 인성역량에 대한 이해와 관심 제고 • 진정한 행복의 의미에 대한 이해와 비판적인 자기성찰 기회 제공 • 삶의 의미 및 목적 설정의 기회 제공 • 역사적 인물 혹은 동시대를 살아가고 있는 인물 중에서 도덕적 귀감 사례 발굴 • 다양한 윤리적 이슈에 대한 심층 토론 및 도덕적 성찰
국어	• 독서 혹은 문학경험을 통한 자기성찰 • 쓰기 과제 및 쓰기 윤리(예: 존중, 책임 등을 보여 준 등장인물은 누구인가에 대한 글쓰기, 쓰기 윤리의 준수 등) • 말하기 윤리 및 바른 화법을 통한 인간관계 형성 • 공감과 소통을 통한 타인이해 기회 제공
사회	• 각종 사회문제에 대한 시사 자료와 사건 등을 활용하여 쟁점 탐구, 가치 분석 • 모의선거, 모의재판 활용 수업 • 갈등상황이나 사례(예: 인권침해 사례) 등에 대한 합리적 의사결정/토의 · 토론학습, 소집단 협동학습, 문제해결학습 활용 수업
예체능	• 작품을 감상하면서 창작자(혹은 타인)의 감정을 이해하고 공감할 수 있는 기회 제공 • 위대한 음악가와 예술가의 전기, 자서전 활용하여 그들을 이해해 보고 자기성찰 기회 제공 • 수업 및 운동 경기에서 좋은 스포츠맨십 탐구 및 실천 기회 제공 • 신체에 대한 배려 및 존중(특히 성, 약물, 알코올 관련)의 의미와 방법 이해 • 협동학습, 팀 세우기(team building)

출처: 정창우 외(2013).

학생들의 자기 주도적인 참여를 촉진하는 것이 필요하며, 이를 통해 학생들은 능동적인 참여나 실천을 통해 스스로 인성의 개념이나 역할에 대해 스스로 의미를 부여하고 구성할 수 있게 된다. 또한 교육방법에 있어 교사의 역할 역시 중요한데, 학생들은 교사를 통해 인성의 가치와 역할에 대해 직접적인 가르침을 받을 수도 있으며 교사라는 역할 모델을 통해 자신의 삶의 방향성을 설정할 수 있다. 또한 관찰법, 행동평가, 포트폴리오, 연구보고서법, 토론법 등을 통해 확보된 인성교육 평가 결과를 학생들의 인성 발달을 위해 적극적으로 활용할 필요가 있다.

　넷째, 인성교육을 통해 다루어야 할 교육내용(학습 주제)이 매우 다양하고 광범위하다. 국가 수준의 교육과정에 제시되어 있는 범교과 학습주제들 중에서 특히 정보윤리교육, 다문화교육, 인권교육, 법 교육, 국가 정체성교육, 생명존중 · 환경교육, 평화교육, 민주시민교육, 청렴 · 반부패교육, 양성평등교육, 효도 · 경로 · 전통윤리교육 등이 인성교육과 연결될 수 있다.

3) 인성교육 실천 프로그램 사례

　실제 교육 현장에서는 교육청, 학교, 민간단체 등에서 개발한 인성교육 프로그램을 활용하여 교과활동, 창의적 체험활동 및 교과 외 활동 속에서 인성교육이 이루어지기도 한다. 지금까지 활용되고 있는 대부분의 프로그램은 창의적 체험활동을 통해 이루어질 수 있는 이벤트 중심의 프로그램으로 구성되어 있다. 이러한 프로그램들은 특정 기간 동안 지속적으로 인성을 함양하기 위한 목적으로 개발되어 지속적으로 인성 덕목에 대한 의식을 제고할 수 있다는 장점이 있으나, 특별히 어떤 덕목을 어떻게 습득해야 하는가에 대한 가이드가 부족하고 효과를 측정할 만한 근거가 부족하다는 단점이 있다(엄상현, 김민정, 전은화, 서명희, 하영근, 2014). 연령별 프로그램을 살펴보면 많은 프로그램이 초등학생을 대상으로 기획되어 있으며, 초등학생 대상용 프로그램의 경우 언어문화 순화, 폭력, 배려와 협력 등의 인성 덕목 향상을 목적으로 하는 것들인 반면, 중등 프로그램에는 진로 교육을 통한 자아 정체감 확립 등을 목적으로 하는 프로그램들이 포함되어 있다.

　인성교육 범국민 실천연합[1]은 교육부의 지원을 받아 인성교육 프로그램 인증공모전을 실시하여, 인성교육을 위한 프로그램 평가 기준을 제시하고 프로그램을 공

표 12-9 인성교육 인증프로그램 예시

프로그램명	교육목표 및 관련 인성덕목	주요방향	구체적 실행 방법	운영 기관
말결 다듬기를 통한 말빛·마음빛 찾기 (초등학생용)	언어 문화 개선을 통한 인성 교육	교과, 창의적 체험활동, 단위 학급에서 활용 가능한 언어 문화 개선 프로그램 개발	프로그램 진행: 언어오염 대면하기→개선 방법 탐색하기→개선 및 체득하기→활용 및 확장	대구교육청
행복 나무 프로그램 (초등학생용)	학교폭력 예방	피해자와 가해자의 상황 역할극	프로그램 진행: 학습목표 안내 → 괴롭힘 유형별 역할극 → 문제 행동 이해 및 실천하기	법무부와 이화여대 학교폭력 예방연구소
꿈의 빗장을 여는 진로독서 교육 (중·고등학생용)	독서교육을 통한 창의성 및 배려와 바른 가치관 형성	독서와 교과, 창의적 체험활동을 통합한 프로젝트 수업 및 행사형태로 진행	• 책씨앗 퍼뜨리기 (책 나눔 운동) • 도서관 활용 수업 • 독서 동아리 • 인성 캠페인	연희중학교

출처: 인성교육 범국민 실천연합 홈페이지(http://www. e-insungedu.co.kr)에서 일부 발췌.

모 및 인증하는 인증체제를 운영하고 있다. 이를 통해 평가 등 프로그램의 질 관리 시스템의 구축을 통해 질적 수준을 유지시키고, 우수 프로그램이 공유·확산되는 것을 장려하고 있다. 인증프로그램 중 일부는 다음 〈표 12-9〉와 같다.

4) 인성교육 효과성

지금까지 효과적인 인성교육을 시행하기 위해서 이론적·실천적 방향에서 많은 고민이 이루어져 온 것은 분명하다. 하지만 현재까지 이루어진 인성교육이 효과적이었다고는 볼 수 없는 견해들이 많다(강선보 외, 2008; 현주 외, 2009). 우선, 지금까지의 인성교육의 시행이 한 개인의 전반적 발달을 고려하면서 장기적 계획을 세우기보다 단시간 내 가시적 효과를 보기 위한 것이 많았다. 따라서 장기적인 관점에서

1) 전체 인증프로그램에 대한 자료는 인성교육 범국민 실천연구소 홈페이지에서 확인이 가능하다(http://www. insungedu.or.kr/main/main.php).

인성교육을 통한 개인의 도덕성 · 정서 · 사회성 등의 가치 향상이 이루어졌다고 보기 힘들다. 둘째, 학교에서의 인성교육이 교과목 지식 전달 위주의 상태를 벗어나지 못하고, 교육방법은 학생들의 관심이나 흥미를 반영하지 못하고 학생들의 발달단계를 고려한 다양한 방법이 활용되지 못하였다. 셋째, 인성교육 방향 및 프로그램을 계획함에 있어서 내용이 체계적, 조직적으로 이루어지지 못하고 특정 덕목만을 강조하는 경향이 있다. 인성 함양을 위해 배워야 할 덕목들이 무엇인지, 다양한 덕목들 간 갈등이 있을 때 어떻게 해야 하는지 검토가 없이 기획되었기에 한계가 있다. 넷째, 프로그램의 계획과 진행에 연구자들의 관심이 집중됨으로써 프로그램의 효과성에 대한 분석이 구체적이고 객관적으로 이루어지지 않고 있다. 마지막으로, 다양한 인성교육 실천 프로그램이 존재하기는 하나 학교현장에서 교사가 접근할 수 있는 프로그램과 매뉴얼은 아직 부족한 상황이다.

4. 정책 차원의 인성교육

1) 정부 차원의 인성교육 필요성 대두 및 발전

정부는 인성교육을 학교교육 전반에서 강화하여 학교 내에서 발생하는 폭력을 줄이고 학생의 건강한 성장을 지원하는 다양한 정책적 노력을 해 오고 있다. 정부 주도의 인성교육이 강화된 것은 실천 중심의 인성교육이 발표된 1995년 5 · 31 교육개혁에서 나타난다. 5 · 31 교육개혁에는 21세기 신한국인 상을 '덕성과 공동체 의식이 강한 더불어 사는 인간'이라고 규정하고, 이러한 인간상을 가진 학생들을 배출하기 위해서 필요한 '실천 위주의 인성교육 강화'를 제시하고 있다. 간단히 그 내용을 살펴보면, 학교급에 따른 인성 교육 실시, 지식 중심의 도덕 윤리 교육에서 벗어나 실천적 활동을 통한 민주시민윤리를 내면화, 가정교육과의 연계 강화 등이 있다. 이를 기점으로 2009 개정 교육과정에서는 창의 인성교육을 강화하고, 인성교육 프로그램 발굴 및 보급을 위한 프로그램 인증사업지원, 인성교육 관련 우수학교 지원사업을 실시하였다. 이후 학교폭력과 관련된 사건들이 더욱 사회적 이슈로 떠오르자, 2012년에는 학교폭력 근절 종합대책을 발표하였고 학교폭력문제를 해결하기 위한 하나의 방안으로 '교육 전반에 걸친 인성교육 실천'을 제시하였다. 실천방안의 내용에는 ① 바른 인성의 기초를 형성하는 3~5세 누리과정 운영, ② 배움이 실천으로 연결되는 프로젝트형 인성교육 실시, ③ 학교-학부모-교사가 함께 학생생활 규칙을 통해 인성교육 실천, ④ 인성 관련 학생부 기재 강화 및 입학전형에 반영, ⑤ 생활지도 등 인성교육을 잘하는 교원과 학교 우대와 같은 정책들이 포함되어 있었다.

　하지만 지금까지의 정책들이 학교 인성교육이 교육계획 수준에 머물러 있으며 청소년의 인성 함양에 뚜렷한 효과가 없었다는 연구결과가 나왔으며(정창우 외, 2014), 상당수의 학교가 인성교육 활동 계획은 세우나 충분히 실행하고 있지 않다는 문제가 끊임없이 제기되어 정책적으로 한계가 있다는 지적이 있었다(현주 외, 2013).

2) 「인성교육진흥법」의 이해

　지금까지의 정책의 문제점에 대한 지적과 더불어 인성교육에 대한 더욱 거세진 사회적 요구에 맞추어, 인성교육을 체계적으로 강화하기 위한 노력으로 인성교육을 법제화하려는 시도가 이어졌고, 그 결실로 「인성교육진흥법」이 통과되었다(법률 제13004호, 2015. 1. 20. 제정). 「인성교육진흥법」 제정은 지난 20년 동안 실행된 학교 인성교육의 역사를 반영하고 있다(손경원, 2015). 「인성교육진흥법」이 제정됨으로써 학교는 물론 가정과 사회 및 국가 차원에서 인성교육을 강화하고 뒷받침하기 위한 법적 기반이 마련된 것이다. 이로써 학교, 가정, 사회는 인성교육에 대한 책무를 충실하게 이행하여야 하며, 범국가적, 범사회적 차원에서 인성교육 실천운동이 전개될 수 있도록 지원체제가 구축되었다는 점에서 큰 의의가 있다.

　「인성교육진흥법」의 핵심 내용을 살펴보면 다음과 같다. 먼저, 「인성교육진흥법」 제정을 통해 우리 사회의 인성교육의 핵심과 방향에 대한 합의 기반이 마련되었다는 점에서 의미가 있다. 기존의 인성교육 관련 정책 및 연구에서는 인성의 개념 및 인성교육의 핵심 덕과 역량에 관한 합의된 개념이 없기에 각기 다른 인성에 관한 개념과 요소들을 혼용하여 사용하였다. 인성에 대한 여러 경쟁적 시각들을 조정하여 마련한 정의와 기본방향은 인성교육을 위한 세부 정책 및 실천을 위한 공통의 개념적 기반이 되어 준다.

「인성교육진흥법」

제2조(정의)

① "인성교육"이란 자신의 내면을 바르고 건전하게 가꾸고 타인·공동체·자연과 더불어 살아가는 데 필요한 인간다운 성품과 역량을 기르는 것을 목적으로 하는 교육을 말한다.

② "핵심 가치·덕목"이란 인성교육의 목표가 되는 것으로 예(禮), 효(孝), 정직, 책임, 존중, 배려, 소통, 협동 등의 마음가짐이나 사람됨과 관련되는 핵심적인 가치 또는 덕목을 말한다.

③ "핵심 역량"이란 핵심 가치·덕목을 적극적이고 능동적으로 실천 또는 실행하는 데 필요한 지식과 공감·소통하는 의사소통능력이나 갈등해결능력 등이 통합된 능력을 말한다.

제5조(인성교육의 기본방향)

① 인성교육은 가정 및 학교와 사회에서 모두 장려되어야 한다.

② 인성교육은 인간의 전인적 발달을 고려하면서 장기적 차원에서 계획되고 실시되어야 한다.

③ 인성교육은 학교와 가정, 지역사회의 참여와 연대하에 다양한 사회적 기반을 활용하여 전국적으로 실시되어야 한다.

제6조(인성교육종합계획의 수립 등)

'인성교육종합계획'을 5년마다 수립하여야 하며, 인성교육의 추진 목표 및 계획, 인성교육의 홍보, 인성교육을 위한 재원조달 및 관리방안, 인성교육 핵심 가치·덕목 및 핵심 역량 선정에 관한 사항, 그 밖에 인성교육에 관하여 필요한 사항으로 대통령령으로 정하는 사항을 담아야 한다.

제9조(인성교육진흥위원회)

국가 인성교육 정책에 관한 주요 사항을 심의하기 위해 교육부장관 소속으로 '인성교육진흥위원회'를 신설하고, 위원은 교육부차관을 포함, 문화체육관광부, 보건복지부, 여성가족부 등 관계부처 차관, 국회의장이 추천하는 자, 관련 단체 추천을 받은 인성교육 분야 전문가 등 20명 이내로 구성된다.

제17조(교원의 연수 등)

현직 교원의 인성교육 지도 역량을 제고하기 위해 인성교육 관련 교원 연수가 강화되며, 교육관련 기관 또는 단체 등을 인성교육 전문인력 양성기관으로 지정하여 지원한다.

「인성교육진흥법」에서 주목할 만한 구체적 실천 내용을 살펴보면, 크게 인성교육 종합계획 수립, 인성교육진흥위원회 창립, 교원의 연수 및 전문인력 양성기관 지정 등을 꼽을 수 있다. 먼저, 정부에서 해당 학교까지 인성교육의 방향과 계획에 연결성을 갖출 수 있도록 하향(top-down) 방식이 적용된다. 학생들에게 인성을 함양할 수 있도록 먼저 교육부에서는 '인성교육종합계획'을 5년마다 수립하고(부록 참조), 모든 시·도의 교육감은 정부의 종합계획에 따라 1년마다 해당 지방자치단체의 연도별 '인성교육시행계획'을 수립하여 시행하도록 규정하였다(제6조). 그리고 교육부 장관과 교육감은 1년마다 종합계획과 시행계획에 따른 인성교육 추진성과와 활동 평가를 실시하게 된다(제16조). 두 번째는, 법제적으로 교사들은 인성교육 연수가 강화된다. 연간 4시간 이상 인성교육 연수를 받아야 하며, 교육부는 외부 전문기관을 지정해 인성교육 프로그램 등을 위탁할 수 있다. 전문인력 양성은 대학과 정부출연 연구기관, 공익법인, 비영리법인 등 정부와 지방자치단체가 지정한 기관이 맡음으로써 보다 전문적인 교사 연수가 가능하게 된다. 세 번째로, 인성교육진흥위원회가 신설된다. 해당 위원회는 인성교육 정책의 목표와 추진방향, 종합계획 수립, 인성교육 추진실적 점검 및 평가 등에 관한 중요사항을 심의하게 된다.

5. 인성교육에서 교사의 역할

인성교육에 있어서 교사의 역할은 매우 중요하다. 학교에서 많은 시간을 보내는 청소년의 경우, 교사는 부모보다 더 많은 시간을 함께 보내게 되는 주체이자 영향력을 미치는 존재이다. 학생들은 교사를 통해서 도덕적 규칙과 규율의 중요성을 배우게 되고, 규칙 위반과 관련한 구체적인 처벌이나 사항들도 대부분 교사에 의해 결정되고 실행되기 때문이다. 즉, 교사가 의도적으로 계획한 활동들이 청소년의 인성교육에 직접적 영향을 줄 뿐만 아니라 교사가 가지고 있는 잠재적 교육과정으로도 인성교육이 이루어진다. 인성교육을 위한 교사의 역할은 다음과 같다(신재한, 2016).

첫째, 교실 분위기 자체를 민주적이고 도덕적으로 만들어 서로 배려하는 마음을 가질 수 있도록 교실을 운영해야 한다. 예를 들어, 교실에서 필요한 규칙을 교사가 일방적으로 정하고 학생들에게 지키도록 요구하는 것보다는 학생들과 함께 필요한 규칙을 정해 보는 것이 도덕적인 교실을 운영하는 한 가지 방법이 될 수 있다.

둘째, 교사의 역할 중에서 롤모델로서의 역할은 항상 강조되어 왔으나 인성교육에서는 특히 중요하다. 교사는 존중의 덕목을 가르치려 하지 말고 교사 스스로가 모범이 되어 학생을 존중하는 모습을 보여 줌으로써 자연스럽게 학생이 보고 배울 수 있도록 해야 한다. 학생은 민주적이며 도덕적인 분위기 속에서 생활 자체를 통해 중요한 인성 덕목을 습관적으로 내면화할 수 있게 된다. 더불어 교사는 교실 안에서 높은 수준의 존중과 책임감을 시험보이는 윤리적인 롤모델이 될 필요가 있다.

셋째, 교사는 지속적이고 일관되게 지도해야 한다. 좋은 인성을 가진 학생으로 성장하게 하기 위해서는 한순간의 지도를 통한 인성교육보다는 일상으로부터 인성의 학습 기회를 갖도록 배려하고 일관성 있게 지속적으로 지도해야 인성덕목이 내면화될 수 있다.

마지막으로, 학생의 인성교육이 삶 속에서 지속적으로 이루어지기 위해서는 교육기관에서만 하는 것에는 한계가 있으므로 가정과의 연계가 반드시 필요하다. 비록 청소년기에 많은 시간을 학교에서 보낸다 할지라도, 이들에게 부모가 미치는 영향력은 적지 않다. 최초의 교사는 학생의 부모이며 인성교육을 실천하는 일차적인 장소가 가정임을 인식하고 인성교육에 있어서 가정을 적극적으로 끌어들일 방안을 찾아야 한다. 특히 아동의 연령이 어릴수록 가정 내에서 인성교육을 실천할 수 있도록 적극적으로 안내하고, 부모 교육을 통해 인성교육의 중요성과 구체적인 방안을 공유해야 한다.

올바른 가치관과 인성을 갖춘 교사가 학생들을 지도할 때 인성교육의 효과성은 극대화되고 그 실천성을 담보할 수 있다. 따라서 인성교육의 현장 실천성 제고를 위해서는 교사의 역할이 무엇보다도 중요하기에 교원정책의 종합적이고 장기적인 접근이 필요할 것이다.

Chapter 요약 ✎

이 장은 인성교육에 대한 전반적 이해를 높이고자, 인성 및 인성교육의 개념과 구성요소를 구체적으로 살펴보았고 이어 인성교육의 대표적인 접근법으로 활용되어 왔던 네 가지 관점을 소개하고 각 유형의 특징에 대해 알아보았다. 인성교육은 인성을 무엇으로 보고 인성교육을 어떻게 정의하는지 따라 인성교육의 접근법이 달라지고 그에 따른 실천방법이나 활용 프로그램이 달라진다. 따라서 관련 지식에 관한 폭넓은 이해는 올바른 인성교육을 위해 꼭 필요하다.

다음으로는, 인성교육의 실제에 관한 내용으로 인성교육 현황 및 최근 교육 접근 방향에 대해 소개하였다. 실태조사 결과, 인성교육 수준에 대한 만족 수준이 높지 않은 반면, 인성교육 강화에 대한 사회적 필요성은 갈수록 높아지고 있다. 보다 효과적인 학교 인성교육을 위해서는 교육적 실천을 잘 안내해 줄 수 있는 몇 가지 기본 원칙들을 세우고 포괄적이고 장기적인 관점으로 인성교육에 접근해야 한다. 또한 학교, 가정, 공동체, 대중매체 등 전사회적인 영역에서 적극적인 노력을 기울여야 한다.

마지막으로 인성교육을 위한 최근 정부의 정책적 지원에 대해 살펴보았다. 2015년 「인성교육진흥법」을 포함한 정부의 정책에 관한 시사점 및 제한점에 대해서 논의하였다.

⧖ 생각해 볼 문제

1. "인성교육은 지금까지 도덕 교과를 통해 지속적으로 실시되어 왔기에 현재에 와서 새롭게 고민해야 할 필요가 없다" "대학 입시 등 학업성취가 강조되어 온 우리나라 현실에 인성교육을 위한 교육이 따로 마련될 필요는 없다"라는 주장에 대해 생각해 보세요.
2. 본인이 생각하는 인성교육의 핵심 덕목 및 역량을 순서대로 꼽고 선정한 근거를 제시해 보세요.
3. 최신 인성교육의 원리와 모형들이 인성교육의 효과성 향상을 이끌 수 있을 것인지에 대해 고민해 봅시다. 그렇다면 왜 그런지, 아니라면 무엇이 문제인지 생각해 보세요.

참고문헌

강선보, 박의수, 김귀성, 송순재, 정윤경, 김영래, 고미숙(2008). 인성교육. 경기: 양서원.

고미숙(2005). 대안적 도덕교육론. 경기: 교육과학사.

교육부(2013). 2013 인성교육 강화 기본계획.

김기헌, 장근영, 조광수, 박현준(2010). 청소년 핵심역량 개발 및 추진방안 연구Ⅲ. 한국청소년정책연구원 연구보고 10-R17.

김민성(2014). 수업에서의 인성교육 원리: 대화와 참여를 촉진하는 배움의 공동체 형성. 교육심리연구, 28(1), 117-142.

김수진(2015). 인성교육의 주요 접근. 교육과정연구, 33(2), 207-229.

박병춘(2005). 배려윤리의 초등 도덕과교육에의 적용방안. 도덕윤리과교육, 20, 241-264.

손경원(2015). 다문화 사회에 적합한 인성교육의 방향, 교육연구와 실천. 81, 101-120.

신재한(2016). 인성교육의 이론과 실제. 경기: 교육과학사.

엄상현, 김민정, 전은화, 서명희, 하영근(2014). 인성 덕목을 활용한 융합형 인성교육 프로그램개발 연구. 서울: 교육부.

이강주, 양승실, 차성현(2013). 한국교육개발원 교육여론조사. 충북: 한국교육개발원.

정창우(2015). 인성교육의 이해와 실천. 경기: 교육과학사.

정창우, 손경원, 김남준, 신호재, 한혜민(2014). 학교급별 인성교육 실태 및 활성화 방안. 교육부.

조난심(2016). 인성교육 정책의 목적과 방향. 한국교육개발원, 2016년 제1차 인성교육 포럼 자료집, 3-24.

지은림, 도승이, 이윤선, 박소연, 주언희, 김해경(2013). 인성지수개발 연구. 교육부.

천세영, 김왕준, 성기옥, 정일화, 김수아(2012). 인성교육 비전 수립 및 실천 방안 연구. 교육과학기술부.

현주 외(2009). 학교 인성교육 실태분석 연구-중학교를 중심으로- 연구보고. RR, 2009-09.

현주, 임소현, 한미영, 임현정, 손경원(2014). 초중등학생 인성 수준 조사 및 검사도구의 현장 활용도 제고방안 연구. 충북: 한국교육개발원.

CASEL(2015). *2015 CASEL Guide: Effective Social and Emotional Learning Programs-Middle and High School Edition*.

DeVries, R., Hildebrandt, C., & Zan, B. (2000). Constructivist early education for moral development. *Early Education and Development, 11*, 5-35.

Higgins, A. (1989). The just community educational program. In M. Brabeck (Ed.), *Who *cares? Theory, research, and educational implications of the ethics of care.* New York: Praeger.

Howard, R. W., Berkowitz, M. W., & Schaeffer, E. F. (2004). Politics of character education. *Educational Policy, 18*(1), 188-215.]

Noddings, N. (2003). *Happiness and Education.* 이지헌 외 역(2008). 행복과 교육. 서울: 학이당.

Nucci, L, P., & Narvaez, D. (2008). *Handbook of moral and character education.* New York: Routledge.

Williams, M. M., & Schaps. E. (1999). *Character education: the foundation for teacher education: report of the National Commission on Character Education.* Character Education Partnership.

[부록]

교육부 인성교육 5개년 종합계획(2016~2020) 비전 및 추진 과제

추진 과제	**학교 교육활동 전반을 인성 친화적으로 변화** • 학생의 인성을 가꾸는 학교생태계 　조성 • 인성교육중심 교육과정 운영 정착 • 학교 인성교육 지원체계 활성화	**학생의 인성을 깨우치는 교육 활성화** • 학생 맞춤형 인성교육프로그램 개발 　활용 • 인성중심의 창의적 체험활동 내실화 • 예술, 체육, 인문 등 인성테마별 교육 　활성화
	교원의 인성교육 역량 확산·지원 • 교원을 인성교육 선도적 주체로 육성 • 교사 공동체의 참여와 자긍심 조성	**가정·학교·사회의 연계 지원체제 구축** • 가정의 인성교육 기능 회복 • 지역사회의 인성교육 참여·지원 강화 • 범부처 인성교육 지원·협력 강화
	대(對) 국민적 인식제고 및 공감대 확산 • 인성교육에 대한 국민적 인식 개선 • 인성교육 공감대 확산	

변화 방향	**현재** • 인성교육의 체계성 부족 • 지식 습득 중심의 교육 • 가정·사회의 지원 미흡		**변화방향** • 공교육 체제 내에서 인성교육 구현 • 체험·실천 중심의 교육 • 가정·학교·사회의 유기적 협력

출처: 교육부 홈페이지(http://moe.go.kr/boardCnts/view.do?boardID=352&boardSeq=62204&lev=0&searchType=null&statusYN=W&page=1&s=moe&m=030212&opType=N)에서 수정·발췌.

찾아보기

내용

저자 소개

한유경Han You-Kyung
미국 University of Wisconsin-Madison, Ph. D.(교육행정 박사)
한국교육개발원 연구위원
현 이화여자대학교 사범대학 교육학과 교수
   이화여자대학교 교육대학원 원장
   이화여자대학교 학교폭력예방연구소장
   학교폭력대책위원회(국무총리 소속) 위원

김성기Kim Sungki
서울대학교 대학원 교육학과(교육학 박사)
한국대학교육협의회 연구원
현 협성대학교 교육대학원 교수

박정희Park Jeonghee
이화여자대학교 대학원 교육학과(교육상담 · 심리 박사)
서울청룡초등학교 교사
현 서울특별시교육청 과학전시관 교육연구사

박주형Park Juhyoung
미국 Florida State University(교육행정 박사)
이화여자대학교 학교폭력예방연구소 연구교수
한국교육개발원 부연구위원
현 경인교육대학교 교육학과 교수

선미숙Sun Misuk

이화여자대학교 대학원 교육학과(교육행정 박사)

현 이화여자대학교 학교폭력예방연구소 연구교수

오인수Oh Insoo

미국 Pennsylvania State University 사범대학(철학 박사)

미국 University of South Carolina 교육학과 조교수

현 이화여자대학교 사범대학 교육학과 부교수

윤미선Yoon Misun

고려대학교 교육학과(교육학 박사)

서울대학교 의과대학 핵의학교실 박사후연구원

전주대학교 사범대학 교직교육과 조교수

현 단국대학교 사범대학 교직교육과 교수

이언조Lee Unjo

이화여자대학교 대학원 교육학과(교육행정 박사)

현 이화여자대학교 교육대학원 겸임교수

　　서울특별시교육청 교육행정 사무관

이윤희Lee Yoonhee

이화여자대학교 대학원 교육학과(교육행정 박사)

이화여자대학교 학교폭력예방연구소 연구교수

현 한국교육개발원 연구원

　　이화여자대학교 강사

이지은 Lee JeEun
이화여자대학교 대학원 교육학과(교육상담·심리 박사)
한국상담심리학회 상담심리전문가
현 가재울고등학교 전문상담교사
　　이화여자대학교 교육대학원 겸임교수

전수민 Jun Sumin
서울대학교 사범대학 졸업
고려대학교 법학전문대학원 졸업
서울특별시교육청 학교폭력 전담 변호사
현 법무법인 현재 변호사

정제영 Chung Jae Young
서울대학교 대학원 교육학과(교육학 박사)
교육과학기술부 서기관
이화여자대학교 사범대학 교육학과장, 기획처부처장
현 이화여자대학교 학교폭력예방연구소 부소장
　　이화여자대학교 THE인재평가지원실장
　　이화여자대학교 사범대학 교육학과 교수

황혜영 Hwang Hyeyoung
미국 University of North Carolina–Chapel hill(교육학 박사)
현 이화여자대학교 학교폭력예방연구소 연구교수

학교폭력 예방 및 학생의 이해
School Violence Prevention & Understanding Students

2019년 4월 10일 1판 1쇄 발행
2020년 2월 20일 1판 3쇄 발행

지은이 • 한유경 · 김성기 · 박정희 · 박주형 · 선미숙 · 오인수 · 윤미선
          이언조 · 이윤희 · 이지은 · 전수민 · 정제영 · 황혜영
펴낸이 • 김 진 환
펴낸곳 • (주) **학지사**

          04031 서울특별시 마포구 양화로 15길 20 마인드월드빌딩 5층
대표전화 • 02) 330-5114   팩스 • 02) 324-2345
등록번호 • 제313-2006-000265호

홈페이지 • http://www.hakjisa.co.kr
페이스북 • https://www.facebook.com/hakjisabook

ISBN 978-89-997-1662-1 93370

정가 **20,000**원

저자와의 협약으로 인지는 생략합니다.
파본은 구입처에서 교환하여 드립니다.

이 책을 무단으로 전재하거나 복제할 경우 저작권법에 따라 처벌을 받게 됩니다.

이 도서의 국립중앙도서관 출판시도서목록(CIP)은 서지정보유통지원시스템
홈페이지(http://seoji.nl.go.kr)와 국가자료공동목록시스템(http://www.nl.go.kr/kolisnet)
에서 이용하실 수 있습니다.
(CIP제어번호: CIP2018029075)

출판 · 교육 · 미디어기업 **학지사**

간호보건의학출판 **학지사메디컬** www.hakjisamd.co.kr
심리검사연구소 **인싸이트** www.inpsyt.co.kr
학술논문서비스 **뉴논문** www.newnonmun.com
원격교육연수원 **카운피아** www.counpia.com